电信运营管理

舒华英　等著

北京邮电大学出版社
·北京·

内 容 简 介

本书荟萃了作者所率团队近十年的研究成果。全书除绪论外，分为六大篇，全面论述和讲解了转型期的电信运营的管理问题。绪论主要介绍了电信业发展沿革、本书的结构和相关基础概念。第一篇论述了电信运营战略的管理问题；第二篇论述了电信客户管理，包括客户需求的识别、分类以及客户保持等全生命周期管理；第三篇给出了电信产品的概念、定义了产品创新和管理；第四篇提出了运营企业的能力管理的理念，并且全面地论述了电信运营企业能力的预测、计划、投资、建设和管理；第五篇介绍了作为整个运营企业的支撑系统的 IT 管理问题；第六篇则从企业的整体运营角度分析了绩效考核的相关理论及应用。

全书内容新颖，理论和实际结合，通过案例的方式将理论阐述得更简洁易懂，每章还附有辅助性思考题。本书可作为大学信息通信类本科高年级学生和研究生的教材使用；同时更适合电信运营企业以及电信产业链相关企业的高级管理人员作为参考。

图书在版编目(CIP)数据

电信运营管理/舒华英等著. —北京：北京邮电大学出版社，2008

ISBN 978-7-5635-1812-8

Ⅰ. 电…　Ⅱ. 舒…　Ⅲ. 电信—邮电企业—企业管理　Ⅳ. F626

中国版本图书馆 CIP 数据核字(2008)第 138162 号

书　　名：电信运营管理
作　　者：舒英华 等
责任编辑：陈　瑶
出版发行：北京邮电大学出版社
社　　址：北京市海淀区西土城路 10 号(邮编：100876)
发 行 部：电话：010-62282185　传真：010-62283578
E-mail：publish@bupt.edu.cn
经　　销：各地新华书店
印　　刷：北京忠信诚胶印厂
开　　本：787mm×1 092 mm　1/16
印　　张：28
字　　数：560 千字
印　　数：1—3 000 册
版　　次：2008 年 10 月第 1 版　2008 年 10 月第 1 次印刷

ISBN 978-7-5635-1812-8　　定　价：48.00 元

序

当今社会,人们对信息获取和沟通的工具的依赖不亚于对空气和水的依赖,这种工具的杰出代表就是网络和移动终端。使用这些工具的人们不仅利用它获取信息和知识,进行人与人之间的各种目的的沟通;而且也在创造和发布新的信息和知识。由此带来的人们的生活方式、工作方式、娱乐消费方式和内容都发生了革命性的变化,这一变化的连锁反应是社会经济运行、生产、交换规律已经发生和正在发生着深刻变化。这一系列的变化影响了人类的生存环境,人们不得不面对变化、适应变化。社会环境、生活方式以及工作方式的变革必将升华到思想、文化等意识形态的更高层次的变化。处在变化中心的是从事信息搜集、整理、发布、传递、交换的人们和企事业单位。他们面临一日千里的技术进步带来的挑战和具有革新精神的广大使用者产生的千奇百怪的需求的推动,形成了全球范围内的企业转型变革的浪潮。从20世纪末开始到21世纪初这一浪潮愈演愈烈,企业必须变革、必须转型,否则只能被淘汰!而转型又涉及思想观念、战略、商业模式以及运营管理等诸多方面,所以很多企业面临这一变革时,显得茫然、不知所措,"转型是找死,不转型是等死"真实地描述了企业在面临转型抉择时的艰难处境。

我们的团队从21世纪初开始就深入电信运营企业,和这些企业的领导、基层员工共同面对已经发生和即将要发生的变化,试图从中找出新的规律,希望为我国电信运营企业在转型时期的运营管理有所裨益。首先,我们从企业在转型期应当如何选择发展方向、在总的大战略定下之后如何制订发展战略、如何选择运营战略等方面着手,研究运营企业的战略,这构成了研究的第一个重点。其次,从客户的需求出发,研究不同类型客户的电信消费心理以及不同场景下的消费需求变化导致的客户需求复杂性和多样性;这是我们研究的第二个重点。第三,为满足客户的多样性的需求,运营商只有不断推出适应客户需求的多样化的产品,才能在激烈的市场竞争中处于不败之地。因此,电信产品定义、电信产品开发流程、电信产品运营管理等概念成为了我们研究的第三个重点。第四,评判企业的各种能力是否能支撑电信产品的生产和消费,由此进行企业的能力建设和管理,包括能力规划、投资计划、采购建设、运营维护以及能力分析与后评估等方面。这是我们研究的第四个重点。现代企业,尤其是电信企业,客户的管理、产品运营、网络运维等都必须有强大的IT支撑,所以IT在企业中的作用已经不仅仅局限于IT基础设施的建设和IT应用及工具的维护;,更重要的是以IT整合企业的各种资源,最终形成强大的服务提供能力，进而演化成企业的核心竞争力。IT 对于企业的业务发展的作用越来越大，IT 已经成为整合企业价值链不可或缺的重要一环，IT 的管理和控制已经成为企业治理的重要组成部分。这一部分成为我们研究的第五个重点。作为企业，最终是要有效益的，企业运营的如何？需要对其进行考核、评价才能激励企业中的所有组成成员最大的发挥能力，企业才能基业常青。绩效管理被视为“企业运营闭环管理”的重要一环，这一部分成为我们研究的第六个重点。

围绕以上六个方面的研究方向，我们的团队在近十年的研究中，完成了近二百项研究，包括国家自然科学基金、政府委托和企业合作项目。我们把研究成果和心得汇集成讲义在校试用一年，然后修改、汇集成本书。本人是设计者和组织者，书中各章的主要撰写者如下：黄逸珺等撰写了本书的绪论及第一篇；齐佳音等撰写了第二篇；胡一闻和闻捷完成了第三篇的撰写；第四篇则由彭若弘和闻捷等完成；第五篇由杨旭等完成；第六篇由车培荣等完成。在成书的过程中，我的众多博士生、硕士生都也参与了撰写工作，他们是（以姓氏笔画为序）：王浩、石新幸、宁博、刘黎漓、李源泉、张彦琦、张祺、张喜成、陈娟、胡路、赵连强、赵淑娟、赵雪峰、高宇、梁波、童莉莉、黎苏、谭琨、谭静。没有大家的努力该书今天可能还不会面世。在我们近十年的研究过程中，我国电信业界同仁给予了热情的合作与帮助。在此我对在我们研究过程中和成书过程中给予我们支持和帮助的电信业界的各位朋友和参与该书工作的同志表示衷心的谢意！

成书的过程中，由于参与者众多，各人的理解和风格各异，尽管在统稿时做了许多工作但仍然不尽人意。另外，由于作者的水平有限，书中错谬之处难免，敬请读者批评指正。

舒华英

2008 年 8 月 8 日于北京

目　录

第四篇 电信运营企业能力管理

第十二章 能力管理概述

第十三章 能力需求管理

第十四章　能力建设管理

第十五章　运行维护

第十六章　能力分析

第五篇 IT应用与管理

第十七章 电信企业IT规划

第十八章 电信企业IT项目管理

第十九章 电信企业 IT 服务管理

第二十三章 某电信运营企业绩效管理系统实践

绪　论

一、为什么写本书

1. 电信运营已不是传统的单纯的网络运营，需要从新的视角来看电信运营及其管理

传统的网络运营是以通信网络为基础建立的运营体系，网络投资计划、网络建设和网络管理是最主要的生产活动，即所有的运营以网络为中心，通过网络形成的能力向市场提供相应的通信产品，任何提升网络能力的新技术的出现都会极大推动产品的发展，进而刺激市场的发展，所以传统的电信运营呈现出显著的技术导向特征。20 世纪 90 年代末以后，通信普及率大幅度提升，市场的有序竞争也使得客户在同质化的产品中有了选择权，电信运营的重心逐渐转向客户及市场，对运营企业传统的网络运营体系提出了挑战，要求运营企业以促进市场发展和满足客户需求为中心来组织企业乃至产业的生产。所以，在最近十年，各电信运营企业加大了对市场拓展、客户服务领域的投入，并不断探索更加高效的响应机制，而整个产业也不得不更加理智地站在市场发展空间的角度来配置自己的生产能力，即以市场导向为主、技术导向为辅。这种技术导向与市场导向的"双轮驱动"打破了原有的产业格局，也深刻地影响了运营体系。本书将建立适应当前电信发展环境的完整的电信运营管理体系框架，并将最新的前沿思考带给读者，以期对电信行业的持续发展尽微薄之力。

2. 电信运营具有很强的实践性，理论与实践结合并不断发展运营实践是本书的最大特点

电信运营理论上属于生产运营领域，只有不断地从生产运营实践中进行总结和研究才能形成符合实际情况的生产运营及管理知识。本书从近些年电信运营企业实践中总结出大量的运营变革实践，主要研究内容源自数年来在电信运营企业的科研成果，并力图从理论上加以概括和推进，在理论上提出了一些新的认识，如区分电信业务及电信产品的概念、用能力管理来描述网络的价值传递管理过程等，以期帮助读者审视、了解、掌握整个电信运营过程及其重点。

3. 目前缺乏专业性强、针对性强的电信运营教材或指导书

很多在高校学习与电信相关的技术、经济、市场、管理等专业的本科生、研究生，希望有一本书能够全面、系统地介绍现代通信运营业的运作，以填补对实际运营体系方面的知识缺陷；从事电信企业管理工作的人员，也希望能有一本参考书能够站在完整的产业角度来描述电信运营管理、相关发展动态，提高他们的认知能力和工作能力。本书就是立足于这两方面的需要，将基础理论知识、运营实践和前沿性课题与探索结合起来，将传统电信运营与转型中的电信运营结合起来，希望成为真正与时俱进的专业型教材及指导书。

二、电信运营业发展历史简介

1. 电信运营业里程碑事件

(1) 电报及电话业务的诞生

① 电报

1844年5月24日是国际公认的电报发明日，首条电报线由美国华盛顿特区直通到巴尔的摩，第一个被传送的信号是"What Hath God Wrought?（上帝创造了何等奇迹）"。1837年由莫尔斯（Samuel Morse）研制成功了第一台传递电码的装置，他把它称为"电报机"。

② 电话

1875年6月2日，电话诞生在美国波士顿法院路109号，第二年的3月7日，贝尔（Alexander Graham Bell）获得发明电话专利，并在1876年美国槟城举行的世界博览会中展示。

(2) 电信技术的产生[①]

① 无线电

1895年俄国科学家波波夫在沙俄理学会会议上展示了第一部无线电接收机；同年意大利物理学家马可尼（Guglielmo Marconi）也成功将无线通信传输一百至二百英里。

② 计算机

1946年第一台电子管计算机"埃尼阿克"在美国宾夕法尼亚大学诞生，冯·诺依曼被誉为"电脑之父"。

③ 卫星

1957年10月4日晚，"卫星"号运载火箭携带世界上第一颗人造地球卫星CП-1号在苏联的拜科努尔发射场发射成功。1965年4月6日，第一颗商用通信卫星Intelsat 1或称Early Bird由美国通信卫星公司（Comsat-Communication Satellite Corporation）发射。

④ 光纤

1966年，英籍华裔高锟博士在论文中提出"纯光纤在理论上可以传输信号，

---

① 上述(1)(2)更详细内容请阅读《电信发展100年》(中国通信学会通信科普读物研究会《电信发展100年》编译组主编，人民邮电出版社1983年9月出版)一书，书中有全面的技术形成过程、科普知识、每位先驱或发明者的介绍。

而且在传输中功率损失极小，传输频宽极大，可以说是人类梦想中的通信方式”，高锟被称为“光纤之父”。1970 年，美国康宁玻璃公司生产出电信用的光纤，激光二极管与光二极管这两个关键光通信组件也在这段时间内发展到商用阶段。

(3) 最早的电信运营公司及电信管制机构

① 电话公司

1877 年贝尔电话公司(Bell Telephone Company)成立；西部联合公司(Western Union Corporation)也组建了美国电话公司(American Speaking Telephone Company)，成为贝尔电话公司的竞争者。1882 年美国贝尔电话公司购买西部电器公司(Western Electric Company)，西部电器公司成为贝尔电话公司的电话与相关设备供货商。1885 年，贝尔公司与西部电器公司联合组建了美国电话电报公司(AT&T)。

② 电信管制机构

1910 年 AT&T 取得西部联合公司(Western Union Corporation)的控制权，1913 年美国司法部门采用反托拉斯法，使 AT&T 同意放弃西部联合公司。1934 年美国国会成立联邦通信委员会(FCC)，并在 1934 年制订的通信法案(Communication Act)中定义其权力归属，FCC 有权力对州与州之间的通信行为做裁决，也有权力对于美国与外国之间的通信行为做裁决，但对于州内的电信事务则无权过问。

③ NII、GII 及 NGI

随着通信技术的发展，电信、影视、网络传输和计算机之间的界线日渐模糊。1993 年 11 月，美国总统克林顿开始积极推动信息高速公路，即希望信息在美国境内传送有如高速公路一般流畅，这个概念激起了北美电信公司与有线电视公司的兴趣，被称之为国家信息基础建设(National Information Infrastructure，NII)。NII 的提出刺激了“全球信息基础设施”(Global Information Infrastructure，GII)、“下一代网络”(Next Generation Internet，NGI)等新概念的产生，也极大地促进了各国相应基础设施建设、信息技术的整合发展，使未来的电信拥有更大成长空间，并发展出越来越多的产品、服务及产业，造就了从业者之间竞争与合作的新格局。

2. 中国电信运营业发展

(1)“外来”的电报与电话

1870 年，丹麦大北电报公司在上海英租界内设立了第一个电报房；1882 年，大北电报公司在上海开通第一个人工电话交换所；1900 年，丹麦人架设了天津至北京的中国陆上第一条长途电话线；1904—1905 年，日俄为战争需要，在中国的烟台和旅顺之间首先使用无线电通信。

(2)“国产”的电报与电话

1877 年，福建巡抚丁日昌在中国台湾主持架设了中国第一条军用电报线；1880 年在天津设立电报总局；1900—1906 年，十几个城市先后开通市话；1934 年，开通了九省长途电话；1924 年和 1928 年在沈阳和上海设立了无线电台。

(3) 改革开放后的中国电信业

1979 年国务院批准实行的电话初装费政策(2001 年取消)和 1982—1986 年陆

续出台的“三个倒一九”政策（即邮电部门所得税上交10%，非贸易外汇收入上交10%，预算内拨改贷偿还10%本息，1995年完全取消），对通信的发展起到了重要的促进作用。1984年全国邮电企业推行“经济核算制”，企业有了自己相对独立的经济利益。1982年在福州引进全国第一套万门程控交换机，1984年我国第一个研制生产程控电话交换机的中外合资企业——上海贝尔电话设备有限公司成立，中方控股，此后，以“巨大中华”（即巨龙、大唐、中兴、华为四家公司）及武汉邮电科学研究院（现在的烽火公司）等为代表的民族通信制造业实现了群体突破。

（4）近些年电信市场格局的变化

1994年中国联通及吉通公司的成立标志着电信运营的垄断被正式打破；1998年信息产业部成立，邮电分营、政企分开；1999年寻呼、移动拆分及网通（控股）公司成立；2000年年底铁通公司成立；2001年中国电信拆分、中国网通集团成立；2002年吉通、网通（控股）被彻底吸纳进入中国网通集团；2001年年底中国卫星通信集团公司（简称“中国卫通”）正式挂牌成立；2004年年初铁通公司正式脱离铁道部成为国有独资的电信运营商，形成六家国家控股的电信运营商的格局。①

（5）电信市场的开放

首先是对内开放。1993年，放开寻呼和部分增值电信业务；2000年出台的《电信条例》规定，除在基础电信方面有“国有股权或者股份不少于51%”的规定外，对非国有经济参与电信服务业没有任何限制。在基础电信服务领域，2001年对3.5 G频段地面固定无线接入业务，采取公开、公平、公正评选方式，分配频率、颁发经营许可证，鼓励中小民营企业进入增值电信服务领域。其次是对外开放。于2001年12月11日生效的《中国加入世贸组织议定书》规定，中国从入世起的五年之内，分地域逐步放开移动电话和数据业务，最终外资控股比例不得超过49%；其他基础电信业务六年内分地域逐步开放，最终外资控股比例不得超过49%；增值电信业务两年内分地域逐步开放，最终外资控股比例不得超过50%。同时规定，外资不能以独资形式在中国开展任何电信业务。

3. 中国的电信运营业发展现状（截至2007年年底）

（1）移动电话客户比重继续提高，固定电话首次再现年度负增长

2007年，全国电话客户新增8 389.1万户，总数突破9亿户，达到91 273.4万户（见表0-1）。移动电话客户新增8 622.8万户，达到54 728.6万户，移动电话普及率达到41.6部/百人。全国固定电话客户减少233.7万户，达到36 544.8万户，自1968年以来首次出现年度负增长，固定电话普及率为27.8部/百人。其中，传统固定电话客户新增374.8万户，达到28 090.4万户，无线市话客户减少608.5万户，达到8 454.4万户；2007年，城市电话客户减少273.5

---

① 随着第三代移动通信的临近，2008年5月出台了新的电信重组方案，中国联通和中国网通合并为新的中国联通，原中国联通的C网剥离给中国电信，中国铁通并入中国移动，从而形成了“三足鼎立”之势，均具备全网业务运营能力。

万户，达到24 859.4万户；农村电话客户增加39.9万户，达到11 685.5万户。移动电话客户在电话客户总数中所占的比重达到60.0%，移动电话客户与固定电话客户的差距拉大到181 83.8万户（见图0-1）。

表0-1 2003—2007年电话客户到达数和新增数

年份/年	2003	2004	2005	2006	2007
到达数/万户	53 270.0	64 658.1	74 385.1	82 884.4	91 273.4
新增数/万户	11 247.3	11 388.1	9 727.0	8 499.3	8 389.1

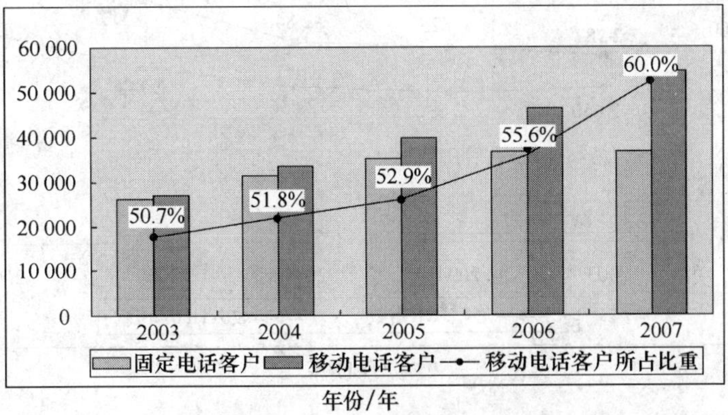

图0-1 2003—2007年移动电话客户所占比重

（2）互联网宽带接入客户增长较快

2007年，全国网民数新增7 300万人，达到2.1亿人，居世界第二位。互联网普及率达到16.0%。基础电信企业的互联网拨号客户减少695.7万户，达到1 949.0万户，而互联网宽带接入客户新增1 561.1万户，达到6 646.4万户。

（3）电信业务收入中移动通信、数据通信收入继续保持增长

2007年，累计完成电信业务收入7 280.1亿元，增长10.9%，其中移动通信网业务收入3 702.7亿元，同比增长17.8%，占电信业务收入的比重为50.87%；固定本地电话网业务收入1 747.8亿元，同比下降5.5%，占电信业务收入的比重为24.01%；长途电话网业务收入1205.2亿元，同比增长4.8%，占电信业务收入的比重为16.56%；数据通信网业务收入611.2亿元，同比增长46.5%，占电信业务收入的比重为8.40%。电信业务收入中，非话音业务收入2 249.6亿元，占总收入的比重从上年底的27.5%上升到30.9%（见图0-2）。

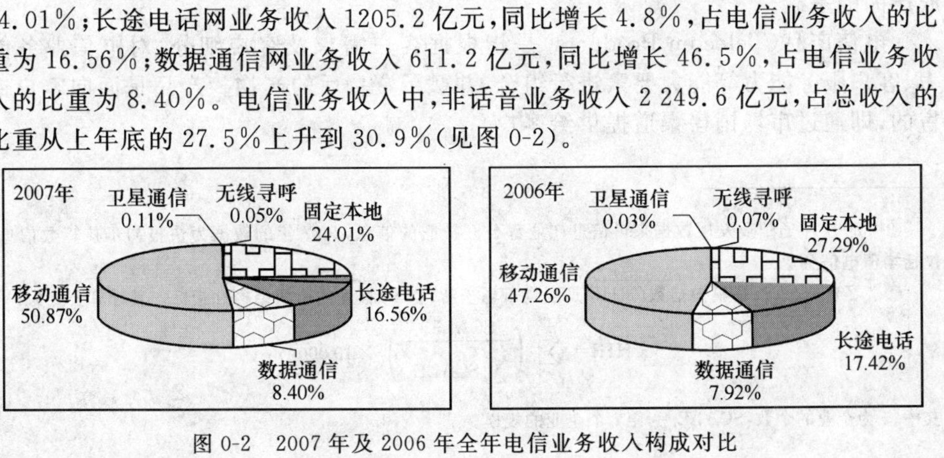

图0-2 2007年及2006年全年电信业务收入构成对比

2007 年，六家基础电信企业的客户、收入市场份额进一步向优势企业集中，客户、收入市场集中指数(HHI)[①][②]分别达到 2882、3181，比 2006 年分别上升了 140、160(见图 0-3)。

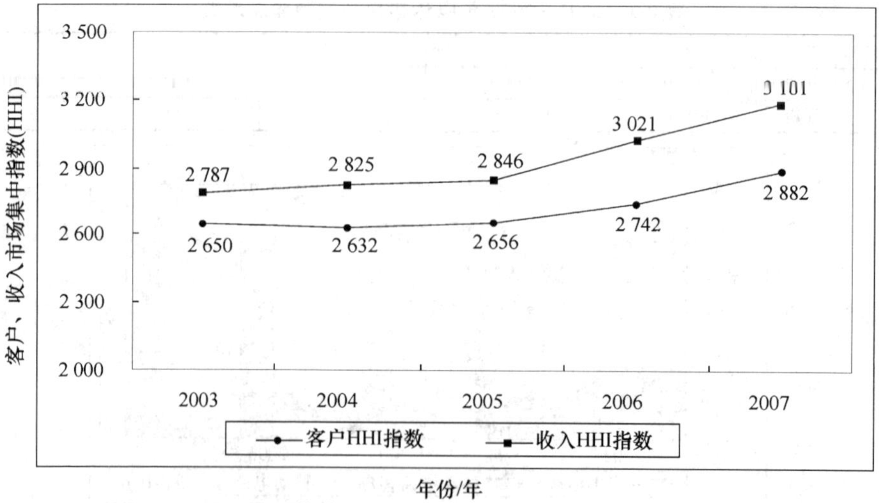

图 0-3　2003—2007 年基础电信企业的客户、收入 HHI 指数

三、电信运营管理概述

1. 什么是电信运营

电信运营(Telecom Operation)是指电信业务的运营，即电信运营企业利用各类资源，将业务特性组合包装成市场所需要的电信产品，销售给客户并从中获益的过程。

其中，电信业务(Telecom Services)是指承载于物理网络之上，利用各类硬件、软件和信息资源形成的对信息的传递、存储或处理功能(或服务)。电信业务是形成产品的基础。

电信产品(Telecom Products)是指根据客户需求及客户细分，对电信业务能力、客户服务能力等能力要素进行组合，并赋予资费后的产物。产品是面向客户销售的，即通过市场销售渠道提供给客户。

---

① 2007 年通信业发展数据来自信息产业部公开披露的信息，2007 年的数据为快报初步核算数信息，包括增值电信企业。

② 客户，收入市场集中指数(HHI)是度量市场垄断(竞争)程度的市场结构性指标。其计算公式为：

$$HHI=\sum_{i=1}^{n}\left(\frac{SCALE_i}{\sum_{j=1}^{n}SCALE_j}\right)^2\times 10\,000$$

其中，n 为企业的个数，$SCALE_i$ 为第 i 个企业的规模。

资料：其他有关“电信业务”、“产品”及“电信产品”的定义

电信，是指利用有线、无线的电磁系统或者光电系统，传送、发射或者接收语音、文字、数据、图像以及其他任何形式信息的活动。电信业务是利用有线、无线、光或其他电磁系统，为客户提供各类电信服务项目的总称。电信业务分为基础电信业务和增值电信业务两大类。基础电信业务，是指提供公共网络基础设施、公共数据传送和基本话音通信服务的业务。增值电信业务，是指利用公共网络基础设施提供的电信与信息服务的业务（《中华人民共和国电信条例》，2000年9月25日）。

网络能力构成业务，而网络能力具有标准的协议和功能；与业务提供有关的运营和商业特征是业务概念的一部分；电信业务通过属性进行区分。属性包括技术性属性及与服务提供相关的属性，某一电信服务技术性属性的实现需要网络，终端及其他业务提供系统的支持；从客户的角度看，电信服务能够满足客户某种应用；客户对业务的应用与网络无关；电信业务是一直存在，随时可以使用的；客户的加入是对业务进行实例化。资源是业务实现的基础，资源包括接入网、传输网、基础设施等，电信业务与资源的物理联系或逻辑联系发生变化，电信业务也将发生变化（国际电信联盟电信标准部门（ITU-T）关于在ITU-T Recommendation，M. 3200，I. 210 和 I. 140 中对电信业务的描述）。

凡是提供市场的、能满足消费者或客户某种需求或欲望的任何有形物品和无形服务均为产品（菲利普·科特勒，《营销管理》，2001 年）。

产品是一个实体（供应商）所供应或向另一个实体（客户）提供的东西。产品可以包括服务、加工的材料、软件或硬件或上述的任意组合。一项产品可能是有形的（如货物）或无形的（如概念）或两者的结合。然而，产品总是包含服务成分（电信管理论坛（TM）：eTOM，2003 年）。

从产品的整体概念出发，电信产品可定义为由电信企业提供的能够满足顾客某种通信需求的各种服务的总和（谢林，《基于生命周期的电信产品分析》，2005 年）。

电信产品对于客户来讲是从运营商定购到的服务集合，每个服务可以对应一个产品。业务是产品中不可或缺的组成元素，是构成电信产品的核心（袁小杰，《电信业务支撑系统中产品模型的研究与设计》，2005 年）。

业务是指中国联通根据客户的通信需求，利用自身或第三方资源向客户提供的具有市场价值的通信服务内容。产品是指中国联通运用营销手段，在业务或业务组合的基础之上，叠加“销售对象、资费计划、服务水平、销售地域、销售渠道、配套资源”六个属性后的产物，其中销售对象从属于客服品牌。产品是向客户最终交付的具体实例（《中国联通 IT 系统数据架构规范及中国联通产品管理规范》（试行），2006 年）。

2. 电信运营产业构成

通常人们对电信运营产业的理解限于电信运营商和电信设备制造商，自从有了互联网、短信、彩铃等业务后，人们对电信产业的理解逐渐深入。从产业链的角度看，电信运营产业正在从传统模式单链条结构向网状结构发展演化。

(1) 传统的电信运营产业

电信运营商承担建设和运营维护电信网的功能，同时负责电信业务、电信终端的销售、收费等，电信设备商向运营商提供网络设备(包括软件)及终端设备(见图0-4)。运营商处于垄断地位，主要关注上游企业能否及时提供网络建设所需设备，关注工程建设部门能否按时完成网络建设，运维部门能否保证网络的安全和无差错运行。因此，运营商以网络的建设及运维为中心来组织整个产业。

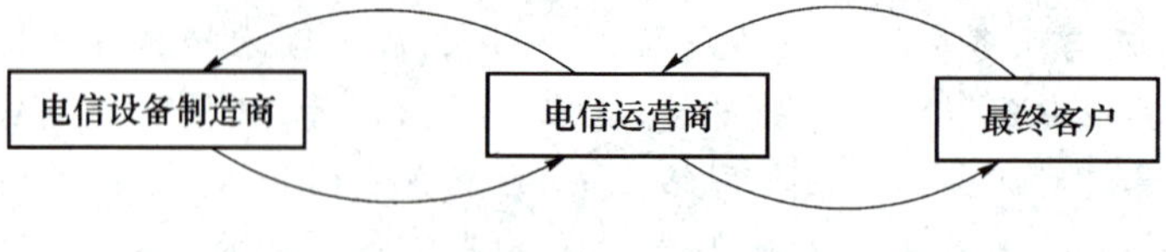

图 0-4 传统电信运营——单链条结构模型

(2) 新的电信运营产业

由于竞争打破了垄断，运营商要寻求更多市场空间导致业务的多元化，从而打破了单一的封闭流状态，也进一步细化了整个产业的社会分工，形成复杂的网状结构(见图 0-5)。

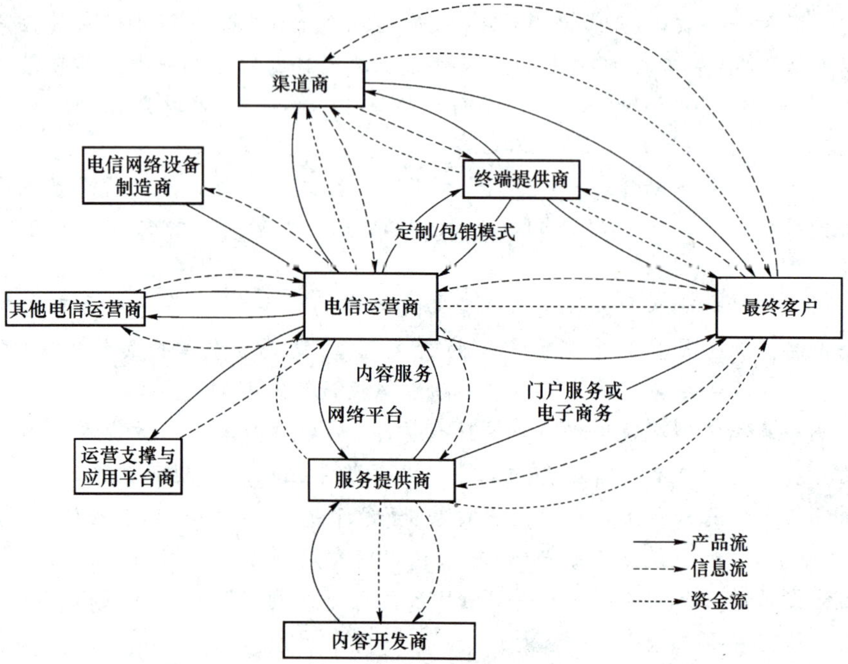

图 0-5 新的网络结构模式的电信运营产业

在这个产业链结构中，运营商作为中心节点，承担着更多的产业组织和管理功能，并且掌握着业务运营模式的主动权及绝大部分的利益分配权。整个产业中流动的产品流、资金流和信息流成为一种开放式、多向化的网络流，也重新定义了不同角色的分工。

电信运营商(Telecom Operators)：向电信网客户提供通信服务和信息服务的运营商，包括虚拟运营商、增值业务运营商及接入服务运营商。运营管理对象包括两部分：一是有通信功能的网络，二是通过电信网络提供的各种业务，包括基本业务与增值业务。运营商具备电信增值业务的门户功能，即为客户提供一个集成的、统一的信息服务界面与窗口，其业务销售一部分通过自建营销渠道自销(包括全部的大客户)，一部分批发给渠道商零售，承担相应业务的售后服务。运营商是供应商(技术驱动)推动式供应链与客户(市场)拉动式供应链的结合点，即市场与技术的平衡点。

电信网络设备制造商(Networks Equipment Vendors)：如华为、中兴、Motorola(摩托罗拉)、Ericsson(爱立信)、Nokia(诺基亚)、Nortel(北电)等。这些企业向电信网提供运营所需要的物理网络硬件(含配套的软件)设备，通常掌握基础网络标准、核心技术，与终端供应商共同形成技术创新与技术市场驱动的引领者，一方面靠核心技术与专利盈利，另一方面靠设备盈利。有直接向运营商提供产品和通过集成商间接提供产品两种方式，因设备金额较大、涉及全网设备选型与互联互通，通常以直接提供为多数。国外企业通过国内代理商销售，国内企业(包括在国内注册的国外的中国子公司)以自销为主。提供相应的技术支持与售后服务保障。其中集成供应商(Integration Vendors)，如华为、达科等，是指为电信网提供集成化的基础网络设备与运营、业务运营、应用开发等的综合解决方案，包括商务方案与技术方案。主要服务对象是电信运营商，同时承担厂商与运营商之间的协调功能。集成商的功能多数由一些大的网络设备供应商或业务运营支撑与平台供应商承担。

运营支撑与应用平台商(BOSS & Platform Vendors)：如亚信、Portal 等，也包括所有的应用平台开发商 AP(Application Providers)。向电信网提供网络及业务运营支撑系统(即 BOSS 系统)硬软件设备、业务应用、终端应用所需要的技术平台硬、软件设备(即应用层技术产品，如 JAVA、WAP、BREW 等)。其产品针对运营商、内容开发商、服务提供商与终端供应商，有直接提供和通过集成间接提供两种方式，对运营商以集成方式为主，对内容开发与服务供应商、终端供应商以直接提供为主。国外企业主要通过代理销售，国内企业以自销为主。

终端提供商(Terminal Vendors)：如三星、Motorola(摩托罗拉)、Ericsson(爱立信)、Nokia(诺基亚)等，以客户的需求和网络技术标准为基础进行生产制造并提供电信业务终端设备。在运营商定制终端的情况下,运营商是其客户,且以运营商需求为中心,降低了经营风险。一般情况下通过渠道商销售产品,一些品牌设有专营店进行直销,承担相应的售后服务(也有外包形式)。

渠道商(Channel Providers):批量购买运营商的业务或终端商的设备零售给客户,包括代理、直销、经销等多种方式,一般不承担产品售后服务。适合通过渠道商进行销售的电信业务主要是以卡的形式携带的个人业务,如上网卡、IP电话卡、移动电话SIM卡等。所有电信业务终端设备都适用于或都更多地依赖于渠道商。相对于委托人自建的直销渠道,这种销售方式也被称为“间接渠道”。

其他电信运营商(互联网络供应商(External Network Providers)):其他能提供互联的电信网络运营商,包括固定本地网、长途交换网、移动通信网等;互联互通是通信的基本要求,也是服务质量的保证,但与监管政策有关;互为竞争对手的电信运营商在互联互通上有利益冲突时会限制对方的互联。

服务提供商(Service Providers,SP):是一种信息服务运营商,不参与网络运营,而是借助网络平台与业务应用平台提供多媒体信息业务。运营管理功能主要是信息业务的二次开发、包装与更新,业务的提供主要通过门户实现,而所有电信业务收入来自电信运营商获得的业务收入分成。通常同时存在着3种业务生产方式:自主开发、直接向内容开发商(CP)购买加工;与CP合作分成,而部分SP具有门户功能,将电信增值业务作为其服务的一部分。

内容开发商(Content Providers,CP):专业内容开发供应商,包括一些媒体制作组织,如新闻、影视、广播,还包括其他娱乐、游戏、教育等原始内容开发提供者。这种内容与服务的开发基于通信网络一些应用平台,产品提供给服务提供商。通常很多CP本身就是SP或传媒公司,提供同类产品的跨行业服务。

上述网络式拓扑结构与传统模式相比,表现出复杂性、动态性和交叉性。复杂性是指:多实体参与形成的网络层次的复杂性;实体功能交叉形成的网络“流”的复杂性;竞争与合作的双重性增加了节点关系的复杂性。动态性是指:由主体变化、节点之间流的变化带来的网络结构的动态变化,为了适应市场的需求变化而出现的从一种网络结构向另一种结构演化调整的现象将会越来越普遍。交叉性是指:不同的产业链因部分节点相同而产生的部分链条重叠的现象。主要有两个原因:一是节点企业提供产品的功能多样性;二是任何一个节点都面对着不止一个上游或下游企业。

新的电信运营产业增加了企业管理的复杂性、企业生产经营活动的不确定性,也增加了参与者对战略及产品的选择范围。

3. 什么是电信运营管理

电信运营管理(Telecom Operations Management)是运营管理的一个分支,运营管理又称为生产与运作管理，电信运营管理就是对电信产品生产及提供服务的过程或系统进行的管理活动。

电信运营的本质是围绕客户的通信需求，形成可满足这种需求的能力、并提供相应产品的过程。即客户决定了相应的产品与业务需求，对产业提出了相应的功能需求，从而带动产业投资网络建设，形成一定的网络能力后构建业务属性，各类业务组合成产品，最终提供给客户，满足其通信需求，不断增长的通信需求带动了新的投资、新业务、新产品的形成。由此，可将整个电信运营管理划分为客户管理、产品与业务管理、能力管理三大核心过程，同时，IT 管理、绩效管理等是电信运营业务提供过程中依赖程度很高的支撑手段。除此之外，电信运营的全过程还需要整合大量的多企业资源，即核心运营过程外部支撑资源，如网络设备的提供、终端设备的提供等。

由此，电信运营管理功能分解为两大部分，一是内部核心功能，包括能力管理、产品与业务管理、客户管理、IT 管理和绩效管理五部分；二是外部支撑功能，主要包括来自设备制造商（及集成商）、系统及平台服务提供商、信息服务及开发提供商、渠道商、终端制造商、代收费机构等提供的功能，具体如图 0-6 所示。

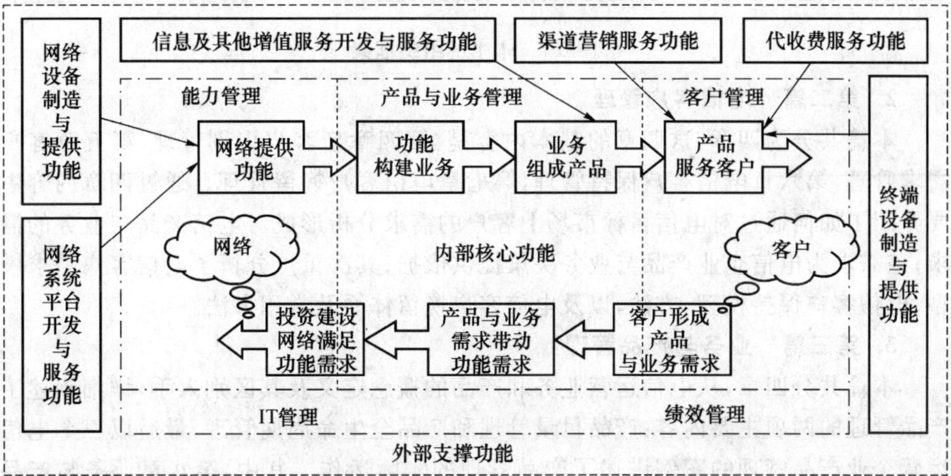

图 0-6　电信运营管理功能解构图

四、本书的组织框架

本书以电信运营管理功能解构图为基础，除绪论外，共分为六篇二十三章，如图 0-7 所示。

1. 第一篇　电信运营战略管理

本篇共分三章。第一章围绕运营战略的基本概念来阐述电信运营战略的特殊性及主要内容；第二章重点分析制定电信运营战略应考虑的内外因素和战略定位模式；第三章从产业结构变化、市场与业务运营模式、端到端的流程和打造优秀的企业品牌四个方面论述了电信运营战略的发展趋势。

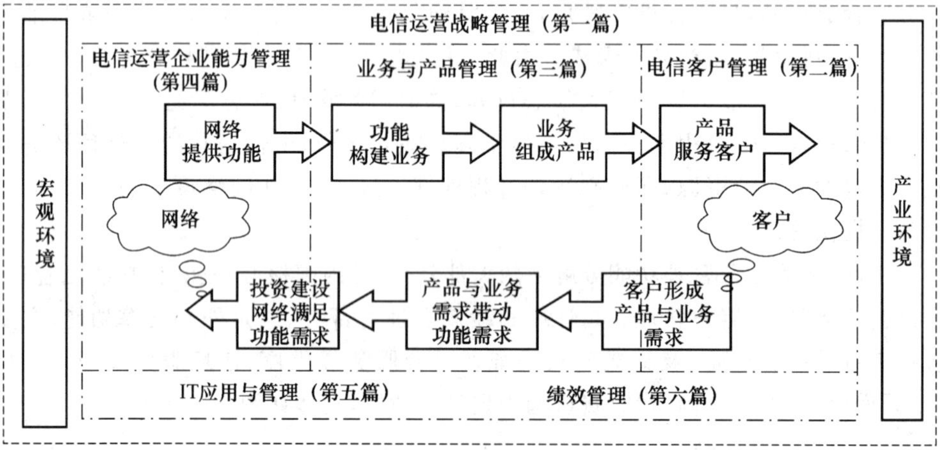

图 0-7　本书的组织框架

2. 第二篇　电信客户管理

本篇共分为四章，这四章的基本内容是：第四章新客户识别管理，第五章客户需求管理，第六章电信客户保持管理，第七章电信客户挽留管理。通过四章内容主要介绍了如何通过对电信目标市场上客户的需求分析形成对电信产品与业务的需求；该需求为电信企业产品与业务决策提供依据；其次重点分析了电信客户需求模型、电信客户保持模型、方法，以及电信客户挽留体系及常用方法。

3. 第三篇　业务与产品管理

本篇共分四章，从电信运营业务和产品的概念定义及其区别入手，详细阐述了产品管理的两项主要内容：产品目录管理和产品全生命周期管理，最后以三个电信运营企业产品管理的案例讲述了产品管理的实际运作。其中，第八章业务与产品的基本概念，在综合学术界、企业界对电信业务和电信产品概念理解的基础上，给出了本书对它们的定义并分析了它们之间的区别和联系。第九章产品目录管理，详细讲述了目录管理的定义、内容以及信息化需求。第十章产品全生命周期管理将电信产品的全生命周期区分为研发生命周期和市场生命周期，分别阐释了产品全生命周期管理的内容和意义。第十一章电信运营企业产品管理案例引入了三个实际案例，分别从移动运营企业的产品目录管理、固网运营企业的产品目录管理以及移动信息化产品的全生命周期管理流程，理论联系实际，深入浅出地阐述了产品管理理念在电信运营管理中的实际运作。

4. 第四篇　电信运营企业能力管理

本篇共分为五章，第十二章介绍了能力管理的概念、定义及研究的范围；第十三章能力需求管理，介绍了发展规划、资源配置、投资计划三个方面的内容；第十四章能力建设管理介绍了采购管理、工程建设等的基本理论和方法；第十五章运行维护管理，介绍了电信网络能力在常态下的管理内容；第十六章能力分析介绍了投资分析与投资后评估，介绍了能力管理中主要的决策分析和管理提升手段。

5. 第五篇　IT应用与管理

本篇共分为四章。第十七章介绍了IT战略与IT规划等概念，总结了电信企业的IT系统与NGOSS框架体系，指出电信企业IT规划的原则和方法；第十八章介绍IT项目管理知识体系及电信企业IT项目管理方法；第十九章从IT服务管理背景出发，介绍ITSM的最佳实践ITIL及其在电信企业中的实施；第二十章介绍了IT治理的背景、国际标准COBIT及如何在电信企业中实施IT治理战略。

6. 第六篇　绩效管理

本篇是本书的最后一篇，从企业的总体看运营的状态、效益和发展前景。内容侧重于企业的绩效管理。内容分为三章，第二十一章介绍了通用的绩效管理的概念、理论；第二十二章介绍绩效管理系统的构成；第二十三章以一个实际的案例介绍某电信运营商基于平衡计分卡的绩效管理实践。

思考题

1. 电信运营管理主要包括哪些内容？它们之间的关系是什么？

2. 电信运营产业都由哪些类别的企业共同作用形成的？它们都承担什么样的职能？

3. 电信业务、电信产品的概念是什么，你是如何理解的？能举例说明它们的区别与联系吗？

参考文献

[1] 梁雄健，杨瑞桢. 电信组织管理[M]. 北京：人民邮电出版社，1999：1-3.

[2] 陈芳烈，章燕翼. 现代电信百科[M]. 2版. 北京：电子工业出版社，2007：395.

[3] 黄逸珺. 电信运营产业供应链的系统动力学模型[D]. 北京：北京邮电大学博士学位论文，2004：19-28.

[4] 信息产业部网站统计信息，2007年全国通信业发展统计公报[OL]. [2008-02-05]. http://www.mii.gov.cn.

[5] 陈秀玉.中国电信业的改革与开放[C].第七届中国国际通信市场年会,2002.

[6] 信息产业部,中华人民共和国电信条例[S].国务院第291号令,2000.

[7] TeleManagement Forum.增强的电信运营图[M].北京:中信出版社,2003:125-126.

[8] ITU—T,Recommendation M.3200,I.210,I.140.

[9] 中国联通.中国联通IT系统数据架构规范第二分册:企业数据模型规范[S].中国联通,2006:10-11.

[10] 中国联通.中国联通产品管理规范(试行)[S].中国联通,2006:7-13.

[11] 袁小杰.电信业务支撑系统中产品模型的研究与设计[J].北京邮电大学学报,2005:6-12.

[12] 谢林.基于生命周期的电信产品分析[D].北京:北京邮电大学硕士论文,2005:15-21.

[13] 菲利普·科特勒.营销管理[M].9版.上海:上海人民出版社,2001.

[14] 乔红,刘会政.入世后中国电信服务业的发展及促进措施[J].中国信息界,2006.

第一篇　电信运营战略管理

战略是企业生存的导向，对组织战略的科学制订和有效管理是企业朝着既定目标发展的重要保障机制。电信运营业属于服务行业，因此，本篇第一章从运营战略的基本概念入手，描述了运营战略在企业战略体系中的位置及其与企业战略的关系，分析了服务运营战略的特殊性，并提出电信运营战略框架及主要内容。本篇第二章重点分析了制订电信运营战略时应考虑的外部环境要素及内部能力要素，总结了当前运营战略的全业务经营模式及纵横两类产业整合模式，并简要描述了战略实施的内容。本篇第三章重点分析了当前运营产业所处的转型环境，强调电信运营战略要把握产业结构变化、市场与业务运营模式、端到端流程、打造优秀的企业品牌四个发展方向，并从这四个方面分析了产业变化趋势。

第一章　电信运营战略的基本概念

第一节　运营战略

一、运营战略的基本概念

运营战略的概念及定义有很多种不同形式的描述。

安德森(Anderson)、克莱沃兰德(Cleverland)和施罗德(Schroeder,1989)将运营战略定义为四个组成部分:宗旨、特有能力、目标和策略。他们认为这四个部分有助于确定运营应该完成哪些目标和如何达到这些目标。最终的战略应能指导组织各部分的运营策略。

海斯(Hayes)和威尔瑞特(Wheelwright,1985)给出了另一个定义,他们把运营战略定义为一种在运营决策中应遵从的模式。决策的一致性越好对企业战略的支持程度就越高;同时,他们也指出在运营中应如何进行决策并保持决策的一致性。他们强调运营战略的结果——决策模式的一致性。

斯基纳(Skinner,1969)从运营决策和企业战略关联关系的角度对运营战略进行了定义。他指出运营和企业战略联系较差、步调不一致时,运营决策就常常表现为不一致和短期,结果导致运营与企业经营相背离。根据他的观点,改进的办法就是从公司战略中发展运营战略,因为公司战略定义了运营的主要任务(应如何运营以保证经营成功),同时定义了一套连贯性的制订决策的运营政策。

黑尔(Hill,2000)发展了一种新的方法来定义运营战略。他阐述了应如何连接运营决策和市场战略。这是一种客户导向的方法,强调运营要满足客户要求,然后根据客户的需求来制订质量标准、工艺过程、能力配备、存货需求以及制订决策。

奈杰尔·斯莱克(Nigel Slack)和麦克尔·刘易斯(Michael Lewis,2004)把运营战略分解为内容和过程进行研究,内容是指那些用来界定公司作用、目标和活动的特定决策及行为,过程是指用来制订这些特定的“内容”决策的方式。

综合以上各位学者对运营战略的定义,本书对运营战略的定义是:为了使运营目标和企业目标协调一致,针对企业的生产运营系统制订的一系列政策和计划的集合,是有效整合企业资源的长期战略。

二、运营战略与企业战略体系

1. 企业战略体系

战略的本义是对战争全局的谋划和指导。企业战略是指把战略的思想和理论应用到企业管理当中，即企业为了适应未来环境的变化，寻求长期生存和稳定发展而制订的总体性和长远性的谋划。

企业战略体系可分为三个层次：公司战略、经营战略、职能战略。三个层次的战略都是企业战略管理的重要组成部分，但侧重点和影响的范围有所不同。

第一层，公司战略，又称总体战略。通常情况下总体战略处于企业战略的最高层次。它需要根据企业的目标，选择企业可以竞争的经营领域，合理配置企业经营所需的资源，使各项经营业务相互支持、相互协调。可以说，从公司的经营发展方向到公司各经营单位之间的协调，从有形资源的充分利用到整个公司价值观念、文化环境的建立，都是总体战略的重要内容。

第二层，公司的二级战略常常被称作经营战略。为提高协同作用，加强战略实施与控制，企业从组织上中把具有共同战略因素的若干事业部或其中某些部分组合成一个经营单位。每个战略经营单位一般有着自己独立的产品市场、经营任务，他们为了保证各自经营单位经营目标的实现，要制订相应的战略，来确定方向、协调资源等，最终保证企业战略的实现。

第三层，职能战略，又称职能层战略。是为实现企业总体战略和经营战略，对企业内部的各项关键的职能活动做出的统筹安排。主要涉及企业内各职能管理部门，如人力资源、财务和后勤服务等，目的是更好地为其他各级战略服务，从而提高组织效率。

运营战略属于组织的经营层战略，和其他两个层次的战略呈一种相互依存、相互制约的关系。

2. 运营战略与公司战略的关系

运营战略与公司战略相辅相成，内容广泛。

公司战略是企业以未来为基点，为赢得长久的竞争优势而做出的事关全局的重大策划和谋略；是企业面对激烈变化、严峻挑战的经营环境，为求得长期生存和不断发展而进行的总体性谋划。主要涉及组织的远期发展方向和范围，理想情况下，它应使资源与变化的环境，尤其是它的市场、消费者或客户相匹配，以便达到所有者的预期希望。公司战略具有全局性、长远性、抗争性和纲领性的特性。

运营战略是以支持公司战略的实施和公司目标的实现为最终目标的，是企业根据经营战略意图在构建生产运营系统时所遵循的指导思想，以及在这种指导思想下的一系列决策原则、程序和内容。运营战略具有针对性、长远性、竞争性和策略性。

两者相同之处都是为公司的长远目标服务的，因此均具有长远性。

两者的不同点主要表现为以下两个方面。

(1) 公司战略是企业的总体战略，必须对全局起到指导作用，因此具有全局性和纲领性；运营战略相对更加具体，它是在公司战略指导下的一系列决策原则、程序和内容，因此具有针对性和策略性。

(2) 公司战略是企业面对激烈变化、严峻挑战的经营环境，为求得长期生存和不断发展而进行的总体性谋划，因此抗争性比较突出；运营战略在总体性谋划的指导下，针对不同环境制订不同的竞争策略，因此竞争性比较突出。

第二节 电信运营战略的特殊性

电信行业属于服务行业，本节首先探讨服务业的运营战略较之制造业的特点，随后分析与其他同类服务行业相比，电信行业的运营战略的特色。

一、服务运营战略的特殊性

1. 服务运营战略的含义

(1) 服务业运营管理的特殊性

虽然有形产品的生产过程和无形产品的服务过程都可以看作一个“投入—变换—产出”的过程，但它们的变换过程及产出结果有很多区别(见表 1-1)。

表 1-1 制造业与服务业的区别

制造业	服务业
产品是有形的、耐久的	产品无形、不可触、不耐久
产出可储存	产出不可储存
顾客与生产系统极少接触	顾客与服务系统接触频繁
响应顾客需求周期较长	响应顾客需求周期很短
可服务于地区、全国乃至国际市场	主要服务于有限区域范围内
设施规模较大	设施规模较小
质量易于度量	质量不易定量

(2) 服务运营战略的含义

服务运营战略的含义很广泛，不仅包括服务性企业的运营管理，也包括其他任何组织中所存在的服务运营。实际上，不仅服务业在国民经济中所占的比例越来越大，而且制造业所创造的产值中也有越来越多的部分是由其服务性活动所创造的。产品的科技含量越高，其所有生产经营中的服务性活动（展示、配送、维护保养、使用指导、培训、安装等）以及由这些活动所创造的价值就越多，从事服务性工作的人员在企业人数中所占比重也越大。

服务企业的运营战略通常与企业总体战略联系在一起。对于大多数服务企业来说，服务提供系统就是企业的全部活动。因此，任何决策都要考虑服务运营的需要。

2. 服务运营战略的具体内容

服务运营战略是对企业战略的分解和进一步细化，它可分为服务产品战略、竞争战略、服务提供系统设计、服务提供方式的选择、纵向集成度的选择以及服务提供系统运行与控制六部分。

(1) 服务产品战略。企业进行生产运营，先要确定向市场提供什么样的服务产品，这就是产品或业务的选择和决策问题。波士顿矩阵法、层次加权法等方法支持产品战略决策。

(2) 竞争战略。包括两部分内容：分析竞争的基本要素，以及对重点竞争要素的选择。

(3) 服务提供系统设计。服务提供系统的设计是涉及将服务产品传递到客户的整个过程中的投入资源要素、流程、机制等的设计，它对生产运营的运行有先天性影响，是实施企业战略的重要步骤。

(4) 服务提供方式的选择。提供方式的选择是指生产者根据生产资源、生产过程及产出物的有机、有效组合和运营方式的设计方案做出选择的决策过程。

(5) 纵向集成度的选择。纵向集成是强调从新业务的构思、设计、商用到正式的市场推广整个产品管理流程的一个完整供应链的活动中，一个企业的生产运作所包括的环节的多少。企业供应链包括的环节越多，纵向集成度就越高。

(6) 服务提供系统运行与控制。包括服务系统的优化、进度控制、产品管理、客户管理、能力管理、IT 管理、绩效管理等内容。

二、电信运营战略

1. 电信运营战略的含义

电信运营战略，与电信运营企业的总体战略联系在一起，是为了使电信企业运营目标和企业目标协调一致，而针对电信企业的服务提供系统在客户管理、产品与业务管理、能力管理、IT 管理、绩效管理等方面制订的一系列具有电信企业特征的政策和计划的集合，是有效整合电信企业资源的长期战略。

2. 电信运营战略的具体内容

根据电信业的特点，电信运营战略的内容如图 1-1 所示。

竞争战略 产品战略	运营支持 条件准备	业务实现 业务计费	业务保障
客户管理:服务、营销、维系……			
产品与业务管理:资费、开发、策划……			
能力管理:投资、计划、网络、采购……			
IT 管理:IT 规划、IT 服务、IT 运维……			
绩效管理:绩效目标、评价体系……			
……			

图 1-1 电信运营战略框架

电信运营战略横向包括竞争战略和产品战略、运作支撑和条件准备、业务实现及业务计费、业务保障,它涵盖了服务业运营战略的所有内容。

(1) 竞争战略及产品战略:该过程负责生成战略并为实现这些战略而在企业范围内建立业务委托事项,这些战略为基础设施生命周期管理和产品生命周期管理过程提供了支持。它覆盖了市场、产品、客户、服务、资源以及供应商/合作伙伴等横向的层次。它还负责对这些策略的执行效率进行跟踪,如果必要的话,调整这些策略。

(2) 运营支持和条件准备:即服务提供系统的设计,该过程负责为运营过程提供支持,确保运营的条件准备就绪,涵盖了业务提供运行系统的设计、资源准备等内容。

(3) 业务实现与业务计费:即服务提供系统的运行,体现了电信运营的特殊之处,业务提供之后才能合理收费。其中业务实现过程负责及时、正确地为客户提供他们所需要的产品,将客户的个人需求转化为利用企业特定产品的解决方案,并通知客户定单的状态和确保定单的及时完成。业务计费过程负责及时、正确地生成账单;处理收费;账单查询;解决计费问题;同时该过程还支持业务的预付费等。

(4) 业务保障:即服务提供系统的控制,该过程负责维护活动以确保提供给客户的业务满足服务等级协议或服务质量性能水平;执行连续的资源状态和性能监控;收集性能数据,通过分析这些数据识别出潜在的问题,并在对客户造成影响之前解决这些问题;负责从客户接受故障报告、通知客户故障的状态、确保故障的修复。

同时,从电信运营的功能(见图 0-6)出发,运营战略可从纵向分解到相应的客户管理、产品与业务管理、能力管理、IT 管理、绩效管理等方面,即整体运营战略的执行,本书第二篇至第六篇具体介绍相关内容。

思考题

当企业战略目标确定之后,如何制订相应的市场竞争战略、客户服务战略等?分析一下制订的过程、思路。

第二章 电信运营战略的管理

运营战略管理是对企业的生产经营活动实行的总体性管理，是企业制订和实施运营战略的一系列管理决策与行动，其核心问题是使企业自身条件与环境相适应，求得企业生存与发展。结合电信运营的特点，本章主要介绍制订电信运营战略的影响因素、运营战略定位模式和运营战略的实施。

第一节 电信运营战略的影响因素

运营战略的制订是通过对企业内外环境因素的分析和组合来确定企业的运营目标、战略定位和战略实施的过程。

一、电信运营战略制订的主要内容

运营战略制订包括确定运营任务、分析外部机会与威胁、内部优势与弱点、确定运营目标、制订并选择战略、确定实施策略等，是一项很复杂的工作，大致可以分为以下几个方面。

(1) 环境分析。对社会的政治、经济、文化、技术等各个方面环境因素进行分析，要分析国内的、国际的，也要尽可能地考虑到一切对企业将来的经营会有影响的环境因素。

(2) 市场预测及企业业务发展状况的调查分析。

(3) 竞争实力分析。

(4) 鉴别和研究各种不同的备选方案。没有任何企业拥有无限的资源，所以战略制订者必须确定：在可选择的战略中，哪一种能够使企业获得最大的收益，并分析各个计划方案的特点，了解各种战略的长处及其局限性。

(5) 风险和意外事件分析。分析各项战略方案在什么情况下是不适用的，万一发生意外事件，对这项战略方案会有什么影响，需要做出哪些调整或更换哪些方案。

(6) 资源分配研究。即在各经营单位、职能管理单位之间，资本与劳动力等生产要素如何进行分配，以确保战略实施成功。

电信运营业的战略制订,更重要的是进行内外部的环境影响因素分析。

二、电信运营企业战略的影响因素分析

企业的环境分析包括外部环境和内部环境,外部分析的目的在于确认有限的可以使企业受益的机会和企业应当回避的威胁,内部分析则是找出企业的优势和弱点,以帮助企业保持清醒的头脑,有效整合内部资源。

外部因素通常分为五类:经济因素;社会、文化、人口和环境因素;政治、政府和法律因素;技术因素;竞争因素。外部因素的变化会影响对产品及服务需求的变化,影响被开发产品的类型、市场定位和细分战略的性质,影响所提供服务的类型,以及对收购或售出企业的选择,并且影响到产业链上下游。内部因素分析需要收集有关企业的管理、营销、财务、生产作业、研究与开发及信息系统运行方面的信息。

在制订战略时,并非所有的外部、内部因素都要考虑,而往往只考虑一些关键性的影响因素。以下重点分析电信运营业外部的经济环境、产业环境、市场环境(即竞争环境)和技术环境;内部分析则从企业能力和产品竞争力角度进行分解。

三、企业外部环境因素

1. 经济环境

(1) 城乡居民消费水平稳步提高,恩格尔系数逐步下降。

(2) 对大多数产品而言,买方市场已初步形成,消费支出分流日益明显,商品消费向个性化、多元化和高档化发展,选择性消费逐渐增加。

(3) 通信消费占全国 GDP 的比重在继续扩大,随着信息技术的发展和成本的降低,人们对通信业务的需求将持续增长,同时带动相关产品和服务需求的扩张。

2. 产业环境

(1) 电信业的发展为中国信息化做出贡献,在国民经济中地位突出,超前国民经济的发展。电信业是国家信息化的基础设施产业,在中国信息化进程中起着至关重要的作用,电信业加快经济领域信息化的建设,同时着力推进社会领域的信息化应用,促进电信业与国民经济的协调发展。推进信息化,也是电信业持续发展面临的新机遇,是电信业面对的最大市场。国家实施以信息化带动工业化的战略,为电信业形成新的经济增长点创造了良好的外部环境,开辟了广阔的发展空间。

资料：电信业对国民经济的贡献

表 2-1　1997—2005 年电信业对国民经济的直接贡献

年份/年	1997	1998	1999	2000	2001	2002	2003	2004	2005
业务收入占 GDP 比重/%	1.90	2.17	2.84	3.16	3.39	3.51	3.38	3.30	3.18
电信业增加值对 GDP 直接贡献率/%	1.14	1.30	1.70	2.16	1.99	2.15	2.31	2.19	2.1

注：国家统计局 2005 年 12 月全国经济普查信息调整后调整了 GDP 数据，2001—2005 年为调整后数据。

资料来源 1：王保平，人民邮电报；资料来源 2：中国通信网，摘自 www.cttl.cn.

资料：电信业务收入占 GDP 之比的国际比较

表 2-2　1998、1999、2002 年电信业务收入占 GDP 之比的国际比较

年份/年	美国	日本	韩国	印度	中国	世界
1998	2.8	2.3	3.4	0.8	2.6	2.7
1999	2.9	2.6	3.9	1.6	2.8	2.8
2002	2.8	2.8	4.6	1.6	4.1	3.1

资料来源：《中国统计年度报告》，2005，第 277 页。

（2）我国电信业已由高速成长期进入增长较为平缓的成熟发展期，收入增长逐渐放缓。收入增长放缓主要有以下原因：一是电话客户增长放缓，特别是东部发达地区和城市，而在普及率较低的西部和农村潜在市场，受实际消费能力限制，尚不能形成较大的需求；二是以投入为手段、以规模扩张为特征的粗放型增长模式还没有根本转变，企业创新能力不足。

3. 市场发展环境

（1）市场格局逐步进入有效竞争状态。

资料：中国的电信市场竞争环境

自 2002 年 5 月电信重组后，中国电信有六个基础运营商：中国移动通信集团公司、中国联合通信有限公司、中国电信集团公司、中国网络通信集团公司、中国卫星通信集团公司和中国铁通集团有限公司。在移动市场上，中国移动占据主导地位，优势十分明显，移动业务收入和客户规模都在 70%以上。在固话市

场与宽带和互联网市场上，中国电信的市场份额较大，中国网通努力追赶。中国铁通和中国卫通的实力相对较弱，但是他们也有自己的优势领域，中国铁通以拓展铁路通信市场为主，中国卫通则大力开展卫星通信市场，同时双方都在推动数字集群业务。

2008 年 5 月 23 日，新的重组方案是：中国联通和中国网通合并为新的中国联通；原中国联通的 C 网剥离给中国电信；中国铁通并入中国移动。重组后新中国移动的总资产约 5 500 亿元人民币，手机客户数超过 3.763 83 亿，固定电话客户数1 819万，宽带客户数 314 万；新中国联通资产约 3 000 亿元人民币(剥离 C 网资产，以 500 亿投资额算)，手机客户数 1.216 89 亿，固定电话客户数 1.100 55 亿，宽带客户数 2 053.1 万；新中国电信资产约 3 000 亿元人民币(吸收 C 网资产，以 500 亿投资额算)，手机客户数4 223.0万，固定电话客户数 2.191 1 亿，宽带客户数 3 627 万。这样三大运营商形成了“三足鼎立”之势，均具备固定电话、移动电话、宽带接入等全网业务运营的能力。

(2) 移动通信发展迅速并已逐渐替代固网电话，成为电信业务的主流。随着我国社会经济的发展，地区及个人之间的交流进一步加强，移动电话以其方便携带和个人通信的特点迅速在电信市场的竞争中显示出明显优势，正逐渐分流固定电话业务，成为人们日常沟通和社会交往的重要手段。

资料：移动电话客户超过固定电话

根据中国信息产业部统计，2003 年 10 月底，中国的移动电话客户数首次超过固定电话客户，移动话音业务成为中国电信业的第一大业务。

2004 年年末，全球移动电话客户数达 15 亿，超过固网客户，同时全球移动通信的收入也超过固话。2005 年上半年，全球移动电话客户数与固话客户数的差距已达到 2 573 万。

截止到 2007 年年底，我国电话客户超过 9 亿户，移动电话客户数已达到 5.47亿，而固定电话客户数为 3.65 亿，自 1968 年起首次出现年度负增长；电话普及率(综合移动、固定)达 69.4 部/百人。其中固话普及率为 27.8 部/百人，移动普及率达 41.6 部/百人。

(3) 客户规模扩大，消费水平提高，通信需求层次上升，客户对电信需求呈现多元化趋势，丰富多彩的 3G 增值业务需求强烈。目前，中国移动客户规模和固定客户规模居世界第一，客户消费水平普遍提高，需求也日趋多样化、个性化，在传统话音业务增长趋势渐缓的情况下，移动增值业务对运营商收入增长的贡献越来越大。诺盛曾预计，2007 年移动增值业务客户规模将达到 5 亿，市场规模为 810 亿元人民币；2008 年客户规模将达到 6 亿，市场规模为 1 053 亿。移动增值业务客户规模年增长率在20%以上，市场规模增长率在30%以上(见图2-1)。增值业务的市场规模逐年激增，3G业务及市场在我国的培育与发展还会持续刺激增值业务增长。

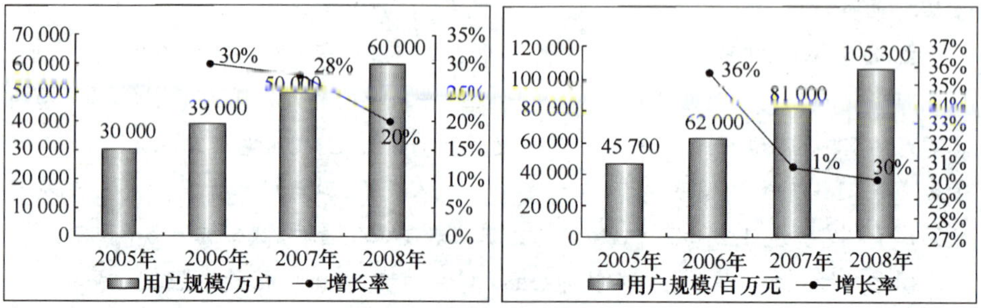

图2-1　2005—2008年中国移动增值业务客户及市场规模预测(数据来源:诺盛2006)

4. 电信技术发展环境

(1) 网络IP化。互联网以其开放性为客户提供灵活、多样、互动和廉价的服务。从欧美市场到中国市场，宽带客户正迅猛增长，成为电信产业的一个新亮点，深刻改变着产业的内部格局。从国外有关统计数据来看，VoIP业务发展很快，所占比重越来越大，欧洲一些国家的VoIP业务收入已占到了电信业务收入的15%。由VoIP演变而来的Skype业务，充分吸收IP精髓的下一代网，客户数已达3 400万，为固网运营商提供了技术转型的机遇和挑战。

(2) 信息技术的发展加速三网融合。无论是从技术发展方向还是市场需求方面看，三网融合都是不可逆转的趋势。三个网络的独立经营，分散了资源，对信息内容的开发和产业价值链的整合形成了巨大的障碍。如美国1996年在新电信法中解除了对三网融合的禁令，有线电视运营商在宽带市场上已经抢占了大半壁江山，而且借助VoIP开始蚕食语音市场。在中国，随着IPTV的升温，广播电视(广电)与电信两大行业的关系开始变得微妙起来。

(3) 业务提供平台急待整合。在未来的电信市场，客户需要语音、数据、多媒体等不同业务的一揽子提供，对运营商来讲，固网与移动网也将走向融合。因此，各运营商需要把不同的业务整合到一个智能化平台上，为客户提供整体解决方案。

四、企业内部环境因素

1. 企业能力因素

企业能力因素是指企业在发展过程中完成各项预期任务和目标所必须具备的

素质和技能。企业能力是企业所具有的、直接影响企业效率和效果的主观条件，它是一种产生于认知、行为和文化三个方面的互动作用力，是知识、结构和文化三个方面耦合的结果。

企业能力因素分析的基点是将现有企业能力进行分解后，与新业务活动必需的能力相对比，找出两者的差距，并制订提高企业能力的战略计划，使企业新业务计划得以顺利实现。

通常情况下，企业能力因素包括两大类，一类是职能领域的能力，一类是跨职能的综合能力，具体情况如表 2-3 所示。对电信企业来说，营销能力和创新能力显得更为重要。

表 2-3　企业能力因素分解及示例

项目	企业能力因素	示例
职能领域能力	营销能力	敏锐的市场意识 准确的市场定位与恰当的广告促销
	研发能力	快速的产品、业务革新 较强的基础研究能力
	管理组织能力	融洽的管理气氛 高效的组织运行 较高的战略管理水平
	人力资源	有效的、广泛的、持续的员工培训 有效的激励体系
	财务能力	健全的财务管理体制 良好的现金流 较强的偿付能力
	管理信息系统的能力	完整的管理信息系统 较强的数据挖掘和信息分析能力
跨职能的综合能力	学习能力	良好的鼓励个人学习的氛围 作为整体的企业能够通过实践进行学习的能力
	创新能力	鼓励创新的氛围 有效的创新方法
	战略性整合能力	有效的市场驱动与客户和供应商的关系 有效的战略氛围 有效的组织结构 构建健康的企业文化与在恰当时候进行文化变革的能力

(1) 营销能力

全球电信企业市场竞争激烈,电信市场的竞争正在趋向同质性竞争。从技术的角度来讲,各大电信运营商的竞争是一场没有技术秘密、没有压倒性技术优势的竞争;从产品的角度来看,虽然各种业务套餐层出不穷,但归根到底,无非是语音、数据宽带业务、增值服务等几种有限业务的组合;从价格的角度来看,激烈的竞争使各大运营商都已面临价格战的底线;从消费者体验的角度来讲,各个运营商所能够提供的产品的差异性越来越小。面对着种类繁多、功能类似、价格趋同的电信产品,客户的选择余地越来越大,他们的需求也正在变得越来越挑剔,营销能力成了电信运营商用以竞争的重要基本功。

(2) 创新能力

全球电信市场普遍出现话音业务增量不增收、固网业务增长乏力的特点,传统电信运营业缺乏新的业务增长点及创新能力。传统电信业要实现可持续发展,必须转变长期以来以话音业务为主的运营模式,推动传统电信运营业的转型。关键之一就是推进运营业的业务创新,从传统的话音服务向移动化、数字化、多媒体化及综合化的方向拓展。

2. 产品竞争力因素

对电信运营企业来说,产品一旦进入或准备进入市场,就要进行竞争力分析。产品竞争力是指一个地区的产品在市场上所处的地位,即产品在市场上有效争得份额的能力,产品竞争力是企业竞争力的最直接体现。产品竞争力因素包括价格因素和非价格因素。

(1) 产品竞争力的价格因素

企业产品在价格方面的竞争优势主要体现在产品的成本优势上。成本优势是指公司的产品依靠低成本获得高于同行业其他企业的盈利能力。在很多行业中,成本优势是决定竞争优势的关键因素。企业一般通过规模经济、专有技术、优惠的原材料和低廉的劳动力实现成本优势。当企业达到一定的资本投入或生产能力时,根据规模经济的理论,企业的生产成本和管理费用将会得到有效降低。

(2) 产品竞争力的非价格因素

第一,技术因素。由技术带来的企业技术优势是指企业拥有比同行业其他竞争对手更强的技术实力及其研究与开发新产品的能力。这种能力主要体现在生产的技术水平和产品的技术含量上。在通信行业,新产品的研究与开发能力是决定电信运营企业成败的关键因素。因此,一般都确定占销售额一定比例的研发经费,这一比例的高低往往能决定企业的新产品开发能力。运营企业的产品创新包括研究新技术,开发新产品、新业务,网络优化与改进,市场及客户研究等。另外,技术创新不仅包括产品技术,还包括创新人才,因为技术资源本身就包括人才资源。

第二，质量因素。由质量带来的质量优势是指公司的产品以高于其他公司同类产品的质量赢得市场，从而取得竞争优势。由于企业技术能力及管理等诸多因素的差别，不同公司间相同产品的质量是有差别的。消费者在进行消费选择时，虽然有很多因素会影响他们的倾向，但质量始终是影响他们消费倾向的一个重要因素。在电信行业，具有质量优势的运营企业往往在行业中占据领先优势。

总之，运营战略的制订需要全面、细致地对各方面因素加以权衡和分析，一旦考虑不周，将会影响企业整个的生存与发展。

第二节　电信运营战略的定位模式

总体上看，未来的全球电信业将在网络、终端、业务与服务三个层面上进一步融合，电信运营企业作为产业的核心功能承担者，也将在产业融合的大背景下向综合信息服务提供商的新角色转型，其战略发展方向出现两个路径：第一个路径是全业务运营模式，移动业务、固定业务和多媒体信息服务的“N 合一”，从而为客户提供“一站购齐式”服务；第二个路径是产业整合模式，一方面向金融、娱乐、广电、信息家电等其他相关产业渗透，另一方面向产业链上、下游延伸，进一步整合 IT 系统集成企业、信息服务企业和终端制造企业，提供整体信息化解决方案。

一、全业务运营模式

全业务运营模式主要表现为横向的业务整合，走全业务发展的路线。全业务运营是指：电信运营商利用自身资源、租用其他运营商资源或者与其他一些企业（如电视、广播、银行等）合作，为社会公众提供包括固定、移动基础电信业务及相应的增值服务等在内的多种业务。

由于世界范围内固网业务负增长趋势日趋明显，固网话音业务向移动转移的趋势已经不可逆转，大多数国家移动收入已超过固网话音收入。客户需求向多样化、个性化转变，在生活、商务、公共服务等方面对运营商提出了更高的要求，因此，运营商都提出要向综合信息服务提供商、全业务运营商转型。全业务运营模式如图 2-2 所示。

1. 独立运营模式

独立运营模式是指运营企业在已有网络能力的基础上主要依靠自己的资源提供电信业务。传统的话音业务，无论是固定话音业务还是移动话音业务，大部分由电信运营商独立完成，其他企业不参与业务运营，这是比较典型的独立运营模式。

2. 合作运营模式

合作运营模式是指运营企业在已有网络能力的基础上，同时还要依靠其他企业的资源，即通过企业间的合作才能提供电信业务。对于传统的话音业务，如不同运营商提供的不同网络之间的通信，即网间互联，必须经过两个企业的合作才能实现，是一种合作运营模式；合作运营模式更多地是指以数据业务为主的新业务运营模式，如一条彩铃、一个网络游戏，必须要生产音乐、游戏的专业企业参与才能完成。合作运营模式的核心是合作企业的利益关系。

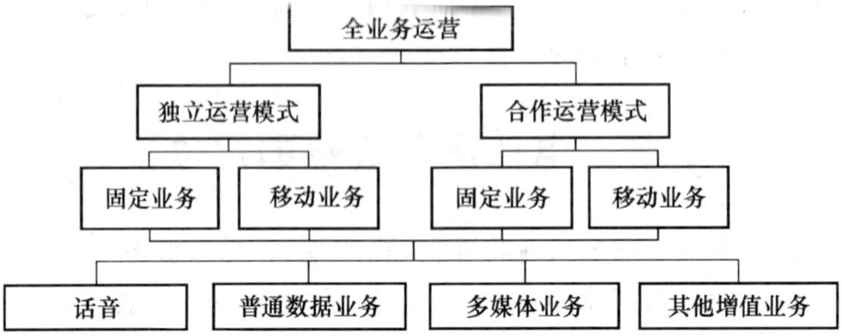

图 2-2　全业务运营模式示意图

全业务经营的优势体现如下三个方面。

(1) 分散市场经营风险，保证持续发展。经营多种通信业务的综合业务运营商的运营风险较为分散，当某一类业务出现衰退，综合运营商则可以将其经营重心转移至其他业务，从而保证企业的长期稳定。

(2) 有利于企业在更为广阔的市场拓展空间中增量创收，同时满足客户的综合化与个性化服务需求，并且使企业有可能实行灵活的业务营销策略，制订不同的价格方案。

(3) 使企业可以充分利用大量共用的基础设施，实现更加经济的资源配置与共享，提高资源利用率。一家综合业务运营企业就可以通过建设一个统一的综合业务网络平台来供各业务单元共享，从而大大提高基础设施的利用效益，降低各项业务成本，共享管理模式、网络的规划建设、运行维护经验、人力资源、企业品牌、营销渠道等无形资产。

全业务经营也有一定的弊端。由于多头经营，分散了资源和实力，可能产生重复建设与资源浪费；对于企业核心竞争力的形成和发展有一定影响，弱化企业核心业务的发展。全业务经营对于企业内部管理效率是一种挑战。

二、产业整合模式

主要指产业链上以电信运营企业为核心进行的产业整合或延伸模式，有以下四种情况。

1. 传统运营模式——基于网络的运营

网络是电信运营企业的基础性资产，个性化、多样化的客户需求首先对网络提出了更高的要求。只有实现网络的综合支撑能力，业务的多元化才不至于成为“空中楼阁”，失去支撑。“网络为王”就是强调了运营商所运营的网络的基础性重要地位。因此，网络对于电信运营企业来说是成功经营的必要条件，也是核心资源所在。在没有增值业务的年代里，运营商只基于网络做运营，即销售出租网络资源或提供基于网络的话音业务。

2. 新兴运营模式——整合服务提供商(SP)及内容提供商(CP)

信息时代的通信市场更欢迎综合信息服务提供商，运营商除了重视网络经营能力外，亟须提升业务经营的能力。与CP、SP以互利共赢、共同发展为原则，结成长期的战略合作伙伴，联手运营、合作分成是近几年非常普遍的运营模式，电信运营商主要负责内容信息的传输、宽带接入、业务管理和营销、客户管理、计费与收费。这种运营模式的关键在于合作方之间有明确的利益共享机制。中国的电信运营商越来越深刻认识到与SP、CP进行整合，打造新型价值链的重要性，经过不断探索，都在产业价值链进行了调整和延伸，展示了丰富多彩的合作方式和无限宽广的合作空间。

资料：中国电信运营商的产业整合

中国移动在2000年12月正式推出了“移动梦网”计划，“移动梦网”汇聚了中国移动与新浪、搜狐、首都在线等500家加盟内容服务提供商，联手推出众多如新闻、图片铃声下载、娱乐游戏、证券彩票等精品服务。中国联通紧跟着推出了“联通在信”无线数据业务，通过其自身的网络，联合搜狐、新浪、网易、首都在线等颇具知名度的ICP，向其手机客户提供基于短消息平台的订阅和点播业务。而中国电信推出的“互联星空计划”，以丰富的网络内容支持宽带接入业务的发展，网易、盛大网络、飞行网、TOM. COM等已成为该计划的首批合作伙伴，与中国电信在游戏、网上教育、影视点播等信息服务领域开展了全面的合作。

3. 强势运营模式——优化终端产业

终端产业为电信运营产业的客户提供各种终端设备(如手机、PDA等)。电信运营商与终端制造商以各种方式结成长期的战略伙伴，共同发展，相互促进，如终端定制、终端引导等，最本质的变化就是电信运营企业参与终端的设计、生产、销售，从而加强了对整个下游产业的掌控力，形成一种强势运营模式。目前各种合作形式的范围、深度存在着较大的差异。

案例：运营商进行终端产业整合

“家长式”的运营商：以日本的 NTT DoCoMo 为代表。具有非常显著的产业影响力和控制力，在终端产品的设计、开发、销售、品牌推广上都处于绝对的控制地位，终端厂商处于相对依附的地位。因此，NTT FOMA 业务开展情况主要取决于 NTT DoCoMo 的推动和影响，终端厂商的能动性非常有限。

“导师式”的运营商：以韩国 SKT 为代表。SKT 作为韩国重要的产业集团，自身具备终端设计和生产能力，也影响和控制着终端的销售渠道。但是 SKT 与终端厂商的合作中同时吸引日韩两国厂商的支持，以引导和管理为主，而不以完全控制为主。

“伙伴式”的运营商：以和黄 H3G 为代表。和黄作为没有 2G 网络支撑的 3G 运营商，对终端厂商的依赖较大。运营商主要以市场规模为砝码展开和终端厂商的合作。H3G 与 NEC 和 Motorola 建立了稳定的合作伙伴关系，尽管前期 H3G 的业务发展深受终端之累，但是双方的合作关系仍然处于比较稳定的状态。随着 NEC 和 Motorola 终端产品的推出力度的加强，价格下降到接近 2G 终端的水平，可以预期伙伴式的合作模式还会继续下去。

4. 渗透运营模式——向电信运营行业外渗透

全业务使得各种信息服务都可能成为运营行业的生产对象。计算机、互联网和移动终端带来了更加丰富的多元化产品世界，手机电视、网上购物、网上银行、手机钱包、IPTV 等业务将传统电信业务越来越多地与其他商业活动联系起来，从而打造了新的跨行业业务。

案例：中国移动开推手机广告，打造国内最大广告平台

2006 年 3 月 21 日，中国移动宣布与飞拓无限合作，为国内企业提供基于无线互联网的广告业务，向企业、广告公司、广告商提供无线广告，其中包括发送短信、彩信、IVR(互动声讯服务)、游戏下载、移动梦网网页栏目广告等多种方式。今后企业在中国移动手机门户网站移动梦网上发布广告时，中国移动将负责提供技术平台，而飞拓无限则负责相关广告网页的制作、测试等市场推广活动。

案例：中国移动与星空传媒合作设立无线音乐平台

2006年11月，中国移动CEO王建宙与新闻集团CEO默多克的手再次握到了一起，宣布11月共同推出“[V]无线原创音乐”平台。该平台将面向超过2.87亿户的中国移动客户，打造和推广原创无线音乐服务和内容。中国移动副总裁鲁向东曾表示，中国移动将在由运营商、唱片公司、SP、手机终端厂商组成的无线音乐产业链中承担核心角色。此前，中国移动曾推出M.Music无线音乐俱乐部、中央音乐平台等一系列加强中国移动产业链地位的无线音乐战略布局。运营商成了广告(传媒)渠道(平台)，其价值核心是信息的传播功能而不是基本的通信功能。

以上战略定位模式在不同地域、不同业务、不同企业各有其适用性及不同程度的表现，进而决定了运营战略的不同，这也是电信运营管理复杂化程度渐高、运营战略日益重要的原因所在。

案例：电信运营商的运营战略定位

1. 中国联通CDMA战略

中国联通建设CDMA网络，走上了建构整合产业链的创业之旅。

中国联通从2002年开始打造CDMA产业链，重心就是与终端厂商的合作。从IS95到CDMA1x，从机卡分离终端的定制到终端对新业务的支持，运营商与终端厂商的合作范围和深度在不断扩大。CDMA网络的每一步发展都伴随着产业链合作的深化和扩展。

目前，CDMA终端发展存在的问题，主要集中在以下方面：第一，目前中国市场上的CDMA手机生产厂商大多是与日韩厂商合作，大部分手机都是在日韩市场上已经应用，并经过改版后进入中国市场，尚没有真正与中国实情相结合，不是专门针对中国市场以及中国消费者的使用习惯所设计；第二，目前国内生产厂商大多是合资经营，决策上效率相对会降低，可能会影响到市场反应的速度。对于今后CDMA终端市场的发展，中国联通表示，将进一步稳固、强化三角联盟的关系，优化与手机厂商合作的模式，进一步树立厂商的信心，尽快与中国市场融合，开发切实的功能及应用，生产和提供适合中国使用和消费习惯，为中国客户量身订做的CDMA手机。

2. 中国移动TD-SCDMA战略

2002年至今，在国家政府部门的大力支持及各界人士的共同努力下，TD-SCDMA不断取得重大进展。作为中国第一次提出的3G标准，TD-SCDMA得到了政府和运营界的关注和支持。

中国移动素以精明和富有远见让人们津津乐道，然而中国移动一直想运营WCDMA网络，对TD-SCDMA技术并没有进行积极跟踪和深入研究，2006年下半年开始，各种因素促使国家决策：中国移动成为TD-SCDMA试商用网络的最合适运营商。显然，中国移动对于TD-SCDMA的运营措手不及。

从运营战略上看，中国移动在2005年就应该看到国家对拥有自有知识产权的知识成果的重视与坚决的支持态度，对TD-SCDMA采取积极开放的态度，积极融入TD-SCDMA产业链、促进产业快速成熟。

2007年对中国移动来说是一个关键之年。中国移动只有通过推动TD-SCDMA商用网络的快速部署，才能应对挑战，实现"正德厚生，臻于至善"的企业核心价值观，跨越责任之门，实现国有企业责任和上市公司责任的良性结合，完成整个企业的升华和提高，为创建和谐企业、和谐行业、和谐社会做出努力。

第三节　电信运营战略的实施

运营战略的实施是指企业通过一系列行政和经济的手段，组织员工为达到战略目标所采取的一切行动，需要抓好四个主要环节。

(1) 制订实施计划和方案。这些计划和方案是战略的具体化，是战略在某一时期、某一阶段或某一环节的具体实现。

(2) 资源分配。企业战略涉及企业全部资源包括资金、人员、设备、原材料、时间、信息等的分配，战略需要从资源分配上得到体现和支持。

对于电信运营企业，内部的人、财、物(包括网络、设备、房屋等)等有形资产和所有无形资产(品牌价值、社会影响力等)以及外部所有相关产业链上的产品、合作伙伴(SP、CP等)的策略、竞争对手的信息、主管部门的政策和消费者的意愿等都可以视为企业资源。

(3) 组织设计。组织设计是保证战略实施的重要步骤，包括企业内部的领导体制、组织结构、权责分配等，有什么样的战略就应有相应的组织结构和运行机制与之相匹配。

资料

法国电信运用客户主导型的组织设计，面对市场，按客户群划分几个大部门，各部门下有市场、服务、技术支持等机构，这种组织设计有利于挖掘不同客户群的潜力，市场反应速度快，有利于企业获得最大的经济效益。这种组织设计很好地满足了法国电信以客户为中心的企业战略。

> 中国联通运用以产品主导型的组织设计，即产品事业部式结构，按产品分为语音、数据、网元出租等事业部，其下设有销售、技术等部门，这种组织设计更加贴近客户对产品的需求，尤其是便于对新产品做出快速反应，利于创建新的业务单元。这正符合了中国联通以产品为中心的企业战略。

(4) 战略实施过程的评价与控制。评价与控制是对企业战略实施进行评价以及采取必要的纠正行动的过程。在战略实施过程中，必须对战略的实施进行有效的评价与控制，从而保证企业战略的正确实施以及对于战略的调整。由于企业在实施某个战略的过程中，企业的内外环境因素是不断变化的，因此评价与控制活动一般包括以下三种活动或三个阶段。

① 监视和分析企业内外环境的变化，并根据由此得到的信息重新评价企业战略的根据是否仍然成立。

② 测定企业的表现。采取什么样的方法或标准来测定企业的表现是一个十分重要的问题，如果这种评价表明企业战略的实施未能按进度进行，或者实施结果与预期相距太远，那么就有必要及时、准确地将信息反馈到各个可能造成这种差异的环节上。

③ 采取必要的纠正活动，包括调整组织结构、人员安排、领导方式、资源配置等。如果这种差异不是起因于战略的实施过程，就必须调整或修改企业的政策、战略、目标，甚至宗旨，从而形成新的战略。

思考题

1. 查找一些有关 TD-SCDMA、WCDMA 与 CDMA 的资料，衡量这三种技术产品的竞争力，并分析中国的运营商(如中国移动)应如何制订运营战略。

2. 某公司制订了下一年的总体发展战略，概括为“打造优秀企业品牌，提升社会影响力”。以此为依据要制订公司的市场营销战略，请试着提出完成这项任务需要做哪些准备工作？总体思路是什么？

第三章　电信运营战略的发展趋势

纵观整个电信运营产业的发展经历了三个阶段。第一阶段，网络运营阶段，运营产业围绕网络能力的建设组织产业结构，运营商通过组织、集成产业链上下游的产品向市场提供产品，核心能力表现为对网络的掌控。第二阶段，市场运营阶段，运营产业为了适应一定程度的市场竞争、争夺客户资源，努力提高市场营销、客户服务能力，以最大程度占领市场、锁定客户，运营商通过营销服务渠道扩大市场范围，尚未形成对整个产业链的引导作用。第三阶段，产品和业务运营阶段，运营产业开始重新定位运营产品、运营模式，寻求新的业务增长点，从传统语音业务转向综合信息类业务，运营商开始通过新的业务配置提供综合信息产品，同时注重加强自主研发，以创新促发展，带动和引导整个产业的发展。

目前国内的运营产业从第二阶段向第三阶段过渡，有以下几个特点。第一，产业结构处于变革的非稳定态，电信行业的转型还处于探索期。所有的运营商都提出向"综合信息运营（服务）"转型，并意识到要由价格模式转向价值模式、由网络能力服务转向产品能力提供服务，但电信产业的良性运营的商业模式还不清晰，管理合作伙伴、增强响应能力等成为桎梏运营的主要瓶颈。第二，产业链复杂性增加，市场弹性增加，市场前景的不确定性增加，从一个垄断的、同质化的统一大市场逐渐演变成一群以客户方便性和娱乐为主的小应用市场的总和，技术的快速发展让市场应用不断推陈出新，新生代的替代与分流作用越发明显。第三，政府监管更多向消费者倾斜、向有效竞争倾斜，低水平的竞价手段退出主流。

因此，电信运营战略要把握以下四个方面的重点：第一，强调整体的协作能力和对方向的总体把握，即对产业结构的把握；第二，强调对客户需求的深入挖掘和促销，尤其是形成潮流的能力，强调业务模式设计（共同培养市场结合利润共享）与生态环境控制，即市场与业务模式的把握；第三，强调对战略提供充分支持的、规范化的、端到端的企业管理，即从前端到后端的把握；第四，强调产业链上的各类企业从做大到做强、从优秀到卓越，通过打造优秀的企业品牌树立各自在产业中的牢固地位，即对企业品牌的把握。

本章从产业结构变化、市场与业务运营模式、端到端流程、打造优秀的企业品牌四个方面来展望电信运营战略的未来发展趋势。

第一节 电信运营产业结构的变化

一、建立战略联盟，重视产业链的合作共赢

电信运营企业之间的竞争已过渡到价值链与价值链之间的竞争，整个电信产业的价值链形成一个包括设备供应商、集成商、终端制造商、内容及服务提供商、渠道商、运营商和客户在内的一个庞大的“生态系统”。在电信市场生态环境，没有任何环节是不可替代的，参与者的价值取决于它对整个生态环境——尤其是最终客户的影响力。恰当的合作能够提高自身的生态位，而合作总是伴随着对控制权的竞争。从发达国家电信市场竞争的情况看，随着电信业竞争的加剧，业务创新速度至关重要，与价值链上下游建立战略联盟，可大大加快业务创新速度，提升竞争力。因此，每个企业都必须高度重视产业链的培育。如法国电信积极建立与产业链上、下游的战略联盟，为自己成为综合信息提供商创造了相应的环境。在新的“生态系统”中，客户感受到的已不仅仅是运营商提供的服务，而是整个网络的服务。只有在产业链竞争中取得优势，才能实现公司的长远发展。

其中，一直起着产业链龙头作用的电信运营企业应积极推动共生的生态环境的形成，并认真研究分析整个产业链中最应掌握的关键控制点，较好地控制其他参与者；应建立以端到端的业务流程为主的运营管理机制；应快速部署新业务，以便尽快向客户提供新产品。

案例：法国电信建立战略联盟

2004 年 2 月，法国电信与北电网络公司合作，建立了定位于商业客户的 IP 多媒体业务战略合作伙伴关系；同时与爱立信建立了 IP 多媒体业务战略合作伙伴关系，目标定位在普通消费者市场。2004 年 3 月，法国电信和 Sagem 建立战略联盟，共同发展移动位置服务解决方案，希望从差异化业务中找到新的增长点。2005 年年初，法国电信与视频和 IP 技术的领先供应商 Leadtek 公司合作，建设世界最大规模的基于 IP 的可视电话网络 Malign Visio。除了建立与价值链上、下游的战略联盟外，法国电信还加强与其他运营商的合作，例如其旗下公司 Orange与 TelefónicaMóviles、TIM、T-Mobile 组成 Free Move 联盟，其与中国电信拟组建合资研发中心等。与此同时，法国电信还与微软签署战略伙伴关系，合作打造下一代服务平台。这些都进一步推动了法国电信的转型。

二、加强对移动终端的引导和管理

终端已经成为运营商开展业务的载体，新业务、新技术的引入对终端的依赖性越来越强，技术的发展使得终端产业链变得更长也更复杂。为保持市场领先地位，运营商有必要加强技术研究与开发，结合一定商务模式，实现对终端产业链的引导和掌控，以提高终端对各类新业务的适配能力，满足新业务发展需要。

为了更好地推广数据业务，实现不同移动终端间制式、标准的统一，运营商需要加强对终端标准及销售的引导和控制力度。

资料：SKT对终端的引导和管理

SKT的下属公司SK Teletech专门生产SKY手机供应客户，SKT能根据客户的使用习惯和数据业务的特点，对移动终端的制式提出建议，如：SKT的手机终端上都设置了一键上网功能，以方便客户直接使用喜欢的数据业务。SKT在开发新业务时，也会在业务的规划中重点研究新业务对终端的要求，以引导其他手机终端厂商生产。

三、与其他信息服务行业的融合加剧

技术和市场的发展使得以信息服务、信息生产为中心的行业互相渗透，如电力生产行业利用电力线上网，提供互联网接入服务；广播电视行业利用有线电视网提供互联网接入及相应的信息服务；电信运营商利用手机作载体提供手机电视服务，等等。在这种趋势下，行业间的界限对于客户服务而言已经模糊起来，这要求企业用一种融合和互赢的心态来迎接市场发展，否则，企业将面临淘汰。在这方面，中国的运营业做了很多有益的尝试，进一步拓展了业务领域和行业融合的范围。

资料：中国电信的语音搜索品牌——号码百事通

2005年底，中国电信将“号码百事通”列为2006年三大重点发展业务之一，携手“互联星空”、“商务领航”共同引领中国电信迈向综合信息服务提供商的2006之路。“号码百事通”是一切基于中国电信118114台的增值业务的统称，其目的就是要在充分挖掘和整合客户号码信息的基础上，延伸和拓展传统的查号业务，满足客户现实和潜在的各类信息查询需求，将114台打造成一个综合类信息服务平台，提高中国电信差异化服务优势。目前开展的业务包括各类行业、生活、交通信息发布、查询转接、语音广告、指路服务、网址查询、通信助理、企业总机、语音贺卡业务、个人商旅业务等。号码百事通的核心是各类信息的建设，需要与各行各业探讨共同发展的商业模式，争取让老百姓生活中不可缺少的信息都放在号码百事通的平台上来。

资料：手机电视成为电信运营产业与广电业业务融合的标志性试金石

手机电视是指以手机为终端设备，传输电视内容的一项技术或应用。目前，手机电视业务的实现方式主要有三种。第一种是利用蜂窝移动网络实现，如美国的 Sprint、我国的中国移动和中国联通公司，已经利用这种方式推出了手机电视业务。第二种是利用卫星广播的方式，韩国的运营商计划采用这种方式。第三种是在手机中安装数字电视的接收模块，直接接收数字电视信号。

近几年来，随着全球 3G 商用的全面推进，以手机电视业务为代表的手机视讯业务成为移动运营商着力推广的重点业务之一。2004 年年 4 月，中国联通推出了手机电视业务。近几年来，中国移动也积极致力于推动手机电视业务发展。2005 年年初，上海移动在上海地区试播手机电视，此后中国移动各省级公司相继推出了手机电视业务。2006 年 12 月，中国移动、中国联通分别与中央电视台联手，推出基于移动通信网络的流媒体手机电视业务，引起了业界的广泛关注。双方确定的合作模式是，由移动运营企业负责提供手机视讯业务所需的网络设备、业务平台、客户服务、营销渠道、技术保障支持、计费与客服工作；由中央电视台负责手机电视业务相关内容集成、播控及管理平台的开发设计和维护以及对于内容的审核等。2007 年在移动运营企业和广播电视等部门的共同努力下，手机电视业务发展又迈出了新的步伐。4 月 6 日，中国联通与中国国际广播电台签署合作协议，推出“视讯新干线”业务品牌，中国国际广播电台手机广播电视正式开播。8 月 30 日，中国国际广播电台基于中国移动网络平台的手机电视正式开通，此次推出的手机电视服务最大的亮点是能够为客户提供权威、及时、全面的奥运报道——“奥运直通车”频道。

此外，中国移动和中国联通的一些省级公司也加快了手机电视业务的推进步伐。2007 年 7 月，由中国移动上海公司、中国联通上海分公司与上海文广新闻传媒集团合作创建的全球首个专门为手机电视制作、播放节目的电视台诞生。与传统手机电视业务仅将电视信号转播到手机上或类似网站提供节目下载服务不同，手机电视台组织了专门的采编小队，为手机客户专门设计和制作电视节目，内容涉及时事、财经、时尚、娱乐等方面。在此次合作中，上海文广负责电视节目运营，上海移动、上海联通负责网络服务。

（资料来源：刘金良，人民邮电报，2007 年）

第二节　市场与业务运营模式

一、提供综合与集成化的信息产品是可持续发展的基础

经济持续发展，信息化不断推进，市场需求走向综合化、多样化、个性化、简捷化，为客户提供一站式、综合化、一揽子的解决方案，已经成为电信产业潮流。已经可以看到，电信运营产业正在为适应这种环境变化提供集成性、综合性越来越强的业务组合。为寻求拥有综合业务能力，欧美电信业近来掀起新一轮并购、合作浪潮：西南贝尔收购 AT&T，威尔逊兼并 MCI，BT 联手沃达丰……因此，整个产业要向现代综合信息服务商转型，必须具备满足客户需求的差异化解决方案和 IT 服务的能力。

电信市场的客户将越来越集中于个人客户、家庭客户和企业集团客户三种主要类型，他们的需求也日益演化为基本通信的共性需求和信息化服务的个性需求两个层面。客户的共性需求，如话音和基于通信网自身的数据业务，将在相当长时期内占据话务量的一半以上，但是由于网络技术的升级带来了这部分业务的成本迅速下跌，因此，这部分业务的收入将在运营商整体收入结构中迅速下滑。另一方面，个性化的信息服务也为运营商寻找新的业务空间和专注于特定业务领域指明了方向。价值增值高的个性化信息服务将逐渐在运营商的话务收入结构中占据越来越高的比例，成为运营企业利润的主要来源，特别是未来的企业集团客户将在运营企业的客户地位中占据更加核心的位置。

二、把握客户需求，深入细分市场，拓宽服务领域

客户需求越来越呈现出多样化的趋势，如何以客户为核心，把握和满足客户个性化的需求，对于在竞争日趋激烈下获得业务发展至关重要。随着数据业务的不断发展，客户的差异性越发明显。即使在语音业务上，也要区分本地网、长途、忙闲时、接听和拨出等差异，只有很好地分析客户需求的差异，并为之提供度身定做、使用便捷的产品，才能求得更大发展。

在这方面存在以下主要趋势。第一，消费娱乐类将成为未来客户需求变化的重要趋势，这是电信公司必须把握的业务战略走向。对于电信运营商来说，IPTV 意味着一次重要的历史机遇，是战略转型的一个重要领域。第二，大力拓展新业务，开拓新的增长点，同时加强内部研发和外部合作（甚至直接收购）。再造传统业务，对外加大市场细分、资费套餐组合和提高服务质量的力度，增强核心竞争力；对

内控制人工、管理、营销等运营成本，走集约化经营之路。第三，拓宽服务领域，通过融合与合作创新业务模式，包括积极研究和推进业务、网络融合，从简单捆绑走向综合信息服务；顺应产业链延伸，合作拓展系统集成、信息应用和视频内容；注重区域扩张，尤其是向海外拓展，分担国内市场趋于饱和可能导致的风险。

三、运营商加强分销渠道整合，建立经营品牌效益

在未来各运营商需要拓展更多的分销渠道，如采取网络销售等方式。在拓展渠道的同时，扩大服务领域，使得业务发展与销售相辅相成，这将是未来几年内电信运营商着力打造企业形象的必要步骤之一。当然，在拓展服务领域的过程中，必然会要求电信运营商加大技术投资力度，扩展所需网络的建设，同时，还要吸收大批专业技术人员及销售人员从事这些工作。

目前，西欧的一些国家正在尝试采取不同的分销渠道，但是还过于保守，比如瑞士和葡萄牙至今不信任服务供应商这一分销渠道，但在未来几年内，能否建立良好的分销网络必然会影响各运营商的整体效益。

国内的企业普遍采用两种方式，一种是借助他方力量的他营渠道，另一种是自营渠道。在最初的通信业务大发展时期，他营渠道是提高市场份额、增加业务收入最有效的低成本方式。但发展到今天，他营渠道的不易控性、低忠诚度在一定程度上阻碍了营销服务精细化的发展，因此，应开始加强渠道的控制力，提出渠道扁平化的思路，加强自营渠道建设，以满足新的发展要求。另外，从长远发展的角度来看，品牌决定企业的生存与发展，通过提高分销渠道的营销服务质量、增加技术含量等措施打造良好的品牌形象，必然会为企业带来长期的经济效益，网络、电话等电子类渠道也越来越受到运营商的关注，渠道结构更加多元化。如何保证各类渠道的统一运营、统一品牌效益，成为企业要解决的新课题。

第三节　端到端的运营流程

一、综合业务网络要求技术转型

随着电信运营从市场运营转向产品与业务运营，网络技术主流也发生了演变（见图 3-1）。

以下一代网络（NGN）和 3G 技术为代表的新技术正在给固网运营商带来空前的压力，固网运营商面临着 PSTN 向下一代网络过渡的挑战，面临着 VoIP、VPN

等新技术、新业务带来的冲击。承担网络运营的电信运营商如不及时实施网络转型，就会在竞争中面临被淘汰的命运。关于 NGN 的发展，除了欧洲、北美外，亚洲的电信运营商也把眼光放在网络转型上。日本投入 100 亿日元改善 IP 电话网络，旨在实现日本固话的全 IP 化；韩国也启动了 NGN 的发展计划。另外，随着业务提供的多样化，支撑业务的网络需要成为集语音、数据、多媒体等不同业务类型于一体的智能型网络和单一化平台。英国电信正在致力于把既有网络打造成综合化的单一网络，成为新一代全方位的通信服务组合的平台，同时继续支持传统服务。英国电信将建立起一个基于智能系统的 IP 和 MPLS 网的先进宽带网络——21st CenturyNetwork，其中包括由先进光网络连接的高负载路由器，希望通过该网络在未来数年中改善服务体验，增加服务。

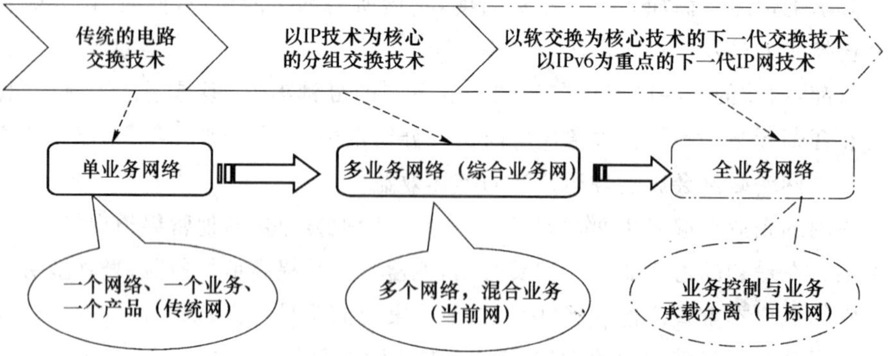

图 3-1　从电路交换到下一代交换技术的演变

可以看出，业务控制与业务承载的分离，提供了产品与业务管理作为运营流程中独立环节的可能性。

二、业务的多样化、宽带化、个性化、综合化推动了新技术不断发展创新

1. 光通信技术

当前，光通信技术正以超乎人们想象的速度发展，在过去的 10 年里，光传输速率提高了 100 倍，预计在未来 10 年里还将提高 100 倍左右。而目前 IP 业务持续的指数式增长，对光通信的发展带来了新的机遇和挑战，一方面 IP 巨大的业务量和不对称性刺激了波分复用（WDM）技术的应用和迅猛发展，另一方面 IP 业务与电路交换的差异也对基于电路交换的同步数字体系（SDH）提出了挑战。光通信本身也正处在深刻的变革之中，特别是“光网络”的兴起和发展，在光域上可进行复用、解复用、选路和交换，可以充分利用光纤的巨大带宽资源，增加网络容量，实现各种业务的“透明”传输，而“光网络”和 IP 的结合——光因特网更是成了人们关注

的焦点。

新的光纤技术,如全波光纤(All-wave Fiber)可以传送数以百计的波长,每个波长承载不同的业务;WDM 系统则继续向高速率发展,40×2.5 Gbit/s 和 32×10 Gbit/s 的产品已经开始商用化;OADM(光分插复用器)环逐步成为热点;IP over X,即 IP 传送的三种技术:IP over ATM,IP over SDH 和 IP over WDM 的讨论仍然很激烈;而海缆系统一般总是最先采用新技术,如 2.5 Gbit/s WDM 技术就是最早在海缆系统中应用的,现在它又首先采用了新型光纤和 10 Gbit/s 的 WDM 系统。

2. 无线通信技术

当前,移动宽带化和宽带移动化的趋势已经愈加明显,同时无线通信领域的技术发展速度加快,技术竞争加剧,未来的移动/无线通信将呈现网络日趋融合、多种接入技术综合应用、新业务不断推出的发展趋势。

全球 3G 技术商用进程加快。2006 年全球 3G 客户快速增长,WCDMA 客户 9650 万,比 2005 年新增近 5950 万;1XEV-DO 客户 5 676 万,比 2005 年新增 3 234 万;CDMA20001X 客户 2.76 亿。截至 2007 年 1 月,全球已发展了 WCDMA 网络 142 个,比 2005 年新增 47 个;EV-DO 网络 53 个,比 2005 年新增 22 个;CDMA20001X 网络 183 个。HSDPA 发展迅速,2006 年一年内商用网络达到 97 个。TD-SCDMA 经历了五个阶段,2002 年 2 月到 2004 年 9 月,是技术试验阶段,实现了“从无到有”;2004 年 11 月至 2005 年 6 月是研发与产业化技术试验阶段,解决了“建立产业链”的问题;2005 年 10 月至 2006 年 2 月是应用技术试验阶段,“加快芯片终端研发”;从 2006 年 2 月到现在,是规模网络应用技术试验阶段,“全面验证与完善”。从 2007 年到 2008 年,是扩大规模网络应用技术试验及试商用阶段,实现“成功商用”。

移动网络加速向宽带演进。HSDPA(高速下行分组接入)比预想的商用速度快。3GPP(第三代合作伙伴计划)和 3GPP2 分别在 2004 年底和 2005 年初开始了 3G 演进技术 E3G 的标准化工作,3GPP 已完成主要参数研究和标准化研究,3GPP2 则提出了无线接口演进(AIE)计划,分为采用多载波 CDMA2000 1XEV-DO 技术和采用增强型无线接口两个阶段。WiMAX 的提出和推进,E3G 的标准化启动和加速,使得无线移动通信领域呈现明显的宽带化和移动化发展趋势,即宽带无线接入向着移动性方向发展,而移动通信则向着宽带化方向发展。

移动和无线在技术、业务和应用等方面全方位融合。一方面,移动与无线技术在演进中走向融合。3G、WiMAX、WLAN 等各种无线技术在竞争中互相借鉴和学习,涌现出了同时被上述无线技术采用的新型射频技术,如 MIMO(多输入输出系统)和 OFDM(正交频分复用)技术等。在以 ITU 和 3GPP/3GPP2 为引领的蜂窝移动通信从 3G 到 E3G,再走向 B3G/4G 的演进道路上,以及 IEEE 引领的无线宽带接入的演进道路上，都开始增加对方的内容，包括传输、安全、漫游等，如借鉴WiMAX的高速数据传输特性，蜂窝移动通信启动了LTE，即“3G长期演进”项目，用以增强宽带传输性能等。OFDM和MIMO两者的结合是蜂窝移动通信技术和WiMAX、WLAN等无线宽带技术，解决信道多径衰落和频谱效率问题的共同选择，成为推动“无线＋宽带”发展的重要力量。另一方面，固定网与移动网的融合，通信、计算机、广播电视和传感器网络的融合成为潮流。随着移动通信和互联网的迅猛发展，以及固定和移动宽带化的发展趋势，通信网络和业务正发生着根本性的变化：一是提供的业务将从以传统的话音业务为主向提供综合信息服务的方向发展；二是通信的主体将从人与人之间的通信扩展到人与物、物与物之间的通信，渗透到人们日常生活的方方面面。这些变化极大地刺激和促进了移动/无线技术创新，出现了超宽带（UWB）、蓝牙、RFID、认知无线电、ZigBee、自由空间光系统等新技术应用。顺应这一发展趋势，相关行业将逐步融合，通过一系列新的技术、新的业务和应用来满足市场的需求，如蜂窝移动通信技术（广域网）、宽带无线接入技术（城域网）和各种短距离无线技术（如RFID、UWB和蓝牙等技术），他们与各种固定宽带接入共同接入基于IP的同一个核心网络平台，通过网络的无缝切换，实现无处不在的最佳服务。

3. 移动通信终端技术

我国基础元器件产品在高频化、微型化方面取得突破，另外在手机配套的元器件开发及产业化也取得了突破性进展。随着新业务、新应用的日益丰富，整机厂商和手机设计公司对上游元器件厂商的要求不断提高，产品类别不断增加。上、下游研发、制造的配合成为目前业界首要关注的问题，整机厂商迫切需要下游元器件厂商紧跟其研发步伐，根据应用需求提供相应配套的元器件。今后终端技术需要解决的问题是：第一，提高基频处理器性能，不断扩大容量内存，以满足手机电视、手机游戏、手机银行、手机视频点播等处理大量多媒体数据的需要，实现轻、薄、短、小的外形设计；第二，提高手机显示器件的清晰度、对比度、亮度和色彩方面的品质；第三，打破手机电池产品功耗瓶颈；第四，提高手机元件密度；第五，手机配套元器件要满足环保、低成本等新要求。

三、快速的市场响应、精准的市场分析要求持续提高和优化网络能力

网络要有综合支撑能力。网络转型是电信运营商转型的物质基础，提供综合信息服务、设计综合解决方案都离不开网络的支撑，网络不再仅发挥传输作用，还要面向不同客户群、不同业务产品、不同区域支撑不同类型的业务和解决方案，这要求网络必须升级、延伸。为此，运营商在未来要借新技术发展之机，抓NGN、

3G、4G 等发展的契机，综合业务层，统一核心层、传送层，丰富接入层，打造一张具有综合支撑能力的新一代电信网络。运营商未来掌控的是一张综合信息运营网，业务能力网是综合信息运营网的核心部分，转型的关键在于建设业务能力网支撑产品运营能力。

传统电信运营商仅构建、运营通信网络，而提供信息服务、应用服务等的网络则由更富竞争性的行业——IT 行业提供。伴随通信能力的垄断和稀缺性的消失，消费者转而看重信息与应用服务价值，这些都是体验型的，必须为消费者提供差异的体验，才能为网络增加价值，满足信息运营商的要求。

四、通过网络技术创新带动增值业务的创新与发展

市场需求与技术双轮驱动，创新数据业务。电信业是技术密集型行业，综合技术水平的高低直接决定网络服务质量，影响市场占有率。移动通信技术复杂度远超过固定通信，特别是在无线信号传播研究、网络规划设计、频率规划、网络优化等方面，必须迅速加强，快速提高水平。要把技术先进性、经济合理性、建设可行性三者统一结合起来。

目前，数据业务发展迅速，成为运营商的新的增长点。市场与技术双轮驱动在未来同样起作用，即数据业务的需求不仅仅从市场需求得来，另一方面由于技术的发展也能带动新业务的出现。例如 SKT 为致力于公司远景的实现，高度重视建设高品质的网络，并通过每一次的网络升级，带动业务，尤其是数据业务的创新。同时通过业务流程改善和市场宣传的推进，做好服务创新，以此令客户满意，也使自己占据更有利的竞争位置。

总之，**端到端流程的演化是网络运营转型的一种主流趋势**，后端的网络层面能够为前端提高业务和产品的数量和质量、加快市场响应能力、解决经营困境做出直接贡献（见图 3-2）。

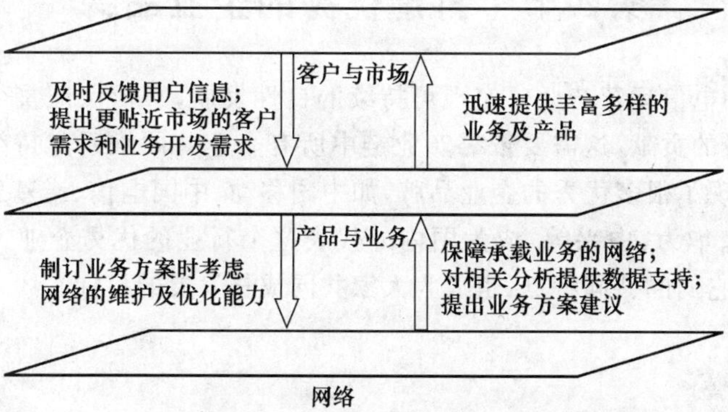

图 3-2 端到端流程对网络运营提出新的要求

案例：网络管理结合后台技术支撑打造高效率的前端客户服务模式——广东移动基于客户的差异化半速率研究

广东省移动公司2004年6月至2005年3月，以自主研发方式开展的基于客户差异化的半速率研究，形成的显性化成果包括：申请相关专利《与客户属性相关的双倍速率信道使用方法》，获得中国移动集团科技创新一等奖、中国通信协会科技三等奖。

项目研究的背景有三个方面，一是通信资费的下调和日益提高的消费能力刺激着通信客户的快速增加和单位客户通信量的不断增加，网络容量面临的压力越来越大；二是半速率是缓解无线容量压力成本最低、最有效的方法，但由于半速率自身的技术特性限制，半速率的启用会对语音质量造成影响，降低网络服务水平；三是针对每个客户的重要等级提供个性化的半速率使用方案，确保高价值客户优先选用全速率信道，其余客户则优先选用半速率信道，可以最大限度发挥出半速率的经济效益。

该项目从2004年9月起先后在广东大部分地区进行了测试和应用，测试和应用效果较为理想。在广东大部分地区的测试和使用表明：采用基于客户的差异化半速率技术后，运营商可以在一定范围内开启一定比例的半速率信道而不会对主要网络指标和客户感知造成影响，相反还会提升高价值客户在话务忙时对话音质量的满意度。广东移动使用基于客户的差异化半速率应用技术后，无线网络的平均半速率使用比例可以较以前提高约5%，而不会对各类低端客户的话音质量造成明显影响。使用基于客户的差异化半速率应用技术后，平均半速率开启比例可以较之前增加5%左右，折合12 000个载波；如扩容12 000个载波，按照每载波5万元投资计算，可节省6亿元人民币投资。项目属于成本费用类项目，经费大约为20万，项目经费主要用于软件的修改，以及后期项目推广中的专利申请和专家邀请。

第四节　打造优秀的企业品牌

发展中的电信运营产业要实现可持续的良性发展，必须保证整个产业对社会不断做出积极的贡献，这需要依靠产业链中所有企业共同维系与持续发展。在这个产业中，涌现了很多优秀的企业品牌，如中国移动、中国电信、诺基亚、三星、摩托罗拉、爱立信、华为、中兴等，成为国内外代表这个行业的优秀企业，学习型、创新型、责任型是它们的共同特点，也成为大家共同成长发展的目标。

一、建立学习型组织

学习型组织是美国麻省理工学院教授彼得·圣吉(Peter Senge)在其所作《第五项修炼——学习型组织的艺术与实务》(The Fifth Discipline: The Art and Practice of the Learning Organization)中首倡的。所谓学习型组织,是指通过培养弥漫于整个组织的学习气氛、充分发挥员工的创造性思维能力而建立起来的一种有机的、高度柔性的、扁平的、符合人性的、能持续发展的组织。这种组织具有持续学习的能力,具有高于个人绩效总和的综合绩效。

学习型组织包括五项修炼:自我超越、改善心智模式、建立共同远景、团队学习和系统思考,彼得·圣吉的研究指出,一般大企业的平均寿命只有 40 岁,在历史舞台上只有瞬间的辉煌,这是因为,外界风云突变,企业内部的管理思想、组织结构、企业文化等许多方面却还保持着静态的"惯性"。圣吉认为所有企业面临的主要问题,究其实质,就是因为他们是"差劲的学习者"。

学习型组织应具备六个方面的基本素质:一是拥有终身学习的理念和机制,重在形成终身学习的步骤;二是多元反馈和开放的学习系统,重在开创多种学习途径,运用各种方法引进知识;三是形成学习共享与互动的组织氛围,重在企业文化;四是具有实现共同目标的不断增长的动力,重在共同目标不断创新;五是工作学习化使成员活化生命意义,重在激发人的潜能,提升人生价值;六是学习工作化使企业不断创新发展,重在提升应变能力。

一个企业只有当它是学习型企业的时候,才能保证源源不断的创新出现,才能具备快速洞察和应变市场的能力,才能充分发挥员工人力资本和知识资本的作用,也才能实现企业满意、顾客满意、员工满意、投资者和社会满意的基本目的。电信技术正在不断发展,尤其是移动通信技术,近年来正处于一个更新换代的阶段,向学习型电信企业转变是创建国际一流电信企业的必由之路。对于电信运营企业而言,未来最大的资产可能不再是其拥有的庞大的网络基础设施,最大的资本可能不再是其拥有的资金,而是企业员工自身头脑中具有的各种专业知识和能力。所有的企业一旦员工拥有的专业知识落伍于时代,离被市场淘汰也就只有一步之遥了。

二、建立创新型企业

企业没有创新就没有生命力,创新不仅是提升企业核心竞争力的要求,也是满足消费者日益多元化需求的客观需要。国家把建立创新型国家作为未来发展的重大战略选择,企业成为自主创新的主体,并为企业的创新提供相应的政策指引和资源保障。

所谓创新就是要改变原有的落后的运作模式，寻求企业可持续发展的最佳途径。熊彼得将创新定义为生产函数的变动，主要包括五个方面：引入一种新的产品、采用一种新的生产方式、开辟一个新的市场、获得一种原料或半成品的新的供给来源、实行一种新的企业组织形式。对于电信运营业而言，创新主要包括以通信技术为导向的创新、以市场为导向的创新、以客户为导向的创新、以企业自身发展为导向的管理创新等。

创新型企业的显著特征是：创新成为企业的核心价值观和关注的焦点，企业通过整合企业，通过整合包括全体员工在内的国内外创新资源，在全时空范围内实现技术与战略、组织结构与流程、文化、制度市场等方面的全面协同创新，产生“2＋2＞5”的创新效益，并拥有自主知识产权和核心技术，从而赢得持续竞争优势。

坚持“自主创新、重点跨越、支撑发展、引领未来”的科技工作方针，中国通信行业要以全面提高企业自主创新能力为主线，制订创新战略，明确产业链中的创新方向，加强知识产权的培育与保护，推动和引导产业的持续发展。

三、建立责任型企业

在企业管理的诸多要素中，责任是核心要素。它决定并影响着企业经营者的思想力、决策力，管理者的管理力，员工的执行力，最终决定了企业的兴衰成败！“责任问题”是管理中最大的问题，也是众多企业在提升管理水平中花大气力想解决而一直未能解决好的老问题。因此，重视“责任问题”，创建“责任型企业”，具有十分重要的现实意义和紧迫性。

管理大师德鲁克早在 20 世纪 60 年代就提出：管理的目的只有一个，那就是“创造客户”。谁离客户的距离越近，谁获得的利润越多；接近或达到与客户的“零距离”，是每一个现代企业所期待的结果。接近或达到与客户零距离的实现途径，就是实现“责任承担”。

企业组织所承担的责任，是通过组成企业的每一个部门和岗位来实现的。因此，企业对责任的承担是企业每一个员工所承担责任的加权集合。承担责任的体现实质上就是企业品牌和价值的体现。从这一意义上说：责任创造价值、责任创造客户、责任创造利润。企业的责任应包括四大方面：社会责任，即遵守法律、保护环境、与社区和谐共处、可持续发展等；资本(股东)收益责任，即保值增值、资产收益率、利润率等；客户权益责任，即真诚守信、产品质量、服务等；员工权益责任，即安全、职业健康、培训、报酬、个人发展等。

创建“责任型企业”，要把制度责任制、经济责任制、道德责任制三者整合为一体，或称为“三维一体”责任制解决方案。制度责任制是识别责任范围、清晰责任内容、明确责任主体、规范责任行为；经济责任制是实现责任落实、强化责任监督、严格责任考核;道德责任制是持续增强责任感、培育敬业爱岗意识、建设责任文化。制度责任制是基础也是前提,经济责任制是手段也是措施,道德责任制是核心也是保障。基于责任关系的“责任流程”始终伴随着企业产品实现过程和业务流程,一旦在流程的某个环节发生“责任缺失”,必将造成整个流程的断裂,其危害的不仅仅是企业的安全、质量、效率和效益,同时也危害到责任缺失的“人”。因此,对“责任型企业”的重视和创建,也是电信行业的企业加强管理、变革企业管理机制的一项重要内容。

案例:华为的管理品牌

在中国,企业文化被各家企业说烂了,但是真正理解企业文化和实施企业文化战略的企业并不多,而华为就是其中之一。企业文化是华为之所以为华为的一个不可缺少的东西。华为的企业文化可以用这样的几个词语来概括:团结、奉献、学习、创新、获益与公平。华为的企业文化还有一个特点就是:做实。企业文化在华为不单单是口号,而且是实际的行动。

团结

任正非在《致新员工书》中写道:“华为的企业文化是建立在国家优良传统文化基础上的企业文化,这个企业文化粘合全体员工团结合作,走群体奋斗的道路。有了这个平台,你的聪明才智方能很好发挥,并有所成就。没有责任心,不善于合作,不能群体奋斗的人,等于丧失了在华为进步的机会。”华为非常厌恶的是个人英雄主义,主张的是团队作战,“胜则举杯相庆,败则拼死相救”。

奉献(责任型)

可以分为若干个层次,第一层次是为华为人奉献自己的价值,使自己的团队更加卓越。为员工提供良好的发展前途,在本土企业中无出其右。第二层次是为自己的客户奉献价值,一方面通过自己的产品为客户创造价值;另一方面,华为的营销手段已经超越了大多企业的吃喝玩乐拿模式,而采用了“营销+咨询”的模式,为客户提供电信运营解决方案。第三层次是要为整个社会、整个社区奉献华为的价值。实现这个价值华为主要通过两个方面来进行,一个是生产出优质的产品,另外一个是设立各种回报社会的基金,如寒门学子奖学金等。

学习(学习型)

在通信行业,技术更新速度之快,竞争之激烈是其他行业不能比拟的。要是华为学习能力不强,就一定会被淘汰。而对于学习,华为也有自己的观点:“世上有许多‘欲速则不达’的案例,希望您丢掉速成的幻想,学习日本人踏踏实实、德国人一丝不苟的敬业精神。现实生活中能把某一项技术精通是十分难的。您想提高效益、待遇,只有把精力集中在一个有限的工作面上,不然就很难熟能生巧。您什么都想会、什么都想做,就意味着什么都不精通,做任何一件事对您都是一个学习和提高的机会,都不是多余的。努力钻进去兴趣自然在。我们要造就一批业精于勤、行成于思,有真正动手能力和管理能力的干部。机遇偏爱踏踏实实的工作者。”华为经过近二十年的发展,基本成为一个学习型组织。作为一名合格的华为营销人,必须具备诸方面的知识,比如产品知识、专业知识、营销理论知识、销售技能技巧知识、沟通知识等。而对于任何一个人来说,这些知识不可能是先天具备的。这就要求华为人员必须具备良好的学习能力,而且还要养成学习的习惯;不然,在通信市场日益变化且竞争日趋激烈的今天,华为将注定失败。

创新(创新型)

华为公司推崇创新。从1988年成立以来,华为对创新孜孜追求。华为对创新也形成了自己的观点:其一,不创新是华为最大的风险。这个观点是对创新的肯定。因为华为的研发能力与国外同行相比差距很大,有人据此认为华为没有必要创新。其二,华为创新的动力来自于客户的需求和竞争对手的优秀,同时也来自于华为内部员工的奋斗。这个观点解决了华为创新动力来源的问题,为华为找到了开启创新之门的钥匙。其三,创新的内容主要在技术上和管理上。目前后者是关键。这个观点回答了华为要在什么地方创新。其四,对于创新的方式,主张有重点,集中力量,各个击破;主张团队作战,不赞成个人英雄主义。这个观点解决了华为的创新方式,集中了华为的有限力量,为确保华为创新的成功提供了方法保障。

获益与公平

获益是华为文化的核心、基础。任正非说“华为企业文化建立的一个前提是要建立一个公平、合理的价值评价体系与分配体系”。获益的含义是对于为华为奉献的员工华为会给予回报。拿任正非的话来讲就是“我们崇尚雷锋、焦裕禄精神,并在公司的价值评价及价值分配体系中体现,决不让雷锋们、焦裕禄们吃亏,奉献者定当得到合理的回报”。华为绝对相信重奖之下必有勇夫,华为的工资水平在深圳是最高的,在全国的同行也是最高的,因为华为相信高工资是最大的激励。

探讨:通信网络的价值何在?

伴随通信技术的进步,网络设备的价格日趋低廉,单位通信能力(以带宽为标志)的成本日趋下降。这为运营商带来了更大的成本优势,同时也大大降低了通信能力的稀缺性,运营商的网络在贬值。同时,在竞争的环境下,富裕的供给能力必然给运营商带来不可逆转的、灾难性的收入萎缩。对运营企业而言,追求价值最大化、突破网络价值困境的唯一路径就是重构网络,建设网络价值增值的核心能力。

面对网络价值的困境，运营商通常难以遏抑转型的冲动，追求数据业务的高速成长，期待用数据业务带来第二条“S”增长曲线，用数据业务的增长弥补话音业务收入下滑。事实上，沿袭话音网络的生产方式，将数据业务简单化得视为提供带宽，会导致网络价值的进一步下降。为支撑移动数据卡业务，xDSL 接入等业务而投入大量的资源，建设更高带宽的网络，只会加速网络的死亡；来自网络的收入趋于稳定，利润趋于零点，网络价值逐渐消亡。因由，必须放弃将网络基本功能直接转变为业务和产品的传统生产方式，延长业务的加工路径，引入增值网络。

随着电信业务的不断丰富和客户个性化问题的提出，按照单独的电信业务进行单一的销售，已经远远无法满足多业务交叉、打包销售、灵活计费等要求，产品运营将成为连接电信业务与客户需求的“创好贴”，原因如下。

第一，传统电信运营产业关注网络效益。电信网的成本收益存在显性的函数关系；由于业务直接占用网络功能，通过占用关系，或者业务忙时与总量的关系，可以直接测算网络的收益水平；对网络效益的把握，集中于后端的网络建设，成本是控制点，决策的关键点在网络本身。

第二，新型信息运营产业关注产品效益。信息运营网是七层的网络，产品与业务的成本结构非常复杂，各层面间的映射关系透明度较差；即使仅关注承载能力网（下四层），带宽的成本是明确的，但带宽的收益却受其承载的信息价值的影响而无法确定，“bit 成本存在，bit 收益不存在”；“bit 成本收益悖论”、“带宽氧气化”与“宽带死亡”，决定了运营效益的决策点在产品，而不在网络，只有产品才有明确的成本收益，需要围绕产品效益进行决策。

从价值链方向看，当前运营商强调的“综合信息运营（服务）商”的根本出路就是“平台策略”，这个平台就是整合内外部资源的业务运营能力，以及建立在业务运营能力之上的、满足客户需求的产品运营能力。

（资料来源：北京邮电大学经济管理学院 BSR（信息资源与系统研究所）前沿课题研究）

思考题

1. 电信运营战略转型主要表现在哪些方面？转型的动因以内部因素为主还是外部因素为主？

2. 信息产业部规定：“自 2007 年 6 月 14 日起在移动电话机进网检测中执行 YD/T1591-2006 标准。届时，所有在我国境内生产的新申请进网许可的移动电话机及配套的充电器均应符合该标准规定”。这一举措对电信运营产业有什么样的影响？会对某些企业产生运营战略方面的影响吗？

参考文献

[1] ANDERSON J C, GARY C, ROGER G S. Operations Strategy: A Literature Review[J]. Journal of Operations Management, 1989(8), 2.

[2] HAYES R H, Strategic Planning—Forward in Reverse? [J]. Harvard Business Review, 1985, 11-12.

[3] W S, Manufacturing-Missing Linking in coperate Strategy[J]. Harvard Business Review, 1969.

[4] HILL T. Manufacturing strategy: Text and cases[M]. 2nd ed. Hampshire: Palgrave, 2000.

[5] S N, LEWISM. Hilary, International Journal of Operations & Production Management[J]. Bates Journal, 2004(24), 4: 372-387.

[6] 任建标. 战略运营管理[M]. 北京：清华大学出版社，2004.

[7] 威廉·J·史蒂文森. 运营管理[M]. 北京：机械工业出版社，2005.

[8] DUCHESSIP. 企业运营与顾客价值[M]. 北京：机械工业出版社，2003.

[9] 刘丽文，等. 服务运营管理[M]. 北京：清华大学出版社，2004.

[10] 诺盛咨询公司. 移动增值业务市场将继续保持高速增长[OL]. [2006-02-09]. http://tech.qq.com.

[11] 胡庄君，黄传武. 中国电信发展分析[M]. 北京：社会科学文献出版社，2006: 30.

[12] 王保平. 电信业超常规发展直接促进经济高速增长[OL]. 人民邮电报电子版. [2005-08-01]. http://www.cnii.com.cn.

[13] 中国通信网. 电信业收入和投资发展趋势的分析与判断[OL]. [2007-08-27]. http://pda.c114.net.

[14] 中国光学在线，光纤通信技术的发展趋势[OL]. [2007-01-09]. http://www.cnopt.com.

[15] 中国信息产业网，人民邮电报. 未来移动无线通信技术发展趋势展望[OL]. [2007-08-09]. http://www.21ic.com.

[16] 乔跃山. 我国移动通信终端产业发展现状及趋势分析[J]. 世界电子元器件，2007(7).

[17] 彼得·圣吉等.变革之舞——学习型组织持续发展面临的挑战[M].北京:东方出版社,2001.

[18] 梁新怀.如何创建责任型企业[OL].[2005-09-30].中国管理传播网,http://manage.org.cn.

[19] 郑刚.全面协同创新:迈向创新型企业之路[M].北京:科学出版社,2006.

[20] 网易科技.中国电信业进入"三国演义"时代[OL].[2008-07-22].http://tech.163.com.

第二篇　电信客户管理

当前，电信市场正逐步从卖方市场过渡到买方市场，电信企业在电信市场上的主导地位也随之被客户所替代，客户在电信企业的运营过程中扮演着越来越重要的角色，如何使客户对电信企业的产品或服务满意，并保持其与电信运营商之间的互利关系，是当前电信运营商乃至所有企业都极度重视的问题。电信客户管理是整个电信运营管理过程中一个十分重要的环节，通过对目标市场上客户的分析，找出客户对电信产品与业务的需求，为电信企业产品与业务的决策提供依据，是产品与业务管理的基础。本篇重点介绍电信客户管理中的电信客户需求管理，电信客户保持管理的模型、方法，以及电信客户挽留的体系和常用方法。

电信客户管理的内容主要包括新客户识别管理、客户需求管理、电信客户保持管理、电信客户挽留管理四大部分。这四个部分相互联系，组成了客户管理这一闭合整体，四者缺一不可。电信客户管理结构如下图所示。

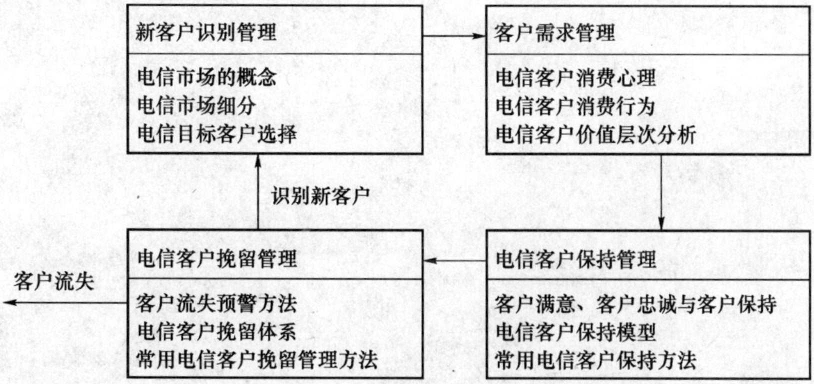

第四章　新客户识别管理

电信企业在市场上实施客户管理，必须识别究竟哪些客户是本企业的潜在客户，然而一个电信企业所面临的潜在电信市场往往是很大的，单个企业除非拥有极其雄厚的资金能力和运营能力，否则根本无法为整个电信市场提供服务，因此，运营商必须要通过各种恰当的市场细分标准，对电信市场进行市场细分，分析每个细分子市场中消费者的需求特征和需求的满足情况，以选出一个或多个最有潜力的、对本企业最有利的目标市场，从而为之提供特定服务。在市场细分过程中，不同的企业间，或是相同企业在不同时期，不同的战略目标下，市场细分的划分标准、目标市场的选择标准等都会有所不同。本章首先定义电信市场的概念，分析电信市场基本特征，然后介绍电信市场细分的标准及方法，以及在市场细分后的目标市场选择过程，最后讲述与电信目标客户进行价值沟通的方法。本章结构如图 4-1 所示。

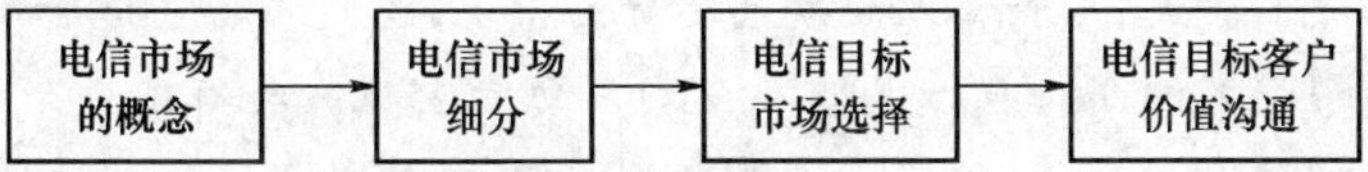

图 4-1　第四章结构

第一节　电信市场的概念

一、电信市场的含义

按照经济学对市场的定义，市场是商品交易的场所。市场是企业的生命线，能否满足消费者需求直接影响到企业的市场进入、企业的盈利率，甚至企业的生存和发展。按照市场营销的观点，市场由买卖双方、购买力、购买动机以及可满足某种需要的商品这四个基本要素构成。

电信市场是一个比较复杂的、多层次的概念，在不同的使用形态上，其内涵有所不同。电信市场包括电信设备市场、电信业务市场和电信工程建设市场三部分内容，本书中电信市场特指电信业务市场，从营销角度进行定义，电信市场是由对买卖双方（对某种电信业务有需要的客户及提供该电信业务的运营商）、客户的购买能力、客户为满足这种需要的购买欲望、电信业务(满足客户需求的某种电信业务)四个基本要素构成。电信市场的这四个因素相互制约,缺一不可,四者结合起来构成现实的电信市场,决定了电信市场的规模和容量。

按电信市场的业务种类可以将电信市场大致划分为固定电话市场、移动电话市场、无线寻呼市场、电报市场、数据通信市场和多媒体市场这五类业务市场。

资料:五类电信业务市场

1. 固定电话市场

固定电话市场是电信客户传统的消费市场,占电信市场业务总量的比重较大,与人们的社会生产和生活紧密相关。随着市场经济的深入发展,人们对信息作用的认识,以及电话本身功能的扩展,这一传统的信息传播方式更加适应当今信息时代的要求,20世纪90年代,固定电话成为人们的第一消费热点,人们越来越依赖于电话这一通信工具。

2. 移动电话市场

移动通信在我国以及全球都是发展最为迅速的电信业务之一,从移动电话的产生到今天只有很短的时间,随着模拟技术向数字技术的升级,移动电话市场发生了爆炸式的扩大;通信个人化发展趋势的出现,也使移动电话这一作为个人通信重要表现形式的高科技产品日益受到消费者重视。与有线电话相比,移动电话的成本的确会高很多,但它却具有更为方便、迅捷等无可比拟的优势。

3. 无线寻呼市场

无线寻呼的英文是Broadcast Paging,所以寻呼机又称为BP机。由于体积小、操作简便、传递信息及时准确,BP机自1983年进入我国电信市场以来便得到了广泛的普及和迅猛的发展,20世纪90年代无线寻呼客户几乎逐年翻番,成为普通消费者相互交流、获取信息的主要通信工具。无线寻呼是我国最早引入竞争机制的电信业务市场,各寻呼台间的竞争日趋激烈,寻呼台的规模、效益、管理与服务越来越成为客户所关注的焦点。

4. 电报市场

电报业务是电信市场的传统业务,在我国通信行业的发展历程中一直发挥着重要的作用,然而,随着时代的发展,电报由于其信息涵盖量相对较小、信息传播时间相对较长等缺陷,使其与当今社会通信中以尽可能短的时间传递尽可能多的信息这一原则逐渐偏离。近几年,电报市场的发展基本处于停滞甚至缩减的状态,只在农村拥有少量客户,许多原有的电报网已经拆除,代之以分组交换网承载业务。一段时间,电信企业为发展电报市场曾开办了一些新业务,如礼仪电报、电话电报等,但效果并不理想。

5. 数据通信市场和多媒体通信市场

数据通信和多媒体通信是由数据通信技术与多媒体计算机相结合而产生的，它具有综合性、交互性和同步性，是电信技术发展和技术融合的必然结果。它们的产生改变了人们原有的信息传递技术和交流方式，适应了社会对多样性信息的需求，应用渗透到各个不同的领域。因此，技术与市场双重推动的数据通信和多媒体通信有着强大的生命力。

二、电信市场的基本特征

电信市场是国家市场体系的重要组成部分，属于服务市场范畴。改革开放以来，我国的电信市场发生了巨大的变化，从过去的卖方市场转向当前的买方市场，从过去主要为党政军服务转变为现在的为经济服务，电信市场除了具有市场的一般特性外，如商品性、价值性、系统性、可控性等，还具有自身所特有的客观属性。

1. 规模经济性

规模经济性是指在增加投入要素数量的过程中，产出增加的比例超过投入增加的比例，产品的平均成本随着产量的增加而下降的经济现象。在电信市场上，运营商必须在预先建立一个庞大的通信网络，达到让消费者在这一通信网络中实现相互通信的目的，并不断吸引更多的消费者加入。由于电信企业的基础设施通信网络的建设需要投入的固定成本很大，一般远大于为消费者提供服务的可变成本，因此，运营商的客户数量越多，业务的产出量越大时，服务的平均成本就越小，这体现出电信市场的规模经济性的显著特征，这也是各大运营商相互间通过价格战等竞争方式争取客户的原因之一。

2. 范围经济性

范围经济性是指当企业联合生产多种产品时，其成本低于分别单独生产这些产品时的总成本的经济现象。电信业务具有“先建设，后服务”的特殊性，运营商必须先投入巨大的资金来完成通信网络等基础设施的建设，在具备了一定的网络能力以后才能开展各项业务，而网络基础设施建成之后，并不只为已有的电信业务服务，也可以为电信企业开发的任何新业务提供网络基础支持，这样，在追加新业务时，一部分成本由原来的网络基础设施来承担，而不必单独重新再进行投资，因此，电信运营商追加新业务的联合成本必然低于单独生产该产品的成本。电信市场具有范围经济性的特征。

3. 外部经济性

外部经济性是一个经济主体的行为对另一个经济主体的福利所产生的效果，

而这种效果并没有从货币上或市场交易中反映出来。电信通信网络是社会的基础设施，电信业的发展无疑会对社会和国民经济的发展、科技水平的提高产生巨大的作用，这就使电信企业在创造自身效益的同时还能产生其他社会效益和经济效益。服务网络和通信线路的规划、建设，社会经济信息的快速传递，都为其他产业或部门的发展提供基本的信息流通保障。通信企业与国民经济具有很强的相关性，电信企业发展的快慢、电信产品消费能力的强弱、电信服务的市场范围大小，都将影响到整个地区国民经济水平的提高，只是这些影响并没有直观地从货币或市场交易中体现出来。

4. 全程全网性

电信企业具有全程全网、联合作业的特点，电信企业只有实现全国(球)联网、互联互通，才能更好地满足客户任何时间、任何地点以及任何情况下的需求，才具有较强的竞争实力，这需要各个电信运营商的协调与配合。运营商在市场营销过程中，必须牢固地树立全局观念和全网观念，一切从全局和全网的利益出发，只有把全网经营好了，才能保证企业取得良好的市场营销效果。

5. 服务的区域性

电信网点遍布全国、全球，电信市场是一个全国性、全球性的市场，但就某一具体的电信企业来说，电信市场有明显的区域性，尤其是电信的基本业务。如果电信企业生产的产品或提供的服务，只能在它所在地交换，即使该企业产品或服务质量再好，价格再优惠，外地客户一般也不会专程到此消费，除非因公因私外出到此才可能消费。如美国 AT&T 公司在 1984 年解体后，分出的七个地方贝尔电话公司也只是在各自管辖区域内开展业务。

6. 服务的多元性

从业务性质看，电信市场的各类业务涉及各种类型的市场，具有多种市场的特点。电信服务具有服务市场的属性，电信网络元素销售具有产业市场的属性，电信信息服务具有技术市场的属性，而且各项业务营销都具有消费品市场的属性。

从电信服务对象看，从企业集团到普通消费者个人，从党政机构到一般家庭，电信服务的对象已经扩展到世界的各个角落，任何个人、组织、企业等的日常生活都离不开电信服务。

从电信服务竞争看，电信市场出现的竞争和潜在竞争已涉及包括基础业务(本地电话、长途电话、电报等业务属于电信基础业务)在内的多种业务领域，如：移动通信、数据业务、VSAT、信息服务等，特别是伴随着全球电信市场的开放、各国电信运营企业的分拆与重组、各国政府电信政策从监管垄断到鼓励竞争的转变，使电信服务市场的竞争更加激烈。

第二节 电信市场细分

一、电信市场细分的含义和意义

市场细分的概念是美国市场学家温德尔·史密斯(Wendellr Smith)于20世纪50年代中期提出来的。美国营销大师科特勒1998年提出市场细分要根据消费者对于产品或者服务的不同要求,将市场划分为几个可加以确认的细分市场,并且要描述各个市场细分的轮廓;市场细分的首要任务就是找出适当的细分(区分)变量,再利用这些变量进行市场细分的工作。

总体的电信市场通常很大,以至于运营商很难面面俱到地为整个电信市场服务,所以对电信市场进行细分,选择企业服务能力范围内的目标市场为之服务是十分必要的。

电信市场细分是依据电信市场特有的运作规律,按照电信市场消费者在市场需求、购买动机、购买行为和购买能力方面的差异,运用系统的方法将整个电信市场划分为若干个不同的消费者群(也称为子电信消费市场),然后选择合适的子电信消费市场作为公司服务目标市场的过程。

市场细分有利于企业发现最好的市场机会,提高市场占有率。企业可以通过市场营销研究和细分市场,了解不同购买者群体的需求情况和满足情况,寻找满足程度较低的子市场,发现最好的市场机会。电信市场细分是实现电信战略目标的重要手段,为电信营销活动实现目标提供有力的支撑,其主要作用表现为六个方面。

(1) 争取新客户。根据对现有客户的分析,识别潜在客户,提高市场的反应速度,优化销售渠道结构,根据不同客户群的需求特征为其提供差异化产品。

(2) 减少客户流失率。通过市场细分,了解流失率较高的客户群特征,特别是获利较多客户的个性特征,通过市场细分监控具有类似个性特征的客户发展动态,提高客户流失率预测准确率,提前做好客户流失预警措施。

(3) 增加ARPU值(每客户每月平均通信消费额)。通过更准确的价格细分、更精准的营销信息传递、更好的渠道策略和产品捆绑服务及打包服务,市场细分能扩大客户群、提升客户群的价值。

(4) 优化服务。监控每个细分市场的业务使用和获利情况,建立不同的销售渠道来满足不同电信需求市场,根据客户需求定制个性化服务产品,及时洞悉客户的业务或者产品的使用情况,提高客户对业务使用的满意度。

(5) 制订精准的市场营销策略。通过熟悉各个细分市场消费特征,为各个细分市场定制专门的价格、渠道、促销和产品。

二、电信市场细分的标准

电信市场细分的目的是使同一电信细分市场的需求相近，不同细分市场之间的需求相异，即求同存异的过程。电信市场之所以可以细分，是由于不同电信产品消费者的需求存在差异性。从理论上讲，所有可能导致需求差异的内在因素，以及体现需求差异的外在因素，都可以成为细分的标准。因此市场细分标准非常繁杂，营销理论把这些标准归并为四个大类，分别是地理和人口特征、心理特征和生活方式、产品态度和利益追求特征、消费行为和价值。下面是各类标准所包括的因素和具体含义。

1. 地理和人口特征

地理和人口特征反映了客户的基本情况和基本属性，这些因素对企业来说是不可控制的，企业只能去适应。

地理特征主要包括国家、地区、城市、农村、城市规模、人口密度、地形气候等因素，处于不同地理环境下的消费者对于同一类产品往往具有不同的需求和偏好，如我国农村地区的电信消费者具有对电信产品的消费以追求基本功能为主、对价格较敏感、具有显著的攀比消费心理的特点；而在北京、上海等大城市地区的电信消费者对电信产品的需求不仅包括基本通信功能，还包括增值业务、数据业务等。

人口特征主要包括年龄、性别、家庭生命周期、收入、职业、教育、宗教等因素，不同年龄组、不同文化水平的消费者常常具有不同的生活情趣、消费方式、审美观和产品价值观，如处于18～20岁的高校消费群体具有电信消费非理性、追求时尚和文化内涵、消费具有一定的时间规律和固定的消费模式的特征。人口统计变量比较容易衡量，有关数据相对容易获取。

地理和人口特征变量比较容易度量和获取，但是随着市场行为中消费者意识和习惯的日益复杂化，单纯依靠地理和人口特征变量远远不能准确把握市场和客户需求。

2. 心理特征和生活方式

客户的心理特征和生活方式决定了客户如何支配其时间和金钱，企业可以通过营销手段对客户的心理和生活方式进行引导。根据马斯洛需求层次理论，随着社会的进步和人民生活水平的提高，消费者对电信产品的需求逐步从低层次的功能性需求向高层次的体验性需求发展，消费者对电信产品的物理功能、品牌价值内涵都提出了更高的要求，心理特征和生活方式成为新环境下市场细分的一个重要标准。来自不同文化背景、社会阶层、职业的消费者会有不同的生活方式和个性，例如节俭型与奢侈型、保守型与时尚型的消费者在价值取向上有着明显的差异。

3. 产品态度和利益追求

产品态度和利益追求是引起购买行为的内在推动力。客户的利益追求包括追求价格便宜、追求性能优越、追求服务完善、追求产品新异等多种，消费者追求利益点的不同反映了客户需求的本质差异，会导致客户对产品态度上的差异，如持欣赏态度、持无差别态度或持否定态度，进而导致客户做出对同类产品不同的评价和购买决策。如移动通信的预付费客户具有“平民”的消费心理，将其按照对移动资费和网络质量的态度进行分析，可以细分为理智型、冲动型、理想型三类。

4. 消费行为和价值

消费行为包括对电信产品的使用种类、使用频率、使用场合、使用时间、品牌忠诚度、使用量以及消费者购买产品的决策过程、客户的缴费行为等方面，是体现需求差异的外在表现的因素。如根据消费者对电信业务的使用状况可以细分为从未使用者、曾经使用者、潜在使用者和经常使用者四类；根据消费者对电信品牌的偏好程度可以细分为坚定品牌忠诚客户、适度品牌忠诚客户、转移品牌忠诚客户（摇摆型）和多变品牌客户等。

价值包括客户对产品的使用量（在电信行业通常用 ARPU 值来表示）以及所带来的价值。根据消费者对某种电信业务的使用量和频次可以细分为重度使用者、中度使用者、轻度使用者和非使用者四类；根据客户给企业带来的价值的不同，可分为高、中、低端客户。

消费行为和价值能更直接地反映消费者的需求差异，由于运营商有良好的客户信息存储及简单分析的平台，可以很容易地从公司的数据平台上获取客户消费行为的详细数据、信息，可以为市场细分工作提供良好的数据基础，更为详细地描述各个客户群体的特征，更为有效挖掘并发现客户的需求，实施针对性的、有效的营销策略，满足客户的需求。因而基于行为和价值的细分维度对企业更具有实际意义，是目前电信企业运用比较频繁的细分变量。

三、电信市场细分的原则

电信企业选用的细分标准的多寡决定了子市场的数量和容量，细分出最细最小的子市场不一定是最好的，企业应该根据自身的具体情况，选择合适的细分标准，在细分子市场的数量、容量和推行营销策略的有效性中取得平衡。有效的市场细分须遵循以下原则。

1. 经济性

所谓经济性，是指市场细分比不进行细分能够为企业带来更多的经济效益。细分市场对企业来说必须具有一定的规模和相当的发展潜力。进行市场细分时，企业必须考虑细分市场上的顾客数量，以及他们的购买能力和购买产品的频率，如果细分规模过小，不具有规模经济效应，企业工作烦琐，成本花费大，获利较低；如果细分范围过大，便不能有效细分市场，细分失效。细分的市场要能真正为电信企业带来实际的收益，即针对不同细分市场的产品和服务能显著提高收入、降低离网率等，要有适当的规模和发展潜力，细分的客户群要有一定的购买力。

2. 可进入性

所谓可进入性，是指细分出来的市场应该是企业营销活动能够抵达的，亦即是企业通过自身的努力能够使企业的产品进入并对顾客施加影响的市场。主要体现在两个方面，一是企业有关产品的信息能够通过一定的媒体顺利地传递给该市场的大多数消费者；二是企业在一定的时期内有可能将产品通过一定的分销渠道运送到该市场。如果市场细分不具备可进入性，则该细分市场的价值就十分微小。

3. 可衡量性

所谓可衡量性，就是指细分的市场是可以识别和衡量的，即细分出来的市场不仅有明确的范围界限，而且能大致判断出细分出来的子市场的容量大小。这对细分前的市场也存在着一些要求，一方面是顾客对产品的需求具有不同的偏好，对所提供的产品、价格、广告宣传等具有不同的反应，只有这样的市场，才值得对市场进行细分；另一方面，是指购买者的特征信息存在或易于获取和衡量，如具有"依赖心理"的青年人，在实际中是很难测量的，如果以此作为细分市场的变量，就会很难细分。

4. 相对稳定性

市场细分后要保持相对的稳定性，即占领后的目标市场要能保证电信企业在相当长的一个时期经营上的稳定，避免目标市场变动过快给电信企业带来风险和损失，保证企业长期稳定的利润的取得。

四、电信市场细分标准的选择

在市场细分的流程中，细分标准的选择是重点和难点，因为随着行业、产品和细分目的的不同，标准的选择也是一个权变的过程，没有完全固定的格式和模板可以模仿。另一方面，错误地选择市场细分标准，会直接影响市场细分的效果。电信市场细分是实现差异化营销的基础，电信客户需求具有多样性的特征，单纯采用某一变量进行细分难以实现需求差异性，即实现同一细分市场内需求差异最小，不同细分市场间需求差异最大；反之，组合运用多种变量来进行多维细分会直接导致产品成本和费用的增加，过细的市场细分还会造成市场容量的不足。因此，电信企业应衡量不同细分变量的有效性，选取合理的细分变量个数和维度。

1. 四类细分标准运用概况

电信市场细分标准主要包括地理和人口特征、心理特征和生活方式、产品态度和利益追求特征、消费行为和价值四大类，现实社会中，这四类细分标准都有广泛的应用。

基于地理和人口统计特征的市场细分是目前运用最普遍的，因为客户的地理和人口统计特征都比较易于获得，在众多行业的市场细分中发挥着重要作用。

基于心理特征和生活方式的市场细分在美国、日本相当盛行，经常运用于汽车、家具、化妆品等行业的产品细分。借鉴美国的 VALS（Values And Lifestyle Survey，价值观及心理特征和生活方式调查）和 ALS II 模型，我国也开发了基于中国消费者的 CHINA-VALS，用来作为预测消费者行为的一种方法，并将中国的消费者根据生活形态分成了积极形态派、求进务实派、平稳现实派三大派十四小类，以此作为研究消费者分类的基础。但从操作的层面来看，基于外部市场调查的心理特征和生活方式细分需要耗费企业大量的资源，还有可能因为操作性误差误导企业的决策，这种方法缺乏稳定性和持续性。

相比而言，基于产品态度和利益追求的细分显得更为可靠和有效，利益追求点与消费选择有直接的因果关系，其他的几种方法都是事后的描述性分析，以利益为基础的细分则是事先的因果性分析，对需求的预测效果最好。

从数据的可获得性考虑，大多数企业尤其是在通信行业内的企业更是拥有客户大量的行为与价值数据信息，在推行数据库营销的年代，基于行为和价值的细分维度对企业更具有实际意义。

2. 四类细分标准的细分效果评价

从理论上讲，不同的市场细分标准本身并没有优劣之分，关键在于不同的细分标准的细分效果会有所不同。有效的市场细分要求细分市场之间体现需求差异性，实现可识别性、可达到性、足量性、行动可能性要求，简称为“五性要求”。表 4-1 是四类细分标准在“五性要求”上的效果评价。

表 4-1 市场细分标准与“五性要求”的关系

细分维度	差异性	可识别性	可达到性	足量性	行动的可能性
地理和人口特征	◕	●	●	不同的细分维度对上面两个细分效果特性没有相关关系 ● 效果好 ○ 效果不好	
心理特征和生活方式	◐	◕	◕		
产品态度和利益追求	◕	◐	◐		
消费行为和价值	●	◐	◐		

（1）需求的差异性，目的在于确保产品开发和价格策略的针对性，向市场主体递交个性化产品。在这一效果评价指标上，采用消费行为和价值、产品态度和利益追求为市场细分标准相对有效，因为行为和价值维度本身就体现着需求的差异，产品态度和利益追求维度则是最靠近需求差异的内在因素。其他两类细分标准只是影响需求差异的可能因素，需要通过分析其与需求的关系才能确定细分效果的有

效性。例如收入可能不是进行长话市场细分的有效属性，而户籍所在地属性则可能非常有效，这需要依靠市场研究方法和统计分析技术来检验。

(2) 需求的可识别性和可达到性，目的在于确保清晰的区分各细分市场的主体，把产品信息、产品实体通过特定的渠道递送给他们。通俗地说就是“是否能找到目标客户，劝说目标客户，把产品送到目标客户所能达到地方”，在这一效果评价指标上，采用地理人口特征和心理特征及生活方式作为细分标准会相对有效。因为职业、性别、年龄等特征使企业能够容易地界定消费者，并且企业可以通过其聚集的地点或经常阅读的媒体与之交流。心理特征和生活方式包含了生活习惯、业余兴趣以及所属文化亚群体，也能比较容易地发现其移动轨迹和媒体特征，有针对性地开展营销活动。产品态度和利益追求维度、行为和价值维度，不属于消费者的外露特征，对他们追溯和识别也存在一定的难度。

(3) 足量性指细分出来的市场必须能实现足量的利润，细分市场的数量对此影响较大。从细分维度看，细分维度的具体水平数量决定细分市场的数量，如采用性别维度，有男和女两个水平，可细分为两个市场；如果用产品态度和利益追求细分，常可以分为追求性能、追求方便、追求价廉、追求品牌四个水平或更多的细分市场。由于不同水平之间具有可合并性，因此在一个维度下，细分市场的数量是可以调整的。例如以产品态度和利益追求维度细分，可以把原有的四个以上的具体水平合并为追求价格和追求非价格两个水平。因此足量性至多会影响特定属性内具体水平数量的选择，而对具体细分维度的选择影响较小。

(4) 行动的可能性主要是指企业的资源是否能满足对细分市场的营销需求，这个主要涉及细分后企业对目标市场选择的类型和数量，对细分标准本身的选择并不具有太多的意义。

3. 电信市场细分维度的选择

首先，消费者对电信产品的需求具有多样化、复杂性的特征，仅依靠单一的细分维度很难取得理想的细分效果，四类细分标准不仅在细分市场的效果上各有千秋，对营销决策的支撑作用点也不尽相同。不同细分维度在营销决策中的作用如表 4-2 所示。

表 4-2　市场细分维度与营销决策的支撑关系

细分维度	产品开发	产品定位	价格策略	品牌塑造	媒体策略	渠道模式	客户管理
地理和人口特征					√	√	
心理特征和生活方式	√	√		√	√	√	
产品态度和利益追求	√	√	√	√			√
消费行为和价值			√				√

其次，根据社会科学决定论和消费者行为研究，四类细分标准是相互影响，存在相关关系的。人口特征(如性别、收入、教育程度、家庭状况、职业等)一定会影响

心理特征和生活方式（如社会阶层、所属亚文化群体、兴趣和爱好、社会活动轨迹等）；心理特征和生活方式的不同又会影响对利益偏好的追求；前三个维度的综合作用一定会影响最后的消费行为，如消费量、忠诚度等。从理论上分析，任何一个细分市场的市场主体在四个维度上的表现都存在内在逻辑上的相关性，四个维度的属性表现不是各自为政，而是和谐统一的。因此，中国电信运营商应根据不同的营销决策目标，综合使用四类标准相互补充进行细分，划分出符合"五性要求"的客户群体，针对目标市场开展差异化的营销活动。

五、电信市场细分的方法和技术

1. 电信市场细分的方法

按照市场细分选择的变量和维度，一般有以下几类方法。

（1）单一因素法。按照影响电信消费者需求的某一个因素来细分市场。如产品细分理论将产品分为核心产品、基本产品、期望产品、附加产品、潜在产品五个层次，以"产品对客户需求效用的满足"维度对小灵通产品进行市场细分，小灵通产品的核心利益在于满足通信需求；基本产品设计须满足客户通信和商务沟通的需求；客户期望的产品则还需要满足娱乐需要；在附加产品的层次，小灵通产品须满足客户通信、商务沟通、娱乐和数据业务的需求；细分至潜在产品的层次，小灵通产品还须满足客户个性展示的需求。

（2）综合因素法。按照影响电信消费者需求的两种以上因素来细分市场。如采用市场轮廓细分法对流动人口的公用电话市场进行细分，首先，以生活方式维度为切入点对市场进行细分，根据客户的移动频率和移动跨度的组合，将公话市场细分为四个不同的市场：候鸟型移动人群市场、穿梭型移动人群市场、乡村常住人群市场和城市型移动人群市场。然后，从地理与人口特征维度进行分析，研究各类人群的职业、收入上的差异。最后，分析各类人群对公话业务的需求特征，得到市场细分结果如表 4-3 所示。

表 4-3 流动人口的公用电话市场细分

细分维度	地理和人口特征		心理及生活方式		产品态度和利益追求			消费行为及价值	
属性	职业	收入	移动范围	移动频率	价格敏感	拨号方便	回接需求	通话量	通话频率
候鸟型市场	经商、打工者、军人	低	大	小	高	低	大	大	高
穿梭型市场	商务旅行人员、旅游者	高	大	大	低	高	小	小	低
城市型市场	城市上班族、中小学生	中	小	大	中	中	小	中	高
乡村型市场	乡村农民	低	小	小	中	高	大	中	中

(3) 系列因素法。按照影响电信消费者需求的诸多因素,由粗到细进行系列分割。如动态市场细分方法就是从时间变化的角度把握细分结构的变化。在市场发展初期,使用一些传统的细分变量和方法,如根据收入、地理区域、职业、年龄等因素进行广度细分,使主要客户群轮廓清晰化;当市场进入成熟期,市场细分以顾客的需求为依据,分析电信消费者的消费心理、行为和价值,采用科学的统计分析方法进行深度细分。

(4) 产品-市场方格法。从生产者和消费者两个角度进行交叉细分,使用"消费者需求"(以不同的产品展示)和"消费者群"两个要素来细分市场。这种方法突破了传统的市场细分和市场定位,仅从顾客需求出发,将企业自身状况甚至竞争对手状态的分析纳入细分维度,适用于企业战略层面的细分。如英国沃达丰(Vodafone)从顾客需求、企业能力、竞争对手三个维度进行战略细分,首先,明确商业客户关注的是服务的质量;第二,明确企业自身的核心竞争力在于强大的网络资源和品牌效应;第三,分析市场竞争者将客户争夺的重心多放在中低端客户上;最后,明确其市场定位策略是服务于高端客户,不打价格战,而打"服务战"、"品牌战"。虽然从客户数上统计,Vodafone 在英国市场并未居首位,但在业务收入上独占鳌头,充分体现了该企业以最终盈利为目的的经营理念。

2. 电信市场细分的技术

电信市场细分须综合使用定性研究和定量分析的方法,如对大客户多采用一对一的深度访谈方法进行方法-目的链测度,召开客户座谈会对中小企业进行调研,发放问卷调查测算客户满意度等。随着数据挖掘技术的日益成熟和 CRM(客户关系管理)理念的深入,电信市场细分的方法愈来愈科学,常用的技术主要有交叉分析、相关分析、方差分析、判别分析、因子分析和聚类分析等几种方法。

(1) 交叉分析、相关性分析和方差分析。通过研究样本在行为需求等方面是否存有差异性,从而可以区分不同的人群。通常最容易看到的差异性是在人口特征方面,如区域差异、性别差异、年龄差异等,但是这种差异性是否会导致其他方面的差异则需要通过其他统计方法来识别。例如人们的消费行为在区域方面是否存在差异性,或是在性别上是否存在差异性,可以通过交叉分析来识别,一方面它检验不同消费量的样本在区域归属上是否具有差异性,另一方面可以估计区域归属特征与消费行为的关系强度,通过反复使用交叉分析、相关分析和方差分析对样本的统计特征进行详细的研究和分析,就可以实现市场细分这一目的。但是这一方法非常机械,而且工作量非常大,研究的有效性没有办法验证,对后期营销活动的指导性较弱。

(2) 判别分析。判别分析的基本思路是设置一个数据库和一组具有不同特征的类别(标记),对该数据库中的每一个记录都赋予一个类别的标记(这样的数据库称为示例数据库),然后通过分析示例数据库中的数据来定义分类规则,即为每个类别建立分析模型，最后用这个分类规则对其他数据库中的记录进行分类。例如电信运营商对签约客户的数据库进行分析，根据信誉程度将客户进行分类标识，定义“信誉度好的客户是指那些年收入在10万元以上，年龄在40～50岁之间的群体”，同样对恶意欠费客户的信誉程度进行分析评价定义，将这些分类规则融入到欺诈检测系统中的欺诈行为的分类/识别模型，可以大大提高电信企业的客户关系管理效率，减少资金的损失。

(3) 因子分析。一种市场现象往往涉及许多影响因素，对每个影响因素逐一进行分析费时费力，解决办法之一是在不损失信息资源的前提下，将若干因素进行总结归纳，以减少分析变量的维度，然后再对这些综合的变量进行深入分析，达到从大量的数据中总结出相对少的简明信息的目的。因子分析在市场细分中的应用非常广，例如在广告研究中为了解目标市场对媒体的使用习惯，可以通过因子分析从电视、报刊和杂志等众多媒体中找出主要媒体形式及其特征；在价格研究中，因子分析可以确定价格敏感型消费者的主要个人特征，将消费者分为井井有条型、讨价还价型和货比三家型等。另外，可以通过因子得分情况详细了解在每个细分市场中企业的竞争优劣势，方便企业清楚自己的市场定位，提出相应的市场发展策略。

(4) 聚类分析。与判别分析不同，聚类分析是分类分析的一个互逆过程。聚类分析输入的是一组未分类记录，并且这些记录应分成几类事先也是未知的。聚类分析就是通过分析数据库中的记录数据，根据一定的分类规则，把数据划分为不同的组，组之间的差别尽可能大，组内的差别尽可能小。它所采用的分类规则是由使用的聚类分析技术决定的，聚类分析的方法很多，以使用的分类指标为例，可以分为简单分类和复合分类。其中简单分类是为了说明各个样本之间在某一方面存在差异，只是使用一个分类标志；而复合分类是为了说明事物间某几个方面的差异，采用若干个标志进行分层分类。采用不同的聚类方法，对于相同的数据集合可能有不同的划分结果。例如，采用聚类模型对客户消费特征进行分析，以业务量为主要分类指标，将客户分成不同的组，根据每组的差异化大小来确定最后的分组情况。也就是说，聚类分析的结果可能是分成高端客户和低端客户两组，也可能是高、中和低端三组，还可能划分成更多的组别，关键是看各组的差异性程度大小及分析的目的。基于聚类分析方法的市场细分方法中，应用得较为广泛的方法主要有基于自组织映射神经网络(SOM)的算法和模糊聚类方法。

1) 基于自组织映射神经网络(SOM)的算法

自组织映射神经网络(Self-Organizing Map，SOM)是由芬兰 Helsink 大学的 Kohonen 于1981年首次提出的，主要用于高维数据的压缩和可视化。SOM 算法的网络结构主要包括输入层和输出层，输入层由 n 个神经元组成，代表高维数据空间，输出层由 $m(m \ll n)$ 个神经元组成，代表低维数据空间，输入层和输出层构成全连接的网络空间。SOM 算法通过不断地输入高维数据来刺激低维神经元的反应，从而调整获胜神经元(及其附近神经元)的权重，实现高维空间至低维空间的映射，并保持高维空间的拓扑逻辑结构。

基于 SOM 算法的市场细分建模主要包括两部分内容：第一部分以调查者通信消费额为目标通过 BP 神经网络建模，分析不同调查内容对调查者移动消费额的影响大小，得出不同问卷字段的权重；第二部分采用 SOM 神经网络建模，根据第一阶段的字段权重选取一定量的问卷字段进行聚类，得出市场细分模型。

2）模糊聚类方法

企业在进行市场细分时，可以首先选择某一细分变量将市场划分为子市场，然后根据产品特性选择反映消费者需求的其他指标，进行市场调查，根据消费者需求特征的相似程度，运用模糊聚类方法，将需求特征相似的子市场归为一类。企业可以根据需要，调整类的数量，控制类的规模，以便寻找到具有一定规模且消费者需求特征相近的产品目标市场，为企业设计产品、制订营销策略提供决策依据。

六、电信市场细分的步骤

美国市场学家麦卡锡提出细分市场按七个步骤进行：

- 选定产品市场范围；
- 列举潜在顾客的基本需求；
- 识别不同潜在顾客的不同需求；
- 剔除潜在顾客的共同要求；
- 为不同的细分市场暂定一个名称；
- 进一步分析各细分市场的特点；
- 估计每一细分市场的规模。

对中国电信市场而言，对产品、客户市场的细分也应参照这七步法来实施。同时，为了适应市场的动态发展变化，对电信市场的细分应该以市场变化为主基调，对电信市场细分系统分别进行战略层和战术层的调整。动态市场细分的一般流程主要涉及以下六个关键环节(如图 4-2 所示)。

1. 确定企业目标

运营商在进行市场细分之前，应该确定好本企业电信产品的营销目标。作为制订企业发展战略的依据，中国电信运营商的任何决策，包括市场细分都应建立在深入细致的调查研究和分析市场需求动向的基础上。

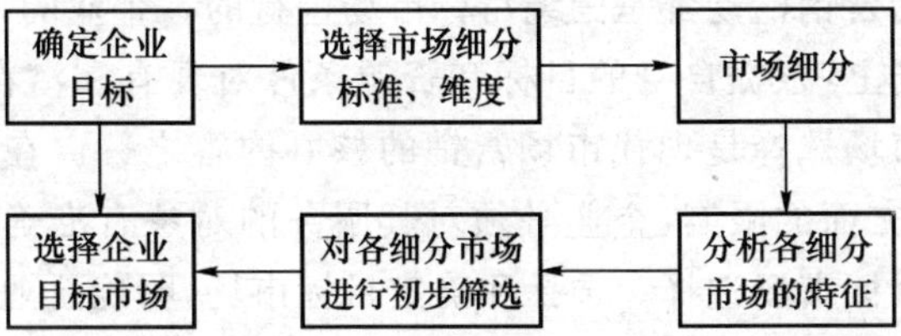

图 4-2 电信市场细分流程

2. 选择市场细分标准、维度

电信运营商应根据自身所要达到的营销目标，选择相应的市场细分标准和维度，即确定使用地理和人口特征、心理特征和生活方式、产品态度和利益追求特征、消费行为和价值等四种标准中的一种还是几种来进行市场细分。

3. 市场细分

电信企业在选择了市场细分标准和维度以后，接下来就是对整个电信市场进行细分。应用各个市场细分的方法与技术，结合企业目标将整个电信市场细分为可识别、可界定的多个细分子市场。

4. 分析细分市场的特征

电信运营商对市场进行初步细分以后，要对每一个细分市场的客户需求及其购买行为，作更深入的考察。通过分析细分出的各个子市场中消费者的地理人口统计特征、心理特征、消费行为特征等，从而确定每个细分市场上的需求特征，进一步明确各细分市场有没有必要再作细分，或重新合并，使之形成有效的目标市场。这些分析将是企业在进行产品生产和营销决策时的根据。

5. 对各细分市场进行初步筛选

电信运营商在对市场进行初步细分后，应该确定哪些需求因素是重要的，并将这些重要的需求因素与企业的实际条件和各细分市场特征进行比较，选择能发挥企业优势的细分市场。

6. 选择企业目标市场

确定各细分市场的规模，选定目标市场。在目标市场上，电信运营商应根据其他各种因素，针对不同的需求采取不同的营销策略，为目标市场提供相应的市场营销组合。

第三节 电信目标市场选择

目标市场就是企业营销活动所要满足的市场需求，是企业决定要进入的市场。电信企业选择目标市场是在电信市场细分的基础上进行的，只有按照市场细分的原则和方法，正确地进行市场细分，企业才能从中选择适合本企业为之服务的目标市场。企业的一切营销活动都是围绕目标市场进行的。企业的目标市场选择就是在需求异质性市场上，根据自身的目标和资源条件对现有和潜在的消费者群体需求的选择。目标市场选择是现代市场营销的核心内容之一。在市场经济条件下，由于资源、特长等方面的限制，企业必须对其服务的对象有准确的定位，并在此基础上科学地进行目标市场选择。选择和确定目标市场，明确企业的具体服务对象，关系到企业任务、目标的落实，是企业制订营销战略的首要内容和基本出发点。因此，为了更好地发挥企业的优势，更好地满足消费者的需求，增强企业的竞争能力，必须进行目标市场的选择。一个好的目标市场，要求市场中应该存在尚未满足的需求，具有一定的发展潜力，并且企业有能力比竞争对手更为有效地满足这一市场上的需求，市场中的目标客户应具有一定购买力，企业能取得一定的营业额和利润。

一、目标市场选择的影响因素

企业应针对自身的具体情况，选择适合于本企业的目标市场，影响目标市场选择的因素较多，通常包括以下几方面。

1. 企业自身的目标

目标市场必须与企业的战略目标相一致，企业的目标在企业中以“一只无形的手”使企业内各个岗位员工同心协力。有些细分市场虽然规模适合，增长潜力也很大，但如果与本企业自身的目标不符合，即使通过调整也不能完善一致，那么就应该考虑放弃。反之，则要尽一切努力，即使碰到挫折或失败，也要争取这些细分市场。

2. 企业拥有的资源优势

企业自身的资源优势是体现在细分市场上所能提供的产品或服务有与众不同的能力。企业自身的资源优势主要包括有形的资产和无形的资产两种，如果企业的现有资源不能使得企业在所选择的目标市场上提供有别于其他竞争对手的产品或服务，则选择该目标市场对企业无益。

3. 市场规模

市场规模即市场中企业拥有的潜在消费者数量。企业进入某一个细分市场是希望能够在这一市场上获得可观的利益，如果市场规模狭小或者趋于萎缩，企业进入后就难以获得发展，因此，企业应审慎考虑，不宜轻易进入这样的细分市场。

4. 市场进入条件

市场进入条件主要是指企业进入该目标市场门槛或困难程度。企业通过细分市场，找到想要进入的、可能会获利的市场。但是在进入该细分市场之前，应该分析进入该市场的难易程度。如果该市场的进入门槛较高，企业需耗费巨大的资金与精力才能进入，这会影响到该市场的获利性。

5. 市场竞争状况

市场竞争状况即目标市场中的竞争激烈程度及竞争结构。如果某个细分市场已经有了众多的、强大的或者竞争意识强烈的竞争者，那么，这一细分市场便是一个竞争极其激烈的市场。此时，应结合企业的战略目标和营销能力，谨慎决策是否把该细分市场作为目标市场进入。

6. 市场潜力

市场潜力是指目标市场上企业所能获得的潜在收益。对电信市场进行细分，选择企业为之服务的目标市场，这些活动企业都需要付出成本。如果目标市场没有足够的潜力为企业带来足够大的收益，企业应认真考虑是否选择该目标市场。这里的潜在收益不只是指企业的利润，处于企业发展周期不同阶段的企业有特有的目标，是否进入该细分市场，取决于企业对成本和目标的衡量。

二、电信目标市场选择的标准

电信企业通过市场调研之后对整体市场进行细分并进行分析评估，根据细分市场的市场潜力竞争状况、本企业资源条件等多种因素决定把哪一个或哪几个细分市场作为目标市场。一般而言，企业考虑进入的目标市场，应符合以下标准或条件。

1. 有一定的规模且有一定市场容量

企业进入某一市场是期望能够有利可图，如果市场规模狭小或者趋于萎缩状态，市场内电信消费者的数量小或是正处于递减状态，那么电信企业进入后则难以获得发展，此时，应审慎考虑，不宜轻易进入。当然，企业也不宜以市场潜力作为唯一取舍，特别是应力求避免“多数谬误”，即与竞争企业遵循同一思维逻辑，将规模最大、容量相对较大的市场作为目标市场。

2. 细分市场具有一定的发展潜力

细分市场从外在表现分析可能具备理想的规模和发展特征，然而从赢利的观点来看，我们必须仔细分析其内在的发展潜力。如果某个细分市场已经有了众多的、强大的或者竞争意识强烈的竞争者，固定成本过高，退出市场的壁垒过高，竞争者进入成本很大，这种细分市场就没有潜力可言。细分市场的潜力与其进退难易的程度有密切的关系。根据行业利润空间的分析，最有潜力的细分市场应该是进入的壁垒高、退出的壁垒低的行业。

3. 符合企业自身的发展目标和能力

一方面,电信企业一般均具有自身明确的长期发展目标及产品竞争的宏观战略,有时某些细分市场虽然有较大吸引力,但不能推动企业实现长期发展目标,甚至分散企业的精力,使之无法完成其主要目标,这样的市场应考虑放弃。另一方面,企业的自身综合竞争实力是企业长期发展的关键因素。因此,还应考虑企业自身的各种资源条件是否适合在某一细分市场经营。

三、电信目标市场选择过程

电信目标市场选择的过程,可归结成以下两个关键问题的解决。

1. 哪一个(几个)细分市场从本质上最理想

电信企业选择要进入的目标市场,首先要分析各个电信细分市场的吸引力,以选择本质上最理想的几个细分市场。电信市场吸引力大小由电信市场规模大小、发展前景好坏、市场结构好坏等几个方面来决定。若市场规模大、发展前景好、竞争程度低,则市场吸引力就大,反之市场就没有吸引力。电信市场规模是指电信市场的消费者总数、消费者的收入水平及消费支出、消费偏好等因素;发展前景主要包括细分市场的经济增长率和电信消费者增长率;市场结构包括市场内的竞争结构和市场壁垒两方面。通过对各个方面的综合评价,选出对企业最有吸引力的细分市场。

2. 哪一个(几个)细分市场企业最具有为其服务的竞争优势

电信目标市场的选择,即选择一个或几个本企业准备进入、集中精力为之服务的某个或某几个细分市场。通过对电信细分市场吸引力的分析,确定本质上最理想的一个或几个细分市场,但最有吸引力的细分市场未必就是企业的目标市场,目标市场的确定还和企业所拥有的资源状况及企业所具备的能力有关。结合企业对细分市场的吸引力分析和企业的能力适应度分析,在综合比较分析的基础上,选出一个或几个市场吸引力高、企业能力适应度也高的细分市场,确定为企业的目标市场,从而识别电信客户。

通过对细分市场本质吸引力和企业自身竞争优势的综合分析,选择企业的目标市场,如图 4-3 所示。

从图 4-3 中可以看到,企业通过采用适当的市场细分标准将其所面临的总体市场细分为六个子细分市场,在这六个子细分市场中,细分市场 2、细分市场 1 和细分市场 4 具有相对较高的吸引力,同时企业在这三个市场上也具有较高的服务竞争优势,对于该企业来说,这三个细分市场最有可能给企业带来较高的收益,因此,将市场 2、1、4 作为企业主要的目标细分市场。

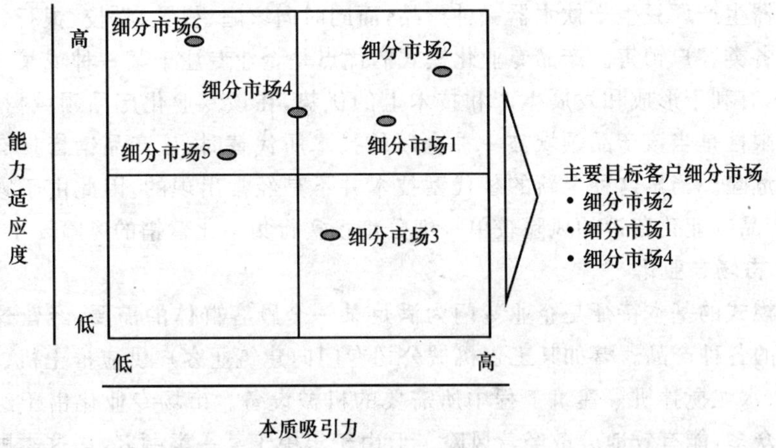

图 4-3 电信目标市场选择

四、电信目标市场选择的五种模式

电信企业通过对各个细分市场进行本质吸引力和企业自己竞争优势的分析，找出可能对企业最有利的细分市场，但这只是企业选择目标市场最基本的原则。处于不同时期的企业有其特殊的、具体的、不同的战略目标和运营模式，企业应该根据自己的具体情况，进行目标市场的选择。主要存在以下几种比较典型的选择模式。

1. 目标集中化

这是一种最简单的目标市场模式，即企业只选取一个细分市场进行集中营销。企业集中全力只生产一类产品，供应某一单一的顾客群。例如某服装厂商只能生产儿童服装。选择单一细分市场集中化模式一般基于以下考虑：企业具备在该细分市场从事专业化经营或取胜的优势条件；限于资金能力，只能经营一个细分市场；该细分市场中没有竞争对手；准备以此为出发点，以求取得成功后向更多的细分市场扩展。

2. 选择专业化

该市场模型是企业选取若干个细分市场作为目标市场，其中每一个细分市场都具有良好的盈利潜力和结构吸引力，且符合企业的目标和资源。该目标市场模型中各个细分市场之间，较少或基本不存在联系。其优点是可以有效地分散经营风险，即使某个细分市场盈利不佳，企业仍可继续在其他细分市场取得盈利。选择专业化市场模式的企业应具有较强的资源和营销实力。

3. 产品专业化

该市场模式的特征是企业集中生产一种产品，并向各类顾客销售这种产品。

如饮水器生产厂只生产饮水器一种产品，而同时向家庭、机关、学校、银行、餐厅、招待所等各类客户销售。产品专业化模式的优点是企业专注于某一种或某一类产品的生产，有利于形成和发展生产和技术上的优势，在该专业化产品领域树立形象。但其局限性是当该产品领域被一种全新的技术所代替时，该产品销售量有大幅度下降的危险。当然这种全新的替代型技术并不是经常出现的，因此由于顾客类型较多，产品专业化营销的风险较单一细分市场实行集中化营销的风险要小得多。

4. 市场专业化

该模式的基本特征是企业专门为满足某一个顾客群体的需要，经营这类顾客所需要的各种产品。譬如某工程机械公司专门向建筑业客户供应推土机、打桩机、起重机、水泥搅拌机等建筑工程中所需要的机械设备。市场专业化由于经营的产品类型众多，能有效地分散经营风险。但由于集中于某一类顾客，当这类顾客由于某种原因购买力下降时，实行市场专业化的企业也会遇到收益下降的风险。

5. 市场全面覆盖

该模式的基本特征是产品能满足各种顾客群体的需要，因此只有实力雄厚的大型企业才有能力选用全面覆盖的模式。例如美国 IBM 公司在全球计算机市场、丰田汽车公司在全球汽车市场和可口可乐公司在全球饮料市场上，均采用全面覆盖的目标市场模式。

第四节　电信目标客户价值沟通

本章前三节介绍了电信企业市场细分和目标市场选择的基本概念以及其执行的过程与方法，企业运用这些方法可以确定目标市场，目标市场上的现有消费者和潜在消费者都可能成为企业的潜在客户，但找到潜在客户不等于企业已经获得了客户，仅了解客户的一般需求还是不够的，企业必须分析目标市场上的所有消费者独特的价值需求，并与消费者进行价值沟通，吸引消费者成为企业的客户。

一、价值定位

价值定位就是对电信目标市场上目标客户独特的价值诉求进行分析，以决策企业应该如何为客户提供产品或服务，以及为客户提供什么样的产品和服务。价值定位应该强调为什么本企业可以比竞争对手更好地满足消费者的某一个目前尚未满足的需求。在理想的情况下，企业的价值定位可以给消费带来附加的经济利益。电信企业的价值定位要针对具体细分市场相对于其他细分市场所独有的客户需求，提供有别于竞争对手的产品或服务，吸引目标客户群。

电信企业在进行了电信市场细分和目标市场选择的基础上，需要进一步进行价值定位。价值定位需要回答的核心问题是:消费者为什么要买本企业的产品或服务。市场定位的过程就是企业差别化的过程,如何寻找差别、识别差别和显示差别是市场定位的关键所在。在今天,随着现在科学技术的飞速发展,尤其是通信信息技术的发展,已经存在着太多同类电信产品,运营商们推出了很多品牌的电信产品,消费者如何选择?消费者购买的理由是什么?电信企业的客户价值定位,需要对目标市场上客户不同层次的价值需求进行分析,以确定企业的产品及其品牌,实现从客户到企业,从需求到产品的过程。

电信企业客户价值需求层次分析及价值定位的具体方法、模型将会在本篇的下一章进行详细介绍。

二、价值沟通

为了让电信客户知晓并进一步了解电信产品的价值,以促进电信产品价值与客户的价值诉求的匹配,形成客户与企业的共鸣与交互,企业需要与客户进行价值沟通。价值沟通可分为五个阶段,五个阶段的目标分别是提高认知度、建立形象、易于获得、鼓励尝试、培养忠诚度;沟通方式主要包括广告、促销、赞助、活动、直邮、忠诚计划等。企业在具体的细分市场上,针对市场的具体需求,采取各种有效的方式以达到企业各个沟通阶段的目标,如图 4-4 所示。

	提高认知度	建立形象	易于获得	鼓励尝试	培养忠诚度
广告	5	5	3	3	2
促销	1	1	3	5	5
赞助	4	5	1	2	1
活动	3	5	1	2	1
直邮	5	3	1	4	2
忠诚计划	1	1	1	2	5

1~5表示沟通方式重要程度从低到高

具体细分市场、产品具体分析

图 4-4 各沟通阶段的目标

针对具体目标市场上的电信客户,分析目标客户群的需求、特点及其他外部环境,确定电信企业在该目标市场上进行客户价值沟通所要达到的目标,做出应该采用哪种沟通方式的决策。如图 4-4 所示,通过广告、直邮以及资助等价值沟通方式以提高客户对企业产品的认知度;通过广告、资助、开展各种活动等价值沟通方式来建立企业产品或服务的形象;通过广告与促销价值沟通方式告之客户企业的产品是易于获得的;通过促销、直邮以及广告的价值沟通方式鼓励客户尝试企业的产品或服务;通过促销、忠诚计划等价值沟通方式培养客户对企业的忠诚,提高客户的忠诚度。对于电信企业,同样可以运用这些价值沟通的方法来实现企业在目标市场上的目标,电信企业与客户之间价值沟通的成功与否,直接影响到企业所生产产品是否能与目标客户的需求相匹配。因此价值沟通也是电信客户管理的一个重要环节。

本章通过对电信市场的定义、细分到电信目标客户的选择，明确了电信客户管理的对象，即电信目标客户。这是电信客户管理中最首要的一步，以后的章节是在明确了管理对象的基础上，有针对性地对目标客户的需求进行分析，找到对企业最有价值的优质客户，并对这些优质客户进行客户保持和挽留。

思考题

1. 什么是电信市场？电信市场的特征有哪些？
2. 电信市场细分有什么重要意义？如何细分电信市场？
3. 电信企业如何选择自己的目标市场、目标客户？
4. 电信企业价值定位与价值沟通的作用。
5. 电信企业如何与目标客户进行价值沟通？

第五章　客户需求管理

客户需求即客户尚未满足的、生理上、心理上的需要。电信客户的需求即电信客户对于电信产品的需要。

电信客户需求管理即面向客户需求的电信运营管理，要求企业对客户的需求有较深刻的理解，并能够动态地监测客户的需求变化，从而为客户提供个性化，差异性的服务与产品。

电信客户的需求类型可以从电信客户的消费心理和消费行为中获取，消费心理的不同是导致客户需求类型差异的主要因素，也是促使客户需求变化的重要原因，从消费心理挖掘客户的需求可以从根本上了解客户的需求特征，然而，客户的消费心理是隐性的，不易获取的，因而仅通过访谈或者问卷进行消费心理调查来获取客户需求特征也存在一定的困难；通过客户的消费行为也可以了解客户的需求类型，消费行为外显且易于观察，但是，基于客户消费行为的分析往往难以触到客户的深层需求。

伍德鲁夫等相关学者通过研究，建立了顾客价值层次模型，该模型从消费心理和消费行为两个层面挖掘客户的需求，很大程度上解决了以上提到的问题，本章将在第三节对伍德鲁夫的研究进行叙述，并且介绍电信领域顾客价值层次模型的相关研究成果。

本章最后介绍客户动态需求监测的相关研究内容，客户需求的易变性意味着企业需要采用动态监测的手段对客户的需求进行跟踪。由于该领域尚处于研究初期，本章仅对基本研究框架和研究问题进行介绍。

本章结构如图 5-1 所示。

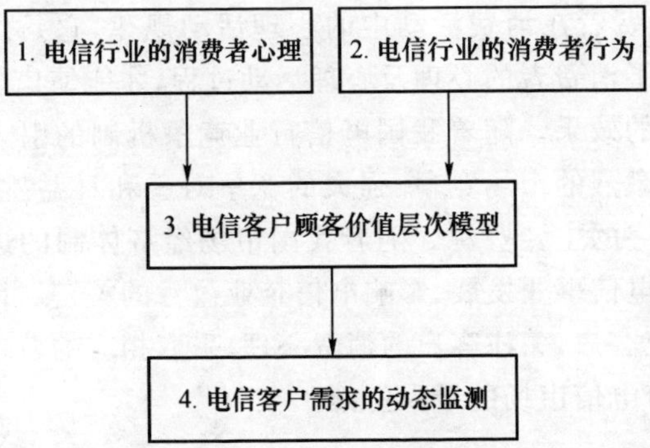

图 5-1　第五章结构

第一节　电信行业的消费者心理

20 世纪 70 年代以来，有关消费者心理与行为的研究进入全面发展和成熟阶段。前人的研究成果经过归纳、综合，逐步趋于系统化，一个独立的消费心理学学科体系开始形成，有关的研究机构和学术刊物不断增多。除了大学和学术团体外，美国等国的一些大公司也纷纷附设专门研究机构，从事消费者心理研究。有关消费者心理与行为的理论和知识的传播范围日益广泛，并且越来越受到社会各界的高度重视。

电信业是一个相对特殊的行业，它的产品和服务具有无形性、复杂性和技术性的特点。电信产品的创新很大程度上依赖于顾客与电信部门的积极互动，因此相对于其他行业而言，对消费者消费心理的研究和把握在电信行业显得更为重要和必要。

一、消费者心理的基本概念

人的任何外部行为都源自于内部的心理活动。就个体而言，消费者首先是作为一个人而存在的，必然具有人类的某些共性，如有思想、感情，有喜怒哀乐，有不同的兴趣爱好、性格气质、价值观念等。所有这些特性，即构成了人的心理，也称为心理活动或心理现象。心理活动是人脑对客观事物或外部刺激的反应活动，它处于内在的隐蔽状态，无法从外部直接了解。

人作为消费者在消费活动中的各种行为都受到心理活动的支配。例如购买何种商品，购买何种品牌、款式等，其中每一个环节、步骤都需要消费者做出相应的心理反应，进行分析、比较、选择、判断。这种在消费过程中发生的心理活动即为消费心理，又称消费者心理。换言之，消费心理是消费者根据自身需要与偏好，选择和评价消费对象的心理活动，它通过消费行为对外表现。

消费心理是消费者在消费活动中的心理活动规律，它是广告活动的出发点，因为只有真正了解了消费者的心理及心理活动过程，才能使广告的知觉、理智与情感的诉求产生预期的效果。随着我国电信行业竞争机制的引入，电信垄断已成历史。企业面对的是激烈的市场竞争、强大的竞争对手和日益挑剔的客户。电信客户已成为企业间争夺的主要资源。随着我国市场经济体制的进一步完善和发展，客户已经成为左右电信事业发展、影响电信企业盈亏的关键。因此，电信企业要谋求发展，就必须研究客户，关注客户的消费心理，采取相应的营销策略，最终赢得客户，从而尽可能占有电信市场的最大份额。

二、消费者的个性心理特征

所谓消费者的个性心理特征，就是指发生在消费者个体身上的经常的、稳定的、本质性的心理特点。它既反映了消费者心理活动的一般特点，又更明确反映出消费者心理活动的个别特点。不同的消费者在其购买行为发生的过程中会体现出不同的特点，存在这种差异性主要是由于消费者不同的个性心理特征所决定的。充分了解消费者的个性心理特征有利于企业确定产品及其广告宣传的诉求点。消费者的个性心理特征典型地体现在一个人的能力、气质和性格等方面的特点上，消费者购买行为的差异，也主要是能力上的差异、气质上的差异和性格上的差异等。

1. 消费者能力上的差异

消费者的能力就是指其能顺利地完成某项消费活动并直接影响其消费活动效果的个性心理特征。能力分为一般能力和特殊能力两种类型。一般能力是指一般人都应具有的普通能力，如观察力、记忆力、想象力、思维判断力等；特殊能力是指一个人从事某种特殊活动所表现出来的能力，如弹琴的能力、绘画的能力等。一个人的能力对他的购买决策和购买行为有着重要的影响，但一个人的能力的形成是同他的生理素质、社会实践、文化教育和主观努力等因素息息相关的。

消费者的能力差异主要表现在四个方面：一是对商品的感知辨别力的差异；其二是对商品的分析评价能力的差异；其三是对商品鉴赏能力的差异；其四是在购买活动中决策能力的差异。

2. 消费者气质上的差异

气质是人的典型的、稳定的心理特点。主要是指人的心理活动在动力方面的特点，即指心理过程的速度、强度、稳定性和指向性方面的特点。气质是构成人们各种个性品质的一个基础，个体间的气质差异形成了各自的独特行为方式。作为心理动力特征，气质还可以影响个体活动的效率和效果。在消费活动中，不同气质的消费者由于采取不同的行为表现方式，如态度的热情主动或冷漠，行动的敏捷或迟缓，都会产生不同的活动效率和消费效果。

按照俄国著名生理学家巴洛夫的学说，消费者的气质主要有以下四种类型。

兴奋型(胆汁质)：这类消费者的反应较强烈，兴奋过程强于抵制过程，即容易兴奋而难于抵制，对外界事物的反应速度快，但不够灵活，脾气倔强，精力旺盛，比较外向。在购买活动中表现出情绪激烈、直言直语、脾气暴躁、行动迅速等特点。

抵制型(抑郁质)：这类人的神经素质反应较弱，较为平衡，兴奋速度较慢，对外界事物的反应速度慢而不灵活，言行谨小慎微，易于激动和消沉，感受性和内倾性都较为明显。在购买活动中常显得沉默寡言、多疑谨慎、优柔寡断、行动迟缓。

活泼型(多血质)：这类人的神经素质反应较强而且较平衡，灵活性也比较强，情绪兴奋，活泼好动，富于表现力和感染力，对外界事物较为敏感，容易随环境的变化而转变，精力分散，兴趣广泛，联系面广，反应性和外倾性都较为明显。在购买活动中常表现出表情丰富、反应机敏、随和亲切、主意多变等特点。

安静型(黏液质)：这类人的神经素质反应迟钝，但较平衡，灵活性较低，一般情绪比较稳定，沉着冷静，善于忍耐，能抵制兴奋情绪，对外界事物反应缓慢，耐性和内倾性明显。在购买活动中常表现出目标明确、善于思考、表情冷淡、情绪稳定等特点。

3. 消费者性格上的差异

性格是一个人较为稳定的对待现实的态度以及与之相应的习惯化的行为方式。性格是人的个性中最核心、最关键、最重要和最显著的心理特征，同样，在消费者的购买活动中，性格也是起核心作用的个性心理特征，它往往是一个人的购买方式的集中体现。消费者各种各样的性格特点，在其购买活动中也会自然地表现出来。

按照新精神分析学派的霍妮从人际关系角度对人的性格的划分，消费者性格主要有以下三种类型。

逊顺型：特点是“朝向他人”，这类人接受社会规范，关心他人的期望，喜欢合作，信任他人，避免人际冲突。在消费行为中，这一类消费者更可能偏好具有知名商标的产品。

攻击型：特点是“对抗他人”，这类人难以循规蹈矩，违逆他人的期望，偏好竞争，不怕发生争论和冲突，崇尚权力、地位和荣誉。在消费行为中，这一类消费者更可能偏好体验新产品或新品牌业务。

孤立型：特点是“疏离他人”，这类人厌恶社交，自我克制，忽视他人的期望，喜欢独立，怀疑他人，漠不关心社会冲突。在消费行为中，这一类消费者可能会偏好购买可让他们享受独立的产品。

三、电信客户消费心理的基本类型

电信产品具有创新性强、种类多、使用人群广和扩散性高等特点，因而，电信消费者在使用电信产品时往往会带有更多类型的消费心理特征。电信客户的消费心理大致可分为以下几类。

1. 攀比型

客户心理需要会受到社会群体、时代风尚、消费风气等因素的影响。例如，亲朋好友、左邻右舍之间相互影响，你家买了一部新手机，我家立马也买。

2. 习惯型

客户心理需要会受到使用方便和习以为常等因素的影响。例如，客户总是习惯于到遍布城乡的电信局所申请安装电话。

3. 价格型

客户心理需要会受到电信资费和服务质量等因素的影响。例如,当电话初装费下调或电信部门的服务质量提高时,申请安装电话的客户就会多起来。

4. 偏好型

客户心理需要会受到客户的偏好和喜怒哀乐等因素的影响。例如,有的客户喜好用电话与亲友联络,而另一些客户喜欢使用短信表达感情。

5. 优越型

客户心理需要会受到客户的审美能力、选择能力、支付能力和争强好胜等因素的影响。例如,有些即使并不富裕的客户也愿意花上一笔钱,买一部高档手机以显示富裕。

6. 好奇型

客户心理需要会受到客户的追求奇特、标新立异、喜新厌旧等因素的影响。例如,听说用电话在家里就可以炒股,有些家中本没有电话的股民会很快装上一部电话。

7. 保险型

客户心理需要会受到品牌、信誉、安全和可靠等因素的影响。例如,客户想购买一款新的手机,往往会选择大厂商的产品,同时选择他们认为网络质量好的运营商的服务。

8. 沟通型

客户心理需要会受到亲情、友情和感情等因素的影响。例如,很多民工使用手机,不是因为生意上的原因,而是为了与家人朋友及时交流。

9. 从众型

客户心理需要会受到媒体宣传和公关手段等因素的影响。例如,一些人本来没有使用彩铃业务的需求,但是周围的人都已经使用了该业务,导致这些人也会慢慢使用该业务。

四、电信客户消费心理的特点

电信客户的消费心理一般具有以下特点。

1. 客户心理需要的多样性

客户受民族习惯、文化程度、收入水平、宗教信仰、审美情趣以及生活习性等因素的影响,对电信服务的心理需要是千差万别和多种多样的。因此,电信企业在办好现有业务的基础上,要适时开发出客户喜好的、技术含量高的新业务。

2. 客户心理需要的无限性

客户的心理需要事实上是无限扩张、永无止境的,方便了还想方便,便宜了还想便宜。因此，电信企业要无限地追求和有限地开发有市场的新业务。

3. 客户心理需要的层次性

客户的层次性无疑会引发客户心理需要的层次性。因此，电信企业要根据客户心理需要的层次，即便同一种业务也应提供不同档次的服务。

4. 客户心理需要的可变性

客户心理需要受经济条件和电信资费等因素的影响而变化伸缩。因此，电信企业要以变应变，贴近客户，办好深受客户欢迎的业务。

5. 客户心理需要的可导性

客户心理需要受社会、文化、时尚、观念、交际和广告等因素的影响很大。因此，电信企业应强化营销工作，引导客户更多地光顾电信局所，更多地使用电信业务。

案例

本案例为针对某省移动运营商中高端客户移动需求特征的挖掘。主要通过问卷和访谈的方式，获取客户消费心理信息，同时辅之以客户基本信息，进行客户需求特征的挖掘。

分析结果如表 5-1 所示。

表 5-1　各类客户的消费特征

分类	保守型	常规型	先进型
高端客户（企业老总，局以上政府官员）	A1 型：年龄接近 50 岁。数量不少，影响力巨大。其需求主要是语音通信。短信应用极少，很难说服其换号，CDMA1X 优势作用不大，但对健康与保密较为关注	A2 型：年龄 35～50 岁，数量多，影响力大，会使用 Office、常规上网，大部分会用短信，但很少发送；对号码忠诚度高；拥有笔记本电脑者居多；对掌中宽带、互动视界部分业务接受度好，但切入较难	A3 型：年龄在 30～40 岁居多，数量较小，属于第二代企业家或新生代官员，会下载 MP3 歌曲，收发短信；对原号码有一定忠诚度；对 CDMA1X 业务接受性较好
精英型客户（部门经理、律师、注会、教授、高工、记者、设计师、职业炒股人士等从业人员）	B1 型：整体情况与高级保守型客户较为接近，差异性为这部分人群对报刊、电视新闻有一定的关注度	B2 型：年龄在 35～50 岁居多，数量较多，大部分会用短信，但较少发送；对号码忠诚度高；拥有笔记本电脑者居多；对掌中宽带、互动视界部分业务接受度好，平时会读报，电视以新闻节目为主	B3 型：年龄在 25～35 岁居多，数量较多，会收发短信，对原号码有一定忠诚度，对 CDMA1X 业务接受性较好

续表

分类	保守型	常规型	先进型
社会其他人员(非正式职业人员、家庭背景优越的青少年、妇女、非正式编制演艺人员等)	C1 型:年龄较大,女性为主,手机只是其通信工具,对新业务需求不明确、经济条件好	C2 型:年龄在 25～40 岁左右,数量较多,对手机新业务有一定需求,经济条件较好	C3 型:年龄在 18～25 岁不等,拥有大量朋友(甚至在国外就读的朋友),时尚型居多,注意品牌与个性,对手机更换快,愿用更先进的东西,但对联通有一定偏见;对时尚杂志关注度高

基于以上分析,我们在上表中,对客户开发价值、开发难度进行了评估,分出了目标客户群与非目标客户群,并确定了五类目标客户。

(1) 特殊目标群　这一人群是根据职业特点来进区分的,典型职业为律师、注册会计师、记者、教授、保险公司明星业务经理等。他们的共性是教育水平高、对 CDMA1X 业务有明确的需求,同时更重要的是他们会以顾问、培训者等身份,上与企业家、下与企业部门经理,发生联系,具有良好的再传播性。因此,值得投入进行开发。

(2) 第一目标群　这一人群行业较广,主要是大中型企业部门经理、业务人员、政府公务人员等,年龄上以中壮年为主,教育程度较高,事业繁忙。他们是 CDMA1X 数量最大的中高端目标客户群。他们与特殊目标人群的最大区别在于政策力度的差异性,对于特殊人群,只要他们接受并使用 CDMA1X 业务,我们可以花较大的代价争取。但对于这一人群,必须考虑收入的平衡性问题。业务上重点推荐 CDMA1X 掌中宽带、互动视界部分业务(相册、金融、新闻定制、幽默短信或小说定制)。

(3) 第二目标群　职业特征分隔,以企事业单位领导为主,35～50 岁,会用电脑上网。这一目标群总体数量不大,工作繁忙,要切入他们难度较大,但开会价值较高。业务上重点推荐 CDMA1X 掌中宽带、互动视界部分业务(相册、金融、新闻定制)。终端进行捆绑销售,如 PDA、掌中宽带无线上网卡。

(4) 第三目标群　年龄在 50 岁以上的企事业单位领导,利用他们对健康或保密需求性较强的特征,包装后销售。

(5) 第四目标人群　按照生活习惯特点区分。以家庭经济条件好的青少年、中年女性,交友范围广的青年女性为主导目标群。宣传手机是一种时尚和娱乐工具。重点对互动视界部分业务(铃声、画面下载、相册)、神奇宝典、关爱之心、视讯新干线等业务进行宣传。终端主要推荐 PDA、摄像摄影高档手机。

第二节　电信行业的消费者行为

一、电信消费者行为

消费者行为分析是一个具有多角度规定性的范畴。消费者行为的研究构成营销决策的基础,它与企业市场的营销活动密不可分。它对于提高营销决策水平,增强营销策略的有效性方面有着很重要意义。消费者行为的研究可以为品牌形象及品牌管理、产品定位、市场细分、新产品开发、产品定价、分销渠道的选择、广告和促销策略的制订等提供有力的帮助。

消费者行为是指消费者为获取、使用、处置消费物品或服务所采取的各种行动,包括先于且决定这些行动的决策过程。消费者行为是与产品或服务的交换密切联系在一起的。在现代市场经济条件下,企业研究消费者行为是着眼于与消费者建立和发展长期的交换关系。为此,不仅需要了解消费者是如何获取产品与服务的,而且也需要了解消费者是如何消费产品,以及产品在用完之后是如何被处置的。因为消费者的消费体验,消费者处置旧产品的方式和感受均会影响消费者的下一轮购买,也就是说,会对企业和消费者之间的长期交换关系产生直接的作用。传统上,对消费者行为的研究,重点一直放在产品、服务的获取上,关于产品的消费与处置方面的研究则相对地被忽视。随着对消费者行为研究的深化,人们越来越深刻地意识到,消费者行为是一个整体,是一个过程,获取或者购买只是这一过程的一个阶段。因此,研究消费者行为,既应调查、了解消费者在获取产品、服务之前的评价与选择活动,也应重视在产品获取后对产品的使用、处置等活动。只有这样,对消费者行为的理解才会趋于完整。

消费者行为研究一般需要了解以下信息。

- WHAT:消费者购买或使用什么产品或品牌。
- WHY:消费者为什么购买或使用。
- WHO:购买和使用产品/品牌的消费者是谁。
- WHEN:在什么时候购买和使用。
- WHERE:在什么地方购买和使用,从哪里获得产品/品牌的信息。
- HOW MUCH:购买和使用的数量是多少。
- HOW:如何购买和使用的。

而在进行消费行为调查时,研究通常包括以下指标。

- 消费者对产品/品牌认知状况研究。
- 消费者对产品/品牌态度与满意度评价研究。

- 消费者购买行为与态度研究。
- 消费者使用行为与态度研究。
- 产品/品牌促销活动的认知及接受研究。
- 产品/品牌相关信息来源研究。
- 消费者个人资料信息的收集等。

电信客户的消费行为的研究内容也不外乎以上所提到的"5W2H",同时调查影响消费者行为的各个内部和外部因素,以分析消费者行为产生不一致的原因。基于这些基本内容,同时考虑到电信客户消费的具体特点,客户消费行为特征包括以下研究内容。

- 电信客户的基本特征,包括客户的性别结构、年龄构成、文化程度、职业构成以及收入结构。
- 电信客户的通信消费结构、消费习惯以及对业务的需求特点,如月语音通信费用、月通话分钟数、月短信使用量等。
- 调查电信客户对相关通信品牌的态度,分析品牌方面的优势和劣势,与竞争对手的差别等。
- 电信客户对价格的接受程度。
- 电信客户对电信业务的满意度情况,并了解造成客户不满意的主要因素。客户在消费行为方面的一个重要差异就是在网时长,即客户从入网到现在的时间(月数),在网时间的长短是客户对企业或对品牌的忠诚度大小。
- 了解电信客户获取信息的主要渠道。

二、电信消费者行为研究模型

消费者行为在不同的消费者间,不同的环境下会有不同的表现,消费者行为不仅受很多外部环境的影响,同样会受到消费者内部特征的影响,消费者因为自我形象与生活方式等特性而产生与之相应的需求与欲望,从而发生满足这些需求的消费行为。德尔·I·霍金斯(Del I. Hawkins)在其著作《消费者行为学》一书中提出一个经典的消费者行为模型,根据霍金斯的模型,我们提出电信行业的消费者行为总体模型,如图 5-2 所示。

从图 5-2 中,可以看到电信消费者行为的总体模型主要包括以下几个方面。

1. 外部因素对电信消费者行为的影响作用

(1) 文化。文化是知识、信念、艺术、法律、伦理、风俗和其他由一个社会的大多数成员所共有的习惯、能力等构成的复合体。文化对人们行为的影响无处不在,无时不有。同样是电信运营商,如果在中国,短信、彩信等带来的收入比例会相对较高;如果在美国,运营商的语音收入会相对较高。同样是手机制造厂商,在韩国更受欢迎的机型可能是翻盖型的手机,而在美国,更多的人喜欢直板型的手机。这样的情况还很多,总之,不同的文化下,电信消费者的行为也会有很大差异。

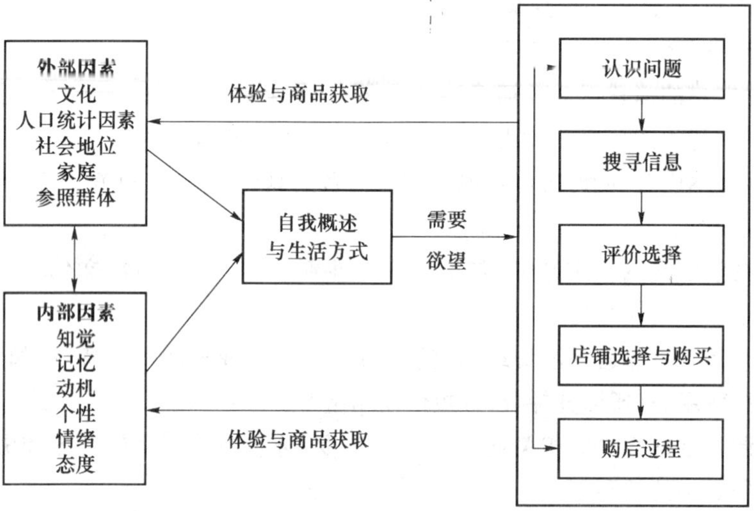

图 5-2　电信消费者行为总体模型

(2) 人口统计因素。人口统计因素主要是指人口规模、结构和分布。人口规模是指人口的数量、结构反映人口在年龄、收入、教育和职业方面的分布,这些因素都会直接影响电信消费者的行为,并对不同产品和服务的总需求产生影响,同时又能通过影响人们的其他特性如个人价值观、决策方式等间接影响电信消费者的行为。如在中国,可能年轻的消费者更倾向于"动感地带"这一品牌,短信消费额远高于语音业务,而且对价格的敏感度较高,对运营商或是品牌的忠诚度相对会低一些,而具有一定地位的年龄稍大的客户可能更偏爱"全球通"或是"神州行"品牌,短信业务的使用相对较低,且对运营商或品牌的忠诚度相对较高。

(3) 社会地位。"社会地位"与"社会等级"两个词在一定程度上可以互换,是指一个人在社会中相对于其他人所处的地位。受教育程度、职业、财产、收入水平、继承物(种族、民族、父母地位)均会影响个人的社会地位,处于不同阶层的社会成员会有不同的价值观、不同的产品偏好,不同社会阶层的消费者会有各自独特的消费行为模式。中国电信企业常常将其客户细分为高、中、低端客户,其原因就是不同类的客户所处的社会地位的差异会引起电信消费结构、消费金额等的差异。

(4) 家庭。家庭是大多数产品的基本消费单位,住房、汽车和家用电器等大多数产品,都是以家庭为单位消费的,而个人的消费模式,也往往与家庭其他成员的消费模式密切相关。在电信行业也同样存在这样的情况。例如,某个家庭成员使用了某项移动业务，当他认同此项业务时，他会对家里的成员进行潜意识的宣传，从而使他们了解这项业务，并产生尝试的欲望及需求。因此，家庭对消费行为也有着直接的影响。家庭内成员间会对消费行为产生直接影响，不同家庭在消费行为上也会有不同的行为模式，家里有小孩儿的家庭在宽带业务的使用比例上比家里没有住小孩儿的家庭的比例更高。

(5) 参照群体。现实生活中，人们在很多方面都与各种群体保持着一致。以班上同学为例，统计同学们电话号码，你会发现，大多数同学所使用的是同一个电信运营商的服务品牌“动感地带”，因为新入网的同学会考虑周围大多数同学使用的品牌，如果他也选择动感地带这一品牌的话，他与其他同学的通信会相对比较实惠，这样就逐渐形成一个良性循环。参照群体对消费者行为有着深远的影响，主要通过信息性影响(个人把参照群体成员的行为和观念当作潜在的有用信息加以参考)、规范性影响(个人为了获得赞赏或避免惩罚而满足群体的期望)和价值表现上的影响(个体完全接受了群体的规范，按照群体观念和规范行事)。

2. 内部因素对电信消费者行为的影响作用

(1) 知觉。知觉由个体获取刺激物信息并赋予这些信息以含义的这样一类活动所构成。知觉从展露开始，展露发生于刺激物进入我们某个主要感觉接收系统之时，展现于我们感觉器官下的刺激物仅仅是所有刺激物中的小部分，哪些刺激物被展露往往是“自我选择”的结果。消费者的知觉是指消费者对信息的处理，是把刺激物感知、转化成信息并存储的一系列活动。市场营销人员经常用漂亮模特吸引人们对广告的注意，其主要目的就是为了引起消费者对产品的注意，消费者感知并将其转化为信息，通过自我选择，决策将来的消费行为。

(2) 记忆。记忆是学习的结果。通常，形象直接进入短时记忆以解决问题或进行进一步渲染，使用已有的经验、价值观、态度、感觉来解释和评价当前记忆中的信息，或是为了将信息保留在当前记忆中而不断地重复信息。长期记忆是经由以前的信息处理而存储下来准备供以后使用的信息。无论是长期性记忆还是短期记忆，消费者对产品或品牌的记忆直接影响消费者对产品或品牌的认识，从面影响其当前的消费行为。

(3) 动机。消费心理学认为，一个人在一定的环境刺激下产生需要，需要产生购买动机，由购买动机激发人的购买行为，动机触发消费者的行为目标，因此消费者的动机直接影响消费者行为。例如，离开父母到其他城市上学的小孩要与父母联系就一定会产生电信消费，想要通过手机了解更多的娱乐信息，就一定会使用更多的数据业务。

(4) 个性。不同消费者的个性会使不同的消费者去选择不同的行为以实现动机所触发的目标。个性是个体在面临相似情况时做出特性反应的倾向。以通知同学一件较为详细的事为例，如果是一个比较外向的、性子比较急的人，他可能会选择直接打电话通知，但如果是一个性格比较内向，较有耐心的人，则他可能会选择用短信通知对方。因此，情境制约着个体身上的一般的特质并与个体特质一起共同影响人的消费行为。

(5) 情绪。情绪是相对来说不可控制且影响我们行为的强烈情感。当环境事件或精神过程引发生了变化，各种情绪就会表现出来。各种生理变化可以解释为基于某种情境的特定情绪反应，它们影响着消费者的想法和行为。营销者既可通过激发某些情绪，或减缓某些情绪来设计产品和对产品定位。包含情绪激发成分的广告可以增强产品的吸引力，加深消费者的认知处理与记忆程度，同时增加消费者对品牌的偏好。例如中国移动通信的“动感地带”品牌从一开始定位年轻人作为目标客户时，就选用了一系列在年轻客户中比较受欢迎的当红明星作为品牌代言人，以极具吸引力的广告宣传来激发消费者对品牌的偏好。

(6) 态度。态度是个体对于所处环境的某些方面的动机、情感、知觉和认识过程的持久的体系。它是“对于给定事物喜欢或不喜欢的反应倾向”，是人们的某些方面的想法、感觉和行动倾向，它影响并且反映了个体的消费方式。由于消费者所处的某些具体环境，或是以前的消费经历，消费者会形成对某一企业或是某一品牌的特殊态度，而产生的态度会对品牌选择产生影响，例如曾经是联通的客户，由于对以前消费的不满意而在下一次选择运营商时选择移动的可能性会更高。对于消费者已经形成的态度，企业在短时间内没法控制，态度成为影响消费者行为的又一重要内部因素。

3. 自我概念和生活方式

自我概念是一个人对自己的信念和情感，有四种类型：实际的自我概念(自己实际对自己的看法)、社会的自我概念(别人实际对自己的看法)、私人自我概念(希望自己对自己的看法)和理想的自我概念(希望别人对自己的看法)。电信消费者购买和使用产品，从某种意义上讲是为了维持和提升其自我概念。

生活方式就是一个人如何生活，生活方式由一个人的内在个性特征所决定，而这些性格特征又是个体在其社会化过程中经过社会的影响逐步形成的。生活方式是如何表现我们的自我概念，它主要受到本节之前所讨论的那些内外部因素的影响，同时，它又是电信消费者行为的影响因素，如图 5-3 所示。

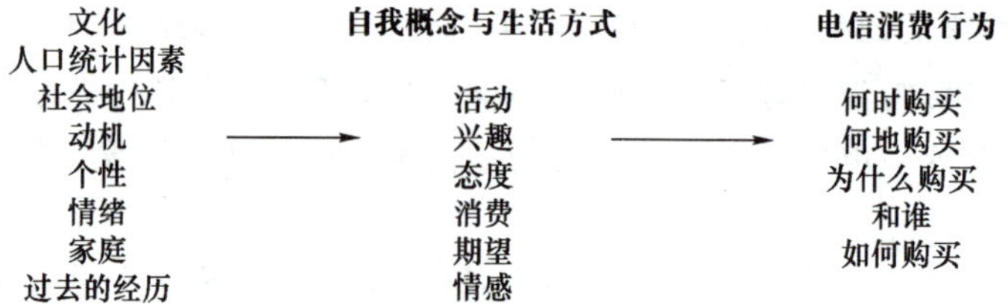

图 5-3　自我概念与生活方式和电信消费行为

在文化、人口统计因素、社会地位、动机、个性、情绪、家庭以及过去的经历的影响下，消费者会形成不同的自我概念和生活方式，如果一个人的自我概念意识较强，对自己认可程度较高，同时也希望别人对自己有同样的认可，生活兴趣广泛、参与活动较多，那他可能会使用更多的数据业务，选择的品牌可能是更具活力，或是选择能体现其社会地位的品牌；如果一个人的自我概念意识相对较弱，并不在意别人对自己的看法，那他数据业务的使用量可能会较少，更多的只是普通语音业务或短信业务的使用，在选择品牌时也可能是跟从大多数人的选择。

4. 消费者行为决策过程

消费者决策是指消费者谨慎地评价某一产品、品牌或服务的属性，并进行理性的选择，即用最少的成本购买能满足某一特定需要的产品的过程。消费者的决策过程主要包括以下五个步骤。

(1) 问题认知。消费行为产生的动机是消费者对问题的认知，认识到现实状态与理想状态之间的差距后，就希望能通过消费行为来改变现实状态。在本节前面所讨论的各个内部、外部影响因素以及在消费者的自我概述和生活方式的影响下，电信消费者在进行消费行为决策时会处于不同的情境中，其对电信产品或服务的需求和欲望也会有所差异。

(2) 搜寻信息。消费者在不断地认识问题和机会，要解决这些问题并抓住机会，就要通过内、外部的信息搜集。然而信息搜集是需要投入资本、体力，甚至是脑力的，需要花费时间，还需要放弃一些别的想做的事情，尽管如此，信息搜集的收益常常是超过其成本的，例如为了买一部自己想要的手机，消费者可能会花很多时间与精力在互联网上搜寻与这款手机相关的信息，最后可能会找到价格最便宜，质量也更有保障的手机，其带来的收益可能比消费者所付出的投入更大。因此，信息搜寻是消费者行为决策的一个必要阶段。

(3) 评价选择。消费者在认识到问题后，总是会通过信息搜寻等其他方法来寻求解决问题的方案，但找到的解决方案可能不止一个，因此，消费者需要对各个方案进行评价，做出取舍。对方案进行评比，最重要的是消费者必须有一个评价标准，来判断究竟哪个方案更优。例如：中国移动通信"动感地带"品牌的短信套餐有"10 元 120 条包月"、"15 元 200 条包月"、"20 元 300 条包月"、"30 元 500 条包月"等不同等级的套餐，消费者对自己以往每月短信消费数量以及套餐资费来进行评比，在这里，以往每月短信消费数量以及套餐资费就成为了消费者的评价标准。

(4) 店铺选择与购买。与产品的评价选择一样，消费者在确定了购买什么产品以后，要选择提供这种产品的供应商。而消费者对店铺的选择主要是对电信运营商的选择，根据自己的需求偏好，根据对各个运营商的相互比较，做出选择。当然，每个消费者的评价标准会不一样，这也因其社会地位，家庭、个性特征等内、外部因素的影响。

(5) 购后过程。购后过程是指消费者在一次消费行为发生以后的一系列过程，主要体现在消费者对产品或是企业的满意度、忠诚度上。消费者对产品或企业是否满意受到其自身认知能力、产品的属性，以及顾客感知价值等多方面的影响，同时它又会直接或间接地作用于消费者下一次消费行为的决策。因此，顾客满意度已成为运营商各个部门的一个重要指标。

5. 体验与商品获取

电信消费者的消费行为受到消费者所处的具体外部环境及其自身的心理因素的影响，这些因素作用于消费者的自我概念和生活方式，并一起影响消费者的购买行为决策。另一方面，消费者做出购买行为后，对产品或企业的体验结果也同样会作用于消费者所处的状态，通过改变其社会地位，其情绪、态度等的变化将进一步影响消费者下一次的消费行为决策，如此形成一个动态的、复杂的循环过程。

案例

以某固网运营商为例，通过挖掘客户消费行为信息获得以下五种客户需求特征群。

1. 优化产品型：年龄为 18 至 25 岁，个人收入和家庭收入都比较高，一般为大专及以上学历，职业分布为专业技术人员、职工和私营企业老板。此类客户的月电信消费额高于平均值，在上网和市话上投入较多；比一般人更多地知道电信产品，对新产品敏感，容易启动新产品使用，但使用产品种类比较集中；具有积极的高价值消费人群的特征，对电信服务有很强的依赖性，对价格不敏感，愿意多付钱来购买更好的产品质量；对电信产品的宣传和销售均很敏感，相对其他人群，更多地从户外广告、电视和营业厅介绍获得电信产品的信息。

2. 服务至上型：年龄为 26 至 35 岁，个人收入处于中等水平，但家庭收入相对较高，一般为大专以上学历，职业为管理人员、白领。此类客户电信消费支出低于平均值，市话、长话、上网的费用均偏低；具有强烈的消费欲望和理性的消费习惯，是领先市场的“早期使用者”；该类人群对电信产品最为了解，使用种类最多，如各种长话或电话卡业务、信息服务和增值服务业务、上网业务和小灵通，对新产品敏感，倾向于尝试新的或替代目前产品的产品；虽然愿意花钱买好的服务，但十分理性，货比三家再做决定；对促销活动反应积极，相对其他人群，更多从促销活动和媒体获得电信产品信息。

3. 超额消费型：年龄为 36 至 50 岁，个人收入和家庭收入均较低，一般为高中或中专学历，职业分布于工人、服务员、学生、退休人员。此类客户群虽然收入不高，电信消费额却最高，尤其是长途话费较高，因为他们普遍为外向型性格，热衷于社交和户外活动，喜欢上网冲浪或聊天；对电信产品的了解不够，使用较多的是长途业务和信息类、增值服务产品；相对于其他人群，对店内宣传/户外宣传比较敏感，大量信息来自店内资料和广告，部分来自亲戚朋友和大众媒体。

4. 跟随型：年龄分布于18至25岁和46至50岁两个年龄段中，个人收入高，家庭收入有高有低，一般为本科学历，职业分布于专业技术人员、职员、老板、离退休人员。此类客户群电信消费处于中等水平，直拨的长话费用较低，但上网费用和市话费相对较高；对电信产品的了解比较一般人多一些，使用的产品种类也较多，主要是长话产品，特别是各种卡类；对价格不是十分敏感，愿意高额购买更好质量的产品，倾向于社交和新事物；相对于其他人群，更多从亲戚朋友处获得电信产品信息，其次是媒体，属于比较被动跟随者，比如对IP卡，要等别人用了说好才去用。

5. 基本保障型：年龄分布于46至50岁之间，个人收入和家庭收入均低，学历较低，多为初中以下学历，没有正式、稳定的职业，大部分为企业的一般员工、家庭主妇甚至是待业人员。此类客户群是电信基本产品的主要客户，电信费用在最低水平，产品使用以市话为主；对电信产品的认知和使用均为最低水平，使用的产品种类亦最少，是固定市话的主要客户；在产品启用上偏保守和被动，主要通过亲戚和朋友获取电信产品信息。

针对以上几类需求人群所采取的相应策略如下。

从以上各类客户群需求特征分析可知，对该电信运营商最具吸引力的细分市场是优化产品型和服务至上型，属于公众客户中的高端客户，为防止他们流失，应在产品、服务上加大投入，充分挖掘该类客户的价值潜力。如针对优化产品型的客户开发高价值、切合需求的产品，特别是数据产品，提高销售人员售前指导消费的水平，提高账单明细度，根据不同产品合理组合沟通手段，加大媒体宣传力度；对服务至上型客户则应提供高服务的质量，努力提高售中、售后服务，以促销手段导入“早期使用”带动消费习惯的普及。超额消费型客户对该电信运营商的关注重在产品获取最大化价值和与电信的有效沟通，可在固定网中包括更实际的增值和信息服务，并为其提供最安心、舒畅的沟通服务，在促销方面注重提高营业厅整体环境形象和人员素质，强化窗口服务，多在营业厅内宣传推广增值服务和信息服务产品，提升客户价值。跟随型客户是语音市场的高价值客户，须开发实用性、工具性产品，配合有效的推广说服，提高产品的可见度。而基本保障型客户是典型的低端客户，是目前补贴的人群，营销重在基本需求的满足和保障，推广折扣价格或初级的服务产品，采用低廉的大众媒体宣传，以降低运营成本。

第三节　电信客户顾客价值层次模型

一、顾客价值

20 世纪 80 年代以来，通过许多学者的理论和实证研究，顾客价值理论得到了不断的丰富和发展，产生了一些具有重大影响力的理论，主要包括波特的买方价值理论、泽瑟摩尔的顾客感知价值理论、格朗鲁斯的顾客价值关系理论、伍德鲁夫的顾客价值认知理论、科特勒的顾客让渡价值理论。在此基础上，也形成了很多关于顾客价值的不同观点和定义。

(1) 吉姆斯·安德森和吉姆斯·纳拉斯(Jams C. Anderson 和 Jams A. Narus) 1998 年提出，顾客价值是顾客从购买的产品中所获得的价值与所付出的所有成本的“净利益”，当顾客从本企业产品中获得的“净利益”比从竞争者企业产品中获得的“净利益”大的时候，顾客就会购买本企业产品并从中获得满意，他们将其思想表述为如下模型：

$$Value_s - Price_s > Value_a - Price_a$$

$Value_s$ 和 $Price_s$ 是本企业提供的价值和价格，$Value_a$ 和 $Price_a$ 是竞争者企业提供的价值和价格。

(2) 市场营销学大师科特勒(Philip Kotler)将顾客价值视为市场营销的基石，他没有给顾客价值下一个严格的定义，仅以“顾客让渡价值”来表示：顾客让渡价值是顾客从产品(包括服务)中获得的全部价值与为获得此产品而付出的全部成本的差额。全部价值大于全部成本的时候，顾客就会满意；否则，顾客就会不满意。

(3) 美国田纳西大学的伍德鲁夫(Robert B. Woodruff)教授则将顾客价值定义为顾客在一定的使用环境中对产品性能、产品属性的表现及使用结果(三个方面)达成(或阻碍)其购买意图的偏好和评价。这个定义中有如下几个重要因素。

- 产品是实现顾客目的的媒介。使用产品的目的广义上可以分为使用价值和拥有价值。
- 产品通过结果(顾客体会到的结果)的交付来创造价值，而非其固有特性。
- 顾客对价值的判断极易受特定使用情景的影响，最终也由使用情境确定。

由于处在特定的触发场景中，这些判断会随着使用情境和时间的变化而发生变化。

二、伍德鲁夫顾客价值层次经典模型

美国的伍德鲁夫教授于 1997 年基于信息处理的认知逻辑，利用“目标-途径链理论”(Means-End Chain，MEC)提出了顾客价值层次理论。该理论认为，客户以“途径-目标”形成期望价值。从底层开始，客户首先会考虑产品的具体属性和属性效能；在购买和使用产品时，客户会就这些属性对实现预期结果的能力形成期望和偏好(第二层)；客户还会根据这些预期结果对客户最终目标的实现能力(高层)形成期望。从层次图的顶部向下看，客户会根据自己的目标来确定使用情景下各种结果的重要性；与此类似，重要的结果又引导客户认定属性和属性表现的重要性。客户使用同样的期望属性、结果和目标来评价产品，进而形成“基于属性的满意”、“基于结果的满意”和“基于目标的满意”三个满意层次。这要求新产品设计者和管理者立体地(时间和空间转变)了解并跟踪客户对价值的感知过程，明确客户对当前产品与服务在以上三个层次的满意程度以及不同时间阶段关注的评价标准，如购买决策之前客户的标准会侧重以往的使用经验、竞争产品之间的比较，实际购买过程之中客户可能比较注重产品外观感觉、服务过程的体验，产品使用之后可能更关心产品的效用及相关的配套服务，等等。伍德鲁夫不仅以动态的方式来研究顾客价值，而且完全站在客户的角度去考察客户对价值的认知，以价值层级来反映顾客对价值认知的心理过程，从而进一步深化了顾客价值构成的研究。

伍德鲁夫运用目的/手段理论揭示了关于客户如何看待产品的层次描述，三个层次自上而下逐渐抽象化，并且越来越同客户相关联(见图 5-4)。

属性层：在这个具体的层次上，客户用属性来定义产品。产品/服务就是它的特征和它的主要组成部分或者活动。

结果层：处于层次的中间位置，是客户对产品使用结果(既有正向的，也有负向的)的较为主观的判断，是产品为客户提供的结果(期望的和非期望的)。

图 5-4　伍德鲁夫顾客价值层次图

最终目的层：在层次结构的顶端是最终目的层，

是使用者的核心价值、意图和目标。它们是客户最为基础、最基本的驱动力，是以产品或服务达到最终目的。

伍德鲁夫的顾客价值层次模型从目的和手段理论方面分析了顾客价值，将顾客内心的需要(目的层)与顾客需求的表现(属性层)，通过体验感受(结果层)联系起来，从需要、动机到需求，形成了一个完整的顾客价值确定(Customer Value Determination，CVD)流程体系，并在一定的领域进行了实证研究，得到了很好的应用。将其应用于电信客户的研究，能够建立电信客户的顾客价值层次，帮助移动运营企业识别和获取电信客户需求，更好地为客户服务。

三、电信客户顾客价值层次模型

电信客户由于使用的业务具有无形性、生产与消费同时性等特点，电信客户顾客价值的含义也与其他的客户有所差别。为了更好地理解电信客户顾客价值，设计电信客户顾客价值层次模型，以伍德鲁夫的顾客价值定义为基础，可以将电信客户顾客价值理解为电信客户在使用运营企业提供的业务或享受运营企业提供的服务时，对业务和服务的功能及属性表现、对客户深层动机的满足等方面的偏好和评价。

1. 不同类型电信客户顾客价值层次模型的建立

由上两节可知，电信客户的消费心理与消费行为具有多样性，因而，可以预计，电信客户的价值层次模型也应当具有多样性。

首先，按照客户的需求类型，将电信客户划分为以下四类。

(1) 沟通型

这一类客户仅把手机当成一种联系工具，希望能够随时随地与他人保持联系。他们一般多为经济条件一般的客户，或者是接受新事物比较慢的客户，也有可能是工作繁忙而且对外联系很多的客户。由于他们仅仅看重手机的沟通联系功能，他们会对手机的通信质量格外敏感，如信号的强弱，网络覆盖范围等，他们对与联系方面相关的增值业务也会很感兴趣，如手机秘书、呼叫转移、来电显示等。

(2) 知识型

这一类客户除了把手机当成一种联系工具外，还把它当成了一种获取信息的途径。他们一般多为注重信息的白领，或者是喜欢随时随地获取资讯的客户，也有可能是喜欢定制一些天气、娱乐、学习信息的爱好者。由于手机的便捷性和随身性，他们对手机能够随时随地获取信息很感兴趣，因此他们多会用手机上网浏览时事新闻、财经资讯、娱乐笑话等，或者个性化地定制信息，以满足他们的需求。

(3) 尊贵型

这一类客户除了把手机当成一种联系工具外，还把它当成了一种身份地位的象征。他们多为经济条件优越且每月通信支出较多的客户，或者是企事业单位的中高层领导，也有可能是具有一定地位的重要客户。虽然现在的手机已经不像当年的“大哥大”那样派头十足，但是对于这一类客户来讲，他们身边的用品都是具有一定品位并且是特别的，手机当然也不例外。除了使用高端手机外，他们也希望自己所享受到的服务能够与众不同。因此，他们会很看重服务的周到及时性以及特殊性，如上门服务、机场候机厅服务、节日生日问候等。

(4) 娱乐型

这一类客户除了把手机当成一种联系工具外，还把它当成了一种体现个性，寻求新鲜刺激体验的工具。他们多为喜欢挑战和新鲜的学生，或者是喜欢适当娱乐放松的时尚白领，还可能是紧跟潮流希望凸显自己与众不同的年轻人。由于手机已经被越来越多的人所接受，成为了一项个性化的生活必需品，而且手机的功能和移动业务也在不断地增加和完善，手机在作为人们的联系工具的同时也能为人们带来更多的快乐体验。因此这类客户在手机的选择上可能会过多地注重时尚元素，而且对娱乐业务带来的体验很感兴趣。

2. 电信客户顾客价值层次模型设计

从电信客户的角度出发，通过对客户的心理分析，电信客户顾客价值层次模型中的各层次表示的意义如下。

最终目的层：表示电信客户使用通信业务，享受服务的最根本动机，如为了满足自己随时随地与别人沟通的要求、为了体现自己尊贵的身份和地位、为了追求新鲜刺激的时尚潮流、为了享受高品质的生活等；

结果层：表示电信客户对使用移动业务及享受服务的主观判断和感受，如通信质量好、沟通方便/快捷、信息及时/可靠、办事效率高、压力得到了放松等；

属性层：表示电信客户用来定义业务方面的一些基本属性，如电话接通率、信号强弱、服务网点的数目、业务的操作难度、信息更新及时率、业务创新性等。

在本书作者及其研究团队的一次课题研究中，为某电信公司建立了一套顾客价值层次模型，如图 5-5 所示，该模型可作为电信客户顾客价值层次模型的一个示例。

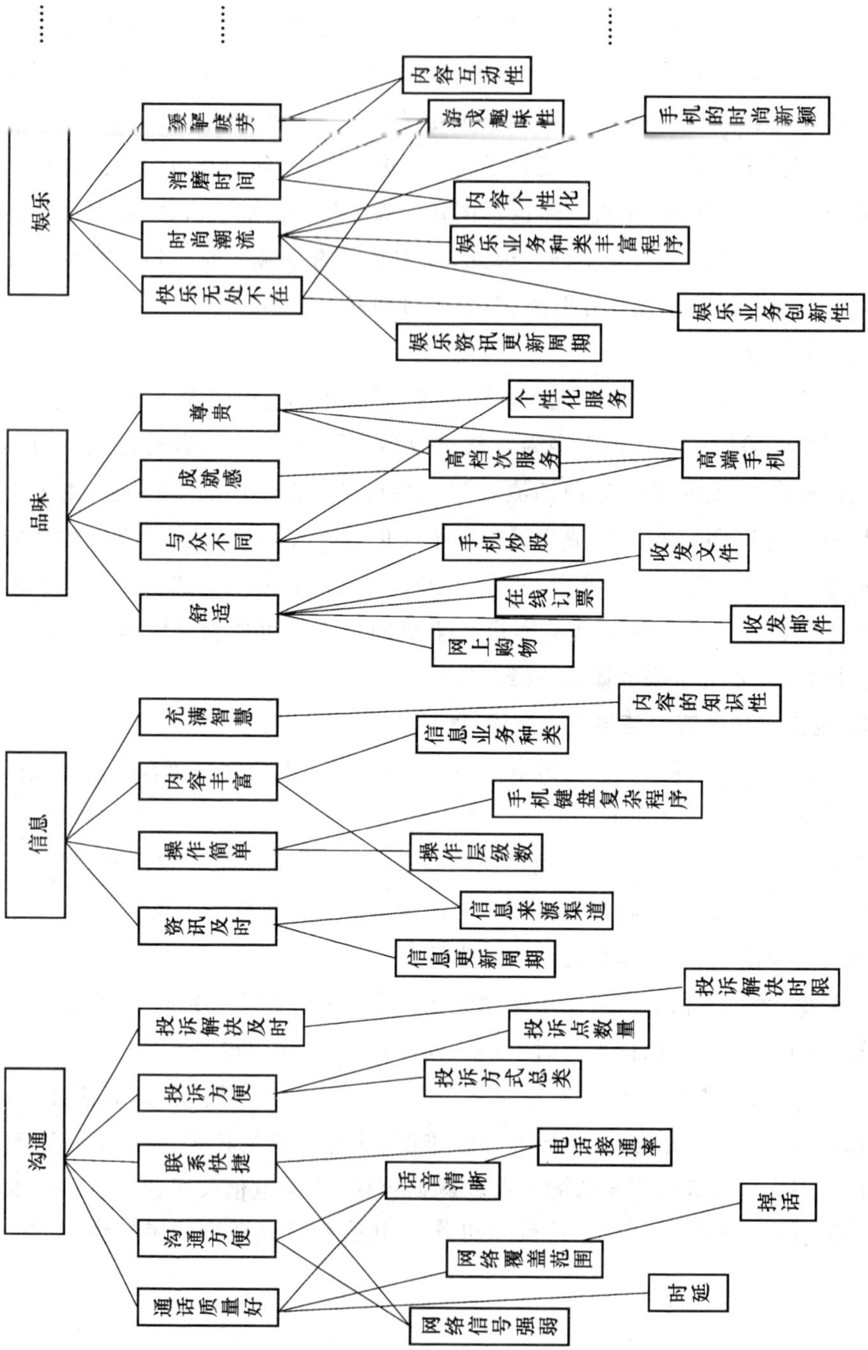

图5-5 电信用户顾客价值层次模型

四、电信客户顾客价值层次构建方法

将伍德鲁夫的顾客价值层次理论引入通信领域构建电信客户顾客价值层次模型是一次尝试,同时也拓宽了伍德鲁夫顾客价值层次理论的应用范围。针对电信客户,如何了解他们的内心动机及偏好,应该通过什么样的方法来构建电信客户顾客价值层次则是一个重点。获取客户价值信息有两种常见方法——访谈法和问卷法。下文首先介绍针对客户的访谈提纲设计和问卷调查设计方法,然后介绍访谈数据和问卷数据的分析方法。

1. 访谈提纲、调查问卷的设计

构建电信客户顾客价值层次应该获取客户的内心动机、期望体验和关注属性三个层面的价值信息。在获取顾客价值信息方面,有定性和定量两种方法,一般研究者认为定性方法结构性较差、问题开放、解释起来比较主观,能够获取的数据种类比较广泛;而定量方法比较经济、快捷、数据比较容易转换成图表,利于分析,结构性很强,但是能够获取的数据种类受到一定限制。

从需要构建的电信客户顾客价值层次来看,数据信息的获取需要逐层进行,而且由于客户的动机需求潜藏于内心深处,虽然会通过一些外在行为表现出来,但是由于客户需求的差异化以及个性化,客户在表现出同样的行为时,内心的需求也有可能并不是一样的。因此了解客户内心的需求,最好的方法就是定性方法,通过开放式的、结构松散的问题逐层去挖掘。定性的方法会占去客户较多的时间,对企业来讲时间和资金的成本都比较大,而且数据分析也难度较大。综合来看,两种方法各有利弊,但是结合起来可以互相补充。因此,下文对定性方法深度访谈和定量方法调查问卷分别进行探讨,设计了一套如何采用这两种方法得出电信客户顾客价值层次的方法步骤。

(1) 访谈提纲如何设计

一对一访谈法或者深度访谈法是一种能够广泛地提示客户又能够深究客户观点的好方法。它的形式、弹性以及在每个客户身上单独花费的时间使得它能够有效地对客户的价值感知一层一层地深究下去。为了保证深度访谈可以有效而顺利地进行,需要在访谈前针对受访客户设计出一份访谈提纲,以便于受访客户能够说出所需要的价值信息。在设计访谈提纲的过程中,需要考虑的两个重要问题:希望达到的结构化程度和确定哪些类型的问题可以引出价值层次。下面就从这两方面进行讨论。

结构化程度是指对访谈问题及其顺序具体化的精确程度。虽然非结构化的访谈能够追随客户的想法和关注的问题,但是如果议题很松散,客户老是游离于重要话题之外，就不能够获得所想要的信息。因此，访谈提纲的设计应该采用非结构化和结构化相结合的方式，这样才保证整个访谈按照一定的主题和顺序进行，全面地了解客户信息。

为了了解电信客户顾客价值信息，构建电信客户顾客价值层次，访谈提纲的设计分为以下两部分。

第一部分是结构化部分，可以用来了解一些电信客户的基本信息，包括客户的性别、年龄、职业、卡类别、收入水平、通信支出水平、用手机打长途/漫游/短信等的比例为多少、现有业务的使用情况等，这些信息属于客户的一些基本资料，有助于了解客户的基本特征。

第二部分则是按照一定的主题设计一些开放式的问题，针对电信客户特点以及移动运营企业想了解的信息来设计。在挖掘顾客价值层次信息方面有两种提问的方法很有效，一种是阶梯法，另一种是全程法。

阶梯法是一种中度结构化的访谈方法，可以用来获取电信客户对业务或者服务的手段与目的（属性、结果与最终目的）之间的联系信息。这种方法首先从价值层次的底层开始，首先识别或者询问出顾客在使用通信业务方面，或者选择移动运营企业方面比较看重的属性。一方面可以让顾客考虑几种业务或者服务，讨论它们的区别，自己在意哪些。如“您有时候会使用手机来玩游戏或者用电脑来玩游戏，这两种方式有哪些相似的？哪些不同的？您用手机玩游戏时更看重什么呢？”另一方面也可以通过询问顾客为什么喜欢某一个移动运营企业，然后讨论原因来获取属性信息。如：“您为什么从 X 运营企业转到了 Y 运营企业，你为什么偏向于 Y 运营企业呢？或者您为什么一直是 Y 运营企业的客户，是什么留住了您呢？”有时候也可以把客户置身于一个特定的环境，帮助客户回忆起关于业务和服务的一些重要属性维度。一般在询问过程中，客户首先会回答属性层的问题，然后，从某一个属性开始，通过进一步爬楼梯的过程，以一系列的引导型问题逐步获取高层次的价值信息。如：“为什么那个属性对您是重要的？那对您意味着什么？”一般访谈者可以继续追问下去，直到走完由属性到结果再到最终目的的全部阶梯为止，从而针对每一个属性都建立起一个完整的“阶梯”。

全程法则是请客户想象自己正处于一个典型的真实的生活场景中。这一场景应当是代表消费过程（如购买前、使用过程中等）的典型一幕，让客户尽可能地描述在此场景中发生了什么。如“给我们讲讲您使用手机娱乐功能的一段经历吧。您是在什么的情况下会想到用手机去打发一下时间？你喜欢用手机玩什么呢？玩的感受怎么样？感觉有什么不足？”在客户回答的过程中，还可以针对客户回答的某些信息进行引导性的提问（如表 5-2）。与阶梯法不同，全程法不直接探究价值层次，而需要从客户回答的上下文中进行推断。

表 5-2 全程法问题举例

序号	问题
1	您在工作的时候使用手机,您希望获得什么样的感受体验或者您希望移动公司为您提供哪些服务?
2	您为了私事或者和家人沟通而使用手机,您希望获得什么样的感受体验或者有什么要求呢?
3	在一般的休闲娱乐中,您想过发挥手机的功能吗? 这时候,你希望手机能满足你哪些方面的要求?
4	因为您是张家界移动全球通大客户,您可以享受到一些普通客户所不能享受到的服务,对这些方面您有哪些特殊的要求吗?

全程法与阶梯法相比,能够获得关于价值层次的更为丰富的信息,如客户的反应、客户的要求等。全程法的结构性不如阶梯法,花费的时间也比较多。两者虽然不同,但都是获取价值层次信息的有用方法,两种方法获得的信息还可以互为补充。在两种访谈方法中,访谈者都需要使用一定的引导,并与客户形成一定的互动,这样才能尽可能多地获取我们想要的信息。

(2) 调查问卷设计

深度访谈虽然是一种获取电信客户顾客价值层次信息的快捷而有用的方法,但是时间和资金上的成本花费比较大。如果我们采用调查问卷的方法,花费的资金和成本比较少,但是在获取客户内心深层次的需求信息时则会有一定难度。对于这个问题的解决,如果对电信客户顾客价值层次有一定了解,并将客户可能具有的需求情况设计到调查问卷中,这样针对一定的客户群体进行问卷调查,就可以把握和构建该客户群体的顾客价值层次。

可见,调查问卷的设计应该围绕着电信客户顾客价值层次模型,将顾客价值层次中的三层信息转换成问题设计到调查问卷中去。由于问卷调查不可能像访谈那样去深入了解客户,因此调查问卷的问题设计一般会比较细致具体。

调查问卷中的第一部分仍然是需要了解的关于电信客户的基本信息,如客户的性别、年龄、职业、卡类别、收入水平、通信支出水平、用手机打长途/漫游/短信等的比例为多少、现有业务的使用情况等。

调查问卷的第二部分可以了解电信客户的动机目的,如可以询问客户主要目的是随时随地联系方便(能够随时拨打或接听电话)、进行一些商务活动(经常出差,需要在移动中完成一些必须的商务事宜)获取一些信息(移动上网浏览信息)、体现自身尊贵地位、享受高级服务(机场绿色通道、大客户俱乐部活动等)、随时随地个性化娱乐(短时间娱乐)或者其他,并按照重要性程度进行排序。

调查问卷的第三部分可以了解客户期望的或者是满意的消费体验,如客户在选择运营商的过程中希望通过什么方式的信息获取渠道,客户期望什么样子的业务受理方式,客户期望的支付方式、话费查询方式、投诉方式、服务方式各是什么样的等。

调查问卷的第四部分可以了解电信客户对一些具体属性项的满意度评价。例如对通信质量的信号强弱、网络覆盖、话音清晰等的满意评价，对业务的需求满足、使用容易程度等的满意评价，对服务的方面周到程度、服务人员的专业素质等的满意评价，对业务的价格标准、支付方式等的满意评价。

由于问卷调查在了解客户信息方面不能够像深度访谈那样获取开放式信息，因此在每个选择项后面都应该加上开放的客户可以附加回答的项，希望能够更多地了解客户信息。

2. 数据分析方法

采用深度访谈和问卷调查获得的数据，数据处理方法是不一样的。由深度访谈获得的大量定性价值数据以及由调查问卷获得的定量数据，需要通过一定的方法进行分类、解释，转化成需要的顾客价值层次模型。下面分别对这两种数据的分析方法进行探讨。

(1) 访谈数据分析方法

在《洞察你的顾客》一书中，伍德鲁夫教授提到了两种将定性价值数据进行编码，然后进行定量分析的方法。其中，由 Thomas Reynolds 和 Jonathan Gutman 研究出的适用于阶梯访谈法的数据分析方法，能够将获取的定性数据信息用于定量分析。这种方法能够识别一系列与产品或者服务相关联的重要属性，通过访谈者对受访者深入引导，能够发现受访者头脑中的每一个属性同较高层次的结果层和最终目的层的联系，以及它们之间的内在关联。这样，这些访谈会为每一位受访者生成一系列阶梯（属性/结果/最终目的），比较容易操作。因此，本章也将该方法应用到电信客户访谈数据的分析当中，用于构建电信客户的顾客价值层次。

一般说来，访谈数据的分析步骤分为几步，首先将每个阶梯拆分成几部分（关联关系），然后利用这些关联关系重新构建综合了众多顾客的价值层次图，具体如下。

① 拆分阶梯，建立编码概要

拆分阶梯即对访谈形成的阶梯进行拆分。第一步是建立一套编码概要，这些编码必须能够反映访谈中所涉及的所有阶梯的内容。可以先列出一张客户提及的所有属性、结果及最终目的的总清单。因为不同客户对相同观点会有不同的表述，这张总清单将删去对相同观点的描述。比如客户在描述"业务易于操作"这一编码是就代表了顾客的不同表述，像"操作起来非常方便"、"使用起来不困难"、"我能很快掌握如何使用它"等。一方面，编码定义应该足够宽泛，可以包括客户提到的业务和服务等方面的所有特点；另一方面，又不能太宽泛，以免漏掉阶梯中的一些细节。编码方案还应该尽量保持顾客的原话。一旦编码内容确定，还要为每一个编码赋一个数值。如某类电信客户的访谈数据进行拆分编码后，用表 5-3 表示如下。

表 5-3 某类电信客户编码概要

目的层	17	随意沟通
	18	时尚潮流
结果层	12	通信质量好
	13	业务新潮
	14	服务体贴周到
	15	话费支付方便，信号好
	16	品牌时尚体验
属性层	1	业务种类丰富
	2	内容更新速度
	3	下载速度
	4	品牌代言人
	5	收费合理
	6	客户经理服务好
	7	节日赠送礼品
	8	品牌宣传内容
	9	手机支付
	10	信号稳定
	11	信号覆盖率

② 构建得分矩阵

在建立了编码概要之后，利用编码概要构建一个得分矩阵。得分矩阵可以有效地将每个阶梯置换为一系列等价的编码。如某阶梯的表述为“信号稳定—通信质量好—随意沟通”，那么可以用一系列数字表达为“10—12—17”。得分矩阵是所有阶梯编码的简要概括，其中每一行代表客户提及的一个阶梯（有可能每个客户会在矩阵中占有若干行或阶梯），矩阵中的纵栏数由访谈中最长的阶梯的层数决定。由前面的编码概要得到的得分矩阵如表 5-4 所示。

表 5-4 某类电信客户的得分矩阵

行号	编码内容			行号	编码内容		
1	1	13	18	9	10	12	17
2	6	14	17	10	9	15	17
3	7	14	17	11	11	15	17
4	2	13	18	12	8	16	18
⋮	5	15	17	13	4	16	18
8				⋮			

③ 整合数据，建立关联矩阵

所有阶梯都记录在得分矩阵中后，需要对数据进行合并，以便能反映所有顾客的访谈内容，这就需要建立综合关联矩阵(a summary implication matrix)。建立这一矩阵的目的是为了掌握得分矩阵中显示的所有关联关系(或编码组合)。要实现此目的，需要构建一个方阵(类似于相关矩阵)，其横轴和纵轴都包含了所有编码($1\sim n$)。矩阵中每一格代表在阶梯得分矩阵中一对编码共同出现的次数，如表5-5所示。

表 5-5　某类用户的关联矩阵

编码	17	18	19	20	21	22	23	24
1　娱乐业务(彩铃彩信下载)		14.00				1.00		0.14
2　内容更新速度		2.00						0.02
3　下载速度		3.00						0.03
4　操作简单		1.00						0.01
5　话费助理清晰		4.00						0.04
6　客户经理态度好、联系多			7.00					0.07
7　节日赠送礼品			2.00					0.02
8　品牌宣传新鲜刺激						2.00		0.02
9　短信方式宣传介绍业务			1.00					0.01
10　手机支付				5.00			0.05	
11　沟通型业务(移动秘书等)		6.00					0.06	
12　信号稳定/接通率/掉话率	10.00						0.10	
13　网络覆盖率	7.00						0.07	
14　声音清晰	2.00						0.02	
15　无延时、无回音	1.00						0.01	
16　市话资费便宜					3.00		0.03	
17　话音质量好、信号好							18.00	
18　业务丰富/好用、感觉新鲜							5.00	19.00
19　服务体贴周到							10.00	
20　话费支付方便清晰							6.00	
21　手机聊天感觉好							4.00	
22　品牌的新鲜体验								2.00
23　随意沟通								
24　新鲜有趣								

每个格中的数字都是小数，它表示在所有阶梯中，客户将某一对编码联系在一起的次数(直接关联或间接关联)。小数点左边的数字代表两个编码直接关联或相

邻的次数。小数点右边的数字则表示两个编码间接关联的次数。之所以成为间接关联，是因为虽然两个编码出现在同一个阶梯中，但是它们彼此并不直接相连。矩阵中的空白处表示两个编码没有关联关系。矩阵非常易读，很容易就能辨别出顾客提及的最频繁的关联关系。

④ 构建顾客价值层次图

综合关联矩阵，就可以构建顾客价值层次图了。这个图概括了所有访谈中提及最频繁的关联。图 5-6 中简要指出顾客提及最频繁的直接关联和间接关联，并以一个综合的层次结构表示它们的关系。是否将频率最低的直接关联或者间接关联也置于价值层次图中取决于研究者的主观判断。

(2) 问卷数据的分析方法

对调查问卷数据的分析与访谈数据的分析方法是不一样的，访谈数据能够直接获得顾客的所想以及内心需求，通过信息之间的联系，构建移动顾客价值层次。而问卷数据是通过客户的回答，去寻找问题中哪些信息是顾客在意的属性层、结果层和目的层信息，然后构建顾客价值层次模型。针对本章提出的调查问卷的设计，相应的问卷数据分析步骤如下。

① 聚类分析

对调查问卷中了解客户使用手机的动机目的的数据进行聚类分析，以了解客户在内心需求上的分类。在常用的统计分析软件 SPSS、SAS 中，都有相应的聚类分析模块，直接输入聚类的变量，即可输出结果。聚类分析的难点在于需要反复不断地试验，以找出能够明显区隔的客户分类。

② 体验结果数据分析

在对客户数据进行聚类分析之后，得到了细分客户群体。在此基础上，分析每一类客户在体验结果问题上的统计信息，如均值、方差、众数等，从而得到该类客户在体验结果上的偏好选择。

③ 属性层数据分析

采用同样的方法，对属性层问题数据进行统计分析，得到每一类客户的属性关注偏好。

④ 客户特征数据分析

最后可以采用 SPSS 中的描述统计方法，对每一类细分客户的基本信息进行分析，以了解每一类客户在基本特征上是否具有什么特点。

⑤ 构建电信客户顾客价值层次模型

根据之前所论述的访谈数据分析方法，构建电信客户顾客价值层次模型。

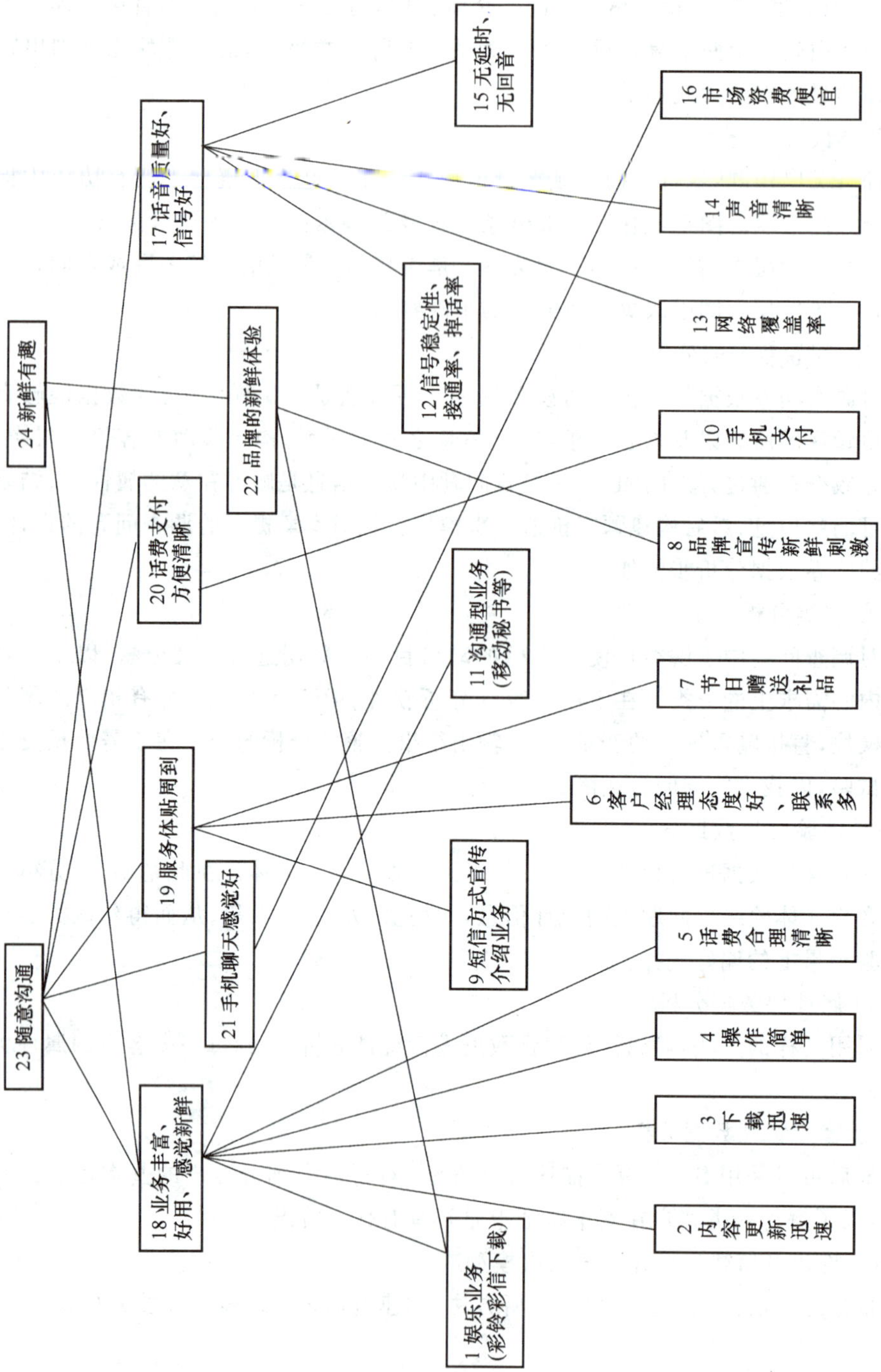

图5-6 某类顾客价值层次图

案例:针对大学生群体的客户价值层次模型的建立与应用

随着人们生活水平的提高以及手机作为一种通信沟通工具的方便性的增强,大学生已经成为了手机客户中的一个重要组成部分。据《2004年中国大学生消费与生活形态研究报告》调查显示,在当前的大学生群体中,60%的大学生拥有手机,而且持有手机的大学生比例呈不断上升趋势。在某些大学,大学生的手机拥有率更是高达93.432%,可见手机在大学生群体中的普遍程度。

选取某省会城市高校大学生群体作为实证分析的对象。

1. 问卷设计与样本描述

问卷包括两部分内容,第一部分是针对大学生客户的基本信息部分;第二部分是需要了解大学生群体关心的属性层、结果层和目的层的问题和可能的答案。问卷设计过程中需要注意的一点是需要结合该地区高校大学生的特点来设计问题,并且要有开放式的问题项,以更多地了解一些问题答案中没有的信息。

此次问卷调查中,以某省会城市在校大学生为调查对象,一共发出有效问卷700份,返回问卷690份,问卷回收率为98.5%。回收率比较高主要是因为此次调查采取由学生亲自到学生宿舍发放问卷,再统一回收问卷的方式。690个问卷调查对象主要涉及某高校大一到大四的学生,男女比例约为1.6∶1,样本当中高年级的同学比较多,涉及的专业较广,共有管理学院、人文社会科学学院、生命科学与技术学院、经济与金融学院、医学院、会计学院、电子与信息工程学院、电气工程学院、外语学院、工业学院十个院系。

2. 数据分析过程

(1) 聚类分析

对433份有效问卷进行聚类分析,采用SPSS软件中的K-均值聚类法对数据进行快速聚类,得到四类客户:第一类客户对随意沟通方面很看重,但是对信息、商务、个性定制都不怎么看重,特别是时尚娱乐的重要性最小,几乎所有的客户都认为它的重要等级最低;第二类客户相当看重随意沟通,除此以外,对信息获取很看重,对商务和娱乐的重视程度一般,对个性定制的重视程度最低;第三类客户则对随意沟通相当看重,对另外的四个方面同样很重视;第四类客户则对沟通的重视程度较低,对商务的感兴趣程度较高,对其他三个方面的重视程度一般。可见,随意沟通是大学生使用手机的根本目的,在此前提保证下,内心目的的不同又会有不同的体现。

（2）分析结果层和属性层数据

在对大学生客户分类的基础上，分析针对各类客户结果层和属性层问题的数据，了解各类客户对他们的重视程度，得到表5-6。

表5-6 分析数据

	（平均数）（标准方差）（众数）			
	Cluster 1 n=141	Cluster 2 n=114	Cluster 3 n=77	Cluster 4 n=101
1～5共5个重要性等级，1表示最重要，5表示最不重要				
301.1 比较运营商信息	(1.77)(1.051)(1)	(1.86)(1.063)(1)	(1.58)(0.894)	(2.26)(1.119)
301.2 了解周围满意评价	(2.13)(1.041)(2)	(2.11)(1.002)(2)	(1.79)(0.964)	(2.66)(1.061)
301.3 查阅相关信息资料	(3.38)(1.234)(3)	(2.83)(1.144)(2)	(2.14)(1.055)	(2.94)(2.039)
303.1 打折预付费充值卡	(2.29)(1.381)(1)	(2.36)(1.235)(2)	(2.12)(1.235)	(2.65)(1.212)
303.2 现金后付费	(3.06)(1.303)(3)	(2.78)(1.246)(3)	(2.55)(1.153)	(2.86)(0.954)
303.3 缴费卡后付费	(2.94)(1.275)(3)	(2.46)(0.970)(2)	(2.17)(0.905)	(2.79)(0.898)
303.4 银行转账后付费	(3.26)(1.471)(5)	(2.91)(1.259)(3)	(2.66)(1.334)	(2.99)(1.063)
304.1 网络及信号稳定性	(1.68)(1.203)(1)	(1.59)(0.839)(1)	(1.95)(1.191)	(2.49)(1.262)
304.2 信号覆盖率	(1.88)(1.295)(1)	(1.84)(1.057)(1)	(1.79)(1.080)	(2.53)(1.167)
304.3 业务资费标准	(1.70)(1.206)(1)	(1.66)(0.939)(1)	(1.79)(1.068)	(2.45)(1.229)
304.4 针对学生娱乐业务	(3.34)(1.472)(5)	(2.72)(1.230)(2)	(2.00)(1.064)	(2.91)(1.296)
304.5 服务人员素质	(2.57)(1.278)(2)	(2.28)(1.125)(2)	(2.06)(1.080)	(2.60)(1.114)
304.6 业务个性化	(3.13)(1.341)(3)	(2.59)(1.151)(2)	(2.00)(1.000)	(2.91)(0.991)
304.7 投诉方便/及时解决	(2.16)(1.261)(1)	(2.11)(1.054)(1)	(1.86)(1.085)	(2.61)(1.208)
304.8 话费查询方便程度	(2.05)(1.330)(1)	(2.08)(1.176)(1)	(1.84)(1.077)	(2.58)(1.165)
305.1 业务资费标准	(2.00)(1.793)(1)	(1.87)(1.411)(1)	(1.69)(1.238)	(2.18)(1.499)
305.2 业务服务独具特色	(2.74)(1.873)(5)	(2.11)(1.397)(2)	(1.95)(1.327)	(2.54)(1.493)
305.3 受周围人群影响	(2.54)(1.850)(5)	(2.27)(1.519)(2)	(2.23)(1.423)	(2.58)(1.485)
305.4 通信质量/影响	(2.13)(1.768)(1)	(1.96)(1.454)(1)	(1.92)(1.421)	(2.60)(1.530)

由上表可以看出，对于第一类大学生客户而言，他们很看重网络及信号的稳定性、信号覆盖率、业务资费标准，这三项的均值都很高，分别为1.68、1.88、1.70；他们在选择运营商时，也倾向于对运营商的资费、套餐情况等进行比较，重视程度均值为1.77；此外，他们也比较看重购买打折的预付费充值卡、话费查

询的方面程度、向周围人群了解满意评价、服务人员的素质，重视程度均值分别为2.29、2.05、2.13、2.57；相对而言，他们对业务的个性化、娱乐业务、现金后付费方式都不太感兴趣，重视程度比较低，分别为3.13、3.34、3.06；通过对类似问题的同样的分析，可以得到这一类客户的顾客价值层次分别如下。

目的层：随意沟通、经济实惠。

结果层：打电话便宜、通话质量好、沟通方便/快捷、话费查询方便、投诉解决满意。

属性层：打折预付费充值卡、比较运营商价格信息、业务资费、向周围人群了解满意评价、网络及信号稳定性、网络覆盖率、能随时接通电话、不掉话/没有时延、能随时查询话费、能查询实时话费、话费支出清晰、投诉方式种类、投诉点的数量、投诉解决时限。

根据上面的分析，可以构建这第一类大学生客户群体的顾客价值层次图（见图5-7）。

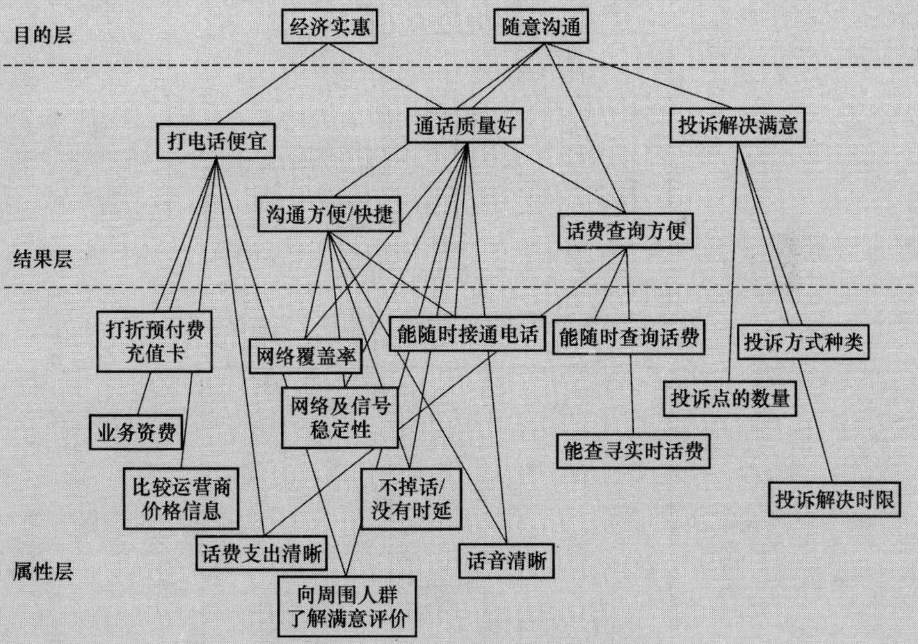

图5-7 第一类大学生客户的顾客价值层次图

3. 分析特征数据

分析第一类客户的基本信息数据，我们可以得到图5-8至图5-13。

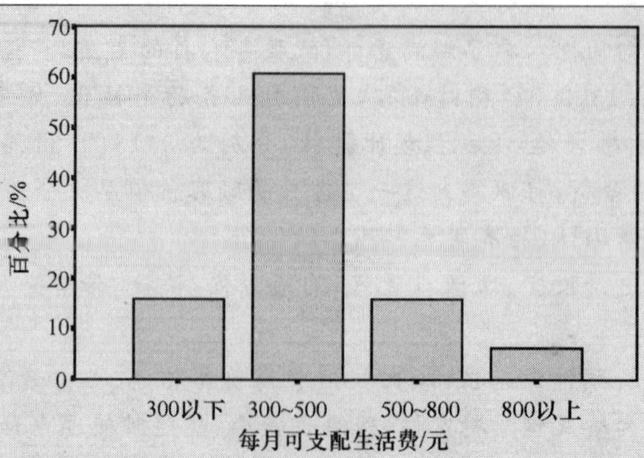

图 5-8　第一类大学生客户每月生活费情况

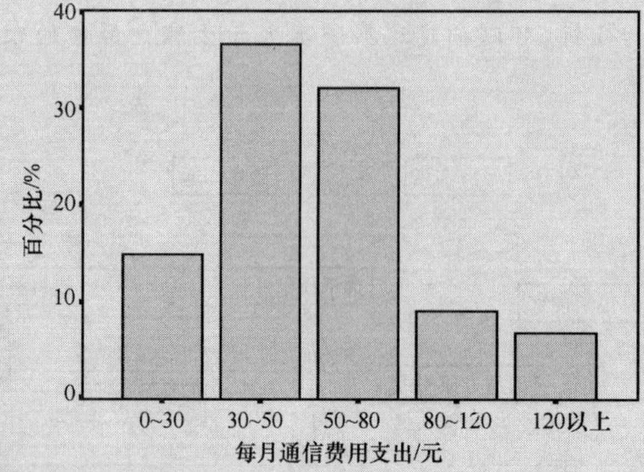

图 5-9　第一类大学生客户每月通信支出情况

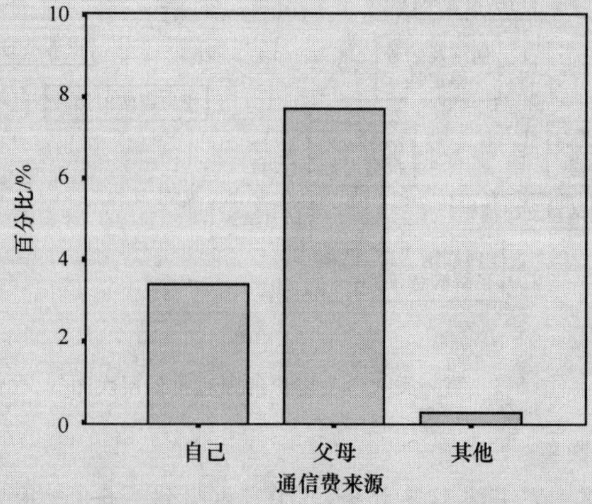

图 5-10　第一类大学生客户通信费来源情况

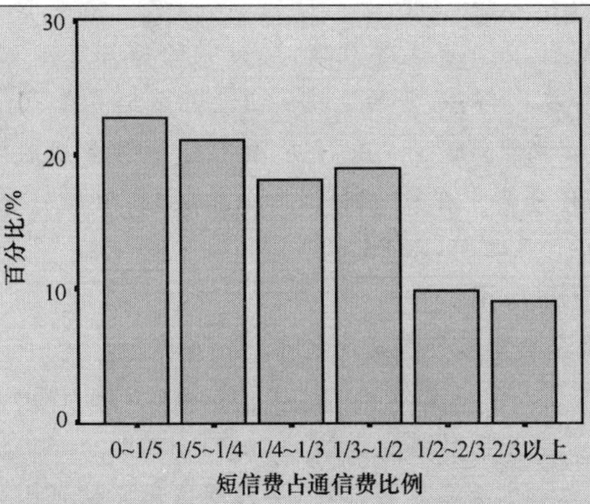

图 5-11 第一类大学生客户短信支出比例情况

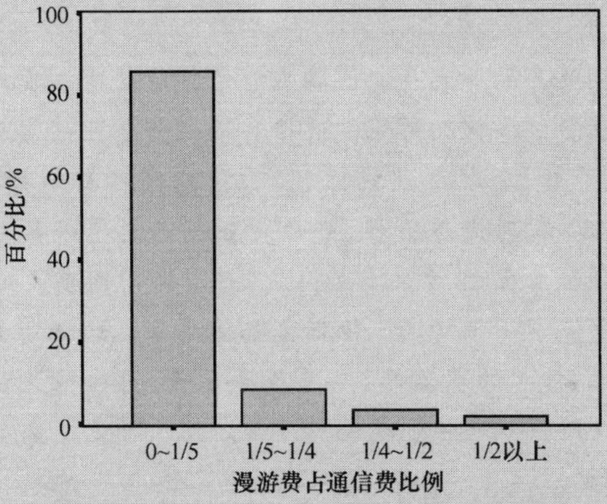

图 5-12 第一类大学生客户漫游费情况

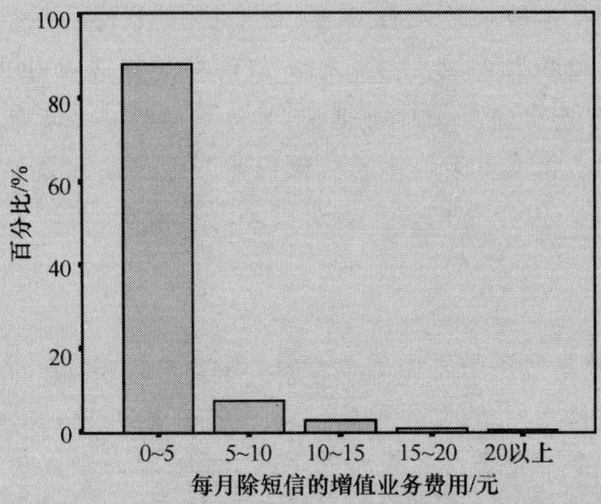

图 5-13 第一类大学生客户除短信外的增值业务支出情况

由上述分析可知，第一类大学生客户，他们的每月可支配生活费大部分集中在300～500元，占61%；每月的通信支出大部分集中在30～80元之间，共占68%；通信费用来源主要是父母，占77%；短信占通信费用的比例比较平均；漫游话费比较低，大部分集中在0～1/5之间，占85%；除短信外的增值业务支出也很少，主要在0～5元之间，占88%。

4. 数据分析结果应用

(1) 基于电信客户顾客价值层次的市场细分

在上述构建四类大学生电信客户顾客价值层次的过程中，已经把客户进行了分类，根据他们各自不同的特点，可以把他们分别称为经济沟通型（第一类）、及时信息型（第二类）、生活品质型（第三类）、周围同学认可型（第四类），并且根据数据分析的结果，描述出他们的特征。

① 经济沟通型

他们使用手机业务的初衷是能够满足自己随时随地与别人沟通的需求，而且对资费比较敏感。经济状况对他们选择移动运营企业的影响最大，比较看重各运营商的价格、资费、套餐之间的比较，希望能够购买到打折的预付费充值卡；他们一般对娱乐性、时尚流行性、个性化业务不太感兴趣，但是个人交际情况对于他们选择移动业务的影响较大；他们一般受周围朋友的影响比较大，喜欢从朋友那里了解满意评价情况。他们主要使用基本通话业务，也最为关心网络及信号的稳定性、信号的覆盖率，以及服务质量，同时很关注投诉的方便性、投诉问题解决的及时性以及话费查询。

② 及时信息型

他们使用手机的目的除了保证基本沟通之外，对能够随时随地获取信息的要求很高，他们对信息的跟踪比较紧密，把手机当成了一个重要的获取信息的工具，对其他方面则不太重视。与第一类经济沟通型客户相比，他们用于短信以外的增值业务的支出费用相对高一些，对价格的敏感程度也稍微低一些。业务选择方面，与信息相关方面的业务对他们的影响程度比较大。他们对通信质量、投诉方面很关心，对个性化的业务和服务也很看重，周围人群对他们的影响比较大。

③ 生活品质型

他们对手机功能的各个方面都很重视，不仅把手机的使用当成生活中不可缺少的一部分，也把手机当成提高生活品质的重要工具。他们交际范围比较广，跟同学联系紧密。更重要的是懂得享受，紧跟时尚潮流的发展趋势。这一类客户与其他类客户相比，漫游话费比例最高，有一定的漫游需求；用于短信以外的增值业务的费用也在这四类中最高，他们的经济状况变化也很小；他们很关心通信质量，对娱乐性业务、个性化业务、服务质量也相当看重。他们很有可能是未来高端客户的潜在客户群体。

④ 周围同学认可型

他们对所有的方面都不是很在乎，但他之所以使用手机主要是因为周围人群都使用，为了不被排斥，所以自己也使用，但是手机对于他来说，用处不大，可能也没有太多的人可以联系，对手机的娱乐项目也不太喜欢，仅仅说明自己是手机的拥有者，跟周围的同学一样。他们对价格不太敏感，因为他们本身的业务量就很小。不论是业务类型，支付方式，还是通信质量、投诉解决，他们都觉得无所谓。

可见，这四类大学生客户群体都把沟通作为了一项重要的要求，而且他们对资费都有不同敏感程度，这与他们的学生身份有关。第一类客户群体应该占据了大学生客户的大部分，第二和第三类群体跟他们的生活环境、家庭情况、价值取向都有关系，第四类群体则是大学生客户中的一个特殊群体，他们对手机的使用本身没有什么需求，但是出于周围同学的影响，从众心理的影响，或者是不希望被排除于群体之外，才使用手机，因而他们对其他的方面都无所谓态度。

(2) 基于顾客价值层次细分客户的客户管理

在现有的大学生客户管理中，针对大学生客户的品牌主要是“动感地带”，这个品牌主要是针对学生短信需求比较大，喜欢新奇时尚体验的心理，受到了大部分学生的喜爱。但是，从对该高校大学生客户的细分来看，第二类和第三类群体跟“动感地带”有一定结合，而第一类和第四类群体则在“动感地带”的针对性之外，不能得到心理深层次的需求满足。从客户管理精细化的角度来讲，对于这个特殊的、未来具有巨大消费潜力的大学生客户群体进行一定程度的细分是有必要的，这样才能更好地提高客户满意度和忠诚度，也有利于未来潜在高端客户的培养。

针对上述四类大学生电信客户的顾客价值层次，可以考虑为大学生客户建立统一的品牌，针对他们不同的需求，提供不同的业务组合，更好地为大学生客户服务，具体建议如表 5-7 所示。

表 5-7 大学生客户的消费类型

	经济沟通型	及时信息型	生活品质型	周围同学认可型
业务推介	分析这一类客户的通信消费行为，针对他们推出优惠套餐，可以综合考虑长途、市话、亲情号码、通话时段、通话时长等因素	分析这一类客户感兴趣的信息方面，如体育信息、娱乐信息、科技信息、时事新闻等，还可以增加与学习相关的内容，不断丰富信息业务；可以向他们提供信息类业务组合套餐，鼓励和增加他们的使用	各种新业务都可以向他们宣传推介，特别是娱乐类（游戏、铃声、图片、音乐）等趣味性业务是他们的首选，可以考虑业务之间的交叉组合，增加他们对其他业务的使用	在其可以承受的价格范围内，向他们推介一些大多数学生都在使用的业务，以此来加强他们和其他同学的联系以及被认可
服务提供	服务可以侧重于话费查询方式的多样化选择，语音通信方面的投诉应及时解决	可以向他们提供免费试用期，培养他们的使用习惯	可以在学校开设体验厅，让这类学生可以充分感受各种业务，也可以起到向他们宣传介绍业务的作用	他们对什么都不是很看重，服务方面尽量能让他们体会到跟周围的同学一样

本节对伍德鲁夫的客户价值层次模型进行了描述，并在此基础上建立了适合电信行业的客户价值层次模型。本节实证部分以某省会城市大学生客户群体为样本，采用客户价值层次模型进行分析，在分析结论的基础上进一步提出了相应的建议。

第四节 电信客户需求的动态监测

电信客户的需求不是固定不变的，而是会随着外界的影响因素的变化而变化，这些影响因素会导致消费者需求的变化，从而影响消费者的客户价值，企业为了维持自身的发展，提升客户价值，就要能够跟踪消费者需求的变化，及时响应这些变化，因而，如何动态监测客户的需求变化就成为电信企业运营的一个重要任务。

一、影响电信客户需求变化的因素

1. 客户特定目标及认知能力的变化

按照马斯洛需要层次理论，人的需要由低到高，分为生理需要、安全需要、社交需要、尊重需要及自我实现的需要五个层次；人都潜藏着这五种不同层次的需要，但在不同的时期表现出来的各种需要的迫切程度是不同的；当低层次需求得到满足以后，客户就会形成更高一层的需求目标。比如，一些客户最初使用手机仅仅是为了满足沟通的需求，随着该需求的不断满足，客户就会有更高一层的需求目标，比如对手机款式，品牌的需求，对通信新业务的需求等，这些需求是为了满足客户尊重的需要和自我实现的需要。

客户认知的改变也会影响其对电信业务的需求，比如，小灵通产生初期，因为其资费上的巨大优势，获得了一定程度的社会好感，客户数量也急剧上升；然而，随着小灵通信号差的特点逐步暴露，社会上不满的声音逐渐开始显现，甚至有“手拿小灵通，站在风雨中，摇头又摆尾，就是打不通”的说法，客户的认知也随之改变，最终导致小灵通市场的萎缩。

2. 客户所处环境变化

客户所处的环境包括自然环境和社会环境，环境要素的变化也会导致客户需求的改变。比如，客户住址的迁移，就需要更换新的电话号码，山区信号不好的地方，客户对信号稳定的需求更加强烈，而在市区信号较好的地方，客户可以使用更多的数据业务，对新业务的需求也更加旺盛；社会环境包括客户工作岗位的变化、交往人群的变化、大众舆论导向的变化等。所处的社会环境不同，就意味着通信对象的不同，因而客户的通信需求也有所不同，比如，公司的销售代表需要与客户打交道，对语音业务的需求较旺盛，而高级白领需要时刻关注公司和行业的动态，因而对一些数据业务（手机邮箱、在线炒股等）有较高的需求。

3. 运营商价值贡献能力变化

运营商对客户需求的影响在于创造和引导消费需求，对于低 ARPU 值的客户，运营商应加强对通信质量的保证，适当的降低资费，激发电信客户使用更多电信业务的需求，同时，运营商还应该抓住客户的兴趣变化趋势，推出一些客户感兴趣的新业务，逐步引导这类客户的使用需求；对于高 ARPU 值的客户，运营商应主动向其推荐高附加值的新业务，进一步提升这类客户的电信消费需求，同时运营商还可对这类客户提供一些尊贵型服务，提升客户的自我满足，自我实现感，以引导其向更高层次的需求迈进。

电信客户需求的影响因素不是孤立的，而是相互影响、相互促进的。比如，运营商价值贡献能力的变化如果不是基于客户认识的变化，也是很难对客户的需求造成影响。因而，对于电信客户需求影响因素的研究不应孤立的研究各因素的影响作用和机理，还应该研究各因素之间的相互影响关系和机理，这样才能全面、准确地把握客户的需求变化的影响因素，进而对客户的需求进行动态的观测。

二、客户需求动态监测的基本研究方法

电信客户需求的动态监测就是基于在对以上影响客户需求的因素的监测上，

通过对各种影响因素变化的响应，进而发现客户需求的变动趋势。大体步骤如图5-14所示。

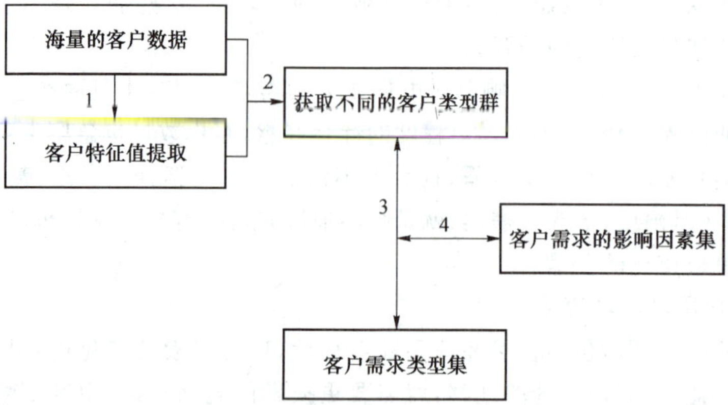

图5-14　客户需求动态监测基本流程

首先，从海量的客户数据中提取客户特征值，包括静态特征变量和动态特征变量，前者包括：客户的基本信息，客户合同信息（客户类型，结账形式等）；后者包括：客户消费过程信息，使用场景信息等。其次，基于海量客户数据和客户特征属性，通过聚类等方法，获取不同的客户类型群；再次，建立客户需求类型集，并构建客户类型群与客户需求特征集之间的关系；接着，建立客户需求影响因素集，并构建与"客户类型群-客户需求类型群"关系之间的关系，如不同的影响因素会导致某一类型的客户转为另一种客户需求类型。

目前，对客户需求的动态监测主要方法有基于信息系统的智能监测和基于问卷调查和经验知识的监测。

1. 基于信息系统的智能监测方法

这种监测方法在电子商务领域中应用较为广泛，主要体现在个性化推荐系统中，个性化推荐的基础在于掌握客户的需求，而这些需求需要从客户特征上获取，电子商务领域可利用的客户特征包括：客户过往浏览网页的记录（包含产品关键字、浏览次数以及浏览顺序），页面的浏览时间（反映客户对于某一主题的兴趣程度），客户基本信息（包括客户性别、年龄、工作领域等），客户偏好信息（客户对于某类商品的打分或者评价）等。

通过对这些客户特征的挖掘，最终将得到客户的需求类型。不断的重复"1-2-3"的过程（如图5-15所示），就可以动态的跟踪客户的需求变化，进而为客户推荐相应的产品或服务。

2. 基于问卷调查和经验知识的监测

基于问卷和经验知识的检测主要依靠大样本量的问卷调查，通过数据分析获得对客户群特征的深入了解，同时依靠市场调查人员的经验知识，对不同类型客户的需求进行定性的判断，建立起客户特征群与客户需求之间的关系。通过不停地进行问卷调查，可以做到对客户需求的动态监测。

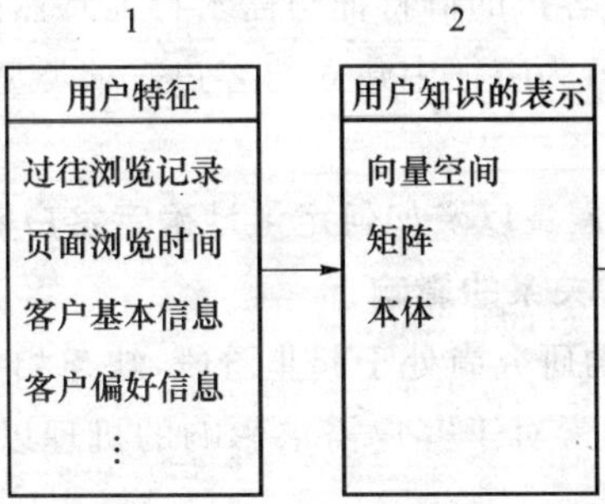

图 5-15　个性化推荐中客户需求的获得

3. 两种方法的比较

基于信息系统的智能监测准实时地、自动地对客户需求进行监测，用大量的客户数据说话，能做到针对每一位客户的需求监测。而这种方法也存在着明显的弊端，即，所依据的客户数据能否充分表达客户需求知识，也即客户数据中是否含有足够的信息来反映出客户的需求，即便客户信息包含全部的客户需求知识，完全基于数据的监测也缺乏可解释性，难以为进一步的营销活动提供行之有效的建议。

相比而言，基于问卷和经验知识的监测的自动化智能化程度较低，然而，这种方法可以充分发挥一线营销人员的积极性与主动性，积累经验知识。同时，通过问卷的形式，面对面地与客户进行交流，可以接触到真实的、显性的客户需求，能够更加准确深入地了解客户，为以后的营销活动提供充分的支持。

两种方法各有特点，前者更有利于提高企业的精细化、智能化的管理能力，提供一对一营销的能力；而后者有利于发挥企业一线营销员工的主动性，通过与客户接触，获得最为生动、可靠的客户需求信息。

三、该领域面临的问题

目前，关于电信行业客户需求动态监测的研究还存在许多需要解决的问题，主要有以下几点。

1. 如何挖掘电信客户需求知识，建立客户需求类型集

相关研究有李萍的客户价值层次模型以及在此基础上衍生的客户需求知识关联规则表示。以上方法仅仅通过访谈和问卷的形式获取客户信息数据，从而挖掘客户的需求知识。如何结合更多的客户数据信息（客户基本信息、客户合同信息、客户消费行为信息等），以获得更为全面的客户需求知识，是未来研究的一个方向。

2. 如何将不同类型的客户群与不同的客户需求类型相对应

基于问卷和访谈的方法较容易实现不同客户群与不同客户需求之间的对应关系（因为同一份问卷中同时反映了客户的群特征与需求特征），然而，如何从客户基本信息、客户合同信息、客户消费行为特征中建立与客户需求类型的关系也是一个研究方向。

3. 如何建立客户需求影响因素集以及如何定量地确定客户需求影响因素对于“客户类型-客户需求”关系的影响

目前关于客户需求影响因素的研究尚处于起步阶段，缺乏相关研究成果，如何选取客户影响因素，找出各影响因素对于客户需求影响的机理以及影响因素之间的作用机理还有待进一步研究。

建立“客户类型-客户需求”关系之后，下一个问题就是如何量化地体现客户需求影响因素在“客户类型-客户需求”关系中所起到的作用。即如何解决“客户某一些需求影响因素改变后，在多大程度上影响了‘客户类型-客户需求’关系”。

本章首先对电信客户消费心理和消费行为类型和特征进行了描述，接着介绍了电信客户的价值层次模型，将顾客内心的需要（目的层）与顾客需求的表现（属性层），通过体验感受（结果层）联系起来，本章最后介绍了客户需求动态监测的内容，目前该研究领域尚不成熟，文中列举了该领域中几个关键的问题。

思考题

1. 电信客户的消费心理有哪些类型？它们具有哪些特点？
2. 什么是消费者行为？研究电信消费行为需要了解电信客户的哪些信息？
3. 什么是顾客价值？电信客户的顾客价值如何计算？
4. 有哪些顾客价值层次模型？各个模型的原理是什么？
5. 影响电信客户需求变化的因素有哪些？
6. 如何动态监测电信客户的需求？

第六章　电信客户保持管理

第一节　电信客户保持的概念

一、电信客户保持研究的必要性

1. 客户增量竞争激烈

对于电信业来说，客户直接关系着运营商业务收入和利润，是争夺的焦点。从目前争夺态势来看，主要从两个方面开展：一是业务竞争；二是价格战和促销战。值得注意的是，不论业务竞争还是价格战和促销战，运营商更多的关注是吸引新增客户。其明显的作用是使潜在客户很快地成为现实客户。但是这种市场开发给运营商市场营销成本带来了巨大压力，绝大多数新增客户量是当作任务下达完成，并且这些客户中有相当一部分仅仅经历了客户全生命周期的识别期，至多是到发展期，而没有进入稳定期。

2. 客户流失严重

由于资费下调以及运营商的优惠力度加大、客户离网的壁垒减小，激烈的竞争必然导致客户的强不稳定性。据统计，移动通信客户的月流失率为3%～10%，这一数字相对于其庞大的客户基数来说，客户流失带来的损失很大，如果不采取有效的客户保持策略来稳定客户，这一流失数字还会继续上升。固网虽然没有明显的客户转移，但也存在隐性的话务转移。宽带由于圈地垄断明显，个体客户转网壁垒相对较大，集体转网可能性较高，而且随着移动接入的宽带化，客户流失的形式将更灵活。

3. 中高端客户增长缓慢，运营商需要“关闸蓄水”

中国移动(香港)公布的2005年度的移动客户发展数据表明，2005年12月中国移动(香港)新增4 240万客户，其中新增预付卡客户为4 100万户，占了新增客户总数的96.7%，新增签约客户为140万，仅占新增客户总数的3.3%。

2006年上半年，通信行业运行状况统计数据显示，在各电信运营商整体赢利保持增长的态势下，固定电话以及移动电话 ARPU 值与前年、去年同期相比继续走低。

以上表明,虽然中国的新增移动客户依旧保持一定规模,但新增客户绝大多数属于低端客户,客户质量不高,盈利能力不强,实质上是“增量不增收”。面对新增客户不能给运营商带来更多的利润增长的问题,运营商应转变观念,想办法通过现有客户来增加利润。一方面要重视现有客户的保持,减少现有客户的流失,另一方面要保持现有客户的价值并挖掘现有客户的潜在价值,通过对现有客户保值和增值提升企业的盈利能力。

二、电信企业客户保持的相关概念

1. 客户离网诱导因素及离网壁垒因素

当电信客户离网时,大多数会受到相应的诱导因素驱动。即使该客户对原运营商提供的服务100%满意,他仍然存在离网的可能,问题的根源在于目前绝大多数电信业务面临的市场是个充满竞争的市场,同时客户的转网壁垒较低。

有这样一种情况,即使客户想离网,但在某些因素作用下他仍不能离网,这些因素我们称为客户离网壁垒因素。客户离网壁垒因素属于保持客户在网的正面因素,细分出这些阻碍因素中运营商可控的因素并加以加强,可以起到进一步保持客户在网的作用。

2. 电信企业的客户满意度和忠诚度

电信客户满意度是指电信客户在接受电信运营商提供的通信服务过程中,产生的实际感受与其期望值比较的程度或者是这些感受的心理可接受程度。这个定义既体现了客户满意的程度,也反映出电信运营商提供的产品或服务满足客户需求的功效。

目前在电信行业,衡量客户满意度主要有如下几个指标:网络质量、服务水平、资费水平、业务模式、品牌形象等。

电信客户忠诚度是指电信客户存在对某一电信业务的需求,长期使用某一运营商服务的行为。这种长期使用行为,如果仅仅是由于消费习惯和退出壁垒造成的,我们定义它为行为忠诚。如果客户对企业存在情感,这种情感的产生是由于企业为客户提供了比其他潜在运营商更为优异的产品或服务。在这种情况下客户坚定地使用该运营商的业务,不受竞争对手诱惑并向周围人进行业务或者品牌推荐,我们定义它为态度忠诚,这一种是高层次的忠诚。

电信客户行为忠诚的标准是:该客户是存在通信行为的电信客户,使用任意一种或者几种电信业务(如移动业务的话音、短信、GPRS增值业务等),按时缴纳其通信费用。

电信客户态度忠诚的标准是:该客户行为忠诚,客户认可所使用的该运营商的通信业务并从心理上对其产生依附感并因此而增加消费,在一定程度上抵制其他运营商的促销诱惑,经常向他人进行推介。态度忠诚的基础是行为忠诚,如图 6-1 所示。

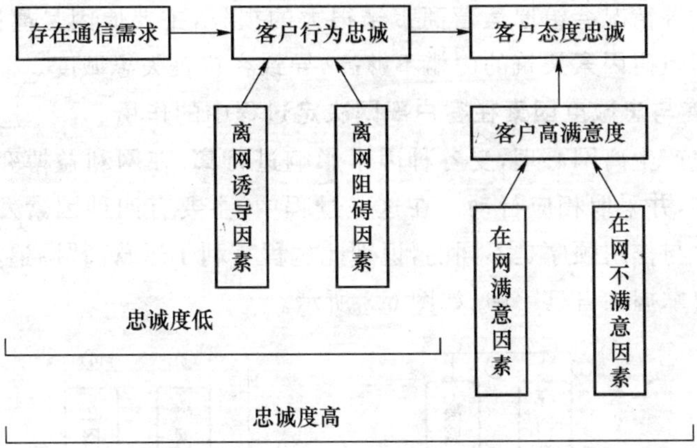

图 6-1 电信客户忠诚度构成

离网诱导因素和离网阻碍因素构成了客户的行为忠诚,在网满意因素和在网不满意因素则构成了客户的满意度,客户如果具有高的满意度则客户很有可能会产生态度忠诚。

满意度与忠诚度总体成正相关关系。大多数情况,满意度高则客户忠诚度高,满意度低则客户忠诚度低。但是,这种对应不是线性对应,在竞争越来越激烈情况下,满意度与忠诚度往往不成比例甚至相反,如图 6-2 所示。

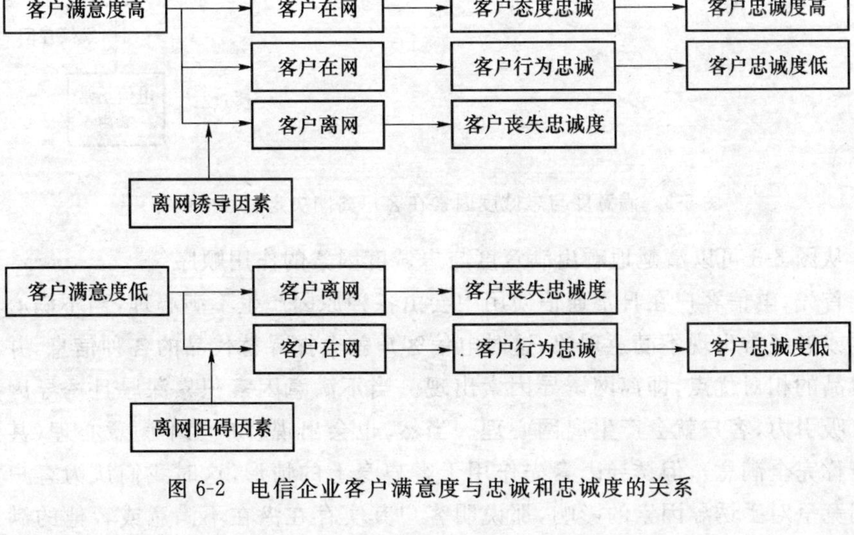

图 6-2 电信企业客户满意度与忠诚和忠诚度的关系

此图说明客户满意度与忠诚度的关系，即满意度与忠诚度不是线性关系，但总体的走势方向一致。

目前越来越多的移动客户会出现这样的情况，客户本身对原运营商满意度非常高，但是受离网诱导因素诱惑（例如竞争对手促销力度很大）而转网到另一家运营商。出现这种情况会给原运营商带来很大的损失，主要原因是离网诱导因素作用很大而离网阻碍因素架筑的门槛不够高，导致客户丧失忠诚度。

3. 满意度与忠诚度因素在客户离网决定过程中的作用

正常客户产生离网心理，受各种因素影响进行离/在网利益博弈，然后做出是否离网的决定，并采取相应行动。在这一过程中，主要有四种因素发挥作用，这四种因素的发生与作用顺序是不同的，识别此过程有利于运营商“围追堵截”，将客户保持的主动权掌握在自己手中，如图 6-3 所示。

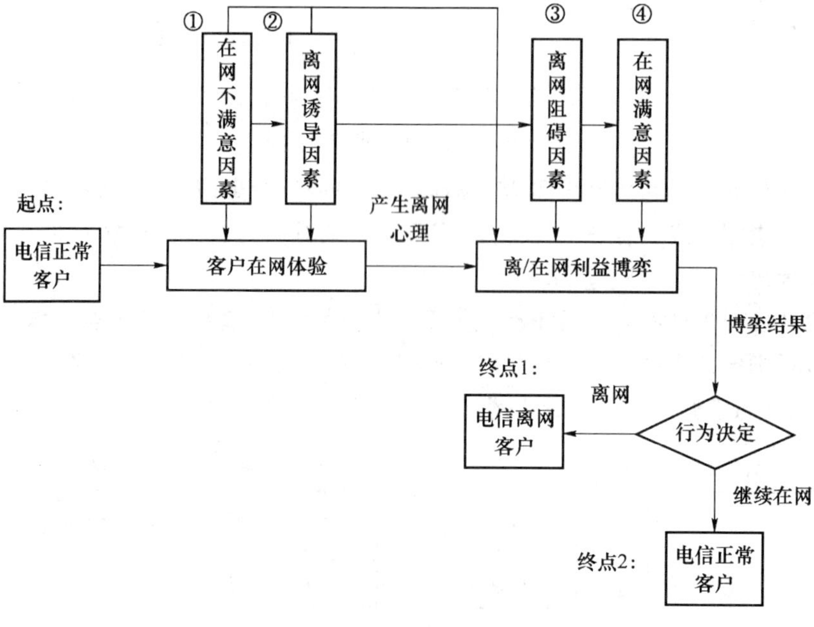

图 6-3 满意度与忠诚度因素在客户离网决定过程中的作用

从图 6-3 可以清楚地看出满意度与忠诚度因素的作用顺序。

首先，电信客户在日常通信使用中会由各种原因产生不满心理，当不满心理被积累或者经常出现不满意现象，这时电信客户就会探寻替代品的各种信息，并发现替代品的相对优点，即离网诱导因素出现。当不满意因素积累深厚且诱导因素足够有吸引力，客户就会产生离网心理。当然，也会出现客户无不满意心理（甚至客户声称完全满意），但诱导因素先作用于客户身上的情形，这时我们认为客户如果受到竞争对手诱导因素的影响，那说明客户其实存在潜在不满意或者他的满意是相对满意。

客户产生离网心理后,会集中比较四种影响客户在网与离网的因素,衡量出离网的利弊并做出决定。而这其中,首先要考虑的是离网阻碍因素,阻碍因素最先考虑的是联系变化改变带来的潜在损失与可能的终端改变成本(或者是忠诚度损失),然后客户会再次考虑所转换的运营商间的满意因素是否相当。这个过程可被认为是客户的一次转网心理博弈。

4. 基于忠诚度的客户保持方法

依据忠诚度定义,客户只要具有行为忠诚就保证不离网,而如果具有态度忠诚(即忠诚度高),则不仅抗离网诱导力强、离网的可能性很小,而且对他人亦有推介作用,对运营商的偶尔失误也能持包容态度。因此,保持客户在网的途径就是在达到客户行为忠诚的基础上,提高客户的满意度,以建立客户的高忠诚度,如图 6-4 所示。

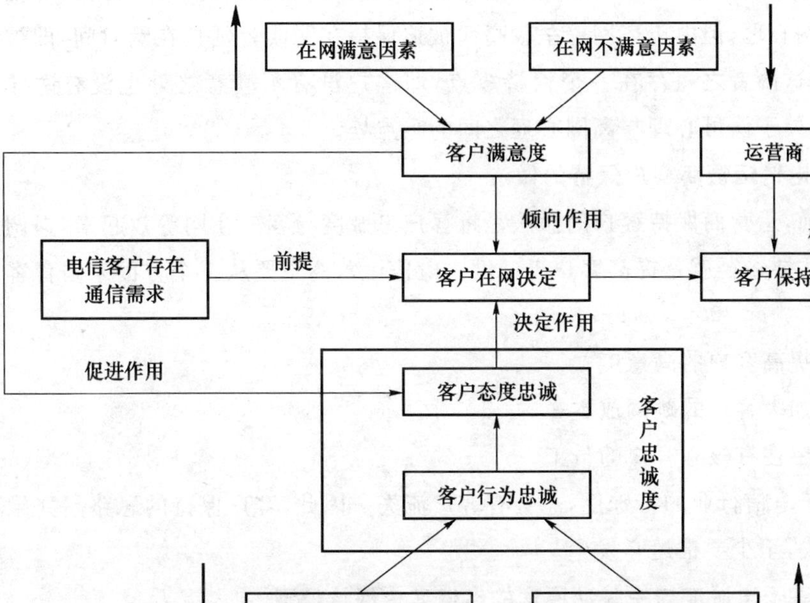

图 6-4 满意度、忠诚度对电信客户保持的作用

图 6-4 说明了移动客户的保持方法:从满意度来说,要增强在网客户满意因素(或者影响客户的心理暗示)、消除客户的不满意因素,以增大客户的满意度。从行为忠诚来说,要屏蔽客户的离网诱导因素,提高客户的离网阻碍因素,以保证客户行为忠诚;同时高的满意度也使客户达到态度忠诚。上述因素综合作用,使客户做

出继续在网决定，运营商就达到了客户保持的目的。

第二节 电信客户保持模型的构建

以上介绍的电信客户满意度与忠诚度定义，客户离网过程的影响机制分析等，这些都是要为构建出科学的电信客户保持模型做准备工作。本节将结合前面的工作成果，构建出符合运营商实际情况的客户保持模型，内容安排如下：首先给出电信客户保持的一般模型，然后结合实际情况给出现阶段电信客户保持模型，并提出一些可行的保持策略。

1. 保持客户的主被动保持原理

电信行业客户主被动保持基本原理为：在电信行业，运营商采取各种措施，一方面使得客户满意度很高，客户主动想保持在网，即主动保持；另一方面，即使客户产生离网心理，但由于离网壁垒较高而被迫保持在网或者延长在网时间，即被动保持；而在这两者之间存在一个保持零点，即客户没有不满意之处也没有诱导的原因，客户处于认可心理与离网心理之间的零点处。

2. 电信运营商客户保持的做法

目前，运营商保持客户的做法是将客户忠诚度与客户在网等效起来，强调留住客户的主要途径就是提高客户忠诚度。电信运营商主要从三个方面来培育客户的忠诚度：

- 提高客户的满意度；
- 加大客户的跳网成本；
- 留住有核心客户的员工。

由于电信行业的特殊性，总会有客户流失。因此，客户保持的思路是如果不能阻止流失，至少要推迟它发生。

3. 基于忠诚度与主被动原理的电信客户保持模型

基于以上的分析，构建出如图 6-5 所示的客户保持模型。

此模型的思路是：达到保持客户在网目的的途径是让客户从三个方面来保持在网，其一是客户主动去维系作为原运营商客户的关系，其二是客户没有要转网/离网的理由，没有要终止与原运营商的客户关系的原因，其三是即使客户想离开却因转网壁垒太高不得不被动地维系作为原运营商的客户的关系。这三个方面合力作用将最大可能保持客户在网。

图 6-5 从电信企业保持策略的分析过程上可以分为以下四个阶段。

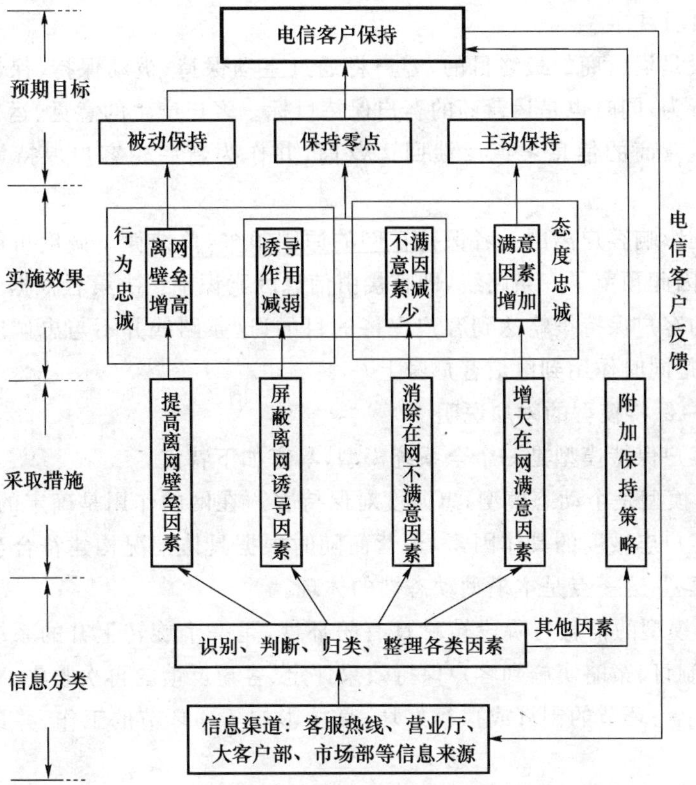

图 6-5　电信客户保持模型

(1) 信息分类

运营商对从客服热线、营业厅、大客户部等采集的信息进行判断与归类整理，以区分出归属于不同类的影响因素。例如，运营商知晓竞争对手将对同质电信业务进行大规模促销，这一信息可能会引起自己客户的流失，因此要归属于离网诱导因素。这一步提炼出有价值的信息并判断该信息的重要性至关重要，因为这一步将影响到接下来的该运营商决策、实施、客户反应等步骤。

(2) 采取措施

包含两步，第一步，运营商针对上一阶段送上来的决策信息依据相应保持规则，制订严密的保持措施；第二步，协调各部门实施此措施。这一阶段的难点在于所制订的措施的针对性和有效性。这一阶段中产生的措施分为短期措施和长期措施，如有奖充值赠话费等措施属于短期措施，而积分回报措施则属于长期措施。

(3) 实施效果

即客户感受到了运营商的策略影响，并对自己的行为或心理进行纠正的过程。客户在各种策略作用下，行为忠诚和态度忠诚都将有了提高。

(4) 预期目标

此阶段是运营商的最终目的,客户将通过主动保持、被动保持、保持零点来实现在网的行为,同时也是运营商的客户保持目标。客户产生的意见、运作效果的鉴定将通过运营商的信息渠道反馈回运营商,并作为新一轮客户保持策略制订的依据。

考虑到影响客户离网或者保持在网的原因很多,单纯凭忠诚度可能无法涵盖所有方面,因此预留了一条路线,即直接由信息因素识别。决策者根据具体的原因制订附加的客户保持策略达到客户保持的目的,这条路线并不与忠诚度的四条线路分开,而是同时作用到电信客户身上。

4. 客户保持模型的附加说明

电信客户保持模型是一个全系统模型,具有如下特点。

(1) 本模型是个动态模型,忠诚度对保持客户在网的作用是确定的,但是没有规定导致客户忠诚度的具体因素,运营商随时根据具体情况构建符合当时情况的客户保持模型,这一点是本模型动态性的体现。

(2) 本模型的信息与阶段转移具有闭环性,是一个旋转上升的系统。从信息采集、策略制订、策略实施到客户保持效果评定、客户反馈的再次收集,整个过程是闭环过程,上一环节的制订或执行好坏,直接影响下一环节的工作,并最终反馈到本环节。

(3) 本模型也具有一定的灵活性,运营商捕捉到的信息不同,那么相应的保持策略自然不同,具有很大的灵活性。同时,考虑到每个客户甚至每类客户的具体特点,须增加"附加保持策略"一项,用于忠诚度策略覆盖不到的特殊策略。

案例:移动通信现阶段客户保持模型

上边构建的电信客户保持模型是通用的保持模型,我们经过多方调研,将构建符合当前移动运营商竞争形势和客户保持现状的具体模型。根据上述通用模型,在影响客户离/在网因素中,有些因素是运营商自己的因素,而有些则是运营商无法控制的因素,因此具体模型的构建将先进行各因素可控性分析,因素敏感度分析等工作,之后给出具体的保持模型。

1. 移动运营商可控因素分析

对于现阶段移动客户保持模型,要从移动运营商实际是否可控和控制力度大小来分析。根据如下标准,我们将所有因素分成可控因素和不可控因素:

- 移动运营商是否可以控制该因素
- 移动运营商对该因素的控制力度大小

可供分类的因素范围为前边所提到的在网客户满意因素(网络质量、服务质量、品牌形象、业务种类),在网客户不满意因素(资费较高、ICP收费问题),客户离网阻碍因素(联系变化损失、终端成本差异、忠诚度代价、转网惰性、黏性作用),客户离网诱导因素(品牌观转移、竞争对手促销、差异化业务、业务需求消失)。

对于这些因素进行可控性归类,根据调研的反馈结果,采用"统一权重专家评分法"进行数据处理,得到如下结果。

(1) 可控因素

可控因素是指移动运营商拥有对该因素的完全或者主要控制权限,移动运营商可以通过增加或减少投入来改变其对客户在/离网影响,从而达到保持客户在网的作用。

经过分析,如下因素是移动运营商可控因素:

- 服务质量
- 品牌形象
- 黏性作用
- 忠诚度代价
- 网络质量
- 资费水平
- 品牌观转移
- 差异化业务

可控因素不表示移动运营商可以随意控制该因素,只说明了存在可以控制该因素的可能性,例如资费水平属于可控因素,但是目前移动资费水平还要遵循有关部门制订的标准,移动运营商可以采取灵活的套餐方式来实际改变资费价格。再如品牌形象,地方移动运营商可以通过广告将全球通的品牌形象赋予新的内容,但也要符合移动集团公司的统一品牌形象规划。

(2) 不可控因素

不可控因素指该类因素主要与客户个人有关,或者移动运营商无法控制或者影响力很小的因素。

经过分析,如下因素是移动运营商不可控因素:

- ICP资费
- 终端成本差异
- 竞争对手促销
- 联系变化损失

- 转网惰性
- 业务需求消失

例如，业务需求消失属于不可控因素，客户因为退休或者转换工作岗位，不再继续使用原业务，这种情况运营商无法控制。再如竞争对手促销，运营商根本无法干涉竞争对手的正常市场行为。

在分辨出可控与不可控因素之后，运营商可根据轻重缓急的需要，首先对可控因素进行投入，然后对不可控因素中，某些易于操作的因素采取相应的措施。例如竞争对手促销是竞争对手控制，但是可以采取相应的对抗措施，减少竞争对手的影响，或反击对手，反客为主取得胜利。

2. 客户"敏感度"因素排序

可控性是从移动运营商是否可以就该因素进行投入而言，是可行性分析。而针对不同的因素的改变，客户会产生不同程度的反应，或者说客户对有的因素变化不敏感，而对有的因素变化很敏感，因此有必要对上边的完全可控与部分可控因素进行客户敏感度排序，这就是有效性分析。

客户敏感度大小排序的选择范围为完全可控因素与部分可控因素，同时在这两类因素中除掉无关客户敏感度的因素，例如品牌观转移、黏性作用等。敏感的含义是客户对变化的一种反应，满意度改变属于敏感性，客户评价代价与收益的心理变化也属于敏感性。根据调研数据反馈，采用"统一权重专家评分法"预期客户的反应敏感度大小，我们给出如下的移动客户敏感因素排序，如表 6-1 所示。

表 6-1　移动客户敏感因素排序

敏感因素	客户敏感度大小
1	资费改变
2	忠诚度代价
3	新业务推出
4	品牌形象改变
5	服务改进
6	网络质量提高

3. 移动客户现阶段保持具体模型

前面给出的是客户保持理论模型，是客户保持的框架，而对现阶段移动运营商来说，解决目前的客户保持问题则要在移动运营商可控因素分析的基础上构建出符合当前状况的模型，如图 6-6 所示。

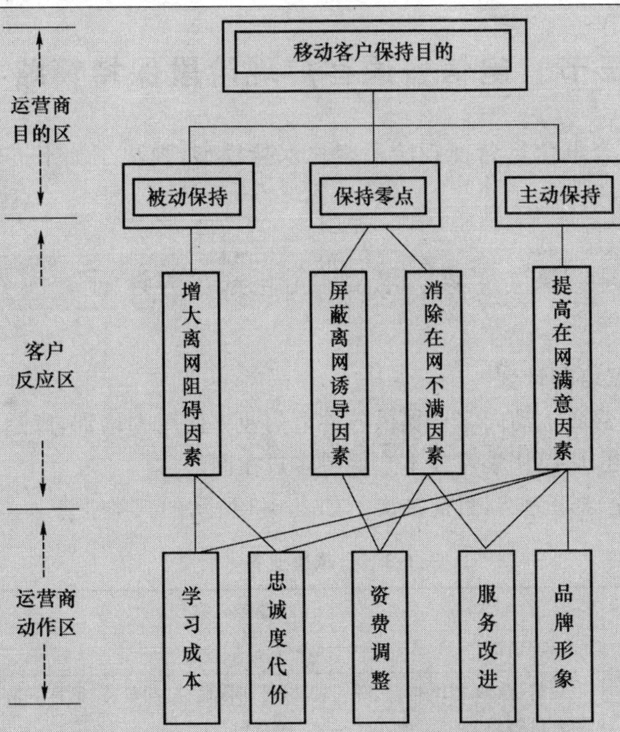

图 6-6 移动客户当前阶段保持策略模型

有关此模型各因素的解释如表 6-2 所示。

表 6-2 当前阶段普通移动客户保持策略因素定义

分类	因素	因素定义
被动保持部分	学习成本	学习成本此处实际指使用习惯，对移动运营商来说就是培养客户对新业务的使用习惯，增加客户的消费惯性与业务认可度。学习成本也包括前边提到的“新业务的推出”
	忠诚度代价	忠诚度奖励指移动客户如果从原运营商转网流失，那么会造成的损失，而如果继续留在原运营商则又会得到的利益
离网零点部分	资费调整	资费调整是指根据目前竞争大局与政策限制，主动制订出具有吸引力的资费标准，以此来保持住移动客户
	服务改进	服务改进永无止境，移动运营商从市场部、客服中心等部门获得的客户对于服务不满意都可列为服务改进项
主动保持部分	品牌形象	品牌形象是移动运商对业务品牌的定位，不同时期的品牌形象应该赋予不同的涵义，因为品牌形象是客户身份、地位甚至兴趣取向的象征

第三节　电信普通客户现阶段保持策略

在本书中，结合电信运营商现阶段客户保持模型，提出了如下五种客户保持策略。

一、增大客户学习成本策略："电信业务玩家培养计划"

电信业务玩家培养计划

目的：电信运营商主动向客户提供各种电信业务使用的培训，以达到客户熟练掌握各业务的目的，从而从学习成本上保持客户在网。

以中国移动全球通为例，目前推出了如表 6-3 所示的三类业务。

表 6-3　全球通业务

业务种类	业务名称
基本业务	语音通信
附加业务	短信、全球通 IP 电话、呼叫转移、呼叫限制、呼叫等待、留言信箱、申请停机、申请开机等。
数据增值业务	WAP 上网、JAVA 应用、GPRS 上网卡等

中国移动可采取电信业务（尤其是增值业务中的娱乐业务）使用培训的方式提高移动客户学习成本，其具体工作步骤如下。

第一步：进行客户调查。调查出移动客户对于移动业务的使用与了解情况，什么原因阻碍客户使用，以及客户对什么业务最感兴趣。

第二步：针对上边所提及问题和调查得到的问题进行有针对性的解决。移动运营商定期面向广大移动客户举行业务的学习活动，例如演示、培训、知识竞赛等，以增加客户对业务的认知。具体方式可以通过网站、注册客户群发E-mail、新业务使用演示的 Flash 或者自动播放的 PPT、营业厅宣传单或手册的发放等。

第三步：运营商举行"业务玩家"认证考试。凡通过考试者颁发"业务专家"证书，并赠送一定额度的话费（例如赠送 100 元充值卡），以激励客户学习和掌握业务，并进行考试。

二、增大客户忠诚度代价策略："老客户新奖励"策略

根据相关统计显示，客户在网时间越长越容易离网。造成这种现象的原因除了运营商对新入网客户在营销上的优惠力度吸引力大外，也反映了运营商对老客

户特别是普通客户的照顾不周。目前的积分回报策略限于运营商所投入的资金和人力成本的限制，仅对高端客户实施，还无法普及到普通客户身上。

因此，本书提出对普通客户在网时长优惠的策略："老客户新奖励"策略。本策略的思路是：通过运营商让渡利润，增大客户的消费者剩余，对于已在网超过一定时间（例如一年）的老客户在话费上进行优惠，在网时间越长则优惠力度越大，从而牢牢地锁定客户。

案例：老客户新奖励措施（以移动客户为例）

移动客户如果入网时间超过1年而小于2年，且在此之前6个月内又无欠费行为等不良信用纪录，则对这样的移动客户在话费标准上给予一定的折扣，例如9折优惠。举例：某移动客户在网时间一年半，实行"老客户新奖励"之前，通话每分钟0.4元，实行此策略之后通话每分钟0.36元。

移动客户如果入网时间超过2年，且在此之前12个月内又无欠费行为等不良信用纪录，则对这样的移动客户在话费标准上给予一定的折扣，例如8折优惠。举例：某移动客户在网时间两年半，实行"老客户新奖励"之前，通话每分钟0.4元，实行此策略之后通话每分钟0.32元。

老客户的话费随着移动运营商整体资费变动而变动，始终保持低于新客户一定比例的水平。

"老客户新奖励"与积分回报是互斥策略，移动运营商提供给客户两种选择，一种是积分回报，一种是在网时长优惠，这两项优惠措施不能同时享受。选择积分回报的客户可能是资费不敏感客户，而选择"老客户新奖励"的客户可能是资费敏感客户。

三、消除客户不满意因素策略："预存话费送话费"策略

综合考虑可行的方案，对于资费调整，我们提出的策略是采用"预存话费送话费"的方式来保持住客户。具体实施方法如下：

- 对于普通客户，每年定期举行存话费送话费活动；
- 针对低端客户，预存1 000元送300元，预存话费要在12个月内消费完毕；
- 针对低端客户，预存500元送100元，预存话费要在6个月内内消费完毕；
- 针对高端客户，预存10 000元、8 000元和5 000元话费，可分别获赠3 500元、2 700元和1 600元；
- 客户预存完话费后，充值额随即注入客户账号中。

"预存话费送话费"策略和"老客户新奖励"策略不冲突，"预存话费送话费"是从客户账面余额的角度来保持客户和防止客户欠费的，而"老客户新奖励"则从奖

励客户的忠诚度角度出发。我们认为“预存话费送话费”还有更深层的含义，即此策略是通过客户一次性缴纳大额话费来给予话费优惠，以此来减小客户的不满意因素。但是此策略还同时具有保证客户信用和客户“签约”在网功能，客户一次性缴纳大额话费则在短时间内不会出现欠费情况，而且由于预存了话费对大多数客户来说会逐渐用完，这就保证了客户在这段时间在网。

四、消除客户不满意因素策略："客户满意百分百计划"

这个策略对应的是现阶段全球通客户保持模型的“消除客户不满因素”部分，主要目的是寻找客户不满意处，并解决它们。根据已有营销的调查结果，大部分客户的不满意是不会直接对厂家告知的，不满意的客户会向身边的朋友进行抱怨，或者当不满心理积累到一定程度客户会发生流失行为。

“客户满意百分百计划”策略：

- 对于从运营商客服热线打进来的投诉电话，客服全部进行回访；
- 如果该客户问题已经解决，则询问问题解决是否满意；
- 询问客户是否有不满意的地方，并作记录。

这个策略的核心是要求运营商客服对所有的投诉客户全部进行回访，并主动询问客户是否存在其他不满意之处，以此来主动提高客户的满意度。

五、提高客户离网壁垒策略："合约管理"思路

目前，在电信竞争比较充分的美国，运营商管理与客户保持采用的方法之一是“合约管理”。基本思路是运营商与其客户签订在网时间协议，例如客户保证在网两年，同时给予客户一定的优惠条件。在美国信用体制比较健全的条件下，合约管理是保持客户的一种非常有效的方法。

在国内，随着竞争的激烈程度加剧，国内运营商有必要逐步尝试这种管理客户的方法。国内运营商可以先从高端客户群体上试行，或者是从流失率较高的某一类客户上试行，待方案体系成熟后再全面推广。

当然，这种对客户进行合约管理策略的实行，受限于很多因素。

首先，我们认为中国的电信市场竞争尚不充分，移动通信市场基本上是双寡头垄断竞争市场。这种情况下，由于国内的客户数量众多，“合约管理”策略的执行就会为运营商增加极大的工作量。在固定通信市场，该策略应用于行业、企业大客户较为合适。

其次，国内的信用体系尚不完善，即使在国内发达省市客户的个人行为也无法完全与其信用对应起来。这样，客户即使接受运营商的在网时间合约，也可能会发

生违反合约离网的情况。

但是,“合约管理”作为国外已经使用的一种客户管理手段,在提高客户离网壁垒因素上作用很大。国内运营商在对高端客户的管理上,逐渐采取这种合约管理的策略,而对普通客户的管理暂时继续沿用原有的管理方式。

本章在上一章介绍客户需求价值的基础上,探讨了电信企业客户保持的相关问题。第一节介绍了电信客户保持的提出背景和相关概念,从客户满意度和忠诚度切入,勾勒出客户保持相关的过程和影响机制,在此基础上,结合当前运营商竞争与市场现状。第二节给出电信客户保持的一般模型。第三节依据模型,提出了现阶段的客户保持策略,为管理层规划客户保持工作提供了依据。

思考题

1. 什么是客户保持?为什么要进行客户保持的研究?
2. 如何理解电信企业客户满意度与客户忠诚度?其影响因素是什么?
3. 电信企业客户保持有哪些基本模型?
4. 电信企业如何保持客户?现阶段电信企业客户保持的策略有哪些?

第七章　电信客户挽留管理

本章从三个部分对电信客户挽留管理进行描述，第一部分是电信客户流失预警的方法，介绍一些比较成熟的数据挖掘方法；第二部分是电信客户挽留管理体系，介绍一些学者在相关领域研究的成果；第三部分是电信客户挽留管理的方法，主要介绍几种在电信客户挽留管理中采用的一些具体的策略。

第一节　电信客户流失预警方法

一、为什么要建立客户流失预警模型

在激烈的市场竞争中，客户的流失几乎是不可避免的。市场研究机构 Gartner Dataquest 的一份报告指出，国外运营商们每年的客户流失率大约是 30%，也就是每个月 2.5%。按照这个比例，运营商们每年要流失近三分之一的客户，其中无线运营商的客户流失率比有线运营商的还要高，而这样的流失率在可以预见的未来还可能会持续下去。随着市场竞争的加剧，我国电信企业的客户流失情况也已经非常严重，据最新的资料显示，截至 2007 年 12 月，中国网通本地电话客户大幅流失 411.4 万户，相比 2006 年同期，客户离网率高达 28%。客户流失对电信企业利益的损害表现在以下方面。

首先，客户流失会给企业带来直接的利润损失。分析客户流失给电信企业带来的损失，需要引用客户终身价值这一概念。

客户终身价值＝一年内普通顾客在企业的消费额×商品的平均利润率×拥有普通顾客的时间(年)＋每年普通顾客的购货增加量＋每年成本降低程度＋每年通过顾客口头宣传所带来的利润额＋在不失去忠实顾客的前提下每年多收顾客的钱。

根据客户寿命周期理论来分析网通公司 2007 年的损失情况，将得到以下结果：该公司 2007 年的客户流失率约为 28%，则平均顾客寿命为 3.57 年。如果该客户每月平均话费为 50 元，一年为 600 元，每位顾客的终身价值就是 600×3.57＝2 142元。该公司 2007 年流失客户 411.4 万户，则损失的客户终身价值约为 88 亿元。

其次,客户流失会间接使企业开发新客户时花费的成本付之东流。企业往往需要通过宣传、促销、折扣等措施来吸引新的客户。假设每年新增的客户中有三分之一在未来一年之内将会流失的话,那么企业在争取客户阶段所花的成本有三分之一就会是白白流失的,企业将无法收回这些成本,而且必须再次支出新的成本吸引新的客户。不仅如此,客户流失将使企业丧失从长期客户那里可能获得的潜在利润来源。相对于新发展的客户而言,老客户不仅能够为企业提供长期稳定的利润来源,而且他们对价格的敏感度较低,往往有着较高的消费额,服务成本较小,更容易接受公司推出的其他新业务……而客户的流失意味着对企业而言客户生命周期的终结,企业将丧失进一步发展客户关系的机会,损失了从长期客户那里能够获得的潜在利益。

第三,客户流失会影响企业的品牌形象。据调查,一个对服务不满的客户会将他的不满经历告诉其他 8～10 个人,而对他所影响的人来说,口碑效应与客户亲身体验往往比企业的宣传更有说服力和影响力,因此客户流失势必影响到企业的形象。另外,一个客户的流失还可能间接影响到他周围的亲朋好友对产品的使用。对于通信行业而言,客户由于受使用的网络限制,同网内的通话往往能够享受到更优惠的资费,因而一个客户的转网可能会影响到与他联系紧密的人的品牌选择,这也是一个不容忽视的问题。

总之,客户流失对通信企业的利益有着多方面的损害,通信企业在争取新客户的同时必须采取措施预防老客户的流失,这是企业生存发展的必然需要。

二、电信客户流失预警模型建立的一般流程

客户流失预警主要应用数据挖掘进行客户流失倾向预测,因此大部分的学术研究和实际应用主要参考数据挖掘流程 CRISP-DM 建立客户流失预警模型。CRISP-DM 是 Cross-Industry Standard Process-Data Mining 的缩写,由 SPSS、NCR、Daimler-Benz 在 1996 年制订,它是当今数据挖掘业界通用的标准之一,其各阶段的主要任务如图 7-1 所示。

图中左侧虚线框中表示的流程即为是 CRISP-DM 模型,右侧虚线框中则是对应的客户流失预警执行过程中的分项任务。

具体的操作过程如下。

1. 商业理解

商业理解部分包含四个核心步骤。

① 商业目标的确立。运营商客户流失预警的一般性的商业目标是:量化未来一段时期内客户的流失倾向、给出确定客户流失倾向程度的主要判决依据、解释客户流失的一般性规律、结合不同的客户的挽留价值、挽留难度以及自身资源的限

制，对流失倾向较高的客户采取不同的挽留方案，从而提高客户挽留的最终效益。

② 资源评估。资源的约束会直接影响到流失预警的具体目标以及实施计划。在这个阶段需要列出所有相关资源以及项目的需求、约束等，同时还要清楚项目的风险和费用。

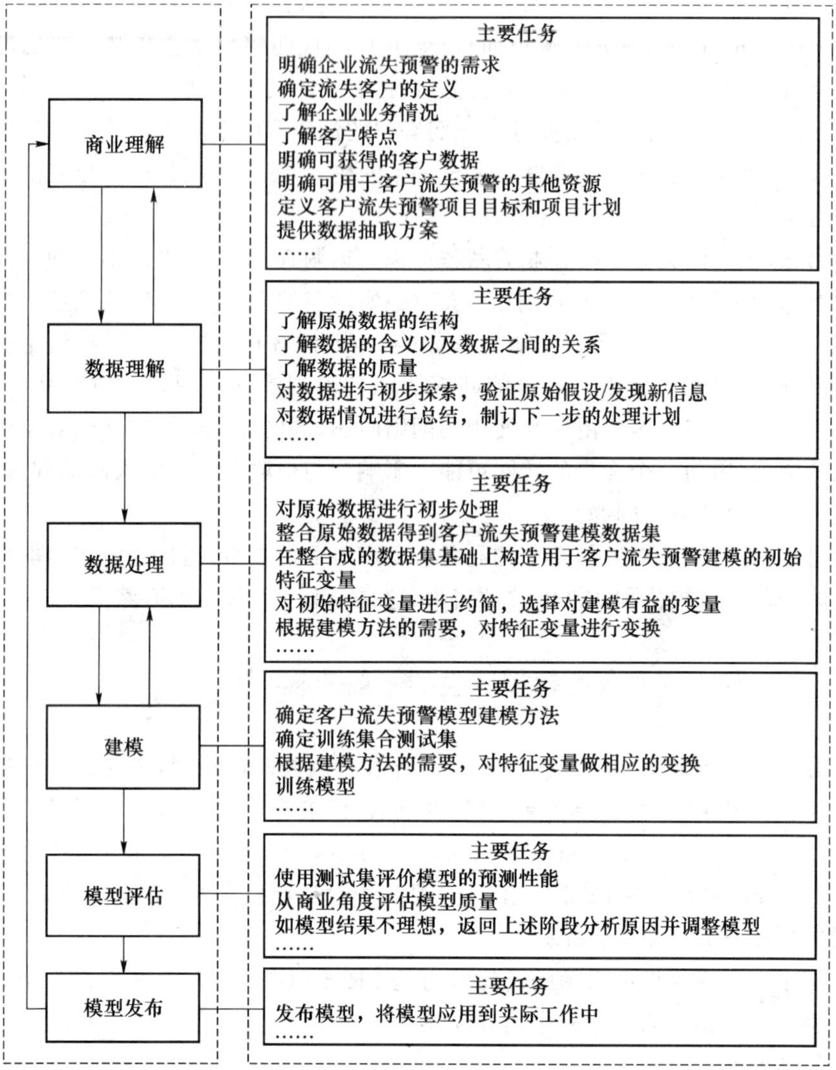

图 7-1　客户流失预警流程

③ 流失客户的定义。要将商业目标转化为数据挖掘目标，首先要明确流失客户的定义。关于流失的定义，不一定就是指客户和企业服务关系的终止。电信运营商应当根据企业自身的业务经营状况以及商业需求对流失的定义加以明确。

④ 确立数据挖掘目标实施计划。在明确了企业的商业目标以及资源状况、项

目预期和相关定义之后，客户流失预警的数据挖掘目标也就确定了。数据挖掘目标应包含数据挖掘项目的约束、模型结果的预期以及模型结果的应用计划。实施计划则要列出为达到数据挖掘目标所要经历的各个阶段以及相应的工作。

2. 数据理解

数据理解部分包括三大部分。

① 初始数据的抽取。数据理解的第一步是要抽取与客户流失预警相关的初始数据。用于建立客户流失预警模型的数据可以从电信运营商的各 IT 子系统——客户管理系统、经营分析系统、本地/长途计费系统、网管支撑系统等抽取。

② 数据集的初步理解。对于各个数据集，要了解其结构，比如记录的唯一标示字段(数据库中称为主键)，记录之间是否存在联系，各个字段的涵义，字段之间的关系等。特别是，要对各字段涵义进行准确理解。

③ 数据集的探索。对数据集的探索有利于我们更好地了解数据隐含的知识，从而更好地设计之后的步骤。在客户流失预警中，数据的探索主要包括检查结合使用数据统计工具以及可视化分析工具了解各个字段(变量)的分布状况，了解和比较流失客户和正常客户属性分布的特点。

3. 数据准备

数据理解只是对初始数据的初步理解和初级处理，而数据准备则是要为建立客户流失预警模型准备输入数据集。主要工作包括：数据的集成、特征变量的形成、特征变量的归约等。这一步的工作非常重要，一旦数据处理不当，将会大大影响建立模型的速度与精确度。

4. 建模

客户流失预警模型建立在两个基本假设上。

① 不同特征(人口统计特征、合同特征以及话费特征等)的客户有着不同的流失倾向。

② 流失客户在流失之前会有一些不同于正常客户的行为(如办理停机业务一段时间，出现零次呼，话费大幅下降等)。

流失预警模型建立过程实际上就是使用输入(带有特征变量和类别变量的样本集)来最终拟和成一个流失概率函数 $P(s\in S_1|A)$，其中 A 是经过筛选的特征变量集合，s 是一个样本，S_1 是目标类的集合。$P(s\in S_1|A)$落在$[0,1]$之间，理解为客户在未来一段时期流失的概率。

采用何种技术或方法来拟和 $P(s\in S_1|A)$是这一阶段研究的关键，这需要根据流失预警的具体目标、流失预警客户对象的特点以及可获得的数据情况来确定。

5. 模型评估

模型建立起来之后需要一套规范的指标和方法来对模型的效果进行评估，客户流失预警问题中，常用的模型评价因素有：ROC 曲线(ROC Curve)、准确率

(Accuracy)、提高率图(Lift Chart)、命中率(Hit Ratio)等。

三、常用客户流失数据挖掘方法

针对日益严重的客户流失问题,不少学者通过建立客户流失模型在很多领域(如电信业、保险业、电子商务等)做出了大量有意义的研究,这些研究主要是通过运用不同的数据挖掘方法、构建客户流失模型,进而对客户流失情况进行预测。不同学者在客户流失建模的研究中,基于不同的研究条件和研究目的,引入了很多不同的数据挖掘方法。

1. 聚类

聚类(clustering)就是将数据对象分组成为多个类或簇(cluster),在同一个簇中的对象之间具有较高的相似度,而不同簇中的对象差别较大。相异度是基于描述对象的属性值来计算的。聚类可以分为如下几类:划分方法(partitioning method),层次方法(hierarchical method)、基于密度的方法(density-based method)、基于网格的方法(grid-based method)和基于模型的方法(model-based method)。

聚类分析其实也是一种重要的人类行为。例如小孩儿能够通过下意识中的聚类模式来区分出自己的同龄人与成年人、男孩和女孩、动物和植物。而数据挖掘中的聚类分析,能够提供一种由上到下的俯瞰式的概览,使人能识别密集的和稀疏的区域,因而发现全局的分布模式,以及数据属性之间的有趣的相互关系。例如通过聚类所展示的图景,能够了解某公司客户的大致分布情况,如图 7-2 所示。

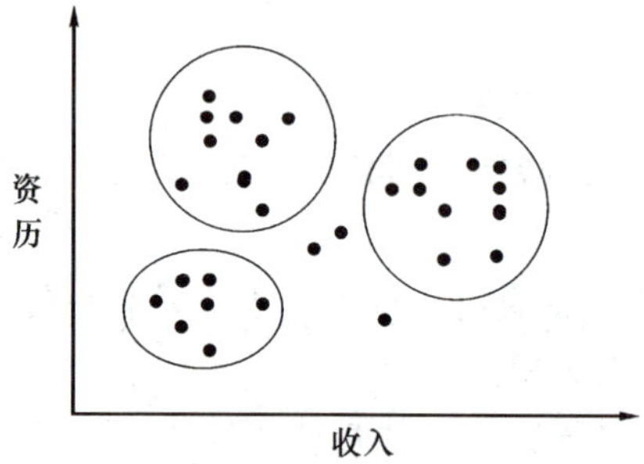

图 7-2　客户数据库中的三类客户

2. 决策树

决策树(decision tree)是以实例为基础的归纳学习算法。它着眼于从一组无次序、无规则的事例中推理出决策树表示形式的分类规则。它采用自顶向下的递归方式,在决策树的内部结点进行属性值的比较,并根据不同的属性值判断从该结点向下的分支,在决策树的叶结点得到结论。所以决策树中的每一个分枝都是分类问题,树叶就是在具体的类别下的数据集合的子集,而从根到叶结点的一条路径就对应着一条分类规则。建立决策树的目标是通过训练样本集,建立目标变量关于各输入变量的分类预测模型,全面实现输入变量和目标变量不同取值下的数据分组,进而用于对新数据对象的分类和预测。当利用所建决策树对一个新数据对象进行分析时,决策树能够依据该数据输入变量的取值,推断出相应目标变量的分类或取值。

采用决策树技术对数据进行分析,首先指定分析对象中的某个变量为目标变量(因变量),指定其他相关变量为输入变量(自变量)。决策树的生长过程是对训练样本集的不断分组过程,其核心算法是确定一个决策树分枝准则,这就涉及两方面的问题,即:如何从众多的输入变量中选择一个最佳的分组变量;如何从分组变量的众多取值中找到一个最佳的分割阈值。很多算法都进行了这方面的研究,其中最著名的有 ID3、C4.5/C5.0、CHAID、CART 等。图 7-3 是以 ID3 为例介绍决策树的生成过程。

3. 神经网络

神经网络是一种人脑思考仿真的资料分析模式,用输入变量与数值来自我学习,并根据学习经验所得的知识来不断调整参数,以得到知识的较好的模式。

人工神经网络思想是受到生物神经系统(人脑)处理信息模式的启发而产生的。这种模式的特点就是由大量高度相关的处理单元(神经元)组成在一起,形成一个工作团体,通过调整神经元间的突触神经连接来解决某一特定的问题。神经网络正是模拟这种人脑思考分析模式,用输入变量与数值来自我学习,并根据学习经验所得的知识来不断调整参数,以得到知识。下面以单体模糊神经(MFNNs)模型来说明神经网络算法。

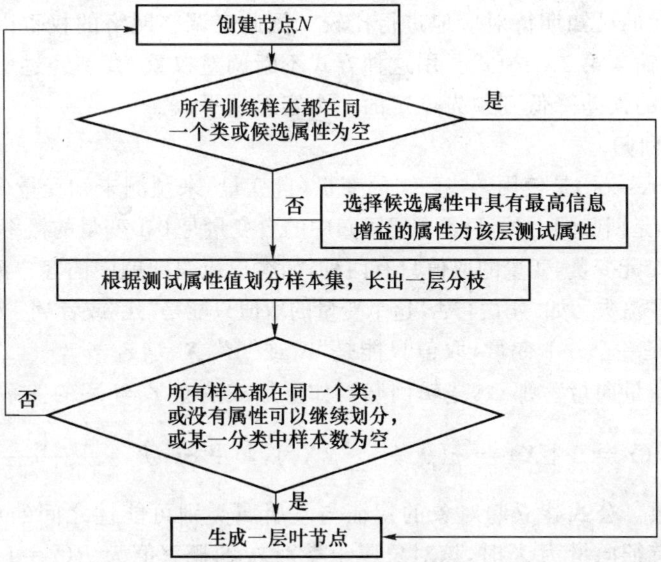

图 7-3 决策树生成过程

MFNNs 模型在预测、分类和建模中有较好的适应性。MFNNs 近似解决涉及输入集与输出集关系学习问题，是监控条件下的学习技术，要求有一个训练集合来学习关系。MFNNs 的模型如图 7-4 所示。

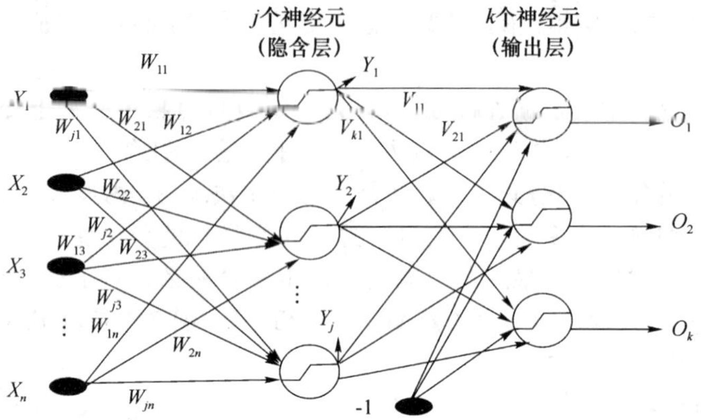

图 7-4 MFNNs 模型的结构示意图

MFNNs 由两层或多层神经元组成，这些神经元之间由有权重的有向线连接。信息流的方向由左向右，输入 X 通过隐含层网络到达输出层。连接输入元素 i 和隐含神经元 j 的权重记为 W_{ji}，连接隐含神经元 j 和输出神经元 k 的权重记为 V_{kj}。每个神经元通过计算它所接收的输入向量 X 的刺激数量来得到输出。更为特别的是，一个神经元的网络输入是各输入的加权和，该神经元的输出通过某一函数得到，函数的自变量为网络输入。

对于一个给定的输入模式，网络会产生一个输出(或一系列输出)O_k，这个结果与每个神经元的已知期待对应地进行比较。据此来调整网络的权重以修正和减少误差，紧接着输入第二个模式。用这种方式不断调整权重，直到经过所有的训练模式之后，总体的误差降低到预先设定的一个容忍水平。

4. 逻辑回归

回归(regression)是使用一些已知的变量(自变量)来预测未知变量(因变量)的方法。逻辑回归是回归的一种，只是逻辑回归中的自变量是 0-1 变量的概率。所谓的 0-1 变量，也就是二元变量，变量的取值只有两种，如客户流失问题中的客户流失状态只能是“正常”或者“流失”，如“死亡与否”这个变量的取值只能是“死”或者“生”等。

假设 Y 是一个 0-1 变量，取值只能是“0”或“1”，$\boldsymbol{X}=(x_1,x_2,\cdots,x_m)$是与 Y 取值相关的自变量向量。那么，逻辑回归以如下形式建立 Y 与 $\boldsymbol{X}$ 的关系：

$$P(Y=1\mid \boldsymbol{X})=\varphi\left(\beta_0+\sum_{i=1}^{m}\beta_i X_i\right)，其中\ \varphi(u)=\frac{1}{(1+\mathrm{e}^{-u})}$$

称为逻辑函数。公式建立起对象的特征与它所属类别可能性之间的对应关系，当某一对象的特征向量为 $\boldsymbol{X}$ 时，该对象属于类别 A 的概率值为 $P(Y=1|\boldsymbol{X})$。

逻辑回归方法使用已有的样本数据对未知的回归系数 $\beta_i(i=0,1,2\cdots)$进行估计。估计的原则是最大似然原则。估计出回归系数后，上述公式就对新的数据对象进行目标变量取值概率的预测了。

除了上述数据挖掘方法外，还有许多其他方法，如遗传算法、粗糙集算法、关联规则、统计方法、K 最临近技术和可视化技术等，它们在数据挖掘中的作用也不可低估，但其使用范围都有不同程度的局限性。

5. 贝叶斯网络

贝叶斯网络(Bayesian networks)是用来表示变量间连接概率的图形模式，它提供了一种自然的表示因果信息的方法，用来发现数据间的潜在关系。在这个网络中，用节点表示变量，有向边表示变量间的依赖关系。

贝叶斯网络不同于一般的基于知识的系统，它以强有力的数学工具处理不确定知识，并以简单直观的方式解释它们。它也不同于一般的概率分析工具，它将图形表示和数值表示有机的结合起来。构建一个指定领域的贝叶斯网络包括三个任务：(1)标识影响该领域的变量及其它们的可能值；(2)标识变量间的依赖关系，并以图形化的方式表示出来，也即结构学习；(3)学习变量间的分布参数，获得局部概率分布表，或说参数学习。这三个任务之间一般是顺序进行的，然而在构造过程中一般需要在下面两个方面作折中：一方面为了达到足够的精度，需要构建一个足够大的、丰富的网络模型；另一方面，要考虑构建、维护模型的费用和考虑概率推理的复杂性。一般来讲，复杂的模型结构它的概率推理的复杂性也较高，而这往往是影响贝叶斯网络效率的一个重要方面。

贝叶斯方法正在以其独特的不确定性知识表达形式、丰富的概率表达能力、综合先验知识的增量学习特性等成为当前数据挖掘众多方法中最为引人注目的焦点之一。

6. 支持向量机

支持向量机(SVM)是基于统计学习理论的机器学习方法，在客户流失预测上有一定应用。这种方法是建立在统计学习理论的 VC 维理论和结构风险最小原理基础上的，根据有限的样本信息在模型的复杂性(即对特定训练样本的学习精度，Accuracy)和学习能力(即无错误地识别任意样本的能力)之间寻求最佳折衷，以期获得最好的推广能力(Generalization Ability)。其最初是应用于二分类问题的，因此刚好适合于将客户分为流失与正常两类的预测问题。

支持向量机的基本原理是将输入向量映射到一个高维的特征空间，并在该特征空间中构造最优分类面。这样的处理方式能够避免在多层前向网络中无法克服的一些缺点，并且理论证明了：当选用合适的映射函数时，大多数输入空间线性不可分的问题在特征空间可以转化为线性可分问题来解决。但是，在低维输入空间向高维特征空间映射过程中，由于空间维数急速增长，这就使得在大多数情况下难以直接在特征空间直接计算最佳分类平面。支持向量机通过定义核函数(Kernel Function)，巧妙地利用了原空间的核函数取代高维特征空间中的内积运算，避免了维数灾难。

常用的核函数主要有三类。

• 多项式核函数：

$$K(x,x_i)=[(x,x_i)+1]^q$$

所得到的是 q 阶多项式分类器。

• 径向基核函数：$K(x,x_i)=\exp\left\{\frac{|x-x_i|^2}{\sigma^2}\right\}$

所得到的分类器与传统 RBF 方法的重要区别是，这里每个基函数中心对应一个支持向量，它们及输出权值都是由算法自动确定的。

• Sigmoid 核函数：

$$K(x,x_i)=\tanh(\nu(x,x_i)+c)$$

这时 SVM 实现的就是包含一个隐层的多层感知机，隐层节点数是由算法自动确定的，而且算法不存在困扰神经网络方法的局部极小点问题。

7. 粗糙集

粗糙集(Rough Set)理论是波兰数学家 Z. Pawlak 提出的一种数据分析理论，它是一种处理不确定、不精确和模糊知识的数学工具。令 $X\subseteq U$，R 为 U 上的一个等价关系。当 X 能表达成某些 R 基本范畴的并时，称 X 是 R 可定义的(R Definable)；否则称 X 为 R 不可定义的(R Undefinable)。R 可定义集也称作 R 精确集(R Exact Sets)，而 R 不可定义集也称为 R 非精确集(R Inexact Sets)或 R 粗糙集(R Rough Sets)。

粗糙集的研究主要基于分类。分类和概念(concept)同义，一种类别对应于一个概念。知识由概念组成，如果某知识中含有不精确概念，则该知识不精确。为描述知识的粗糙程度，粗糙集理论引入了近似集的概念，即粗集的上近似集(Upper Approximation)和下近似集(Lower Approximation)来描述[26]。

给定知识库 $K=(U,R)$，对于每个子集 $X\subseteq U$ 和一个等价关系 $R\in \text{IND}(K)$，定义两个子集：

$$\begin{cases} R_-(x)=\bigcup\{Y\in U/R: Y\subseteq U\} \\ R^-(x)=\bigcup\{Y\in U/R: Y\cap U\neq \Phi\} \end{cases}$$

分别称它们为 X 的 R 下近似和 R 上近似。集合 $BN_R(X)=R^-(X)-R_-(X)$ 称为 X 的 R 边界域。$POS_R(X)=R_-(X)$ 称为 X 的 R 正域，把 $NEG_R(X)=U-R^-(X)$ 称为 X 的 R 负域。

$R_-(X)$ 或 $\text{POS}_R(X)$ 是由那些根据知识 R 判断肯定属于 X 的 U 中元素组成的集合；$R^-(\text{X})$ 是由那些根据知识 R 判断可能属于 X 的 U 中元素组成的集合；$\text{BN}_R(X)$ 是那些根据知识 R 既不能判断肯定属于 X 又不能判断肯定属于 $-X$ 的 U 中元素组成的集合；$\text{NEG}_R(X)$ 是那些根据知识 R 判断肯定不属于 X 的 U 中元素组成的集合。

8. 生存分析

生存分析(Survival Analysis)是根据实验或调查得到的数据，对生物和人的生存时间或产品的寿命进行分析和推断，是将事件的结果(终点事件)和出现这一结果所经历的时间结合起来分析的一种统计分析方法。它最初被应用于生物和医学领域，主要研究药物对研究对象生存时间的影响。"生存时间"或"寿命"应作广义的理解，是指自然界、人类社会，或技术过程中某种状态的持续时间，本文中就将客户的流失视为客户"生存时间"的终结。

描述生存时间规律的函数很多，统称为生存时间函数。其中最主要的有生存函数、死亡概率函数、概率密度函数和危险率函数。

① 生存函数(Survival Function)

生存函数也称为生存概率或累积生存率，常用 $S(t)$ 表示，它表示一个体生存时间长于 t 的概率。在具体问题中，该函数在 t 时刻的取值可用下式来估计：

$$S(t) \approx \text{生存时间长于 } t \text{ 的客户数/客户总数}$$

② 死亡概率函数(Failure Probability Function)

死亡概率函数简称为死亡概率，常用 $F(t)$ 表示，它表示一个体从开始观察起到时刻 t 为止的死亡概率。它可以通过 $S(t)$ 求得。

③ 概率密度函数(Probability Density Function)

概率密度函数简称为密度函数，常用 $f(t)$ 表示，它表示一个体死于 $(t, t+\Delta t)$ 小区间内的概率的极限。在具体问题中，该函数在 t 时刻的取值可用下式来估计：

$$f(t) \approx t \text{ 时刻开始的区间内死亡人数/(客户总数} \times \text{区间宽度)}$$

④ 危险率函数(Hazard Function)

危险率函数也称为风险函数、瞬时死亡率、年龄别死亡率、条件死亡率，常用 $h(t)$ 表示，它表示已存活到 t 的一个体，死于 $(t, t+\Delta t)$ 小区间内的概率的极限。在具体问题中，该函数在 t 时刻的取值可用下式来估计：

$$h(t) \approx t \text{ 时刻开始的区间内死亡人数/(生存到 } t \text{ 的客户数} \times \text{区间宽度)}$$

9. 数据挖掘方法的混合模型

针对客户流失问题而采用数据挖掘技术，要根据不同的分析目标和企业数据库的情况来进行选择，不同的数据挖掘方法之间可能具有互补的作用，可以结合起来应用。另一方面，不同的算法对多维数据、非结构化数据、噪声数据的处理能力有强弱之分，因而企业数据库中的数据完整性、规范性也对数据挖掘的方法选择提出了要求。在企业中运用数据挖掘方法，重要的是要结合市场人员的经验对数据挖掘的结果进行分析，从定性和定量两方面给出确定客户离网倾向程度的判决依据，解释客户离网的一般性规律。

下面以采用 ADTree 决策树与逻辑回归混合模型(Treelogit)建立客户流失预警模型为例，介绍混合模型的建模过程。

ADTree 是近年所提出的新决策树算法，它不仅在提升算法分类精度方面有较大改进，同时它的可解释性也较传统的决策树出色。逻辑回归是统计分析的一种标准方法，与线性回归有许多相近之处，它采用了逻辑函数，因此特别适合以概率的形式建立回归变量与结果变量之间的联系。决策树与逻辑回归方法都被用于解决数据挖掘中的分类问题。但由于两者基于完全迥异的理论基础，对于同一个问题的处理分析效果也不尽相同，因而有着各自的特点。基于 ADTree 算法和逻辑回归算法之间有着较强的互补性，融合这两者的优点，我们提出了两者的混合模型——TreeLogit 模型的构想。

将 Treelogit 模型应用于电信业客户流失预警模型的建立中，需要经历客户特征变量分析、模型建立、模型检验、模型应用等四个重要的步骤。

- 电信企业的数据库能提供的数据以及由此推演的指标构成客户特征变量，将各个特征变量分别与客户离网现象进行相关性分析，如果特征变量值在离网群体中的分布明显区别于非离网群体，则有理由相信改变量是导致客户离网的因素之一。
- 借助客户分析员的经验，按客户特征变量相关度的强弱分成若干大类，对每一大类的客户特征变量建立决策树模型，随后根据决策树输出建立逻辑回归模型。
- 模型的分析效果由预测的准确率和结果的可解释性两方面确定，通过对实际客户数据的分析，可以评价模型在这两个方面的表现。如果结果不令人满意，即调整输入变量，修改模型，以便获得更佳的模型。
- 模型最终拟合出一个根据不同的客户特征向量返回 0 到 1 之间实数值的离网概率函数，量化客户在下一个月的离网概率。

Treelogit 模型的建模思路如图 7-5 所示。

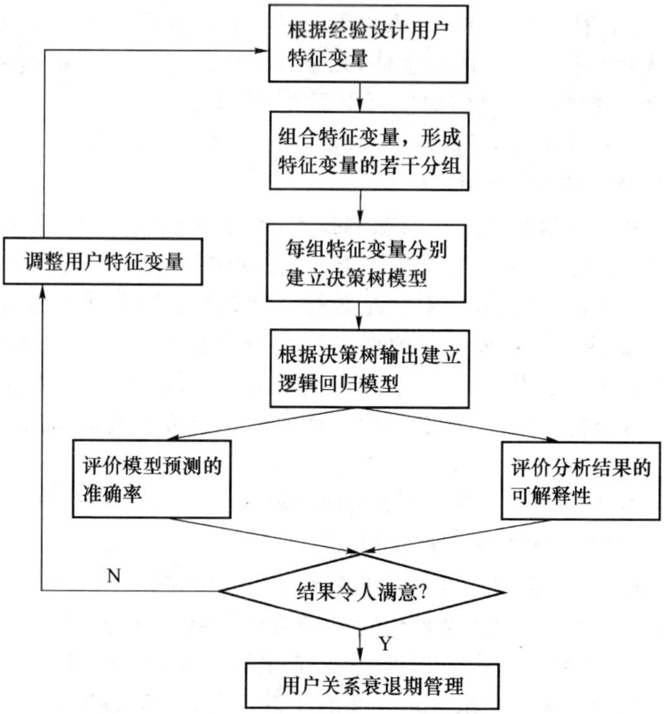

图 7-5　Treelogit 客户流失预警模型建模思路

案例：Treelogit 客户流失模型的使用

本案例以某地区主动离网的移动客户为分析对象，将所建立的 Treelogit 客户流失预警模型进行实际应用，依据客户的个人基本资料以及近期消费行为，计算其在未来一个月内离网的可能性。

1. 客户数据抽取

我们采用以下方法抽取训练样本。锁定某个考察月份处于正常在网状态同时具有通信使用行为的客户群，依据下一个月的状态——正常在网和主动预约销号——区分出两类客户：在网客户和主动离网客户。考察月份为离网客户正常在网的最后一个月份。参考实际每月离网的比例，随机抽取出若干名在网客户和若干名次月主动离网客户，并获得相应客户两个月详细清单数据以及在这之前半年的数据。

2. 客户特征变量

客户基本资料：客户基本资料是对客户身份最基本的描述，分为两组，一组是客户人口统计特征(如年龄、性别)，另一组是与客户合同相关的部分特征(如呼叫权限、交费方式)。

客户呼叫转移：客户放弃现有的号码，转入竞争对手的网络或者在网内启用一个新的号码，在停用原有号码前通常有一个过渡期，其间对旧号码的呼叫被转移到新手机上。因此，离网前呼叫转移的使用频率高于平日，并集中于某个特定的手机上。呼叫转移分为主叫和被叫，发出主叫的号码应该是旧的号码，因此只需要关注呼叫转移中的主叫方。

话费结构特征：包括当月通话费用、本地网内与网外、省内网内与网外、移动 IP 通信费比例等话费数据。

客户消费时段特征：将一个完整周分为两个时段考察客户的消费行为，周一至周五的早八点至晚六点为工作时段，其间的呼叫以公务为主，其余时段为私人时间，通过分析工作话务与私人话务的比例结构等特征，分析不同的构成比例与主动离网之间的关系。

客户消费变化趋势特征：话费总量、话费的变动趋势以及话费的波动程度都与客户的离网倾向有关。通常客户离网前几个月内，客户话费存在一个下降的趋势，而离网前的一个月话费可能突然增加。

数据业务结构特征：移动数据业务客户市场的潜力巨大，移动公司提供有特色的移动数据业务也是提高客户忠诚度的重要因素。客户的离网倾向也能在一定程度上反映到移动数据业务的使用量和使用结构上。

开通的业务及变更特征：随着通信技术的发展和竞争的加剧，运营商为客户提供了许多新功能可供选择，如呼叫转移、三方通话、呼叫等待、短信服务、单向通信等。新功能针对客户不同的通信需求设计，其中不乏区别于竞争对手的特色功能，客户选择的新功能越多，体现了对移动公司的忠诚度更高。

通信对象特征：通信对象特征刻画与机主发生通信联系的客户群特征。联系最频繁的客户通常是机主的亲朋好友或工作伙伴，他们在一定程度上会影响机主未来的网络选择。其中把客服电话作为特殊的通信对象进行分析，拨打的客服电话中对服务不满的投诉电话占有一个稳定的比例，因而拨打服务次数越多，其离网的可能性也越大。

3. 客户流失预警模型的建立

在分析当中，涉及了以上8大类共93项客户特征变量，沿用此分类，为每一大类建立了一个决策树模型，产生了8个考察子特征向量 $\boldsymbol{X}_i$ 的分类函数($i=1,2,\cdots,8$)。

从总体中抽取了若干名正常在网的客户和若干名主动预约销号的客户作为测试样本，分别评价此8个决策树的分类正确率，如表7-1所示。

表7-1　决策树的分类正确率

	分类函数	决策树规模(总节点数，预测节点数，树高)	决策树分类正确率
客户基本资料	$T_1(\boldsymbol{X}_1)$	55,37,5	0.6524
客户呼叫转移	$T_2(\boldsymbol{X}_2)$	85,57,6	0.5187
话费结构	$T_3(\boldsymbol{X}_3)$	100,67,8	0.6106
客户消费时段	$T_4(\boldsymbol{X}_4)$	55,37,6	0.5578
客户消费变化趋势	$T_5(\boldsymbol{X}_5)$	46,31,7	0.6387
数据业务结构	$T_6(\boldsymbol{X}_6)$	61,41,5	0.5446
开通的业务及变更	$T_7(\boldsymbol{X}_7)$	121,81,5	0.5938
通信对象	$T_8(\boldsymbol{X}_8)$	271,181,8	0.6294

依据决策树分类正确率由高到低排列这8个分类函数，令 $M=8$，并且每次减1，重复8次以下计算：

以分类函数 $T_i(\boldsymbol{X}_i)(i=1,2,\cdots,M)$ 作为逻辑回归方程的变量，得到一个离网概率计算方程：

$$P(Y=1 \mid \boldsymbol{X})=\varphi\left(\beta_0+\sum_{i=1}^{M}\beta_i T_i(X_i)\right)$$

其中

$$\varphi(u)=\frac{1}{1+\mathrm{e}^{-u}}$$

求出 β 的最大似然估计 $\hat{\beta}$ 后，组织一个测试对象集计算逻辑回归方程的分类正确率。

在进行8次尝试之后，经过比较得到了分类正确率最高的逻辑回归方程，它保留了分类正确率最高的4个分类函数 $T_1(X_1)$、$T_3(X_3)$、$T_5(X_5)$、$T_8(X_8)$。相比较其他的组合形式，它具有最高的分类正确率(0.6715)。根据参数估计的结果，得到任意客户主动离网概率的估算公式：

$$p(x)=\frac{1}{1+\mathrm{e}^{-u(x)}}$$

其中，$u(x)=-1.7536+1.1270\,T_1(\boldsymbol{X}_1)+0.7260\,T_3(\boldsymbol{X}_3)+0.3248\,T_5(\boldsymbol{X}_5)+1.4237\,T_8(\boldsymbol{X}_8)$

4. 模型评价

(1) 离网概率预测的准确性评价

根据 Treelogit 的计算结果，全体客户按照离网倾向的高低可以划分成三类客户(见表 7-2)。

表 7-2 离网客户分类

客户类型	划分标准	客户规模/%	离网客户分布/%
高离网倾向客户	离网概率≥0.08	20.03	40.81
一般离网倾向客户	0.01≤离网概率≤0.08	47.01	52.52
低离网倾向客户	离网概率<0.01	32.96	6.67

高离网倾向客户群的客户数只占全体的 20%，但其中包含了 40%的离网客户，是重点挽留对象。普通离网倾向客户群中离网客户的比例与正常在网的客户比例相近(52%，47%)，没有明显的离网特征。而低离网倾向客户群中的客户忠诚度高，离网比例明显低于平均标准。

Treelogit 模型反映出了很好的预测准确性。2003 年杜克大学 NCR Teradata 研究中心为了寻求预测移动运营商客户离网的最佳建模技术，组织了一次移动客户离网的建模大赛(The Duke/NCR Teradata Churn Modeling Tournament)，Salford-Systems 公司提供的 TreeNet 模型凭借最高的预测准确率，最终荣获大奖(http://www.salford-systems.com/churn.html)。我们以 TreeNet 作为参照对象，从 Salford-Systems 公司产品发布主页下载了相应软件(http://www.salford-systems.com/products-treenet.html)，使用它根据前文所提出的 93 个客户特征变量预测测试集中的离网客户，两个模型的预测结果比较如图 7-6 所示。

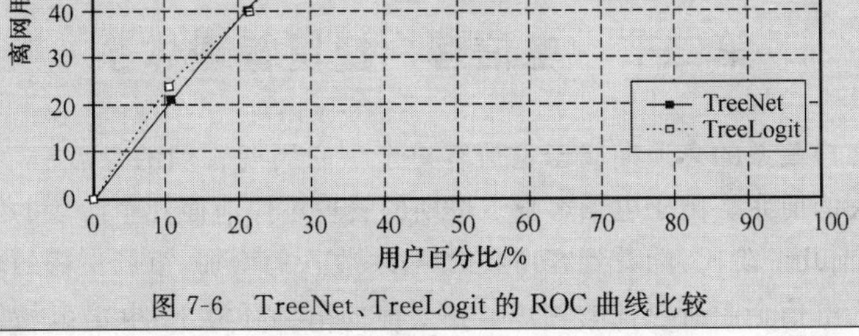

图 7-6 TreeNet、TreeLogit 的 ROC 曲线比较

由图 7-5 比较可知,TreeLogit 的准确性不逊于 TreeNet。图中有两个观测点的预测结果倍受关注,即比较抽取样本总量的 10%和 50%时能发现多大比例的离网客户。从表中观测到,提取离网倾向最强的 10.65%总客户,TreeNet 模型和 TreeLogit 模型分别识别出 21.01%和 23.84%的离网客户,而对离网倾向最强的 54.30%总客户,TreeLogit 模型的识别率为 80.81%,同样高于 TreeNet 的识别率 78.38%。TreeLogit 显示了良好的预测识别率。

(2) 离网现象的可解释性评价

模型的可解释性有时又被称为透明度,是衡量模型的重要指标之一,其重要性并不亚于算法的准确性。Treelogit 模型对离网现象的预测具有较强的可解释性。分析客户离网不仅仅是要量化客户离网倾向,而且要通过模型说明是哪些因素导致了客户离网。Treelogit 模型的可解释性分别表现在个体离网判决可解释性和离网整体规律可解释性。

- 个体离网判决可解释性:即使模型计算出两个客户的离网概率相等,但是促使他们产生离网倾向的原因不尽相同。或许是该客户拨打移动客服电话的次数激增,或许是他呼叫联通客户的频次增加等等。对一位不满意移动服务的客户和一位亲朋好友都使用联通手机的客户,其挽留策略是不一样的。只有了解了呈现高离网倾向的原因后,才能核实预测结果的真实性,采取有针对性的挽留策略。
- 离网整体规律可解释性:根据客户的离网倾向采取针对性的挽留措施是一种亡羊补牢的手段。因此,需要把握客户离网的一般性规律,即寻找最有可能导致客户离网的规则,改善其中可控的因素。

5. 结论

通过对所取客户数据挖掘分析后,得到有价值的离网规律如下。

① 客户的话费波动幅度超过 25%,即当月话费高于前六个月最高话费或低于前六个月最低话费的幅度超过前六个月平均话费的 25%,这是客户离网的主要前兆。

② 年龄介于 20 至 22 岁之间的客户群体具有高离网倾向。因为这个年龄段的客户中,即将毕业离校的大学生占有不小的比例,放弃原有号码是他们多数人的选择。

③ 如果客户在网时长超过一年半,同时开通着国际长途业务,我们可以确认这类客户具有高忠诚度,近期内离网的可能性很低。

第二节　电信客户挽留管理体系

电信客户关系的衰退期属于电信客户全生命周期管理的最后一个阶段,是电信客户流失的前兆。由于电信客户衰退期的管理不像前面几个阶段的管理效果那么明显(在前几个阶段,能看到客户数的增多,收入的增加,市场份额的增大等),因而常常成为电信企业所忽视的领域。在当前的市场环境下,电信市场上的竞争日趋激烈，电信客户作为一项重要资源成为电信企业之间相互争夺的对象，并成为影响企业生存和发展的重要因素。因此，不仅电信客户的识别期、发展期、稳定期需要企业重视，争取尽量维系客户关系，电信客户的衰退期管理也不容忽视。针对衰退原因进行相应的管理，努力恢复对企业有价值的客户，并及时识别出对企业意义不大的客户，以减少电信客户的流失，同样能够为企业带来巨大收益。

关于客户关系衰退期挽留管理方面的内容，徐忠海(2001)把其中的客户关系恢复管理划分为分析阶段、行动阶段、考核评估阶段三个阶段，并对各个步骤所包括的内容进行了概述。本章同样将电信客户的衰退期挽留管理分为分析阶段、实施阶段和评价阶段三个步骤，而客户关系恢复管理仅作为其中的一部分，具体如图7-7所示。

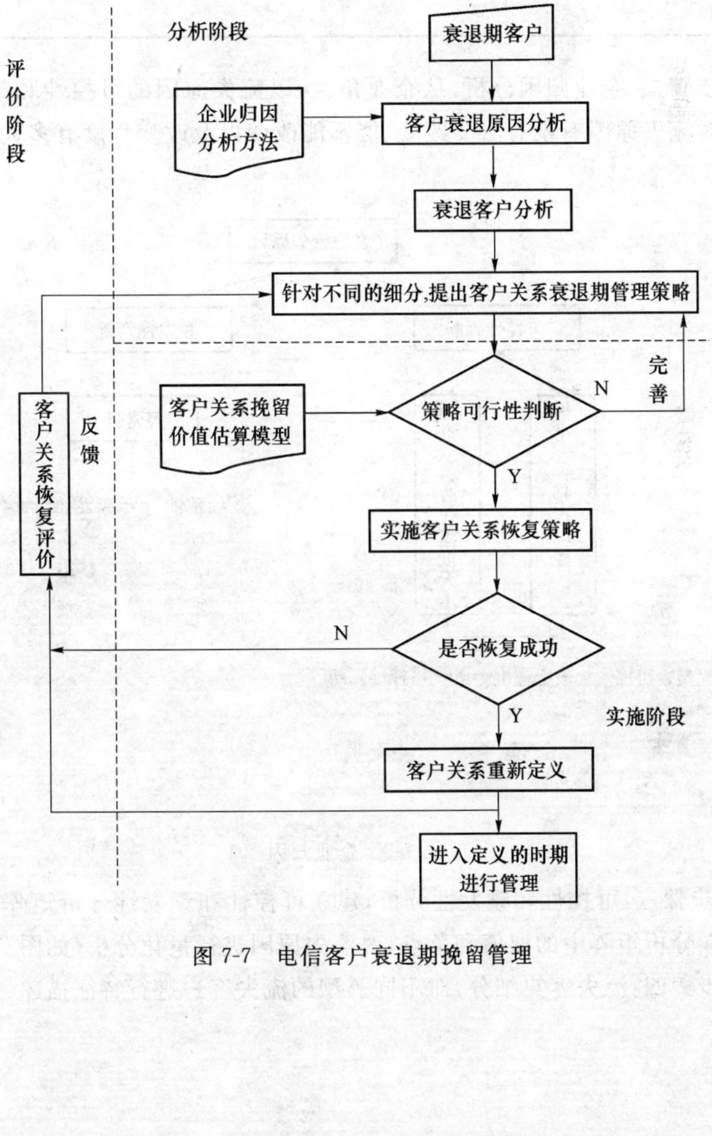

图7-7 电信客户衰退期挽留管理

1. 分析阶段

分析阶段是电信客户衰退期管理的第一步，即电信客户发生衰退后，从这些客户的衰退原因入手，采用企业归因分析方法对移动客户衰退原因进行分析，并根据衰退原因的不同对衰退客户进行细分，然后针对不同的细分客户群体，制订相应的客户关系衰退期管理策略。

分析步骤一：客户流失原因（见表 7-3）。

表 7-3　客户流失原因

	价格因素	服务因素	保持策略因素	客户因素	业务因素
离网原因	√	√	√	√	√
贬值原因	√		√	√	
沉默原因	√		√	√	

分析步骤二：企业归因分析，从企业角度，以流失原因的可控性和频发性判断作为企业对流失原因有没有必要改变、能不能改变以及改变程度有多大的依据（如图 7-8 所示）。

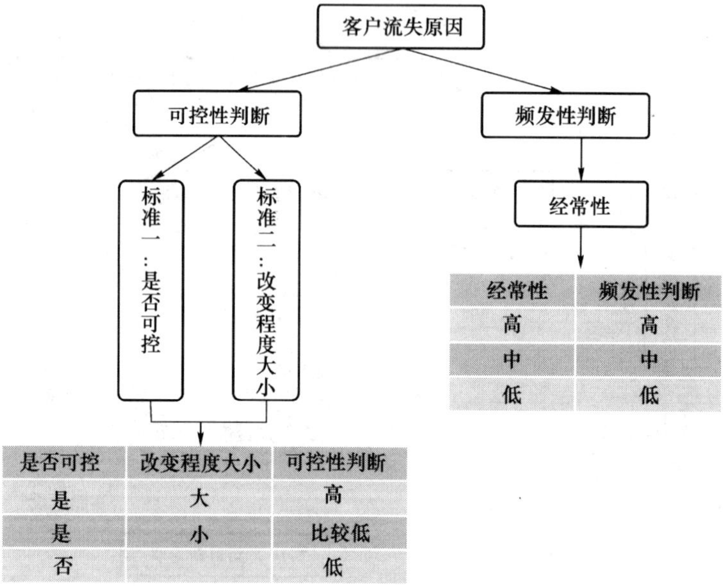

图 7-8　企业归因

分析步骤三：可控性和频发性分析，建立可控性和频发性分析矩阵，并确定各流失原因在分析矩阵中的取值和落点，对流失原因进行量化分析（如图 7-9 所示）。

分析步骤四：流失客户细分，对不同类型的流失客户进行特征描述（见表 7-4）。

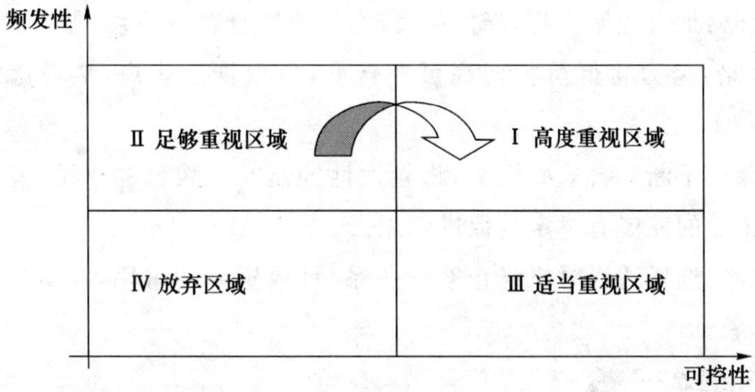

图 7-9　分类矩阵

表 7-4　流失客户特征

类型	价格离网型、价格贬值型、价格沉默型	服务离网型	保持实效离网型	自身原因离网型	业务离网型
	价格因素	服务因素	保持策略因素	客户因素	业务因素
离网原因	√	√	√	√	√
贬值原因	√				
沉默原因	√				
特征描述	客户一般多为中低收入者；在促销、优惠或价格补贴的情况下入网；年龄段一般倾向于青年对价格比较敏感；受小灵通、CDMA 或神州大众卡的影响比较大	比较挑剔，要求高；对价格不太敏感	对客户忠诚需要获得的回报要求比较高；客户关系可能维系得不好；对保持策略的满意度不高	工作地点或职位发生变动；经济收入发生变化；心理因素在决策选择方面起决定性优势	因工作或其他方面的原因，对某些业务有特殊需求；对新业务有好奇心，有时尚追赶潮流的心理
落点区域	Ⅱ区	Ⅰ区	Ⅰ区	Ⅳ区	Ⅲ区

针对不同的流失客户制订管理策略，对频发性可控性矩阵四个象限的四类客户分别制订挽留策略(如图 7-10 所示)。

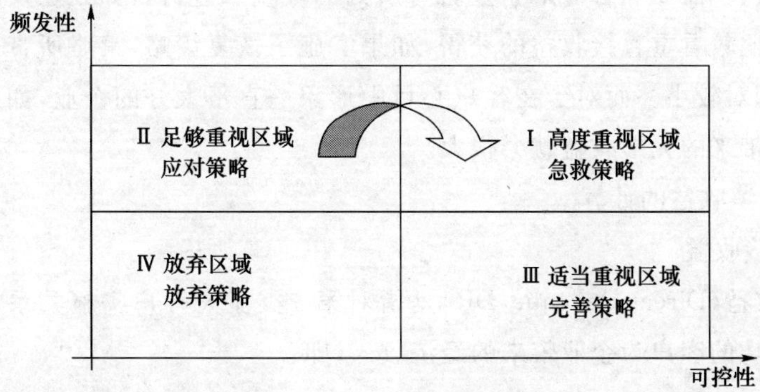

图 7-10　不同象限的策略

急救策略：加大控制力度，降低频发性，尽快恢复客户关系。

应对策略：努力将低可控向高可控转变，争取恢复客户，赢得竞争中的主动地位。

完善策略：不断完善这些因素，将频发性控制在比较低的水平，并努力恢复客户，使其对企业的发展有一定的促进作用。

放弃策略：选择适当时机终止客户关系，释放资源的占用，并尽量在客户心中留下美好印象。

2. 实施阶段

实施阶段是客户关系衰退期管理的操作部分，即客户关系衰退期管理策略付诸实践的阶段。客户关系衰退期管理策略的制订是依据衰退原因而来，但这样的策略是否可行，是否能为企业带来收益，则需要进行策略的可行性分析，这需要综合考虑长短期收益和成本来进行策略的可行性判断。如果策略可行，则实施该策略；如果不可行，则说明原先制订的策略需要进一步完善。策略实施之后，将重定义客户关系，然后进入相应的阶段进行管理。

收益方面首先是恢复策略实施后，挽留成功的客户为企业带来的直接收益，即客户为企业带来的收入大小；然后是恢复策略实施之后，所带来的间接收益，这其中包括策略实施所吸引的新客户带来的收益，以及避免现有客户流失所减少的损失，还包括恢复策略的实施为企业带来的企业形象效益和品牌效益等无形收益。

挽留成本方面除了要考虑关系恢复策略自身的实施所带来的成本外，还要考虑关系恢复成功后，维系该客户所花费的成本以及该客户的网络资源占用成本、相应系统建设成本。

上述分析中包含了一些无法量化的无形收益项，在比较恢复策略收益和成本大小的时候，就需要综合考虑企业自身所处的环境来进行。如处在发展阶段的电信企业，会比较看重直接收益的获得，如果实施了恢复策略，策略所带来的无形收益比重会相对较小。而对于在客户心目中形象一直不太好的企业，如果实施客户关怀策略，带来的无形收益就会很大。

(1) 挽留收益的计算

1) 直接收益

直接收益(Direct Revenue，DR)是指对第 i 类流失客户实施关系恢复策略以后，恢复成功的客户为企业带来的经济收入，即：

$$DR_i(\text{Customer}) = P_i(\text{Retrieve}) \times N_i \times \text{ARPU}_i \times T_i \tag{7-1}$$

> ➢ P_i(Retrieve)即挽留概率(Retrieve),表示在对第 i 类流失客户实施具体的某一策略之后,预计能够挽回的客户占第 i 类流失客户数的比例;
> ➢ N_i 为第 i 类流失客户数;
> ➢ $ARPU_i$ 预期 ARPU 值,表示第 i 类流失客户在客户关系恢复后,预期恢复到的 ARPU 值水平,而 $ARPU_{i0}$ 表示第 i 类客户流失前的 ARPU 值(稳定状态下的情况);
> ➢ T_i 为预期保持时间,表示客户关系恢复成功后,预计客户能够持续在网时间。

2) 间接收益

间接收益(Indirect Revenue,IR)主要指由于实施客户关系恢复策略而带来的非直接收益。

客户关系恢复策略的实施不仅会提高流失客户对企业的满意度,从而影响和带动周围的人群成为企业的客户,为企业带来收益,而且还会减少流失客户向外界传播不利于企业的信息,从而减少在网客户的流失,减少企业的潜在损失。另外,客户关系恢复所带来的间接收益还应包括由此而产生的有利于企业发展的品牌形象和企业形象等方面的无形收益。

下面,从三个方面来进行分析。

① 因新客户增多带来的收益,即由恢复成功的客户而吸引过来的新客户为企业所带来的收益,用 IR_i(Attractive)表示,即:

$$IR_i(\text{Attractive}) = P_i(\text{Attractive}) \times M(\text{Increase}) \times ARPU_A \times T_i \tag{7-2}$$

> ➢ P_i(Attractive)为在新入网客户中,因为对第 i 类流失客户实施客户关系恢复策略恢复成功,而吸引来的新客户所占新入网客户的比例,取值为 0~1;
> ➢ M(Increase)为在策略实施之后,平均每月的新入网客户数;
> ➢ $ARPU_A$ 新入网客户 ARPU 值;
> ➢ T_i 为预期保持时间,单位为月。

② 因流失客户减少带来的收益,即由于客户关系恢复策略的实施,导致流失客户的减少,这部分客户为企业所带来的收益,用 IR_i(Decrease)表示,即:

$$IR_i(\text{Decrease}) = P_i(\text{Decrease}) \times M(\text{Decrease}) \times ARPU_B \times T_i \tag{7-3}$$

> - P_i(Decrease)为减少的流失客户中，因为客户关系恢复策略的成功实施，所带来的流失客户减少的部分占减少的流失客户的比例，取值为 0～1；
> - M(Decrease)表示策略实施之后，平均每月比策略实施前减少的流失客户数；
> - $ARPU_B$ 表示减少的流失客户 ARPU 值；
> - T_i 为预期保持时间，单位为月。

说明

上述公式中 M(Decrease)表示策略实施后，平均每月减少的流失客户数。如果由于对手的竞争以及一些突发事件的影响，实际每月的流失客户数呈现递增情况，这时，M(Decrease)取值为负值，不能套用上述公式。

在这种情况下，所实施的客户关系恢复策略所起的作用还是正方面的影响，因为如果不实施相应的策略，可能造成的流失客户更多。所以，如果出现这样的情况，就需要根据市场调查以及相关市场人员的经验，确定由于策略的实施所减少的流失客户的人数，然后再乘以 $ARPU_B$ 和 T_i，就得到了这部分客户所带来的收益。

3）无形收益

无形收益(Invisible Revenue，IR)主要指由于客户关系恢复策略的实施，为企业带来的难以量化的收益，这些收益有助于企业长期的发展，并产生深远影响，主要分为以下几个方面：

$$IR_i(C)=IR_i(Brand)+IR_i(Company) \tag{7-4}$$

> - IR_i(Brand)为品牌效益；
> - IR_i(Company)为企业形象效益。

在客户流失后，企业积极主动地采取策略争取客户重新回网，通过与客户的交流和沟通，客户对品牌的认识会增加很多，并且可以消除一些以前存在的误解，让客户将他对品牌的理解和好的印象积极地向外界宣传，增强人们对服务品牌的认知度和好印象，从而有利于品牌的推广和发展新的品牌客户。

在企业对客户实施客户关系恢复策略的过程中，企业会对客户提供多种服务或优惠措施，争取吸引客户回网，在这样的过程中，会让客户对整个企业形象产生新的看法，并提升企业在客户心目中的位置，为企业将来的发展产生促进作用。

（2）挽留成本的计算

1）策略实施成本

策略实施成本主要是指在挽留客户的过程中，与策略实施相关方面的花费，用

C_i(Implement)表示，它是挽留成本中的重要组成部分，可以从以下几个方面来考虑：

$$C_i(\text{Implement})=C_i(\text{Strategy})+C_i(\text{Advertise})+C_i(\text{Human})+C_i(\text{Agent})+C_i(\text{Channel}) \tag{7-5}$$

- C_i(Strategy)为策略成本(Strategy Cost)，指策略本身所造成的主要成本，如送手机策略中的手机成本、优惠策略中优惠的部分所造成的成本等；
- C_i(Advertise)为广告成本(Advertise Cost)，是为了与客户关系恢复策略更好地配合实施，进行广告宣传增大策略实施的力度，这期间所投入的广告费用；
- C_i(Human)为人力成本(Human Resource Cost)，是在客户关系恢复策略的实施过程中，相应地要额外投入一些人员进行市场调研、分析及宣传，并与客户沟通等，这些增加的人力投入的成本。
- C_i(Agent)为代理商的成本(Agent Cost)，主要指企业在实施客户关系恢复策略的过程中，将客户的关系恢复办理分给一些代理商进行，在这种情况下，支付给代理商的佣金；
- C_i(Channel)为渠道成本(Channel Cost)，是为保证客户关系恢复策略实施的顺利进行，对相应的渠道进行管理所花费的费用。

2) 客户关系维系成本

客户关系维系成本(Maintain Cost)主要是指流失客户在恢复与企业的关系之后，企业在预期保持时间内维系恢复成功的客户关系所花费的成本，用 C_i(Maintain)表示，即：

$$C_i(\text{Maintain})=N_i\times P_i(\text{Retrieve})\times C_u\times T_i \tag{7-6}$$

- C_u 表示企业预计为了维系客户关系，每月投入在每一位客户上的成本，包括客服等费用；
- N_i 表示第 i 类流失客户数；
- P_i(Retrieve)即挽留概率(Retrieve)，表示在对第 i 类流失客户实施具体的某一策略之后，预计能够挽回的客户数占第 i 类客户的比例；
- T_i 为预期保持时间，单位为月。

3) 网络资源占用成本

网络资源占用成本主(Network Resource Cost)要是指企业为了实现客户的通

话，投资建设起整个移动网络的资金分摊到每个客户的成本乘以恢复成功的客户数的值，用 C_i(Network)表示。

4）策略倾斜成本

策略倾斜成本(Incline Cost)主要是指对某些在网客户来讲，关系恢复策略所得比在网所获得的利益大，在客户心中形成还不如离了网再恢复所得到的收益大的印象，并造成一定数量的客户离网，这部分客户所带来的损失，称为策略倾斜成本，用 C_i(Incline)表示。

5）IT 系统成本

IT 系统成本(IT Cost)是指由于客户关系恢复策略的实施，需要建设相应的 IT 系统用于相应的数据维护和恢复客户的合约管理等所花费的成本，用 C_i(IT)表示。

综上所述，有：

客户挽留价值＝挽留收益－挽留成本
＝直接收益＋间接收益－策略实施成本－客户关系维系成本－资源占用成本－策略倾斜成本－IT 系统成本
＝直接收益＋因新客户增多带来的收益＋因流动客户减少带来的收益＋无形收益－策略实施成本－客户关系维系成本－网络资源占用成本－策略倾斜成本－IT 系统成本　(7-7)

或者：

$$\text{客户挽留价值}=DR_i(\text{Customer})+IR_i(\text{Attractive})+IR_i(\text{Decrease})+IR_i(\text{Brand})+IR_i(\text{Company})-C_i(\text{Implement})-C_i(\text{Maintain})-C_i(\text{Network})-C_i(\text{Incline})-C_i(\text{IT}) \quad (7\text{-}8)$$

(3) 基于模型的客户关系挽留策略可行性判定

依据客户挽留价值估算模型，可以计算出客户挽留价值不同的情况，从而对策略的合理性和可行性进行判断。

情形 1：直接收益＞挽留成本的情况，即

$$DR_i(\text{Customer})>C_i(\text{Implement})+C_i(\text{Maintain})+C_i(\text{Network})+C_i(\text{Incline})+C_i(\text{IT}) \quad (7\text{-}9)$$

在这种情况下，关系恢复的客户为企业带来的直接收益就能够抵消掉所有的挽留成本，再加上间接收益的影响，该策略的实施将会为企业带来更大的收益，说明该策略可行。

情形 2：直接收益＜挽留成本，但直接收益＋吸引新客户收益＋减少流失客户收益＞挽留成本的情况，即

$$DR_i(\text{Customer})<C_i(\text{Implement})+C_i(\text{Maintain})+C_i(\text{Network})+C_i(\text{Incline})+C_i(\text{IT})$$

但

$DR_i(\text{Customer})+IR_i(\text{Attractive})+IR_i(\text{Decrease})>C_i(\text{Implement})+C_i$

$(\text{Maintain}) + C_i(\text{Network}) + C_i(\text{Incline}) + C_i(\text{IT})$ (7-10)

这种情况的直接收益不能够抵消挽留成本,但是直接收益与间接收益中由客户关系恢复而吸引来的新客户收益和减少的流失客户收益相加后大于挽留成本,再加上无形收益的影响,这样的策略也是可行的。

情形 3:直接收益+新客户收益+减少流失客户收益<挽留成本,但直接收益+新客户收益+减少流失客户收益+无形收益−挽留成本未知的情况,即

$$DR_i(\text{Customer}) + IR_i(\text{Attractive}) + IR_i(\text{Decrease}) < C_i(\text{Implement}) + C_i(\text{Maintain}) + C_i(\text{Network}) + C_i(\text{Incline}) + C_i(\text{IT})$$

但

$$DR_i(\text{Customer}) + IR_i(\text{Attractive}) + IR_i(\text{Decrease}) + IR_i(\text{Brand}) + IR_i(\text{Company}) - C_i(\text{Implement}) - C_i(\text{Maintain}) - C_i(\text{Network}) - C_i(\text{Incline}) - C_i(\text{IT}) \quad (7\text{-}11)$$

未知

这种情况的直接收益与间接收益中的可见收益相加还小于挽留成本,但是还有无形收益尚未考虑。这时候,就需要根据实际情况来考虑策略的可行性。

如果口碑效应的传播所起的作用很大,不实施客户关系恢复策略的话,会令品牌客户的发展遇到一定困难,使企业遭受损失,而且也不利于企业形象的树立,损害企业的长期利益;而如果实施客户关系恢复策略的话,这种有利于企业的信息传播,不仅有助于品牌的宣传,而且会促进企业以后的发展。这种情况下,虽然短期看来,企业不能够获得直接的可见收益,但是长期看来,无形收益很大,有利于品牌和企业的发展,这样的策略是可行的。

另一种情况是,口碑效应在人们心中的影响不是很大,即使不恢复客户关系,这种信息的传播也不会造成很大影响,而如果恢复之后,也不会为企业带来很大的无形收益,这种情况下,策略的实施就不可行。

情形 4:直接收益>策略实施成本,但直接收益+新客户收益+减少流失客户收益<挽留成本的情况,即

$$DR_i(\text{Customer}) > C_i(\text{Implement})$$

但

$$DR_i(\text{Customer}) + IR_i(\text{Attractive}) + IR_i(\text{Decrease}) < C_i(\text{Implement}) + C_i(\text{Maintain}) + C_i(\text{Network}) + C_i(\text{Incline}) + C_i(\text{IT}) \quad (7\text{-}12)$$

这种情况,短期看来关系恢复客户带来的直接收益能够与关系恢复策略实施的成本抵消,而且还有剩余,很多企业就会觉得这样的策略可行。但是,企业忽略了客户对网络资源的占用,而且从长期来看,策略实施后,客户的维系成本及策略倾斜成本会随着时间的延长而增大,使直接收益加间接收益中的可见收益小于客户的挽留成本,如果无形收益所占的比重不是很大的话,这样的策略实际上是不可行的,而且,时间越长,有可能为企业带来的亏损越大。

遇到这样的情况,企业应该综合实际情况和长短期利益的影响,综合做出决策,如表 7-5 所示。

表 7-5 客户挽留价值公式的策略可行性判断

情形	客户挽留价值判定情况	策略的可行性分析
1	$DR_i(Customer) > C_i(Implement) + C_i(Maintain) + C_i(Network) + C_i(Incline) + C_i(IT)$	可行
2	$DR_i(Customer) < C_i(Implement) + C_i(Maintain) + C_i(Network) + C_i(Incline) + C_i(IT)$ 但 $DR_i(Customer) > IR_i(Attractive) + IR_i(Decrease) > C_i(Implement) + C_i(Maintain) + C_i(Network) + C_i(Incline) + C_i(IT)$	可行
3	$DR_i(Customer) + IR_i(Attractive) + IR_i(Decrease) < C_i(Implement) + C_i(Maintain) + C_i(Network) + C_i(Incline) + C_i(IT)$ 但 $DR_i(Customer) + IR_i(Attractive) + IR_i(Decrease) + IR_i(Brand) + IR_i(Company) - C_i(Implement) - C_i(Maintain) - C_i(Network) - C_i(Incline) - C_i(IT)$ 未知	考虑无形收益的情况而定
4	$DR_i(Customer) > C_i(Implement)$ 但 $DR_i(Customer) + IR_i(Implement) + IR_i(Decrease) < C_i(Implement) + C_i(Maintain) + C_i(Network) + C_i(Incline) + C_i(IT)$	考虑无形收益的情况,并结合企业长短期收益进行决策

3. 评价阶段

评价阶段属于客户关系衰退期管理策略实施的反馈阶段,客户关系衰退期管理策略实施之后,不论成功与否,都需要对实施后的效果与预期目标相比较、分析和评价,找出与预期相偏离的原因,以对客户衰退原因的分析方法和相应管理策略的制订、修改和完善提出指导意见,同时可以保证资源利用的合理性,并获得比争取新客户更大的经济效益,最终形成客户关系衰退期管理的闭环结构。

客户关系衰退期管理策略的实施评价可以通过下面两个主要指标来进行。

(1) 客户离网率

客户离网率是指某一类客户中转网到别的运营商或转移到本企业其他品牌的客户占该类客户总数的比例。虽然衰退期客户还包括在自身品牌内月通信消费额发生下滑的客户,但是这一类客户难以进行关系恢复统计,所以,这里的策略实施评价主要采用客户离网率,便于实际操作。

如果在关系恢复策略实施前后,某一类客户的离网率下降了很多,在排除了其他影响因素的情况下,说明该策略实施是有效的;如果策略实施前后,客户离网率变化不大,仍然处于较高的水平,则说明策略存在一定的问题,需要进行改进和完善。

(2) ARPU值

通过对关系恢复策略实施前后某一类客户 ARPU 值的比较,可以说明策略的实施是否对客户价值的提升起到了一定的作用。

如果关系恢复策略实施前后,某一类客户的 ARPU 值上升了很多,在排除了其他影响因素的情况下,说明该策略的实施在恢复客户关系到稳定状态以及提升客户价值方面具有很大的作用;如果 ARPU 值变化不大,则说明策略的实施为企业带来的收益变化不大,需要进一步完善。

在评价客户衰退期管理策略的时候,还可以考虑诸如策略的投资回报率等指标,但客户离网率和 ARPU 值是其中两个主要简洁的、企业易于操作的指标,一方面体现了策略实施在阻止客户流失方面是否真正有效,另一方面体现了策略实施是否能够为企业带来收益的增加,通过这两个主要指标,可以对策略的实施效果进行量化的评价。不过,客户离网率和 ARPU 值的变化并不一致,当客户离网率下降时,由于采取一些优惠恢复策略,该类客户的 ARPU 值也可能同时下降,这时电信企业需要根据经营目标综合评价这两个指标,以确定策略效果。当然,客户离网率上升同时 ARPU 值下降无疑是企业最不愿意看到的,这说明恢复策略完全失败。企业最愿意的是客户离网率下降同时 ARPU 值上升,这说明恢复策略非常成功。

第三节 常用的电信客户挽留管理方法

一、重视顾客抱怨管理,进行客户抱怨归因

客户抱怨意味着服务的失败,需要进行服务的修复。首先,要从客户抱怨中找到真正的原因,并理解客户产生抱怨的机理,即服务失败的客户归因。

客户归因是指客户在不满时,寻求原因的过程,它影响并决定着客户的行为,当服务失败后,不管企业是否对失败的原因做出解释,客户总会努力寻求服务失败发生的原因。通常情况,客户通过与企业员工沟通得到初级答案,并通过其他信息来对此答案的正确性进行判断和交叉论证。当企业员工无法解答或不理睬时,客户会自己解答,但往往解答的结果不准确,而且对企业极为不利。因为连一个对服务失败之原因都无法做出解释的企业,客户可能会把企业所有可能的拙劣表现同导致服务失败联系起来。并且得不到信服的解释,客户将继续查找信息以检验自己做出的答案的正确性,并产生“雪球效应”,心理份额会迅速下降。

客户归因责任方包括企业、客户、外部因素。但由于“客户是上帝”的自我偏见存在(客户有货币投票权),客户一般不会归因到自己身上,而根据服务的区别性、一贯性和一致性三个属性归结责任方,即企业或外部因素。

在第一次对服务失败探因分析中有如下几个特点。区别性低，指除了业已发生在客户身上的服务失败外，企业在其他方面也表现较差。对区别性低的服务失败，客户倾向于归因于企业；而对于区别性高的服务失败，客户有可能认同于外部因素所致。一贯性高，指同一类服务失败的发生概率高。对于一贯性高的服务失败，客户倾向归因于企业，反之归因于外部因素。一致性低，指客户除了在某一企业遇到过某项服务失败外，在其他企业很少遇到对一致性低的服务失败原因，客户倾向于认为是企业自身不完善所致。

在得出第一次对服务失败探因责任归属后，多数客户还会继续寻求原因，倾向于进一步将服务失败责任方区分为企业整体和员工个体。也是通过上面三个属性来划分，使得服务失败原因归属问题再次明确。

稳定性分析主要依据可获得的一些直接或间接经验，即可预见性。客户也会通过上述归属性，经由因果关系分析来进行判断。一般来说，外部因素引起的服务失败原因稳定性较低，不经常发生。由企业整体表现所引起的服务失败原因稳定性较高，而由员工个体表现出的稳定性较低。

经由归属性的判断，客户可以对服务失败原因的可控性做初步判断。一般来说，外部因素难以控制，但并非完全不可控（如企业上游供应链反应慢导致的服务失败），而且客户经常受竞争对手影响，以竞争对手来做企业的参照物。企业原因相对可控性强，特别是员工原因，可以通过培训、解雇、压力等手段控制。而企业系统如内部流程原因，在短时间内优化是不可能的，流程改造是逐步的过程。

在不断的经历服务失败后，客户会重复上面的过程，如果企业不予以重视加以改进，就会在客户心理上不断加深恶劣印象，导致矛盾的积累。

客户归因过程是企业了解服务缺陷以及客户抱怨产生机理的一个重要手段，对于消除客户抱怨，挽留可能因抱怨而流失的客户，有着十分重要的意义。

二、建立内部顾客体制，提升员工满意度

对内部营销的关注始于1980年左右。克里斯蒂安·格朗路斯最早对内部营销作出定义。他在1981年的著作中，称内部营销即“把公司推销给被看作是‘内部顾客’的员工”。其含义是：员工的满意程度越高，越有可能建成一个以顾客和市场为导向的公司。后来他将这一概念进一步推展，主张“以一种积极的、通过营销方式进行的、互相协调的方法，来推动公司职员为顾客创造更好的服务”。

内部营销的实质是，在企业能够成功地达到有关外部市场的目标之前，必须有效地运作企业和员工间的内部交换，使员工认同企业的价值观，并将这种价值观传递给客户，通过积极周到的服务提升顾客满意度，挽留有流失倾向的客户。

电信行业中，客户的很多抱怨来自于电信企业的服务存有缺陷，而这些缺陷有

的来自于电信网络的问题，而更多则来自于客服部门服务人员的失职，这些服务上的问题，有可能导致顾客的直接离网，更重要的是，客户会产生坏的体验感，并且将这种不好的体验告诉其他客户。因而，要想提升客户的满意度，把客户挽留回来，就要加强对内部员工的关怀，提高员工的满意度。实际研究也表明，员工态度对于客户流失有着极其显著的影响。图 7-11 展示了影响客户流失的各种原因，可见，员工态度冷漠是影响客户停止购买的最主要的因素。

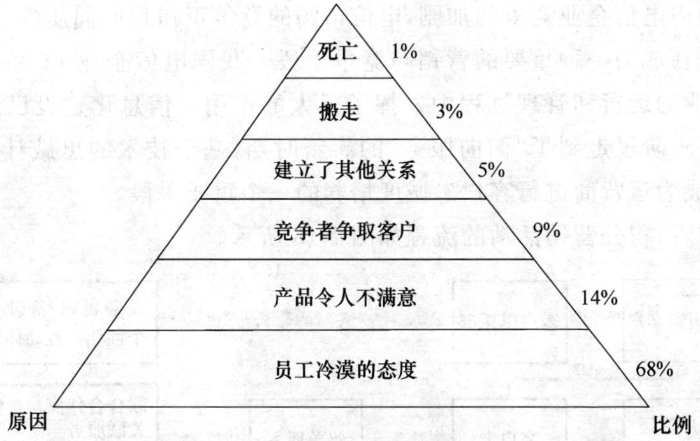

图 7-11　客户停止购买分析

另一方面，高员工满意度也是促使高客户满意度的一个重要因素，图 7-12 显示了内部员工满意与客户满意之间的关系。

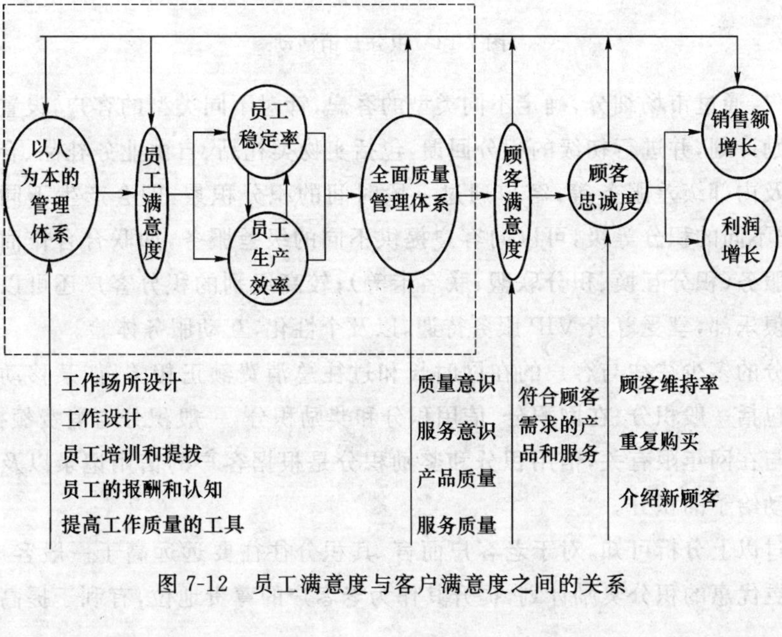

图 7-12　员工满意度与客户满意度之间的关系

可以看出，员工满意度可以提升员工稳定率和员工生产效率，进而有助于提升全面质量体系的效率，进而为客户提供符合其需求的产品和服务，最终提高客户的满意度，有助于挽留潜在的流失客户。

三、采用积分营销，保住老客户

随着国内电信企业竞争的加剧，电信市场的竞争正在趋向同质性竞争，客户忠诚度管理正在成为一种重要的营销与竞争手段。我国电信企业 IT 系统已经初具规模，在企业的运营和管理过程中发挥了巨大的作用。信息化建设已经从最初的满足业务需求阶段走到了“面向服务”的崭新时期，基于技术的忠诚计划——积分计划，已经成为运营商进行客户忠诚度培养的一个重要手段。

从横向看，积分营销活动的流程如图 7-13 所示。

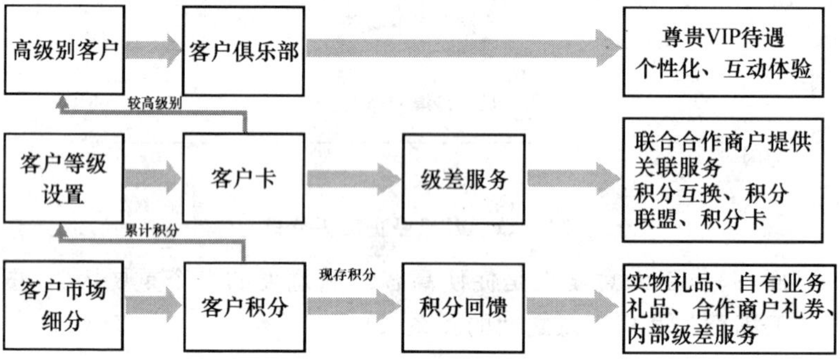

图 7-13 积分营销活动

首先，通过市场细分，确定不同类型的客户，针对不同类型的客户，设置不同的积分奖励计划，并进行初级的积分回馈，包括实物类礼品、自由业务礼品、合作商户礼券以及内部级差服务等；客户通过一段时间的积分积累，即会产生不同积分等级，依据不同的积分等级，可以向客户提供不同的级差服务，如联合合作商户提供关联性服务（积分互换、积分联盟、联名卡等）；较高级别的积分客户还可以进入客户积分俱乐部，享受尊贵 VIP 服务待遇，以及个性化，互动服务体验。

积分的多少往往与客户的在网时长和过往总消费额正相关，如某移动运营商的积分包括一般积分、在网积分、信用积分和奖励积分，一般积分与消费额挂钩，在网积分与在网年限有关，信用积分和奖励积分是根据客户的信用记录以及参与的公司活动给予的积分。

通过以上分析可知，对于老客户而言，其积分往往要远远高于一般客户，给予老客户更优惠的积分奖励计划，提升其作为老客户的尊贵地位，有利于提高其忠诚度，提高老客户挽留的效果。

积分营销中应注意以下问题。

- 没有差异化服务：没有根据客户的价值不同进行差异化服务，尤其是没有让优质/高价值客户感受到“尊贵”和“身份”；没有根据客户的不同需要进行个性化服务，回馈方式和内容单一，渠道狭窄。
- 缺乏整合的客户方案：只是作为基础业务的附加服务，并没有当成可以增值的业务进行系统的营销规划；没有专门人员负责管理和跟进，只是客户和销售部门的众多工作中的某一项工作。
- 没有品牌化管理：没有作为独立的品牌付予意义，只是作为一种附加的服务；积分计划没有延续性，更像一次性的促销活动。

四、建立多渠道多层次性的客户挽留管理策略

发现客户流失倾向有着多种途径，除了以上所述通过流失预警系统提前发现有流失倾向的客户外，还可以通过在与客户接触的其他渠道发现客户的流失倾向，比如客户在营业厅办理业务时，针对一些能够反映出流失特征的业务，如停机保号业务，这种业务的办理一方面可能是客户短期不用手机导致的，另一方面可能是客户正在试图寻找其他运营商的服务，处于犹豫状态，因而，当营业厅营业员在办理这种业务时，可以试探的了解客户的真正意图，并提供相应的客户挽留建议。

不同的渠道，相应的客户挽留策略也不尽相同。比如通过电话对一些高流失倾向的客户进行挽留时，不宜一上来就认定客户是将要流失的客户，应该从其他话题入手，试探客户的真正流失倾向，而后再采取相应的策略；上门进行挽留时，其主要对象是大客户和集团客户，这类客户一般社会地位较高，因而在上门拜访时客户经理应注意自我形象，尽量倾听客户的意见，并对客户承诺相应的服务改善流程改善方案，有必要时，进一步承诺相应的优惠政策，力保大客户和集团客户的在网；通过窗口进行挽留时，主要在于及时通过与客户的交流发现客户的流失倾向，在短时间内给出一些有利于解决客户疑难或者抱怨的建议，争取在最后关口将客户留住。

不同渠道以及采取的相应策略如图 7-14 所示。

以上通过不同渠道进行的挽留策略不宜重复使用，否则往往会造成负面的效果，甚至会促使流失倾向不是很高的客户最终流失。比如，通过流失预警系统发现某位大客户有较高的流失倾向(而实际上其流失倾向不是很高)，某客户经理通过电话与其交流，试探其真实情况，但是没有得到该客户的配合。该客户经理又进一步登门拜访，结果造成了该大客户的反感，最终导致该客户的离网。

其次，电话挽留和登门挽留不宜经常使用，莫名的电话或者登门拜访会给客户

带来突兀感，促使其负面体验的产生。

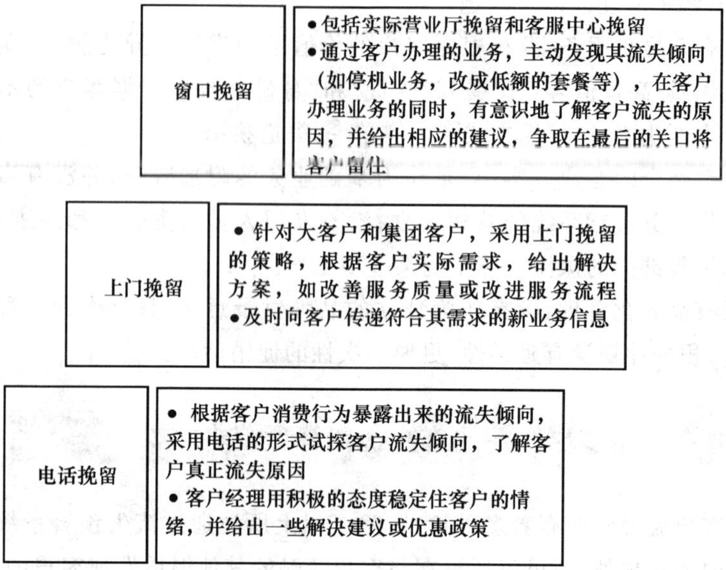

图 7-14　客户挽留渠道及策略

客户挽留管理是客户全生命周期管理中最末端的环节，但也不是迫不得已而为之的一个过程，而是渗透在整个客户生命周期管理中的一项系统工程，贯穿于新客户入网、客户价值提升、老客户保持以及客户挽留的全过程。所以，客户挽留工作的好坏，不仅仅取决于该阶段工作的质量，还取决于整个客户生命周期管理中的各阶段工作的质量，比如，新客户识别期是否选取了“优质”的客户，客户价值提升期是否选取了高价值潜力的客户，老客户保持期是否根据客户消费心理（见本章第一节）进行有效的客户价值保持。只有以上各环节完成了高质量的工作，最终的客户挽留管理才有意义。

思考题

1. 企业为什么要预测将要流失的客户？
2. 什么是客户终身价值，如何计算电信企业的客户终身价值？
3. 如何预测流失客户？
4. 常用的客户流失数据挖掘方法有哪些？各自的原理是什么？
5. 客户挽留在客户关系管理中的位置？
6. 如何计算客户挽留的收益？
7. 常用电信客户挽留的方法有哪些？

参考文献

[1] 鞠家迅. 我国电信市场发展分析与对策研究[D]. 哈尔滨:哈尔滨工程大学硕士学位论文,2000.

[2] 沈超. 基于 SOM 算法的农村移动通信市场细分[J]. 市场研究,2007.

[3] 徐凤琴,乔忠. 企业市场细分方法及目标市场的确定[J]. 科技与管理,2004.

[4] 李萍. 移动客户顾客价值层次研究[D]. 北京:北京邮电大学学位论文,2005.

[5] 德尔·霍金斯. 消费者行为学[M]. 北京:机械工业出版社,2001.

[6] 林景新. 客户管理——一场权力制衡游戏[J]. 医学美学美容(财智),2007(3).

[7] 吕廷杰,尹涛,王琦. 客户关系管理与主题分析[M]. 北京:人民邮电出版社,2002.

[8] 胥学跃. 电信营销管理[M]. 北京:北京邮电大学出版社,2005.

[9] 魏琴. 中国电信市场细分的研究[D]. 南京:南京邮电大学硕士论文,2006.

[10] 刘俊娥. 基于熵权理想点法的目标市场选择研究[J]. 中国管理信息化(综合版),2007.

[11] 薛英. 基于消费心理学的旅游购物决策研究[D]. 大连:大连理工人学硕士研究生学位论文,2005.

[12] 范鹏飞. 电信客户消费心理的分析及其策略[J]. 广东通信技术,2001.

[13] 朱凌. 关于中国城市各阶层消费行为的理论、模型,实证分析[D]. 上海:复旦大学学位论文,2003.

[14] 舒华英,齐佳音. 电信客户全生命周期管理[M]. 北京:北京邮电大学出版社,2004.

[15] 齐佳音,万映红. 客户关系管理理论与方法[M]. 北京:中国水利电力出版社,2006.

[16] 梁波,吴俊锋,舒华英. 移动通信客户保持及其决定因素实证研究[J]. 北京邮电大学学报,2005.

[17] 陈明亮,袁泽沛,李怀祖. 客户保持动态模型的研究[J],武汉大学学报,2001.

[18] 李晓霞,刘剑. 消费心理学[M]. 北京:清华大学出版社,2006.

[19] 符国群. 消费行为学[M]. 武汉:武汉大学出版社,2004.

第三篇　业务与产品管理

在一般的生产运作管理中，"产品（服务）"是生产环节与销售环节的衔接点，也是生产环节的最终成果，而在传统的电信运营中，"业务"是更常用到的一个类似概念，网络提供的、客户使用的、准入监管针对的对象都可以用业务来描述，产品只是在描述某些更为接近客户需求的业务/营销措施组合时才可能用到。近年来，随着IT技术的发展，电信网络为客户提供的带宽越来越宽，应用能力越来越强，网络所能提供的业务也越来越多，与此同时，客户的需求也越来越趋于多样化和个性化，这种"业务爆炸"和"需求爆炸"同时出现的局面加大了供给与需求衔接的难度，对电信运营效率提升带来极大的挑战，如下图所示。这种情况下，如何保障各种业务的服务质量，增强网络对客户需求的响应速度，满足多样化、个性化的客户需求成为电信运营亟待解决的问题。

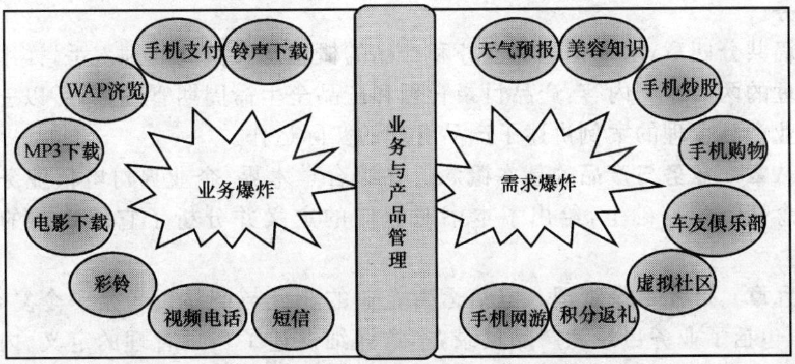

为了适应不断增多的业务和产品，传统的以单一语音为主的运营模式需要向多产品、多业务的运营模式过渡，而电信运营企业的核心能力也需要逐渐由现在的网络支撑能力、市场拓展能力双元模式转变为网络支撑、市场拓展与产品提供的三元模式，这也正是业务与产品管理提出的基本背景。

目前，国内电信运营企业在产品以及营销手段上日趋同质化，但客户的选择却日趋多样化和个性化。在市场运营方面，国内电信运营企业还处在重视客户资源以及数据挖掘阶段，但这只能解决营销管理中的一部分问题，企业要保持可持续的发展动力，需要站在战略的高度关注产品的研发和创新。电信运营企业只有不断推出适应客户需求的多样化的产品，才能在激烈的市场竞争中处于不败之地。电信产品定义、电信产品开发流程、电信产品运营管理等概念正在成为未来电信运营关注的焦点。

随着电信业务的不断丰富和客户个性化需求的提出，按照单独的电信业务进行单一的销售，已经远远无法满足多业务交叉、打包销售、灵活计费等现实的要求，产品运营管理将成为连接电信业务与客户需求的“创好贴”，未来电信业发展的机会将来自业务和网络以及固定和移动的“融合”。电信运营企业的投资重心也将从网络基础建设转移到价值链层面的产品和服务交付平台。谁能够快速开发新产品以及找到最佳的运营模式，谁就能占据市场的主动。因此，随着市场的不断发展，加强和完善业务和产品的管理体系将会成为今后电信运营的重点。

电信管理论坛（TMF）在增强电信运营图（enhanced Telecommunication OperationMap，eTOM，）中已经将电信业务和电信产品作为两个不同的概念单独提出，并且总结了如下两点业务运营管理的核心思想。

(1) 业务运营管理的目的在于业务的高效、安全、经济的运行，为客户提供有质量保证的服务。

(2) 业务运营管理的核心功能包括业务实现的管理、业务质量的管理和业务计费的管理。

这说明业务与产品运营已经成为一种趋势，代表了电信业在运营管理方面的发展方向，随着业务和产品运营时代的到来，电信运营企业将为消费者提供更多更好的服务。

本篇共分四章，从电信运营业务和产品的概念定义及其区别入手，详细阐述了产品管理的两项主要内容：产品目录管理和产品全生命周期管理，最后以三个电信运营企业产品管理的案例讲述了产品管理的实际运作。

第八章　业务与产品的基本概念　在综合学术界、企业界对电信业务和电信产品概念理解的基础上，给出了本书对它们的定义并分析了它们之间的区别和联系。

第九章　产品目录管理　电信运营企业的业务与产品目录是一个复杂、动态的体系，包括了业务目录和产品目录，本章详细讲述了目录管理的定义、内容以及信息化需求。

第十章　产品全生命周期管理　电信运营企业的产品全生命周期管理有其特殊性，本章将电信产品的全生命周期区分为研发生命周期和市场生命周期，分别阐释了产品全生命周期管理的内容和意义。

第十一章　电信运营企业产品管理案例　本章引入了三个实际案例，分别是移动运营企业的产品目录管理、固网运营企业的产品目录管理以及移动信息化产品的全生命周期管理流程，理论联系实际，深入浅出地阐述了产品管理理念在电信运营管理中的实际运作。

第八章　业务与产品的基本概念

定义是认识新事物的基础，由于传统电信运营管理中业务与产品概念的混淆，对它们给出明确定义尤为重要，本章在综合学术界、企业界相关定义的基础上，给出了本书的明确定义，并在此基础上分析了产品与品牌、资费等相关实体的关系。

第一节　业务的定义

一、业界给出的定义

业务，是电信业务的简称，它是电信行业使用最为广泛的一个概念，但目前业界对业务并没有一个统一的定义，电信管理论坛（TMF）对电信业务做了如下的定义：电信业务是以电信基础设施为核心，表明网络“能做什么？”，属于一定功能的独立元素。电信业务可以单独出售，如“短信业务”等。电信业务开发的基础是网络元素。

1. 国际电信联盟对业务的建议

在国际电信联盟（ITU）的各项标准中并没有对业务进行明确的定义，而是在某些建议中从不同的方面和角度阐述了其对业务的理解，现介绍如下。

(1) 电信业务的基础是电信资源

在《M. 3200 TMN 管理服务概述》中，ITU 在描述电信管理区域（Telecommunications Managed Area）时，从资源占用的角度描述了电信业务的概念，它认为“在逻辑上和（或）物理上与电信业务相关的一组电信资源使得电信业务有可能向客户部分或全部地提供这些服务”。并且“所有的电信业务都需要用到如下资源：接入和终端设备网络、传输网络和基础设施”。

(2) 业务是网络功能组成的通信能力

在《I. 210 ISDN—业务能力（由 ISDN 所支持的电信业务的原则与描述它们的方法）》（下称：《I. 210》）中，ITU 则是从功能的角度对电信业务进行了如下阐述：“由 ISDN 支持的各项业务是电信业务提供者向客户提供的可用的通信能力。ISDN 将提供一整套网络能力，这些网络能力是由标准化的协议和功能所规定的并能够向客户提供电信业务。”从这段描述中可以看出，ITU 将电信网络看作是电信业务基础，而电信业务则是由各种网络功能组合在一起形成的各种通信能力。

(3) 与通信相关的计费、控制等是业务的一部分

另外，《I. 210》对业务概念的范围也进行了简单的说明，它提出“由电信业务提供者向连接到 ISDN 的客户提供的服务可包括充分支持该业务所需手段的全部或仅仅一部分。与提供业务相关的运行和经营特点都包括在业务概念之中”、“与提供业务相关的业务运行能力可以包括维护、计费、客户控制业务特点等项的能力”。可见，尽管电信业务的核心功能是通信，但是计费、客户控制等也是业务的一部分。

(4) 业务本身并不是产品

最后，《I. 210》从客户的角度阐述了电信业务的作用。“从客户的观点来看，如 I. 200 系列所规定的各电信业务将用于某些应用。例如，电话客户终端业务将主要的用于人类的交谈(应用)。同样承载业务将用于各项应用。客户的业务应用是客户的职责而不是网络的职责。在任何时候网络不必了解正在使用什么应用。”“正如本建议中所阐述的那样，电信业务是不依赖于时间的，那就是说，该描述在业务可用的所有时间内都是有效的。客户无论何时请求一个即时业务或预定业务时，该业务的特定事例就叫作呼叫。类似地，该事例也适用于如下文 3.4 章中所述的应用，该应用的事例就叫作通信。”从这段描述中可以看出，电信运营企业提供给客户的并不是电信业务，而是电信业务的具体应用。

通过对 ITU 的建议的总结，可以得出如下结论：

① 电信运营企业的网络资源是电信业务的基础；

② 电信网络的各个部分提供各种各样的网络能力，而这些网络能力均由标准化的协议和功能所规定；

③ 各种网络能力的不同组合形成了不同的电信业务，电信业务一旦实现就会一直存在，是可以随时使用的；

④ 电信运营企业提供给客户的是电信业务的具体应用，业务本身并不是产品。

从服务的角度来看，电信业务可以看作是某种服务能力，而不是电信运营企业提供给客户的产品。举例来说，电信业务就像一条传送带，这条传送带能够为客户提供传送信息的服务，但传送带本身并不是产品，而是提供服务产品的基础。因此，电信业务是电信产品的基础。

2. 电信条例中对业务的定义

作为我国电信行业的监管部门，信息产业部在《中华人民共和国电信条例》中对电信和电信业务作出了以下规定：

“本条例所称电信，是指利用有线、无线的电磁系统或者光电系统，传送、发射或者接收语音、文字、数据、图像以及其他任何形式信息的活动。”(第二条)

“电信业务分为基础电信业务和增值电信业务。基础电信业务，是指提供公共网络基础设施、公共数据传送和基本话音通信服务的业务。增值电信业务，是指利用公共网络基础设施提供的电信与信息服务的业务。”(第八条)

“前款所称电信资源，是指无线电频率、卫星轨道位置、电信网码号等用于实现电信功能且有限的资源。”(第二十七条)

从《中华人民共和国电信条例》的规定中可以看出，其对电信业务的理解与ITU在实质上是一致的。它们均把电信业务看作是功能的集合或者是某种服务能力，并且都将各种电信资源看作是电信业务的基础。所不同的是，《中华人民共和国电信条例》中对电信的定义明确了电信业务的核心能力，即发送、传输或接收信息。

3. 电信运营企业给出的定义

一些电信运营企业例如中国联通对业务做出了以下定义：业务是指电信运营企业根据客户的通信需求，利用自身或第三方资源向客户提供的具有市场价值的通信服务内容，其定义的业务有如下特点：①业务是客户购买的通信产品中最核心的组成部分，也是产品不可缺少的组成部分；②业务不可以直接向客户销售，必须在增加相应属性后成为产品才可以向客户销售；③业务有资费属性，但是业务的资费属性仅对应于标准资费。标准资费是指某个业务的政府指导价或者公司的标准定价；④业务可以根据不同的分类标准进行分级和分类，并可以最终拆分至网元业务；⑤网元业务即最底层的业务，它可以在增加相应属性后成为产品。电信业务就是电信企业为社会提供的电信服务项目，它从电报等一些初始电信服务开始，逐渐演变发展出市内电话业务、长途电话业务、农村电话业务、国际电话业务等多样化的服务，这些都是政府电信部门或国有电信企业以业务方式向社会提供普遍电信服务，也就是我们所说的传统的电信业务。

二、本书关于电信业务的定义

从国际电信联盟(ITU)对电信业务的建议以及《中华人民共和国电信条例》中对电信业务的定义可以看出，电信业务是以网络资源为基础的通信能力，在完成发送、传输或接收信息的过程中向客户提供通信服务，同时完成计费等其他辅助服务。因此，电信业务在实质上并不是电信产品，而是提供电信产品的基础。

本书认为电信业务是指承载于物理通信网络之上，利用各类硬件、软件和信息资源形成的对信息的传递、存储和/或处理功能(或服务)，例如，长途业务、市话业务、移动业务、GPRS业务、智能业务、宽带业务等。

这里所说的物理网络按照OSI七层模型来搭建，不同层次提供不同的业务，并对上层提供服务。业务是基于电信网络开发出来的，具有一定功能的独立元素。

电信业务可以单独出售，如“短信业务”等。电信业务开发的基础是网络元素。电信运营企业可以基于客户的不同需求在不同层上开发业务，达到为客户服务的目的。另外对电信业而言，其业务可分为基础电信业务和增值电信业务两大类。

在业务的开发过程中，我们可以提炼出一系列的属性，例如：业务标识、业务类型编码、业务生成日期、业务生成时间、业务号码、地址标识、业务所属区域标识、业务状态编码、所属客户标识等。

第二节　产品的定义

一、业界给出的定义

电信产品是给业务赋予一些属性后形成的，学术界对产品的概念还没有定论。现代市场营销理论认为，凡是提供市场的、能满足消费者或客户某种需求或欲望的任何有形物品和无形服务均为产品。对电信业而言，产品是电信运营企业在营销活动中所提供的能够满足客户某种通信需求和利益的主体服务及与此相关的一切附加服务形式的总和。电信产品开发的原材料，例如电路、设备、时长、流向、时段等，来自于网络服务能力，即电信业务、服务能力细化到的基本颗粒。

1. 相关学者对电信产品的定义

目前，国外还没有关于电信产品及类似概念的理论研究，不过很多学者已经注意到电信产业链的变化以及内容元素在电信业内越来越重要的作用，并进行了一些研究。但是，所有的这些研究都没有提出电信产品或类似的概念，由此可见，他们并没有将内容元素理解成电信产品的一部分，也没有意识到电信产品概念研究的重要性。

相比之下，国内虽然已经出现相关研究，但从总体来看，对电信产品的理论研究也还处于起步阶段，相关研究较少，已有的研究主要是以系统应用为主，只是简单地对电信产品进行了定义，并没有从理论上去论述电信产品的概念，更没有涉及电信产品属性及特征的论述。其中范名骏(2005)认为电信产品是“运用营销手段，将业务或业务组合附加上销售对象、销售地域、资费计划、销售渠道、服务水平及配套资源等六个方面属性后的产物，是向客户最终交付的、客户可以购买的业务或业务组合实例”；谢林(2005)则指出“从产品的整体概念出发，电信产品可定义为由电信企业提供的能够满足顾客某种通信需求的各种服务的总和”。

2. 电信运营企业对电信产品的定义

电信运营企业作为电信产品的生产者和提供者，其本身对“电信产品是什么”有着自己的见解。随着电信产业的不断发展，电信运营企业已经越来越多地关注自身的业务与产品运营能力的提升，并根据自身的经验和实际情况提出了其对电信产品概念的理解。

中国电信给出的定义是：电信产品是电信业务经过市场化包装的产物；它是按照客户的需求向市场提供各种差异化或差别化的电信服务项目。由于电信产品是一种服务，因此，电信产品的生产过程和消费过程是同时产生和同时消失的，而电信的生产过程就是电信网络（信息）的运营过程。

中国联通则在其产品管理规范中指出“产品是指中国联通运用营销手段，在业务或业务组合的基础之上，叠加‘销售对象、资费计划、服务水平、销售地域、销售渠道、配套资源’六个属性后的产物，其中销售对象从属于客服品牌。产品是向客户最终交付的具体实例”。

3. 其他组织对电信产品的定义

电信管理论坛在 eTOM 框架中对电信产品给出了粗略的说明，在这个说明中“产品是一个实体（供应商）所供应或向另一个实体（客户）提供的东西。产品可以包括服务，加工的材料，软件或硬件或上述的任意组合。一项产品可能是有形的（如货物）或无形的（如概念）或两者的结合。然而，产品总是包含服务成分”。

一些与电信行业密切相关的 IT 服务公司也提出了自己对电信产品的理解，东软公司就认为产品是任何可销售的事物，包括实物、服务、人、组织、观念。产品既可以是一种有形的东西，也可以是客户付费得到的服务。

从以上对电信产品的理解可以看出，在理论研究方面，电信产品的概念还没有形成统一的认识，所做研究多为系统建设服务，所下的定义多基于经验和现状，虽然具有一定的合理性，但是缺乏系统的理论论证和支撑；而在实际应用方面，电信行业内对电信产品的理解也还缺乏统一的视图，并且其应用的出发点也是为信息系统建设服务，因此，其对电信产品概念的理解必然结合了许多自身的实际情况，这必然导致概念本身缺乏普适性。

二、本书给出的定义

本书认为，电信产品是以电信业务为基础的，借助电信业务提供给客户的信息产品和电信服务的混合体，能够满足消费者的共享和（或）体验需求。

如果以公式来表示，其可以表述为：

$$P=aI+S \quad (a=0,1) \tag{8-1}$$

其中，P 代表电信产品，I 代表信息产品，S 代表电信服务，a 作为一个系数用来区别信息产品的价值在电信产品中的组成；当 $a=0$ 时，意味着这个电信产品中的内容元素来自产业链外；当 $a=1$ 时，意味着电信产品中的内容元素由产业链内的成员提供。

对于内容元素这类产品，可以用一个专门的名词代表它们——信息产品。关于信息产品，国内外学者有很多不同的理解，目前还没有一个统一的结论。最早研究信息产品的学者哈尔·瓦里安（Hal R. Varian）将信息产品定义为任何能被数字化的东西（“I take this to be anything that can be digitized”）。其后的其他学者或是沿用了哈尔·瓦里安的定义，或是在其基础上提出了自己的观点。其中，比较有代表性的观点包括谢冰的从广义的角度对信息产品的定义，他认为“信息产品是劳动者对无形的科技成果或知识通过一定的技术手段进行加工处理后的最终产物。信息产品分为两类：第一类信息产品能独立于原物质载体而独立转移，信息产品可以交换，而其原来的物质载体不须随其移动；第二类信息商品与物质载体融为一体，必须随其原有的物质载体转移。例如，一幅名画、一件雕塑等都属于第二类信息商品。”而葛禄清则从狭义的角度对哈尔·瓦里安的定义进行了扩展，他认为“信息产品是指在网络经济中交易的可以被数字化，即编码成一段字节，并且可以通过网络来传播的事物。信息产品是经过物化的，仍旧向人们提供信息使用价值的信息物化物，因此，信息产品指的是信息内容本身，而不是指承载信息的物质载体”。

从上面的分析可以看出，电信产品是内容元素与电信服务的混合体，当 $a=1$ 时，电信产品既包括内容元素又包含电信服务；当 $a=0$ 时，电信产品退化为电信服务。另外，从式(8-1)还可以看出，电信服务是电信产品中的必选项，这也反映了电信业务是电信产品的基础这一事实。

产品是面向客户销售的，即通过市场销售渠道提供给客户，从客户角度来分，产品可分为个人客户产品和集团客户产品两类。从产品提供方来分，产品可分为电信运营企业自有产品和合作伙伴产品。

电信产品是以市场为核心，满足客户需求的业务包装，包括业务功能和相关服务的包装。电信产品是面向客户的概念，它面向特定的目标客户群。完整的电信产品概念应该包括资费、品牌、渠道以及服务等营销元素。

菲利普·科特勒在其著作《营销管理》中对产品的概念进行了定义，他认为“凡是提供给市场的、能满足消费者或客户某种需求或欲望的任何有形物品和无形服务均为产品（product）”。参考科特勒的产品整体概念，我们可以对电信产品进行类似的划分：电信产品概念由三个层次构成，即核心产品、形式产品和附加产品，如图 8-1 所示。

1. 核心产品

核心产品是电信产品概念中最基本的层次，它是指客户购买某种电信产品时所追求的基本效用或核心利益，是客户真正要购买的中心内容和实质所在。客户购买某种电信产品，并不是仅仅为了占有或获得产品本身，更是为了获得能满足某种需要的效用或利益。例如客户购买手机，并不是仅仅为了买到手机本身这个有形实体，而是为了买到其能实现信息传递的功效或利益。所以，电信企业在形式上出售的是产品，但在本质上出售的是客户需要的核心利益或服务。

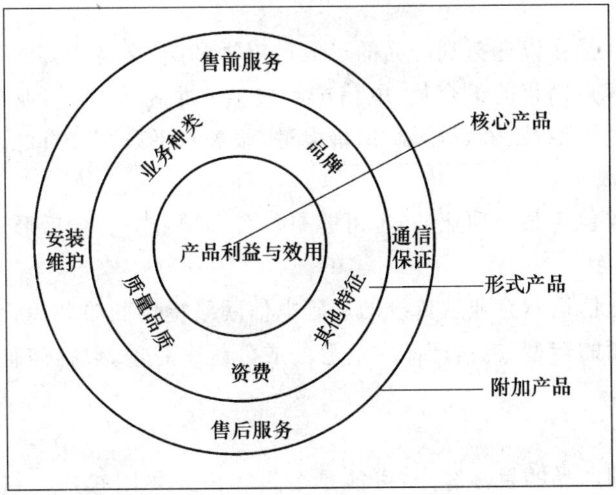

图 8-1　电信产品构成的三个层次

2. 形式产品

形式产品，即产品的形式，比产品的实质具有更广泛的内容。它是电信核心产品的载体和表现形式，主要通过电信产品的特色和通信质量来反映，包括产品的业务种类、品牌、资费、质量品质、特征等。例如，电信产品的业务种类有语音通话业务、短信业务、数据通信业务等；电信产品所属的客户品牌有世界风、如意通、新势力、新时空等。电信形式产品向人们展示的是核心产品的外部特征，它能满足同类客户的不同要求。因此，电信运营企业应着眼于电信客户购买的产品的核心利益，去寻求利益得以实现的形式，进行产品设计。

3. 附加产品

附加产品是客户购买电信产品时所能得到的附加服务与利益的总和。它是企业另外附加到产品上去的、客户购买产品时所获得的全部附加服务和利益，体现了电信产品的服务性，包括产品的售前、售中、售后各种技术性、商业性服务项目。如提供咨询、培训、安装与维护、上门服务等。附加产品的概念来源于电信企业对市场的深入认识，因为购买者的目的是满足某种通信需求，因而他们希望得到与满足该项通信需求有关的一切利益。

从产品三层模型的角度来看，电信产品的核心产品层是信息产品的效用和(或)电信服务，其中电信服务是必选的；电信产品的形式产品层主要由信息产品和电信业务构成；电信产品的附加产品层则包括售后服务(如中国移动的 10086)等。

三、产品的属性

产品的属性是在以业务到产品的形成过程为基础，在各个环节中提炼出来的。作为直接面向客户销售的组合物，电信产品包括八个基本属性：业务组成、内容应用、销售对象、销售地域、资费计划、销售渠道、服务水平及配套资源。

1. 业务组成

产品可能仅包含某一项业务，也可能是包含多项业务打包后形成的业务组合。

2. 内容应用

随着现在电信运营企业从传统的基础电信网络提供商向现代化的综合通信和信息服务提供商的转型，电信产品中信息的成分越来越重，包括信息内容和处理信息的应用等。

3. 销售对象

销售对象即产品的目标客户，可能是个人客户或集团客户。一个有效的电信产品，往往会对产品的销售对象进行进一步细分，进行有针对性的销售。如前所述，客户品牌反映产品的目标客户定位。因此，电信产品一般仅针对某一客户品牌下的客户进行销售，即其销售对象一般为某一个客户品牌下的所有客户或者更小的细分客户群。

4. 销售地域

销售地域即产品销售的地理范围，可能是全国、省内、地市、县区等。

5. 资费计划

资费计划由资费政策和结算原则两部分构成，其中资费政策是客户为获得某个产品需实际交纳的费用的计算方式，结算政策是公司内部各专业或各分公司之间针对该产品适用的结算规则。资费政策包括资费套餐和促销活动两个部分，其中促销活动不是每一个产品的资费政策必须包含的。

6. 销售渠道

销售渠道是指产品在销售过程中，所借助的渠道通路、配套的渠道政策等内容。

7. 服务水平

服务水平是指客户在购买产品后，可以获得的相应服务内容和标准，具体包括如下几点。

(1) 信用度：客户购买产品后，即享受初始信用度。该信用度将根据客户的在网时间、消费水平、缴费情况、客户资料情况等逐步调整。

(2) 付费形式：即客户所购买的产品所要求的付费形式，如后付费、预付费等。

(3) 服务级别：即客户购买产品后，所享受的初始客户服务级别，对应于分级服务的五个级别。该服务级别通常由信用度、付费形式和客户资料完整度等因素决定，并可逐步调整。

(4) 积分：用以标示客户购买的产品是否参与积分，是否有购买的初始积分或促销奖励积分，以及该产品具体的积分规则。

(5) 质量标准：即客户与电信运营企业达成的关于购买和使用产品应享有的服务质量标准，如专线客户的网络中断时长不得超过协议规定时限。

8. 配套资源

配套资源是指客户在购买产品时，在号码、智能卡、电信卡和手机终端方面的资源配合情况。

四、产品与其他实体间的关系

为了实现产品的客户化定制，需要对产品客户化涉及的实体间关系进行分析，首先要介绍两个在产品客户化过程中所要涉及的实体，即品牌和套餐，下面以中国联通公司为例进行说明。

1. 产品与品牌

品牌主要有如下四类。

(1) 公司品牌

公司整体的标示，以中国联通为例，“中国联通”即是其公司品牌。在这个母品牌下，所有的客户品牌及业务品牌均属于子品牌。

(2) 客户品牌

中国联通公司将移动业务的所有客户分别归入客户品牌之下，其中“新时空”为集团客户品牌，“世界风”、“新势力”、“如意通”为个人客户品牌。

通常产品仅针对某一个客户品牌下的客户去销售，即仅属于某一个客户品牌，应在产品的销售对象属性中予以明确。

(3) 业务品牌

业务品牌是某项业务的品牌名称，业务品牌可以作为该业务的别称，某些情况下也可以直接作为业务名称，例如：“网中网”是 VPN 业务的别称，“彩 E”就直接是一个业务名称。但不是每一项业务都有自己的品牌名称。业务品牌应为塑造电信运营企业的母品牌而服务，应服从于公司整体的品牌战略规划。

其中，业务门户品牌是将业务门户具有的核心功能或者特点作为品牌。例如中国联通的联通无限增值业务门户品牌、联通商务品牌。

(4) 技术品牌

将支持电信业务的技术作为品牌。以中国联通为例，如 CDMA、DDN 等就是支持中国联通电信业务的技术品牌。

市场推广的是品牌，客户订购的是产品。客户通过品牌来认知产品，客户通过对产品的使用来享受电信运营企业提供的业务与服务，一个客户品牌包含一个或多个产品。

2. 产品与套餐

目前各电信运营企业在推广产品时，普遍采用套餐的形式，这实际上是电信运营企业在深层次地利用价格策略。目前基本上有两种类型的套餐："资费套餐"和"业务套餐"，这两种套餐形式实际上都是产品的表现形式。

资费套餐通常为相对稳定的、长期的，可以适用于产品的整个生命周期。资费套餐可能是产品中的业务标准资费，也可能是产品中的多个业务的组合资费。

资费套餐与产品间具有对应关系，客户通过对产品的定制而产生了个性化的资费套餐。客户可选择一个或多个资费套餐，所以，一个客户可拥有多个资费套餐。由于时间、地域等环境的变化，一个产品可在不同条件下对应多个不同的资费套餐。

"资费套餐"是针对单一的电信业务，依客户消费量的不同而设定不同的价格，并有可能同时免费赠送与该业务相关的附加功能。例如，北京联通 CDMA 1X 掌中宽带就有四挡资费套餐。"资费套餐"是在单纯的低价策略基础上的一种提升，它将市场细分策略与低价策略有机结合，在一定程度上克服了单纯低价竞争的缺陷。但是也应该注意到，资费套餐下的"市场细分"，主要是以客户对某种业务的使用量作为划分的依据，仍未清晰地界定出客户的消费特征，并没有从根本上脱离"价格竞争"这一单一手段的窠臼。

"业务套餐"是在"资费套餐"基础上对经营策略的一次提升。它要求更为全面和深入的市场细分，以实现向不同的客户群提供适合其需要的不同种类的电信业务的组合，我们可以把"资费套餐"看作"业务套餐"的一个特例，即单一种类业务的区别定价。"业务套餐"的范围可以是不同电信业务的组合，也可以是电信业务与终端的组合，如中国联通推出的 CDMA 业务与手机的组合(捆绑)销售。

无论是"资费套餐"还是"业务套餐"，都只是强调业务和资费计划，如果再加上相应的销售对象、销售地域、服务水平、销售渠道、配套资源等属性，即可构成一个完整的电信产品。

思考题

1. 对电信业务有哪些定义方式？如何理解电信业务概念？
2. 电信产品如何定义？如何理解业务与产品的区别与联系？
3. 谈谈你对电信业务、产品和电信品牌、套餐间关系的理解。

第九章　产品目录管理

目前，国内电信市场竞争日趋激烈，各大电信运营企业都面临着转型的压力，加强对业务和产品的管理已经成为电信运营企业转型的重心，但是电信运营企业现阶段对业务和产品的基础管理工作还相当薄弱。这主要体现在：公司内部业务和产品结构定义描述尚未形成统一“标准”。同一业务或产品在不同系统中（如IT、计费、财务、市场、客服中心等）存在不同的产品结构描述、不同的产品目录，存在大量的信息孤岛，公司各部门的产品管理难以形成统一语言。另外，分公司的产品结构和目录、计费系统、账务系统等有各自的数据系统，没有形成统一的标准，这给全国统一推广业务、塑造统一品牌、竞争和维护全国性大客户带来了一定的困难和障碍。这些问题的存在客观上需要各大电信运营企业加强对业务和产品目录的管理。

目录管理顾名思义是对目录进行的管理，它主要要包括两个方面的内容：首先，建立、管理公司的资源、业务、产品目录；其次，对目录的使用和进入，数据库中数据的质量进行监控和报告。目录中应包含所有业务和产品的信息以及业务产品与资源、服务以及其他元素之间的关系。

目录管理的基本要求包括：

- 确定、建立和保持目录数据库的访问便利性；
- 确保目录数据库能通过自动或者人工的方式，准确地获取和记录所有资源、服务、产品定义的细节信息；
- 跟踪和监管目录数据库的使用和访问，以及相关成本，并且能提供上述信息的报告。

做好业务和产品的目录管理，有利于克服各部门之间的信息孤岛，有益于公司对业务和产品的运营管理，有利于企业总公司和分公司之间的协作，对于电信运营企业来说，业务和产品的目录管理是实现业务与产品管理核心能力的基础，意义重大。

第一节　业务目录管理

一、业务目录管理的定义

业务目录管理的基本内容是建立、管理公司的业务目录，这些业务目录是保存在业务目录数据库中的。其他的功能还包括对业务目录的使用和进入，对数据库中数据的质量进行监管和报告。业务目录中包含了所有业务提供的记录以及其他关于业务提供的相关信息。

正如开篇前言所论述的，做好业务目录管理对电信运营企业的发展有很大的意义。那么怎么才能做好目录管理呢？作为业务目录管理的基础，对现有业务做好业务分类是必不可少的。

二、业务分类标准

业务分类是对各项业务通过不同分类原则进行分类，以便对现有的业务种类和概况有一个较清晰的认识。清晰明了的业务分类可以促进公司管理效率的提高。分类标准不同，同一种业务的分类结果也不一样。目前主要的分类标准有：以业务属性作为分类标准、以业务所属区域标识作为分类标准、以所属客户标识作为分类标准等三种分类标准。根据分类标准给出不同的分类目录，同级目录分类标准必须统一，这样才会避免不同级业务之间的混淆，关于电信的业务分类标准，信息产业部出台了以下的《电信业务分类目录》。

电信业务分成基础电信业务和增值电信业务。

基础电信业务分为第一类基础电信业务和第二类基础电信业务。

第一类基础电信业务又分为固定通信业务、蜂窝移动通信业务、第一类卫星通信业务和第一类数据通信业务。

第二类基础电信业务分为集群通信业务、无线寻呼业务、第二类卫星通信业务、第二类数据通信业务、网络接入业务、国内通信设施服务业务和网络托管业务。

固定通信业务特指固定电话网通信业务和国际通信设施服务业务，具体包括：固网本地电话业务、固网国内长途电话业务、固网国际长途电话业务、IP 电话业务、国际通信设施服务业务。

蜂窝移动通信业务指经过由基站子系统和移动交换子系统等设备组成蜂窝移动通信网提供的话音、数据、视频图像等业务，包括：900/1 800 MHz GSM 第二代数字蜂窝移动通信业务、800 MHz CDMA 第二代数字蜂窝移动通信业务、第三代数字蜂窝移动通信业务。

数据通信业务是通过因特网、帧中继、ATM、X. 25 分组交换网、DDN 等网络提供的各类数据传送业务。

第一类数据通信业务包括：因特网数据传送业务、国际数据通信业务、公众电报和客户电报业务。

第二类数据通信业务包括：固定网国内数据传送业务、无线数据传送业务。网络接入业务属于第二类基础电信业务。它是指以有线或无线方式提供的、与网络业务节点接口(SNI)或客户网络接口(UNI)相连接的接入业务。网络接入业务在此特指无线接入业务、客户驻地网业务。

无线接入业务是以无线方式提供的网络接入业务,在此特指为终端客户提供面向固定网络(包括固定电话网和因特网)的无线接入方式。无线接入的网络位置为固定网业务节点接口(SNI)到客户网络接口(UNI)之间部分,传输媒质全部或部分采用空中传播的无线方式,客户终端不含移动性或只含有限的移动性。

客户驻地网业务是指以有线或无线方式,利用与公众网相连的客户驻地网(CPN)相关网络设施提供的网络接入业务。

从分类学的角度看,信息产业部对电信业务的分类是比较科学的,电信运营企业也基本是按照信产部业务分类方式进行组网、按业务分类进行经营,分为经营固定通信业务的固网运营商和经营蜂窝移动通信业务的移动运营商,但由于各自所持的牌照不同,对业务的分类也不尽相同。

资料:国内四大电信运营企业现阶段的业务分类标准(见表9-1至表9-4)

表9-1 中国移动业务分类

分类		业务
通信类	基本通信	本地通话、国内长途、国内漫游、国内短信、来电显示等
	个性通信	彩铃、国内彩信、来电提醒、语音信箱、呼叫等待、呼叫转移、呼叫限制、亲情号码、主被叫付费、IP直通车、菜单更新等
	国际通信	国际长途、国际短信、国际彩信、国际漫游
	互联网通信	MO手机上网、17201上网、随e行、手机邮箱
应用类	应用	移动秘书、语音杂志、生活百事通、易登机、高尔夫俱乐部等

表9-2 中国电信的业务分类

分类		业务
固定电话业务	本地电话业务	普通电话、市内客户中继线、一线通业务等
	长途电话业务	长途直拨电话、人工长途电话、国际及港澳台来向业务及108业务等
	电话卡和公用电话业务	电话卡业务、公用电话业务等
	电话增值业务	800被叫集中付费业务、一码通业务、大众呼叫业务等
带宽型业务	基础数据业务	DDN业务、帧中继业务、ATM业务、分组交换业务等
	带宽租用业务	音频电路出租、数字电路出租、卫星电路出租
互联网业务	互联网接入业务	窄带接入业务、专线接入业务、宽带接入业务等
	互联网平台及应用业务	互联网数据中心业务、电子商务证书业务、互联星空业务,电子邮箱业务等

续表

分类		业务
网络元素出租业务	管道出租	
	波长出租	
	通信光纤出租	
	设备出租	
互联互通业务	电话网网间互联业务	本地电话互联业务、国内长途互联业务等
	互联网网间互联业务	互联网本地接入互联业务，互联网骨干互联业务等
视频业务	电视电话会议	
	新视通业务	
	视频业务	
电报及传真业务	电报业务	公用电报、客户电报等
	传真业务	
其他业务	无线业务	无线接入、海事卫星电话业务
	黄页信息业务	纸质类、网络类黄页业务等
	代维代营业务	代维业务、代营业务
	集成及解决方案业务	系统集成、外包业务等

表 9-3　中国联通的业务分类

分类		业务
移动业务	基本业务	基本语音业务、补充业务、点对点短信、智能网 VPN、小区通话、双模业务、一卡多号业务、亲友号码、企业总机
	增值业务	国内短信、国际短信、炫铃业务、丽音业务、互动视界、定位之星、彩 e、神奇宝典、掌中宽带、流媒体业务
数据固定互联网业务	语音业务	卡类业务、注册业务、IP 超市业务、语音专线、市话
	数据业务	出租带宽、互联网业务、视讯业务
	国际业务	国际去话、国际来话、国际租线落地
服务业务	查询类业务	当前话费查询、话费余额查询、业务定制查询、预存款消费查询
	缴费类业务	缴费提醒、营业缴费、充值卡缴费
	受理类业务	本地业务受理
合作伙伴业务	秘书类业务	留言服务、漏接来电提示、改号通知、漫游问候短信、助理服务
	电信运营企业业务	400 业务
	组织机构业务	

表 9-4 中国网通的业务分类

分类		业务
语音服务	主体服务	固定电话服务、智能网服务、IP 电话、长途电话服务等
	承载业务	短消息等
数据服务		宽带接入服务、窄带拨号接入服务、增值服务等
专网服务		话音专网和数据专网等

三、业务目录的管理维护

业务目录管理是对电信运营企业所能提供的业务信息的维护，包括业务信息的创建、变更、检索，以及各种业务之间的依赖或互斥关系的维护。

(1) 对业务的变更必须反映到使用该业务的产品中，业务间的依赖或互斥关系会影响到相关产品之间的关系。

(2) 业务信息可能包括业务编码、业务类型、业务级别、业务名称、资源类型、业务状态、业务有效期等。

(3) 业务规则可能包括业务名称、业务规则类型、业务规则内容等。

(4) 需要进行新业务开发的，在业务获得审批后，会将该业务归入对应的类别，如果没有对应的类别，则单列一个业务子类。

(5) 业务目录为多级结构，其中第一级业务类型分为移动业务、数据固定业务、服务类业务、合作伙伴业务。

业务目录的管理维护包括业务信息的创建、变更、检索，以及各种业务之间的依赖或互斥关系的维护。业务间的依赖或互斥关系会影响到相关产品之间的关系。业务信息可能包括业务编码、业务类型、业务级别、业务名称、资源类型、业务状态、业务有效期等。

第二节 产品目录管理

一、产品目录管理的定义

产品目录是集中存储和管理所有产品数据，为内部管理人员、合作伙伴和营销服务渠道提供一个一致的、集成的、基于角色的动态产品视图。它应该支撑产品的灵活分类、结构化展示、搜索以及相互比较，并且与运营商的产品研发、经营分析、客户服务、计费营账之间有关联接口。为了加强公司的产品运营，就需要对产品目录进行有效的管理。

产品目录管理的基本内容包括建立、管理和维护公司的产品目录。其他的功能还包括对产品目录的使用和进入，数据库中数据的质量进行监管和报告。

产品目录管理的目的包括上述两个方面：首先，建立，管理公司的产品目录；其次，对产品目录的使用和进入，数据库中数据的质量进行监管和报告。产品目录中包含了所有产品的信息和产品与相应产品、业务、资源之间的关系。

产品目录管理包括产品规格管理和产品管理两部分，其中产品规格管理定义了产品的基本属性信息，包括规格定义、规格成本、规格版本、产品服务规格信息、产品资源规格信息等；产品管理定义了产品本身的相关信息，产品信息中用到了产品规格定义的内容，包括产品目录定义、产品业务约束、产品定价、产品回馈、产品协议等。

与业务目录管理不同，产品目录在分类方式和分类标准上有自己的特点。

二、产品目录的分类标准

产品目录按照产品分类标准进行管理，并遵循相关分类原则。产品分类标准的建立是以后进行产品目录管理的基础，产品的分类标准包括分类方式和分类原则两个部分。

产品的分类方式一般包括以下几种。

对象类型：主要根据客户对象的不同进行划分，例如集团客户产品、个人客户产品。

适用品牌：基于电信运营企业各自开发的市场品牌进行划分，例如中国移动的全球通、动感地带、神州行、移动梦网，中国联通的世界风、新时空、UP 新势力、如意通等。

产品归属：基于产品的开发单位进行有效的划分，可分为自有产品和合作伙伴产品。

业务类型：根据业务的功能进行划分，可划分为语音、数据、内容等。

产品的分类原则是对各类产品通过不同的分类原则进行分类，以便对现有的产品种类和概况有一个较清晰的认识，方便对产品的运营管理。产品的分类原则是基于不同的属性建立的。

案例：中国联通产品分类

通过设置某些分类标准，在一定的分类原则下，从不同维度展现现有产品的全貌。下面是通过产品管理的层次、按市场细分的产品针对客户群和支撑产品的网络三个维度对中国联通现有的产品进行的初步分类。

(1) 按照产品管理的不同层次划分

① 总部产品

② 省份产品

总部产品是基础的产品,各省份可以根据自己的具体情况,在总部产品的基础上进行调整,形成自己的省份产品。总部产品包括集团产品和个人产品。

(2) 按照市场细分的客户群划分

① 普通大众产品

② 中高端客户和行业客户的产品

③ 针对高端成功人士的产品

④ 针对青年人的产品

(3) 按照支撑产品的网络划分

① G 网产品

② C 网产品

③ 固网产品

④ 3G 产品

案例:中国移动产品分类

产品分类的目的是通过设置分类维度,在一定的分类原则下,从不同维度展现现有产品的全貌。分类维度可定义和组合,结合中国移动实际,分类维度应包括包括产品管理级别、目标客户、客户需求、业务形式、市场生命周期、产品阶段、产品价值和合作模式等。

下面就通过以上八种产品的分类维度,将中国移动现有产品进行初步分类。

(1) 根据产品管理的级别分类

- 一类产品:全网规划、统一运营
- 二类产品:全网规划、分省运营
- 三类产品:分省规划、分省运营

(2) 根据产品针对的目标客户类型分类

- 个人客户(全球通、动感地带、神州行)
- 家庭客户
- 集团客户

(3) 根据产品面向的客户需求分类

- 客户界面类
- 基础通信及扩展类
- 生活娱乐商务类

- 集团标准产品

(4) 根据产品的业务形式分类

- 话音类产品
- 数据类产品
- 综合类产品

(5) 根据产品所处的市场生命周期分类

- 投入期
- 成长期
- 成熟期
- 衰退期

(6) 根据产品所处的阶段分类

- 需求规划
- 开发实施
- 测试/试点
- 商用

(7) 根据产品所具有的价值分类

- 收入型
- 黏性型
- 造势型
- 培育型
- 利基型

(8) 根据不同合作模式分类

- 自有产品
- 合作产品

三、产品目录的维护与升级

由于电信产品数量过多,电信运营企业目前拥有成千上万种产品,而这些产品的市场更新速度又很快,这就需要加强对产品目录进行管理维护。

产品目录的维护包括对目录结构的定义和目录内产品信息的维护。产品目录的结构可能随产品发展而进行扩展或变更。产品目录中的产品变更需要记录详细日志,并可能需要与合作伙伴产品目录进行数据交换。此外,与产品相关的服务和资源目录信息发生变化时,也要调整相应的产品目录信息。

在产品没有发生重大变化，可以通过对现有产品版本升级的方式予以区别。

(1) 可选业务中增加了某个已开放的业务。

(2) 省级或省级以下产品的销售地域变化。

(3) 产品的资费套餐不变，结算政策不变，仅仅是产品实施了某项短期的促销活动；例如阶段性促销（例如：指定日期内的充值赠话费活动）、指定客户群促销（例如：如意通客户春节期间可享受 IP 长途三折优惠）等形式。

(4) 产品的销售渠道、服务水平、配套资源属性资费计划属性发生变化，且认为仅须产品版本升级即可解决。

第三节　业务和产品目录管理的信息化

电信运营企业目前的目录管理虽然在一定程度上解决了一些问题，但从长远来看还有很多不完善的地方，主要有以下几个方面的问题。

(1) 产品的制订缺少依据，缺乏统一的品牌规划，目前还未形成统一的品牌体系，还是以产品名称、套餐名称等进行推广和营销。

(2) 在产品发展阶段没有充分考虑资源协调、能力优化，导致支撑不足，解决方案成本过高。没有产品退出市场的环境和机制，产品体系混乱冗大，对支撑系统和业务人员造成额外压力。

(3) 缺乏对产品的绩效评估。

(4) IT 支撑不足，从市场提出需求，到 IT 实现支撑，到最终推出产品，整个响应期太长，难以把握稍纵即逝的市场机遇。

随着电信行业竞争的加剧，面对当前客户的需求多样化、个性化特征，制订一个完善的目录管理体系是至关重要的，也是必需的，一个灵活的可以由客户自己订制的产品管理系统势在必行。

众所周知，电信业务组成了一个复杂的电信产品体系，电信企业需要借助高效的信息化系统来加强对业务和产品的运营，以便实现企业的经营目标。目录信息管理系统是企业管理信息化的一部分，本质上是一种数据库技术。我们认为该系统应具有以下三大特点。

- 协同性：能够连通相关的异构 IT 系统，实现数据流通和信息共享。
- 挖掘性：面对大量的产品信息，借助信息技术来支撑管理和决策，企业能够挖掘出有价值的信息，来提高企业的核心竞争力。
- 扩展性：系统要为将来可能出现的新问题、新需求提供可扩展的空间，并积极寻求与其他系统的融合和集成。

目录管理系统对管理的支持包括提供对所有业务和产品进行管理的功能以及相关的数据支持。对业务和产品的管理涵盖产品的整个生命周期，包括发布、监控、修改、撤销。这部分的功能包括对产品和业务性质的定义、对产品规划流程的支持、对产品目录的管理、提供所需产品信息，并对产品绩效、使用情况及出现的问题进行监控。

目录管理系统作为整个产品管理系统的一部分，需要定义完善的结构，在产品生命周期管理中会多次用到，最终在订单管理系统中供客户选择，记录到客户资料中。

建立一个高效的目录管理系统，可以在很大程度上整合电信运营企业的可用资源和服务，保证电信运营企业具有连续推出新产品、抢占市场的能力。在业务和产品管理过程中，可以利用经营分析系统为产品策划、产品追踪以及产品评估提供信息支持，以调整产品结构和产品定位，提供更具竞争力和满足市场细分需要的产品。

案例：英国电信产品目录系统建设

1. 背景介绍

英国电信集团公司（以下简称BT）是英国最大的电话公司，也是世界顶尖的电信运营企业。英国电信集团公司主要由五个部门组成：BT Retail，BT Wholesale，BT Ignite，BT OpenWorld，BT eXact。公司的主要业务包括英国本土长途业务以及国际电信服务、移动通信、互联网服务及信息科技方案。

2. 面临的挑战

BT Retail公司原先拥有一个产品目录系统，来对公司所有的电信产品（尤其是价格）进行管理，系统是用Interleaf LISP实现的。但随着电信市场竞争日益激烈，英国电信越来越发现该系统无法满足现有的需求，其主要表现在以下几方面。

（1）运行和维护成本昂贵。BT Retail的3 000余种产品编码和15 000种以上的价格信息都存放在Interleaf文档中，由Interleaf小组专门维护。任何产品和价格变动，Interleaf小组根据产品经理提供的Word或PDF进行人工调整，工作量非常大。

（2）单一的信息输出。BT需要定期向欧洲电信管理委员会上报产品目录，同时也需要及时向代理商发送最新的产品目录。由于Interleaf产品目录系统只能输出印刷格式，装订成产品目录手册后向外发布，但因为产品和价格经常变动，这使得信息对外发布非常不灵活，而且成本很高。

（3）系统封闭，信息无法共享。BT Retail还需要向集团内的其他公司（如BT Ignite）提供产品目录，这些公司都存在着各种系统，如Siebel、Interwoven、Weblogic等。由于Interleaf采用了自己的数据格式，根本无法与其他部门进行信息共享。

3. 解决方案

最初，BT试图将产品目录移植到Oracle系统中，但由于Interleaf文档中包含了大量非结构化信息，同时还包含了一些商业处理逻辑，很难将这些数据完整地移植到Oracle中。最后，他们选择了Ipedo 3产品目录解决方案，来建设新的产品目录系统。

4. 方案设计

(1) 对于原先存放在 Interleaf 文档中的产品的价格信息,采用 XML 来表示,这样很好地保留了产品的目录层次。

(2) 产品和价格 XML 数据存放在 Ipedo XML 数据库,这样可以满足频繁的产品和价格更新需要。利用数据库强大的检索能力,为客户提供产品信息的在线查找。

(3) 对于产品经理提交的产品和价格更新文档(如 Word,PDF 等),利用 Ipedo Integration Manager 自动转化为 XML,并保存到 XML 数据库中。

(4) 利用 Ipedo Web Express 将这些信息灵活地发布成各种信息,如 HTML、PDF 或面向消费的限定文本,上报给欧洲电信管理委员会或发放给代理商。

(5) 利用 Ipedo 3 的 Web Service 接口,向 Siebel、BT. com 网站、Interwoven 等系统开放产品目录,实现信息的共享。

5. 方案特点

(1) 实现从原产品目录系统到新产品目录系统的数据平滑移植;

(2) 根据不同客户的需求,灵活地将产品信息发布成各种格式;

(3) 实现与其他系统(如 Siebel、Interwoven)安全、可靠的信息共享;

(4) 利用 XML 数据库提供高效的产品信息检索,以及稳定可靠的保障;

(5) 采用标准的 XML 和 Web Service,确保系统的开放性和可扩展性。

6. 总结

借助 Ipedo 领先的技术、可靠的产品和完善的服务,BT 一期项目于 2002 年底成功实施,系统运行一直畅通。系统的成功实施,大大减少了手工操作工作量,加强了信息沟通,有效地提高了办公效率,得到了客户的高度评价。目前,BT 正在计划在现有成功的基础上作进一步的应用,以进一步提升整个系统的价值。

思考题

1. 什么是业务目录?什么是产品目录?试描述它们在产品管理中的作用。

2. 产品的分类方式有哪些?从生活中的实例说明不同分类方式下的电信产品。

3. 论述产品目录管理信息系统建设的必要性。

第十章 电信产品全生命周期管理

产品生命周期的概念最早是由 Dean 和 Levirt 在经济管理领域提出的，提出的目的是研究产品的市场战略。当时，对产品生命周期的划分也是按照产品在市场中的演化过程，分为投入、成长、成熟和衰退阶段。经过 50 多年的发展，产品生命周期的概念和内涵也在不断发展变化。其中，最大一次变化发生在 20 世纪 80 年代。并行工程的提出，首次将产品生命周期的概念从经济管理领域扩展到了工程领域，将产品生命周期的范围从市场阶段扩展到了研制阶段，真正提出了覆盖从产品需求分析、概念设计、详细设计、制造、销售、售后服务，直到产品报废回收全过程的产品生命周期的概念，即产品全生命周期。

第一节 产品生命周期理论

任何产品在市场上都不可能是经久不衰的，它在市场上的销售情况及获利能力会随着时间的推移变化。这种变化的规律正像人和其他生物的生命一样，从诞生、成长、成熟，到最终走向衰亡。市场营销学把产品从进入市场到最后被市场淘汰的全过程，称为产品生命周期，也叫作产品市场生命周期。产品的生命周期指的是产品的市场寿命，是产品在市场上存在的时间，其长度受顾客需求变化、产品更新换代的速度等因素的影响，而不是产品使用寿命。产品使用寿命是指产品从投入使用到损坏报废所经历的时间，受产品的自然属性和使用频率等因素的影响。

一、产品生命周期特点

产品生命周期具有以下一些特点。

(1) 产品生命周期不同于产品的使用寿命、经济寿命、技术寿命和折旧寿命。

产品使用寿命是产品从投入使用到报废为止所延续的时间，使用寿命一般指物质形态的变化，是具体的、有形的、自然的变化，而产品生命周期是市场形态的变化，是抽象的、宏观的、社会的。产品经济寿命是使用该种产品给客户能带来经济效益的延续时间。产品技术寿命是从技术进步角度考察产品生命期，是指新产品从投入使用一直到由于技术进步而淘汰所延续的时间。例如，电子计算机已由电子管、晶体管、集成电路，向大规模集成电路、智能型发展，电子管、晶体管计算机已停止了生产。产品折旧寿命是按国家有关部门规定或企业自定的折旧率，把设备(产品)投资扣除残值后的余额，折旧到接近于零所经历的时间。产品的使用寿命、经济寿命、折旧寿命和技术寿命都与产品生命周期密切相关，前三种寿命的长短关系到产品购买数量、产品声誉，从而影响产品生命周期的长短，技术寿命的长短是产品生命周期长短的决定性因素，一旦某种产品在技术上被淘汰，则它也将退出市场，它的产品生命周期也将终结。

（2）产品生命周期主要是指产品种类和产品品种的生命周期。

产品种类是一种抽象、综合的概念，它的生命周期比产品品种的生命周期长。产品种类的销售增长平常表现为典型的生命周期过程，而产品（如上海大白兔奶糖）或产品品种的某些型号受企业所采取的竞争策略的影响，其销售额呈不规则的变化。

（3）产品生命周期是以国家或地区来划分的，同一产品在不同国家或地区所处的产品生命周期的阶段可能不同。比如，黑白电视机在我国经济发达的城市已处于衰退期，但在经济不发达的农村却处于成长期或成熟期。

（4）产品生命周期曲线是一条经验曲线，是人们在实践中总结各种不同产品在市场上的活动规律后概括出来的，具有典型性。

产品只有经过研究开发、试销，然后进入市场，它的市场生命周期才算开始，产品退出市场，标志着生命周期的结束。产品的市场生命周期一般可分为四个阶段：引入期、成长期、成熟期、衰退期。

在整个生命周期里，销售额和利润额的变化为类似S型的曲线，如图10-1所示（图中销售量指的是销售的数额或者金额）。

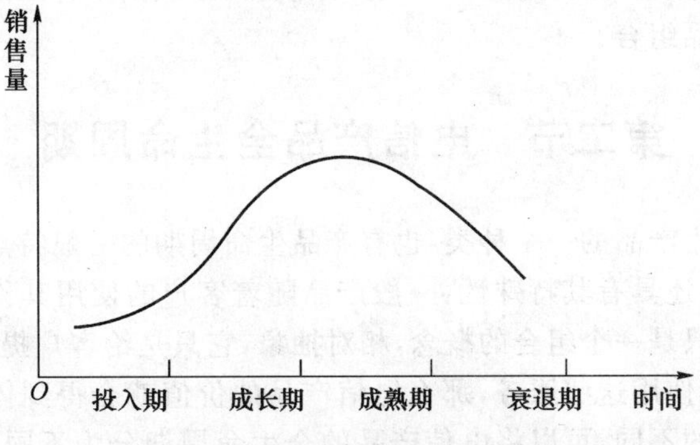

图10-1 产品生命周期曲线图

产品生命周期各阶段的划分是相对的，一般说来，各阶段的分界是以产品销售额和利润额的变化为根据的。在投入期，产品销售额和利润额增长缓慢，利润为负数；当销售额迅速增长，利润由负变成正并且快速上升时，进入成长期；当销售额增长放慢，利润增长停滞时，则进入了成熟期；当销售额快速递减，利润也较快的下降的时候，说明产品进入衰退期。

二、产品生命周期理论的意义

研究产品生命周期理论是非常有意义的。

(1) 产品生命周期理论为企业制订灵活的经营策略提供了理论依据。产品生命周期理论告诉我们,产品在市场上的活动过程可以分为四个阶段,各阶段的特点有很大的不同,企业要针对各阶段的特色来制订相应的经营策略,才能提高企业的经济效益。

(2) 产品生命周期理论为开发新产品及新产品投入市场的时机提供了理论依据。由于科学技术的进步,产品生命周期普遍呈缩短的趋势。第二次世界大战之前,工业产品的生命周期是30年左右,之后,欧美各国产品的生命周期缩短到10年,目前,某些机电产品缩短得更多,只有3～5年。因此,企业必须有不断创新的精神,不断地开发新产品,否则就会失去生命力与生存条件。

(3) 产品生命周期理论揭示了延长产品生命周期的可能性和重要性。一般说来,延长产品生命周期的方法有以下几种。

- 开发新市场(将彩色电视机的市场从城市转向农村);
- 扩展产品的用途(尼龙);
- 改进产品(提高性能和质量,如移动U盘);
- 降价出售;
- 加强售后服务工作等。

(4) 产品生命周期理论为组织多种产品的生产经营、优化产品组合提供了依据。现代企业不应该只生产经营单一的产品项目,必须搞多种产品的经营,同时还必须重视优化产品组合。

第二节　电信产品全生命周期

电信产品作为产品的一个种类,也有产品生命周期的一般特点,然而电信产品跟一般产品相比,还具有其特殊性:一般产品随着客户的使用其价值会不断减小,而电信产品本身只是一个组合的概念,相对抽象,它只是给客户提供源源不断的服务,只要客户继续使用这些服务,那么电信产品的价值就会得到体现,并且延续下去。由于时间点的不同,可以将电信产品的全生命周期分为不同的两个子生命周期:一个是电信产品的研发周期;另一个是电信产品的市场生命周期,二者一起构成产品的全生命周期。图10-2是电信产品全生命周期示意图。

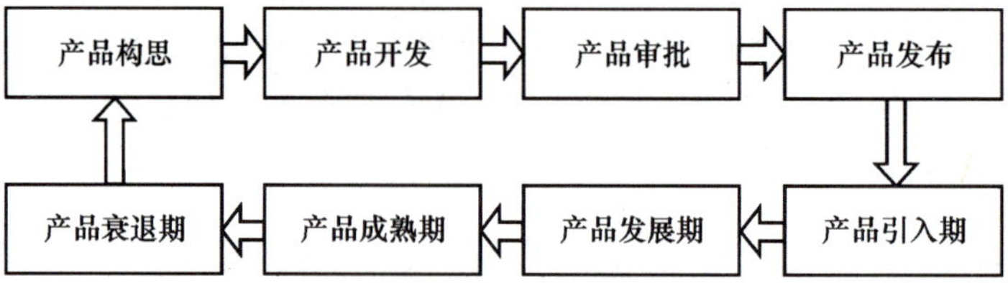

图10-2　电信产品全生命周期

一、电信产品研发生命周期

电信产品研发生命周期主要包括图 10-2 中四个部分;产品构思、产品开发、产品审批、产品发布。电信产品的开发与电信网络工程建设存在非常密切的关系。电信网络是电信产品存在的物质基础,一种类型的电信产品通常依靠一种以上的电信网络和其他支撑网络的支持。电信产品的开发可以在网络建设之前就开始提出,但其发布必须在网络竣工以后。随着大量增值业务成为电信竞争的焦点,在网络建设之前的电信业务产品构思越来越成为普遍的现象。

产品构思是根据详细的数据分析和挖掘,或者根据客户的需求,提出产品/产品套餐的初步概念,在此基础上进行相应的市场调查、虚拟营销,经过筛选,形成供研发的产品概念。

产品开发是从产品概念出发,组织各专业人员,确定产品与服务、资源的相互关系,并根据定价策略,确定产品/产品套餐相应的资费策略、优惠套餐等价格因素。产品研发是一个复杂的过程,大部分的产品概念在研发过程中由于某种原因而淘汰。由于电信网络的复杂性,产品研发除营销、市场部门的人员外,必须有运维部、网管中心、计费中心等部门专家参与,必要情况下还需要与设备提供商进行沟通和交流,形成跨企业的产品价值链。

产品审批过程是在产品正式发布前,送交领导及相关部门审批。这个审批过程应采用规范的流程进行管理,由各部门严格审查,重点审查支持产品的网络改造是否完成,运营支撑系统是否就位,避免产品发布后由于某种因素发生问题造成市场影响。

产品发布是在新产品/产品套餐审批通过后,将新产品信息加入产品目录,向客户和相关市场销售部门发布,并触发启动新的生产流程管理,完成客户订购新产品的开通实施,为客户服务;同时提交计费营账系统,执行新产品的计费及账务管理。产品目录管理是产品开发过程的终点。产品目录管理产品/产品套餐的所有有关信息,以标准的数据格式与其他运营支撑子系统共享。产品/产品套餐在发布后,应逐步实现通过对产品目录的参数配置,可以在线地、自动地由综合营业系统进行销售和服务,在生产调度系统中开通服务,在计费营账系统中进行计费、积分和折扣。产品目录是连接产品管理与其他电信运营支撑系统的枢纽,因此其维护更新也非常关键,只有经过特殊严格授权的人员才可以对产品目录进行分类、更新、删除的操作,并对现有产品信息进行维护。已发布产品允许进行调整,根据调整的内容,可以采用更为简明的流程进行,但也必须强调进行规范化的管理。

产品研发是一个复杂的过程,但在电信行业中,仅仅只是产品整个生命周期中相对较短的一部分,电信产品市场生命周期才是电信产品整个生命周期中最长也最灵活的一个周期,它是电信运营企业关注的重点和焦点。

二、电信产品市场生命周期

电信产品经过发布之后，就可以进行市场推广，供客户订购使用了，在这以后，电信产品开始在市场上发挥功效，也就进入了其市场生命周期。电信产品市场生命周期一般说来分为四个阶段，产品引入期、产品发展期、产品成熟期、产品衰退期。这跟制造业中产品生命周期划分一致，只是由于电信产品的特殊性，所以在每个时期的划分上会有一些区别，下面分别介绍这四个阶段。

1. 产品引入期

电信产品经过研发生命周期之后，经过各种市场促销手段，开始吸引新的客户使用，这个阶段属于产品引入期。在引入期阶段，一方面，电信运营企业为了吸引客户订购此产品，往往需要投入大量的人力、财力进行促销，初期投入成本非常高；另一方面，由于客户对新产品不了解，订购业务的客户也较少，收入不高。因此，在产品引入期，通常利润为负数，但此时没有或只有极少的竞争者。

2. 产品发展期

电信产品或者产品套餐经过初期的市场促销推广，越来越多的客户订购该产品或是产品套餐，使用产品提供的服务，电信运营企业利润逐渐变成正数，并且不断增长。这个时期产品就算进入了发展期，这个时候的客户数不断增加，产品带来的收入也不断增加，并且还呈不断发展的趋势。这个时期，由于竞争对手看到了产品的发展前景，也会陆续推出自己类似的产品，但是竞争还处在初始阶段。

3. 产品成熟期

随着订购产品的客户数的不断增加，该产品的收入也不断增加。发展到某个阶段，客户数趋于稳定，产品收入也会稳定在某个范围之内，这个时候，产品市场相对饱和，也就进入了产品成熟期。这个时期，竞争相对比较激烈。

4. 产品衰退期

技术的进步以及激烈的竞争，使得新的业务、产品不断出现，原有产品的订购客户开始部分转入别的产品订购中，这其中包含自己推出的新产品和竞争对手推出的新产品。该产品的客户数和收入开始减少，产品进入衰退期。在这个时期，产品会逐渐被新的产品所替代。

上述四个阶段，并没有明确的划分，而且每一个产品的阶段划分也不一样，上述四个阶段只是一个大的发展趋势，在它的每一个阶段过程中，都可能会出现不同程度的波动。但是，总的发展方向是一致的。它们构成了产品投入市场之后的市场生命周期。

思考题

1. 产品生命周期有哪些特点？
2. 电信产品全生命周期包括哪几个部分？各部分特点如何？

第十一章　电信运营企业产品管理案例

不同的电信运营企业由于其经营的业务种类不同，面向的客户群也有所差别，因此在产品目录的分类维度、产品规范的结构等方面也有很大的不同，本章用两个案例分别予以分析。同时，本章还用一个信息化产品管理案例介绍了实际的运营企业产品管理流程。

第一节　移动运营企业的产品目录——M 移动公司

一、产品目录

M 移动公司首先根据产品所针对的目标客户群将公司运营的产品分为三大类：个人客户产品、家庭客户产品和集团客户产品。在这三大类产品中，个人客户产品无论在产品数量、客户基数还是收入贡献上所占的比重都是最大的，因此本案例集中分析 M 移动公司的个人客户产品目录。

M 移动公司进一步对个人客户进行了细分，在综合考虑个人客户的消费特征、对公司的价值贡献等因素的基础上建立了四大客户品牌，每个客户品牌下都有满足该品牌客户个性化需求的产品体系，形成了 M 移动公司的四大产品线。四大产品线下的产品根据其满足的客户需求的层次，又细分为基本通信类、个性通信类、国际通信类和优惠类四大类。通信运营企业本身是服务性企业，其提供的客户服务项目相当庞杂，M 移动公司根据精益化管理和提高客户满意度的需要，在做产品目录梳理的过程中，也做了客户服务目录的梳理，并与客户品牌做了一一对应。

综上所述，M 移动公司的产品目录可用表 11-1 来描述。

由于表 11-1 只是用来演示 M 移动公司的个人客户产品目录，限于篇幅，品牌 C 及品牌 D 下的产品以及家庭客户产品和集团客户产品没有列在表 11-1 中。

M 公司通过建立公司产品的统一产品目录，在全公司范围内统一了对公司产品的认识，为寻找未被满足的客户需求从而进行产品规划提供了一个重要的分析工具。从品牌 A 产品线和品牌 B 产品线的比较中，我们可以看到，作为高端客户的品牌 A 客户其所享受的产品是最丰富的，而且更关注客户的商务需求，而品牌 B 客户主要是年轻人，因此产品中的娱乐元素要多一些。

表 11-1　M 移动公司产品目录演示表

目标客户	客户品牌	核心业务功能		产品
个人客户	品牌 A	基本通信类		1. 本地通话 2. 国内长途 3. 国内漫游 4. 国内短信 5. 国内彩信
		个性通信类	功能类	1. 来电显示 2. 主叫隐藏 3. 语音信箱 4. 呼叫等待 5. 呼叫转移 6. 主/被叫付费 7. IP 电话 8. PPIP 业务
			互联网类	1. GPRS 产品 2. EDGE 产品 3. 手机上网 4. 无线局域网 WLAN 5. 手机邮箱
			应用类	1. 彩铃 2. 移动秘书 3. 语音杂志 4. 短信转邮 5. 天气预报 6. 车主服务 7. 手机报纸 8. 资讯快线 9. 移动传真与数据通信 10. 移动证券 11. 手机支付 12. GPS 业务 13. 手机电视
		台港澳及国际通信类		1. 台港澳及国际长途 2. 台港澳及国际漫游 3. 国际短信 4. 国际彩信 5. IP 国际漫游卡 6. 香港 IP 电话卡 7. 中国香港、美加 IP 套餐
		优惠类		1. 短信套餐 2. GPRS 套餐 3. 标准资费套餐 4. 商旅套餐 5. 新银卡服务计划 6. 新金卡服务计划 7. 家庭服务计划

续 表

<table>
<tr><th>目标客户</th><th>客户品牌</th><th colspan="2">核心业务功能</th><th>产品</th></tr>
<tr><td rowspan="8">个人客户</td><td rowspan="6">品牌 B</td><td colspan="2">基本通信类</td><td>1. 本地通话
2. 国内长途
3. 国内漫游
4. 国内短信
5. 国内彩信</td></tr>
<tr><td rowspan="3">个性通信类</td><td>功能类</td><td>1. 来电显示
2. 语音信箱
3. 呼叫等待
4. 呼叫转移
5. IP 电话
6. PPIP 业务</td></tr>
<tr><td>互联网类</td><td>1. GPRS 产品
2. EDGE 产品
3. 手机上网
4. 手机邮箱</td></tr>
<tr><td>应用类</td><td>1. 彩铃
2. 移动秘书
3. 语音杂志
4. 天气预报
5. 手机报纸
6. 车主服务</td></tr>
<tr><td colspan="2">台港澳及国际通信类</td><td>1. 台港澳及国际长途</td></tr>
<tr><td colspan="2">优惠类</td><td>1. 超值短信套餐
2. GPRS 包月套餐
3. IP 闲时优惠套餐</td></tr>
<tr><td>品牌 C</td><td colspan="3">省略</td></tr>
<tr><td>品牌 D</td><td colspan="3">省略</td></tr>
<tr><td>家庭客户</td><td colspan="4">省略</td></tr>
<tr><td>集团客户</td><td colspan="4">省略</td></tr>
</table>

二、产品规范

产品目录的末端是一个个具体的产品，这些产品该用什么样的属性结构来描述，这就是产品规范所要解决的问题。产品规范根据使用对象的不同，可以有业务规范、销售手册、客户手册等三种形式。由于产品是面向客户销售的，向客户介绍产品的特点、给客户的价值、客户购买的渠道以及开通使用方法等就需要编制客户手册。在本案例中以彩铃为例说明客户手册中的产品描述结构。

1. 业务介绍

想不想别人拨通您的手机等待您接听时，不用再听那老掉牙的“嘟嘟”声，而是您独家设定的古怪音效或古典、流行音乐？M移动公司最新推出的彩铃业务让您的个性风格扑面而来！现在您可以用最CUTE的声音、最温情的古典音乐、最HOT的流行歌曲等个性化铃音代替传统的“嘟嘟”声。选择彩铃，让给您来电的人在等待您接听前享受片刻的惊喜吧！

彩铃业务的语音和短信接入号码是12345(示例)，您还可以通过移动秘书开通、申请和选购彩铃。

2. 面向客户

追求个性化、时尚和新鲜事物的客户。

3. 资费标准

(1) 资费

① 费用构成(见表11-2)

表11-2 彩铃的费用构成

功能费	彩铃信息费	通信费	短信费
5元/月(目前优惠期，首次申请免收当月功能费)	信息费按次收取，在购买时一次性支付。客户一旦购买后，可以使用到该铃声版权结束日(删除后重新购买须重新付费)。各收费铃音有不同的信息费，价格一般为1～3元/首，最高不超过8元/首，具体价格以标价为准	详见表11-3	通过短信方式申请开通彩铃业务，或购买彩铃按正常网内短信费0.1元/条收费，可计入短信套餐免费短信内

② 拨打12345收费标准(见表11-3)

表11-3 拨打12345收费标准

所在地＼分类	拨打方式	移动通信费	长途费
本地	12345	0.4元/分钟	免费
省内漫游	12345	0.5元/分钟	免费
国内漫游	区号＋12345	0.6元/分钟	直拨：0.07元/6秒；IP：0.3元/分钟
台港澳及国际漫游	0086＋区号＋12345	按照台港澳及国际漫游时的正常资费标准收取	

通过12345使用彩铃服务的客户，通话费按正常资费标准收取。

③ GPRS资费

如果您通过WAP方式订购彩铃，则产生的GPRS流量按您申请的GPRS套餐资费标准收取。

(2) 计费原则

① 首次申请开通彩铃，则首月免彩铃功能费(自然月)，如果您取消彩铃后再次申请彩铃将不能再享受首次申请首月免费的优惠；

② 如果您在一个月内多次开通、取消彩铃业务，只收一次功能费，在您首次开通时扣除；

③ 彩铃费用将在月结时与其他功能费一起扣除；

④ 对新开户的品牌 A 客户，默认开通彩铃业务，并赠送 2 个自然月的彩铃功能费。

4. 受理渠道

(1) 开通和取消

您可以通过以下途径申请和取消彩铃业务(见表 11-4)。

表 11-4 申请和取消彩铃业务的途径

渠道	申请	取消	关闭/重启	办理方法
12345①	√	√	√	开通：通过手机拨打 12345，选择语言种类后，听提示音注册开通即可 取消：通过手机拨打 12345，选择语言种类后，选择“4”服务状态设置→“2”彩铃服务注销
短信	√	√	×	开通：发送短信内容英文字母“KT”到彩铃端口号 12345，即可开通彩铃服务 取消：发送短信内容“0000”到彩铃端口号 12345，即可注销彩铃服务
WWW 网站②	√	√	√	开通：通过普通电脑访问 WWW 站点后，点击“新客户注册”后，输入手机号码注册即可 取消：通过普通电脑访问 WWW 站点后，选择“个人信息管理”菜单中的“注销服务”子菜单即可
WAP 网站③	√	√	√	开通/取消：通过 WAP 浏览器访问 WAP 网站后，选择菜单“6. 注册/注销”，进入服务注册/注销功能按照提示操作即可
移动秘书	√	√	×	人工为您开通和取消彩铃服务

注①：您必须使用中国移动的手机拨打 12345；

注②：WWW 网站 http://12345. mcc. net；

注③：WAP 网站 http://wap. colorring. mcc. net。

(2) 其他操作渠道(见表 11-5)

表 11-5 彩铃的其他操作渠道

渠道	购买/选择彩铃	彩铃播放设置	试听彩铃	赠送彩铃	接收赠送的彩铃	查询彩铃
12345	√	√	√	√	√	√
短信	√	√	√	×	√	√
WWW 网站	√	√	√	√	×	√
WAP 网站	√	×	×	×	×	×
移动秘书	√	√	√	√	√	√

5. 设置使用

(1) 购买彩铃(见表 11-6)

表 11-6 购买彩铃的渠道

渠道	购买/选择彩铃
12345	在您试听彩铃音的过程中,您可以依照语音提示按键购买正在试听的彩铃音乐
短信	在知道彩铃歌曲的确定编码情况下,您可以发送短信内容英文“DG 彩铃编码数字”到特服号码 12345
WWW 网站	您登录彩铃网站后,点击歌曲详单中歌曲后面的小手机标志,彩铃网站即会弹出一个铃声的详细信息窗口,并询问您是否确定选择歌曲
WAP 网站	您登录彩铃网站后,选择歌曲查看详细信息后,详细信息下会有“购买”的链接,您可点击该链接将指定的彩铃歌曲选择入自己的彩铃箱中
移动秘书	人工为您试听和购买彩铃

(2) 彩铃播放设置

彩铃系统支持三种播放方式,即指定时段播放,指定来电播放和系统默认的随机播放,您可以随时更换您的彩铃的播放方式(见表 11-7)。三种播放方式的优先次序为:指定时段播放→指定来电播放→系统默认的随机播放。

表 11-7 不同渠道的彩铃播放设置

渠道	彩铃播放设置
12345	您可根据语音提示,按数字 3 进入“彩铃管理”,管理个人彩铃功能
短信	无法设置
WWW 网站	您登录彩铃网站后,选择“彩铃管理”菜单,页面会显示您已经购买了的彩铃歌曲,如果有其他客户作为礼物赠送的彩铃,也会显示在该页面。在彩铃歌曲列表后的“设置”选择框中,选中该选择框,并且点击确定,即可设置该首彩铃添加入循环播放彩铃
WAP 网站	您登录彩铃网站后,进入“彩铃管理”菜单的“我的彩铃”菜单,页面中显示您已经购了的彩铃歌曲和正在选用的彩铃歌曲,您可以在修改页面设置当前播放的彩铃
移动秘书	人工为您设置彩铃的播放方式

(3) 赠送彩铃

赠送彩铃是彩铃系统客户互相推荐、共享彩铃歌曲方式的一种。彩铃客户可以将自己喜欢的歌曲赠送给其他的彩铃客户。赠送彩铃成功后,被赠送的彩铃保存在接收方的彩铃礼品盒中。彩铃系统会扣取赠送手机相应的彩铃信息费,接收彩铃的手机不会收取彩铃费用。不同渠道赠送彩铃的方式如表 11-8 所示。

表 11-8 不同渠道赠送彩铃的方式

渠道	赠送彩铃
12345	您在试听彩铃音的过程中,可以依照语音提示按键进入赠送功能,并且输入接收彩铃客户的手机号码,将正在试听的彩铃音乐赠送给您的朋友
短信	无法赠送
WWW 网站	您登录彩铃网站后,在网站首页以及“最新推荐”、“彩铃大全”等栏目中,列出了彩铃系统中的彩铃歌曲详单。详单列表后附有赠送彩铃的小礼品盒标志。您只要点击歌曲后面的小礼品盒标志后,彩铃系统会弹出一个“赠送确认”的窗口,在弹出窗口中,输入接收彩铃歌曲客户的手机号码,即可将指定彩铃赠送给接收者
WAP 网站	您登录彩铃网站后,进入“彩铃排行”、“彩铃大全”或者“自由搜索”栏目,搜索到指定的彩铃歌曲后,查看歌曲的详细资料。详细资料后,有一个“赠送”链接。点击该链接后,输入接收彩铃歌曲客户的手机号码,即可将指定彩铃赠送给接收者

(4) 接收赠送的彩铃

当有彩铃赠送给客户的时候,接收彩铃的客户会收到彩铃系统发送的提示短信,提示有朋友赠送了彩铃,并且保存在自己的彩铃礼品盒中。12345 和短信渠道暂时不提供接收彩铃赠送的功能,WWW 网站、WAP 网站操作方法如表 11-9 所示。

表 11-9 不同渠道接收赠送彩铃的方式

渠道	接收赠送的彩铃
12345	无法接收赠送
短信	无法接收赠送
WWW 网站	您登录彩铃网站后,进入“彩铃管理”界面。在彩铃管理界面中,会列出彩铃礼品盒中别人赠送的彩铃歌曲。点击歌曲后面的“保存”按钮,即可将彩铃保存到个人彩铃箱中。如果不想接受赠送彩铃,则点击“删除”按钮
WAP 网站	您登录彩铃网站后,进入“礼品盒”界面。在彩铃管理界面中,会列出彩铃礼品盒中别人赠送的彩铃歌曲。选择相应的彩铃歌曲后,会显示歌曲的详细信息,并且显示“接受”和“删除”两个按钮。如果想保存礼品彩铃,则点击“接受”按钮,否则点击“删除”按钮
移动秘书	人工为您启用赠送礼品盒里的彩铃

5）暂停和重启彩铃

如有需要，您可在不注销彩铃业务的情况下暂时关闭彩铃功能，即您的手机铃声恢复原来的“嘟嘟”声，您只能通过 WWW 网站渠道或者拨打 12345 根据语音提示进行暂停和重启彩铃功能：登录彩铃网站 http://12345. mcc. net，进入“个人信息管理”，选择“暂停/重启服务”，点击“变更”，将服务状态设为“关”或者“开”。

第二节　固网电信运营企业的产品目录——T 电信公司

一、产品目录

T 电信公司是一家传统的固网运营企业，在固定通信领域有着丰富的产品线，该公司的产品目录立足于内部管理需要，从业务平台和业务功能单一维度建立了产品目录，其产品目录结构的示例如表 11-10 所示。

表 11-10　T 电信公司产品目录示例表

<table>
<tr><th colspan="3">业务平台或功能</th><th>产品</th></tr>
<tr><td rowspan="4">固定电话业务</td><td colspan="2">本地电话业务</td><td>1. 普通电话
2. 市内客户中继线
3. 集中客户交换机
4. 集团电话
5. 无线市话</td></tr>
<tr><td rowspan="3">长途电话业务</td><td>长途直拨电话</td><td>1. 国内长途直拨电话
2. 国际及港澳台长途直拨电话</td></tr>
<tr><td>人工长途电话</td><td>1. 国内人工长途电话
2. 国际及港澳台人工长话</td></tr>
<tr><td>国际及港澳台来向业务</td><td>1. 国际及港澳台来向电话卡
2. 直拨国外话务员受付电话
3. 国外电话卡</td></tr>
<tr><td>带宽型业务</td><td colspan="2">电话增值业务</td><td>1. 大众呼叫业务
2. 电话投票业务
3. 唯一号码业务
4. 电话信息服务业务
5. 语音信箱业务
6. 来电显示业务
7. 呼叫中心业务
8. 固网短信业务</td></tr>
</table>

续 表

业务平台或功能			产品
带宽型业务	基础数据业务		1. DDN 业务 2. 帧中继业务 3. ATM 业务 4. 分组交换业务 5. MPLS-VPN 业务
	带宽租用业务		1. 音频电路出租 2. 数字电路出租 3. 卫星电路出租 4. 电报电路出租
互联网业务	互联网接入业务	窄带接入业务	省略
		宽带接入业务	省略
		专线接入业务	省略
		IP-VPDN 业务	省略
		ISP 转接与互联业务	省略
	互联网平台及应用业务	互联网数据中心(IDC)业务 电子商务证书业务(CTCA) 电子信箱业务(E-MAIL) 电子彩票业务 中国电子口岸业务	省略
网络元素出租业务	管道出租		省略
	通信光纤出租		省略
	波长出租		省略
	同步网端口出租		省略
	设备出租业务		省略
互联互通业务	省略		
视讯业务			1. 电视电话会议 2. PBC 视频
电报及传真业务	省略		
其他业务	省略		

从T电信公司的产品目录可以看到，在T电信公司内部对产品和业务的概念没有明确的定义和树立区分标准，在产品目录中仍然存在着产品和业务相混淆的情况。

二、产品规范

T电信公司的产品规范是面向公司内部人员使用的，因此归类为产品的业务规范。本案例中以固网短信（“业务E”）产品为例介绍T电信公司的产品规范。

1. 产品描述

固网短信（又称“业务E”）是T电信公司提供的一项基于PSTN的增值服务，普通固定电话客户使用信息终端，通过简单菜单操作可享受短消息收发、信息点播、信息订阅、铃声下载、信息浏览、电子邮件等服务，而终端本身也突破了传统话机的功能可以提供各种个性化的服务，如电话本、可选铃声等，未来该业务还将提供简单的电子交易（股票交易、电子银行等）、互动游戏等服务，真正的成为家庭信息服务百事通。

2. 产品特性

“业务E”充分利用了T电信公司具有优势的客户资源、网络资源、“业务E”支撑平台资源、营销网络、客户服务和宣传渠道资源，吸引各类CP（内容服务提供商）与T电信公司合作，在良性循环发展的商业模式下，不断提高CP对T电信公司的依赖程度。

“业务E”通过聚合大量各类CP的内容和应用，向低端客户推出丰富多彩的内容和应用服务，并通过差异化服务的竞争策略，不断提高T电信公司固网增值业务对客户的吸引力和客户对T电信公司固网增值业务的依赖程度。

“业务E”通过提供丰富多彩的内容和增值应用，最大限度地挖掘出T电信公司客户资源、网络资源、“业务E”支撑平台资源、客户服务和营销网络资源的潜在商业价值，增加业务收入。

3. 产品定位

“业务E”是基于固定电话网的一项增值数据业务，使固定电话客户也能享受数字化生活带来的便利，同时也可面向中小型企业，作为企业信息发布的新平台和信息管理的新渠道，最终为目标客户群提供个性化的简单的信息服务。

4. 业务种类

按业务提供内容及提供方式的不同，本产品提供的业务可以分为三类：基础类业务，增值服务类业务，补充服务类业务。

（1）基础类业务

“业务 E”基础类业务，包括点对点短消息业务、信息点播业务、信息订阅业务。

- 点对点短消息业务：业务客户使用信息终端，通过简单操作，可与其他固定电话客户或移动客户，或小灵通客户之间发送（或接收）短消息；还可接收人工台和因特网客户发送的短消息。
- 信息点播业务：业务客户在信息终端菜单的引导下，根据需要选择点播信息后，即可在线或离线地收到信息内容。
- 信息订阅业务：业务客户可在信息终端菜单的引导下，根据需要选择并订阅信息后，即可在预定的时间，在信息终端上自动收到已订阅的信息内容。
- 广播业务：内容提供商可以通过广播业务，将信息在一定范围内进行发布。

（2）增值服务类业务

- 信息服务类业务：包括新闻、体育、旅游、生活信息及财经信息的点播和订阅等服务。
- 信息下载类业务：包括铃声下载，常用语下载，图片及动画下载等特色业务。
- 在线服务类业务：商品，交通，娱乐等信息的查询并为客户提供购物，缴费等一系列的在线服务类业务。
- 在线理财类业务：证券、期货、外汇交易等类型的信息咨询及在线交易服务。
- 在线游戏类业务：利用“业务 E”业务支撑平台从事简单的互动游戏等服务。
- 虚拟信息中心业务：为有信息发布需求的企业提供信息发布的窗口。
- 其他服务类业务：上述服务类别未涵盖的其他服务。

（3）补充服务类业务

- 语音短消息：为非“业务 E”客户，提供短消息的语音服务，使其享受“业务 E”产品带来的便利。
- WEB 短信：为客户提供网上点对点短消息的发送、信息点播、信息订阅等业务，使客户更方便地使用“业务 E”。

5. 资费

客户的"业务 E"费用包括基本月租费、点到点信息费、上行通信费、信息费。

① 基本月租费:在来电显示业务月租费的基础上增加 4～6 元/月,具体标准各分公司自定,除"业务 E"业务月租费外,不再另外计来电显示业务的月租费。

② 短消息通信费:客户发送到其他客户的点到点短消息为 0.08 元/条,成功向一个被叫号码发送一条短消息计一次费。

③ 信息定制和点播通信费:上行信息 0.05 元/条,向成功发送信息的客户收取;下行信息 0.03 元/条,向成功发送信息的内容提供商收取。

④ 信息费:CP 提供的信息按信息种类计费,由各 CP 自定。

产品目录梳理的目的是为公司的产品管理服务的,通过在公司内部建立结构灵活、维度统一的产品目录以及完善的产品规范体系,可以为公司的产品规划、产品研发、产品评估、知识共享、客户服务等提供参考和指导,从而提高公司满足客户需求的能力,提升客户满意度和忠诚度。

第三节　M 移动公司移动信息化产品运营管理流程案例

3G 时代日益临近,无论牌照如何发放,何种电信运营整合方案出台,全业务竞争都是无可避免的。在这样的环境下,M 移动公司在公司领导层的指引下,开展了具有战略转型意义的移动信息化的部署。

在 M 移动公司移动信息化业务如火如荼进行的同时,问题也随之产生。由于移动信息化产品需求的个性化、动态化等特点,与传统的通信产品差异很大,传统的产品运营管理流程遇到了新的挑战,同时也暴露出了很多问题。例如,缺少一个核心部门来统筹协调各个相关部门对移动信息化产品进行成体系的规划;在产品设计开发过程中,产品开发部门与网络部门没有形成固定的沟通模式;在产品维护流程中,不同产品的维护权责不清等。

在问题出现之后,M 公司对移动信息化产品运营管理流程进行重新梳理,最终成功归纳总结出移动信息化产品运营管理流程的五大环节:产品规划、产品开发、产品推广销售、产品投产和产品维护,且对每个环节所涉及的子流程也进行了详细的梳理,如图 11-1 所示。

一、产品规划

产品规划流程是整个产品运营流程的基础和纲领，最终形成的产品规划和资源规划将为产品开发、产品推广销售等环节的工作方向提供指引。其主要包括产品规划的制订和资源规划的制订两个环节，如图 11-2 所示。

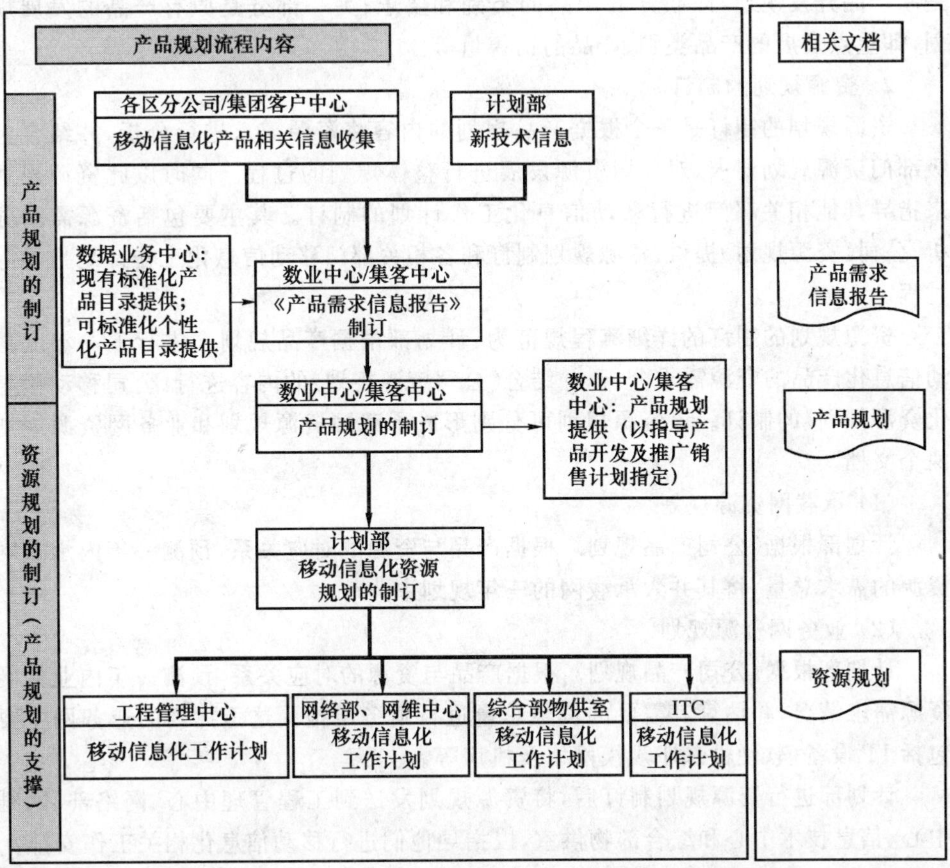

图 11-2 移动信息化产品运营流程——产品规划部分

1. 产品规划的制订

产品规划的制订是一个根据市场各种产品相关信息和上级部门产品发展规划要求，对公司产品发展进行整体规划的过程。其主要包括现有移动信息化产品相关信息收集，新技术信息提供，《产品需求信息报告》制订，现有产品目录及详细信息提供，可标准化的个性化产品目录、资源现状提供，公司《产品规划》提供和产品规划的制订等过程。

产品规划的制订的详细流程规范为：各区分公司和集团客户中心进行移动信

息化产品相关信息收集，包括现行移动信息化产品的销售情况、行业发展情况、客户需求情况和竞争对手产品信息情况，计划部进行新技术信息的收集，数据业务中心进行现有产品目录及详细信息的收集与整理和可标准化的个性化产品目录整理，“数据业务中心/集团客户中心”对这些信息进行分析，并根据现有产品详细信息，整合形成《产品需求信息报告》，并结合公司的《公司产品规划》，参照计划部提供的资源现状，制作本年度《公司产品规划》，规划内容主要包括两个部分：一部分是新产品开发规划，即新开发产品的类别和要求；另一部分是原有产品的发展规划，即重点发展的产品类别、产品的销售量等。

2. 资源规划的制订

资源规划的制订是一个根据产品规划的内容将资源需求进行分析，并结合上级部门资源规划要求，对公司资源发展进行整体规划的过程。同时以此资源规划来指导其他相关部门进行移动信息化工作计划的制订。其主要包括资源需求分析、公司《资源规划》提供、资源规划制订和各相关部门移动信息化工作计划指导等过程。

资源规划的制订的详细流程规范为：计划部根据产品规划来进行下一年度移动信息化产品的资源需求分析，并结合《公司资源规划》的内容进行《公司移动信息化资源规划》的制订。该资源规划可分别形成承载网资源规划和业务网资源规划两个文档。

(1) 承载网资源规划

计划部根据《公司产品规划》，根据产品与资源的对应关系，预测一年内承载网资源的需求总量，将其并入承载网的三年规划中。

(2) 业务网资源规划

计划部根据《公司产品规划》，根据产品与资源的对应关系，预测一年内业务网资源需求情况，并估算其需要的资金总量进行财务申报。这里提到的业务网主要包括 IT 设备(软硬件)、小规模网络及机房等。

计划部进行资源规划制订后，将资源规划发送到工程管理中心、网络部、网维中心、信息技术中心和综合部物供室，以指导他们进行移动信息化相关工作安排。

二、产品开发

产品开发流程主要是根据产品规划的指导，进行产品的开发和测试，最终形成新产品的过程。其主要包括产品开发计划制订、产品开发可行性研究、产品开发、产品测试、产品资源占用表制订、相关人员培训、产品试商用、产品目录制订、个性化产品目录整理及标准化判断等环节，如图 11-3 所示。

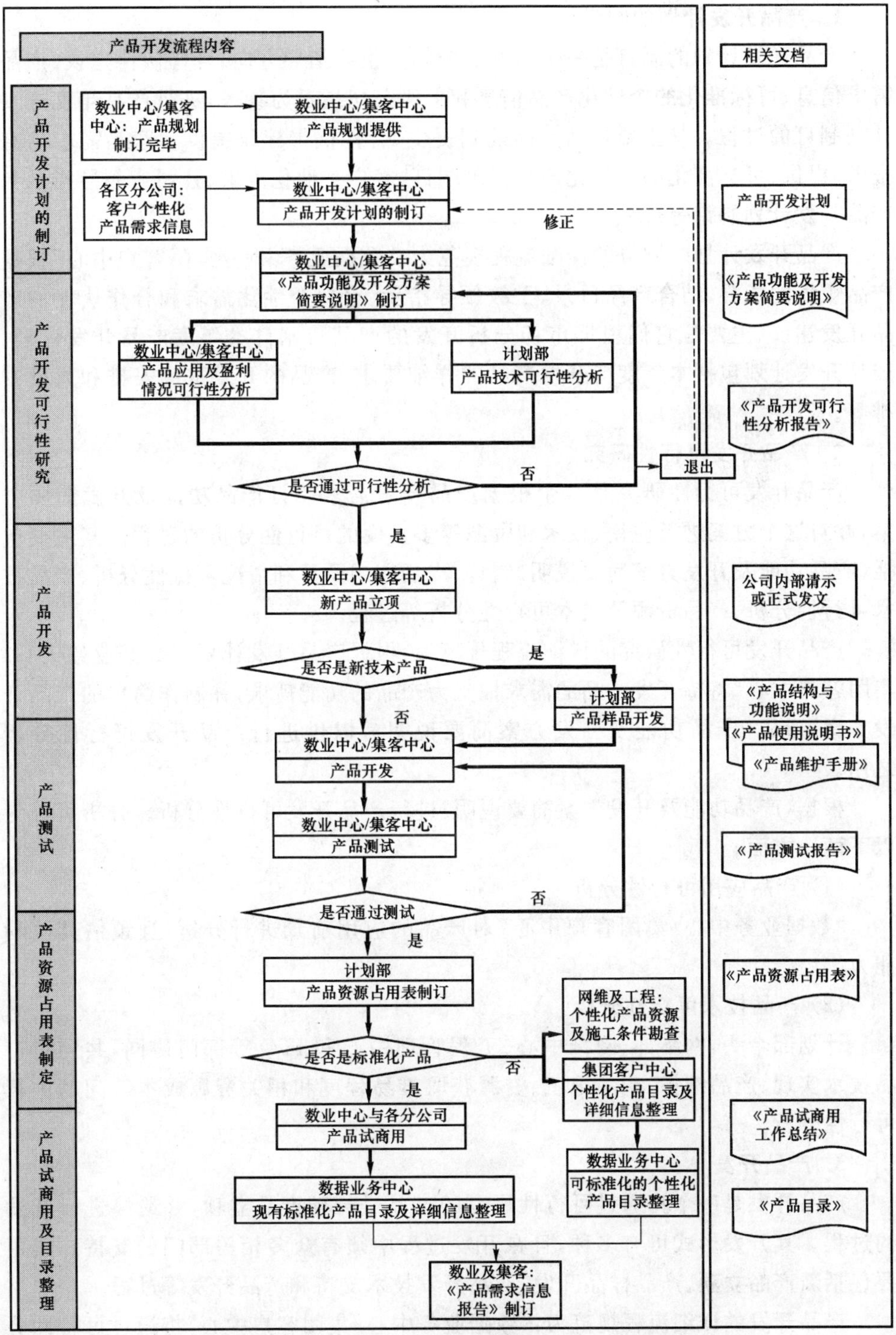

图 11-3 移动信息化产品运营流程——产品开发部分

1. 产品开发计划的制订

产品开发计划的制订是一个以产品规划为主要指导方向，合作伙伴建议、产品需求信息、可标准化的个性化产品信息和上级公司指示为参考，进行产品年度开发计划制订的过程。其主要包括产品规划提供、合作伙伴建议提供、《产品需求信息报告》提供、可标准化的个性化产品目录制订、客户个性化需求、公司或领导指示和产品开发计划制订等过程。

产品开发计划的制订的详细流程规范为："数据业务中心/集团客户中心"根据产品规划的指导，结合产品目录、上级领导指示、客户个性化需求和合作伙伴的产品开发建议（主要是它们根据市场分析开发的产品），制订本年度产品开发计划。产品开发计划包括本年度待开发产品的详细要求、产品的开发进度安排和人员安排等。

2. 产品开发可行性研究

产品开发可行性研究是一个根据产品开发需求制订产品功能及开发简要方案，并对这个方案进行应用、技术和资源等多角度的可行性分析的过程。其主要包括《产品功能及开发方案简要说明》制订、产品应用及盈利情况可行性分析、产品技术可行性分析、产品资源及成本可行性分析等过程。

产品开发可行性研究的详细流程规范为：根据产品开发计划，"数据业务中心/集团客户中心"将待开发产品的需求抽象为产品的功能需求，并制作简单的产品开发方案，形成《产品功能及开发方案简要说明》，以供进行产品开发可行性分析之用。

根据《产品功能及开发方案简要说明》进行产品开发可行性分析。分析可分为以下两个方面。

(1) 产品应用可行性分析

"数据业务中心/集团客户中心"对产品的应用前景进行分析，且预估其盈利能力。

(2) 产品技术可行性分析

计划部牵头，网络部、网维中心、工程管理中心和 ITC 等部门协同，共同对产品技术实现、产品维护、产品施工、资源获取难易程度和相关资源成本等问题进行可行性分析。

3. 产品开发

产品开发是一个将通过可行性研究的产品进行新产品立项，并最终进行开发的过程。其开发形式可有多种，且在开发过程中须有众多相关部门的支持。其主要包括新产品立项、产品样品开发、产品开发技术支持和产品开发等过程。

产品开发的详细流程规范为："数据业务中心/集团客户中心"将通过可行性分析的产品进行新产品立项；没有通过的，根据分析进行《产品功能及开发方案简要说明》修改，如果最终未能通过可行性分析的，则该产品退出开发计划，并适当修改产品开发计划。

产品立项后，即进入产品开发阶段。一些与网络新技术、新功能紧密相关的产品可通过计划部开发产品样品，再交由产品开发部门进行开发与包装。其他的产品由“数据业务中心/集团客户中心”开发。此产品开发包括必备的系统和计费及支撑系统的开发。产品开发结束后，由产品开发方制作《产品结构与功能说明》、《产品使用说明书》和《产品维护手册》；“数据业务中心/集团客户中心”有自主开发、与合作伙伴联合开发和完全委托合作伙伴开发等多种开发方式。计划部、网络部、网维中心和 ITC 在开发过程中给予技术支持。

4. 产品测试

产品测试是一个将开发完毕的产品进行功能和技术测试，判断其是否满足产品的功能需求或是否存在技术 BUG 的一个过程。同时它需要来自其他部门的技术及工程建设支持。

产品测试的详细流程规范为：产品开发结束后，“数据业务中心/集团客户中心”组织产品测试。测试的重点是验证产品是否按照产品开发功能需求研发而来，产品功能是否满足要求，产品是否存在技术 BUG 等。如果没有通过测试，则由相关责任部门进行修正。工程管理中心、网络部和网维中心和 ITC 在产品测试过程中给予技术支持。

5. 产品资源占用表制订

产品资源占用表制订是一个将新开发出来的产品的资源需求信息进行分类和统计的过程。资源可被分为承载网资源和业务网资源两种，此过程非常重要，它将对资源规划制订和客户个性化解决方案资源配置分析与决策等过程起到关键的支撑作用。

产品资源占用表制订的详细流程规范为：计划部将新开发产品的资源占用情况进行统计与分类，并将其填入资源占用表（资源配置部门设计的模板）中，“数据业务中心/集团客户中心”给予协同与支撑（特别是产品信息方面）。

6. 产品试商用及目录整理

产品试商用及目录整理是一个针对标准化产品进行相关人员培训、产品试商用且进行相关产品目录进行整理，而针对个性化产品进行个性化产品目录整理且进行可标准化判断的过程。其包括相关人员培训、产品试商用、现有标准化产品目录及详细信息整理、个性化产品目录及详细信息整理和可标准化的个性化产品目录整理等过程。

产品试商用及目录整理的详细流程规范为：在产品资源占用表制订完毕后，对于标准化产品，数据业务中心组织网络维护和工程建设人员进行培训，包括一切有关技术的维护和建设问题；而后，数业中心牵头、各区分公司协助编制业务流程、业务规范、操作手册、试商用营销方案，各区分公司进行业务试推广，并就业务平台功能、操作流程、资费、业务量等方面进行分析；同时计划部、工程管理中心、网络部和网维中心、ITC对产品试商用提供技术支持；最后数业中心进行产品目录填补，产品目录中包括产品功能特性、业务和需求特性等。

对于个性化产品，首先将开发完毕的产品移交到产品推广销售过程，同时集团客户中心对个性化产品目录进行填补，详细记录该个性化产品的信息。数据业务定期对个性化产品目录进行选择判断，将有可能向标准化产品过渡的个性化产品进行整理，形成可标准化的个性化产品目录。

三、产品推广销售

产品推广销售流程主要是根据客户的需求，为客户提供标准化或个性化的产品并最终签订协议。其主要包括产品推广销售计划制订、产品宣传与推广、客户需求确认、个性化产品资源配置决策、《客户整体解决方案》制订、客户协商与协约签订等环节，如图11-4所示。

1. 产品推广销售计划制订

产品推广销售计划制订是一个根据产品规划和产品详细信息，制订本年度产品推广和销售计划的过程。其主要参考的是产品规划中已有产品的发展规划的内容。此过程是整个产品推广销售流程的基础和纲领，它将定义当时一年内重点发展的产品、产品推广和销售的时间和区域安排，以及产品发展量的要求。其主要包括产品规划提供、现有产品目录及详细信息提供、产品销售记录提供和产品推广销售计划制订等过程。

产品推广销售计划制订的详细流程规范为：集团客户中心根据产品规划的总体要求，结合产品销售记录和现有产品的详细信息，特别是产品在试商用阶段总结的相关业务和市场特性，制订本年度的产品推广销售计划。

2. 产品宣传与推广

产品宣传和推广是一个在产品推广销售计划制订后，按照此计划进行产品的宣传和推广的过程。产品宣传主要是指利用媒体广告和宣讲会等形式对产品进行面向全社会的整体和宏观的宣传。产品推广主要是指利用上门推销和试点参观等形式进行针对具体客户的产品介绍和销售的过程。其主要包括产品宣传、产品推广和营销人员培训等过程。

产品宣传与推广的详细流程规范为：集团客户中心和市场部通过广告等方式进行产品宣传；各区分公司通过营业厅展示、试点参观和上门推销等多种方式进行推广，需要注意的一点是在进行产品推广前，数据业务中心要对相关营销人员进行产品培训。

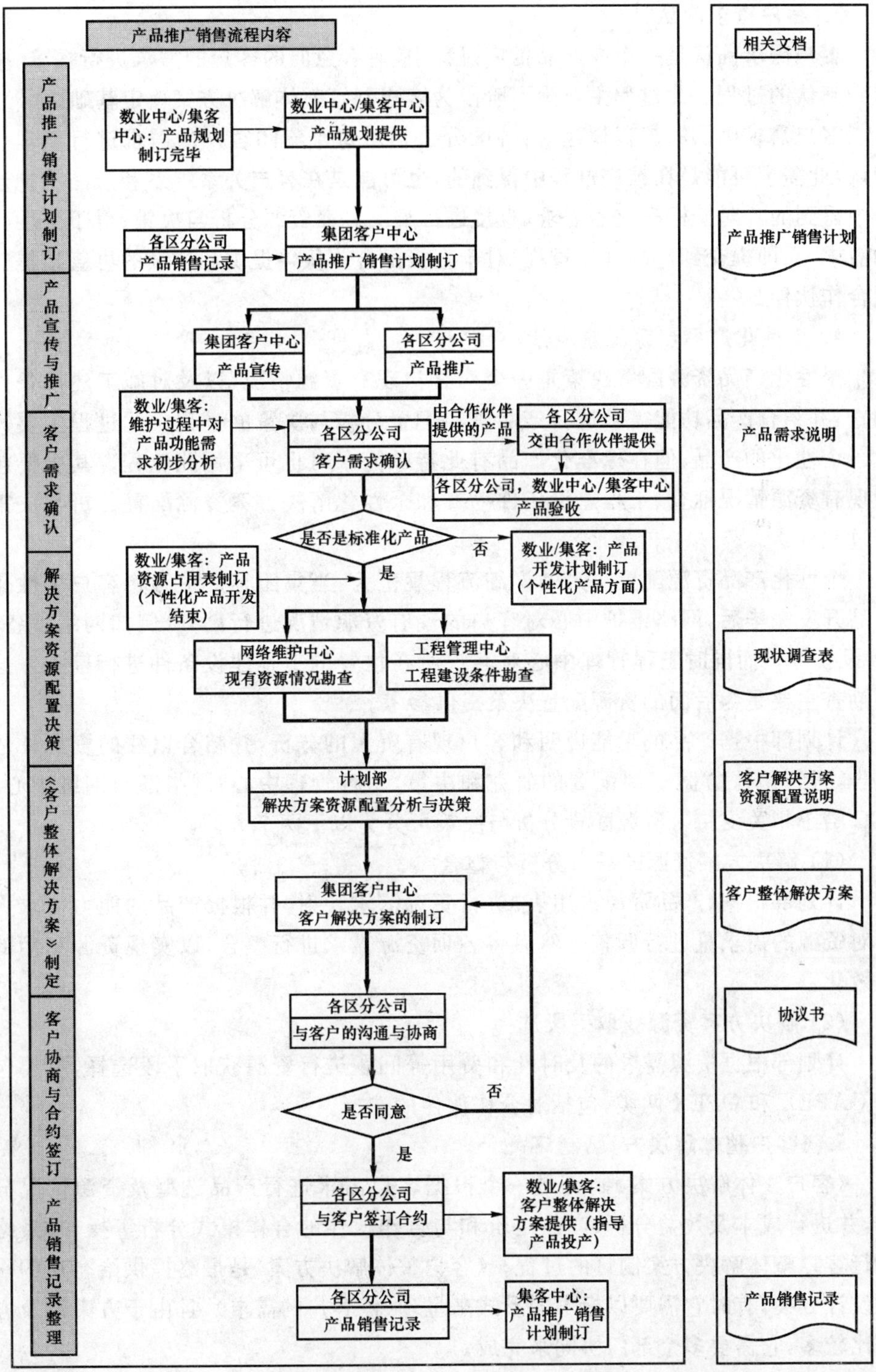

图 11-4 移动信息化产品运营流程——产品推广销售部分

3. 客户需求确认

客户需求确认是一个在产品推广过程中，对有意向的客户的需求进行探求、整理和确认的过程。此过程主要为下阶段为客户制订整体解决方案奠定基础。

客户需求确认的流程规范为：各区分公司对每个集团客户的需求进行整理与确认，此需求可能是在推广过程中得到的，也可能是在客户关系维系和产品维护过程中得到的。对于标准化的需求，直接进行解决方案资源分析与决策；对于个性化的需求，立即提交到产品开发过程；对于直接由合作伙伴提供和建设的可直接提交到合作伙伴。

4. 个性化产品资源配置决策

个性化产品资源配置决策是一个对客户现有资源情况，以及对施工建设条件勘查，并结合产品功能需求进行产品资源配置分析与决策的过程。此过程主要针对于个性化的产品，但在标准化产品有此特殊需求时也可采用此流程。其主要包括现有资源情况勘查、工程建设条件勘查和个性化解决方案资源配置分析与决策等过程。

个性化产品资源配置决策的详细流程规范为：当集团客户中心将客户个性化产品开发完毕后，网路维护中心对客户的现有资源情况进行勘查，例如网络设备、IT 设备等。而同时工程管理中心对客户所在位置的工程建设条件进行勘查。这些勘查主要是为后面的资源配置决策提供参考。

计划部根据产品的功能说明和客户现有资源的分析，并结合以往的资源评估报告，进行解决方案资源配置的研究和决策，工程管理中心、网络部与网维中心、ITC 给予相关支持。资源配置分析与决策可分为以下两个方面。

(1) 解决方案资源的需求分析与整合

计划部根据《产品资源占用表》进行资源需求映射，并根据产品的能力需求大小对资源的需求量进行调整。然后将各项资源需求进行整合，以实现资源利用的高效化。

(2) 解决方案资源获取手段选择

计划部根据资源需求的及时性和费用等问题进行资源获取手段选择，主要包括 CAPEX 和 OPEX 两类，包括对合作伙伴的选择。

5.《客户整体解决方案》制订

《客户整体解决方案》制订是一个根据客户需求进行产品选型及资源情况分析，并进行成本及效益分析、产品定价和与合作伙伴的合作模式分析等操作，最终进行客户整体解决方案制订的过程。《客户整体解决方案》是最终提供给客户的一种设计方案，有时它需要以标书的形式来呈现(依客户的需求)，且由于方案涉及方面比较多，它需要多个部门协同来完成。

《客户整体解决方案》制订的详细流程规范为：集团客户中心牵头，计划部将产品功能说明和解决方案资源配置分析进行整合，与市场部共同进行成本、效益分析、产品定价，最后制订出《客户整体解决方案》，网络部和网维中心、工程管理中心给予相关支持。

对于简单的《客户整体解决方案》可由营销人员独立制作。

6. 客户协商与合约签订

客户协商与合约签订是一个与客户就《客户整体解决方案》进行商讨，并最终达成一致，与客户签订合约的过程。与客户的商讨可能是多次的，随着对《客户整体解决方案》的逐渐修改，进而达成一致。其包括与客户的沟通与协商和与客户签订协约两个过程。

客户协商与合约签订的详细流程规范为：各区分公司将《客户整体解决方案》提交到客户手中，对此解决方案进行商榷，如果客户有其他需求，营销服务部门再组织其他部门进行适当修改，直至客户满意。最后各区分公司负责与客户合约的签订。

7. 产品销售记录整理

产品销售记录整理是一个根据最新产品销售情况定期对产品销售记录进行更新整理的过程。

产品销售记录整理的流程为：各区分公司将已销售的产品进行记录，包括销售时间、销售对象等关键因素，形成产品销售记录，为以后的产品销售计划提供参考。

四、产品投产

产品投产流程主要是根据《客户整体解决方案》中资源建设的要求，进行产品投产计划的制订，对产品进行投产建设直至产品业务功能正常开通。其主要包括产品投产计划制订、物资准备、产品施工、产品调试与验收和产品移交及业务开通等环节，如图 11-5 所示。

1. 产品投产计划制订

产品投产计划制订是一个根据《客户整体解决方案》的要求，对相关产品的建设实施工作进行计划安排的过程。

产品投产计划制订的详细流程规范为：与客户进行协约签订后，计划部根据《客户整体解决方案》中的资源配置的需求进行产品投产计划制订，投产计划包括采购、施工、调试、验收和移交等要求与进度安排。

2. 物资准备

物资准备是一个在产品投产计划制订后，根据产品投产计划的安排进行相关资源和配套设施采购与准备的过程。其包括产品资源采购和工程配套设施准备两个过程。

物资准备的详细流程规范为：在与客户的协约签订后，计划部将产品中的资源需求提交到物资采购室，物资采购部门对这些资源进行采购。

工程管理中心负责主设备的需求配套设施的准备，包括电源、机柜与机房等设备。

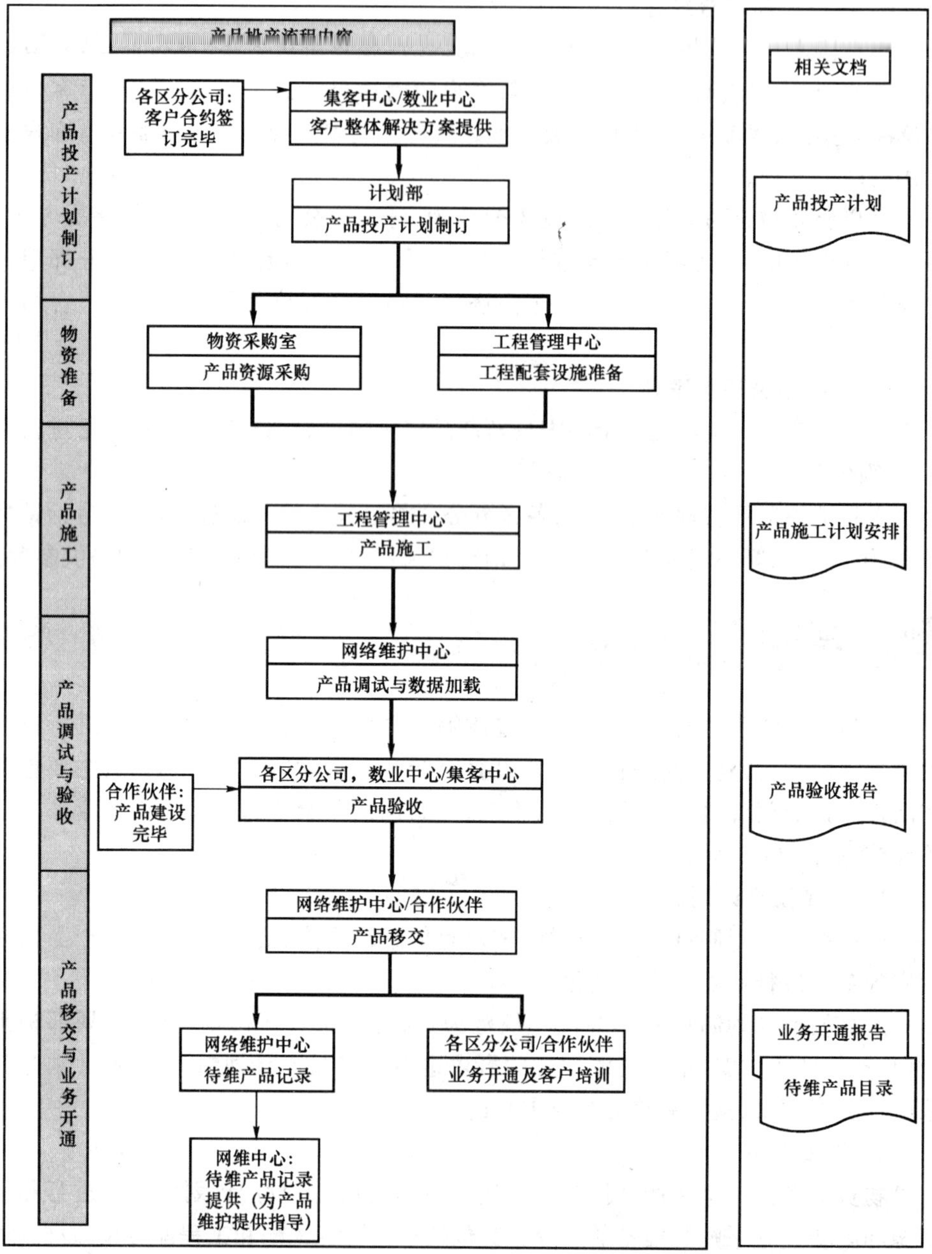

图 11-5　移动信息化产品运营流程——产品投产部分

3. 产品施工

产品施工是一个在各种相关资源准备到位后，产品施工部门根据客户解决方案的规定和客户的相关需求进行产品建设的过程。产品施工是一个比较复杂的过程，其包括产品施工计划制订、合作单位选择、设计会审、产品施工和工程验收等多个子流程。另外相关营销部门作为客户与产品施工部门沟通的桥梁，及时将客户的需求反馈到施工部门。

产品施工的详细流程规范为：待资源准备完成后，工程管理中心根据资源配置方案和合约规定，进行合作单位选择、设计会审和产品施工，施工过程中网络维护中心及ITC部门给予相应协助。在产品施工完毕后，工程管理中心对工程进行验收。在整个施工过程中，客户的需求与意见会随时反映到对应的各营销分公司的客户经理，由各客户经理向工程部门反馈。

4. 产品调试与验收

产品调试与验收是一个在产品施工建设后进行产品调试和数据加载，并最后对产品进行验收审查以确保其功能实现符合要求的过程。其包括产品调试、数据加载和产品验收三个子流程。

产品调试与验收的详细流程规范为：工程建设施工完毕后，网络维护中心对工程中的相关设备进行调试，保证可用，并同时将需要的相关数据进行加载。最后“数据业务中心/集团客户中心”协助各区分公司对产品的功能实现情况进行验收，包括对合作伙伴建设的产品。

5. 产品移交与业务开通

产品移交与业务开通是一个在产品建设与验收后，将产品移交到产品维护部门并进行产品业务开通的过程，在此过程的最后还要对相关客户进行产品使用等方面的培训。其包括产品移交、业务开通、待维产品目录整理和客户培训三个流程。

产品移交与业务开通的详细流程规范为：对应各区公司和数业中心验收结束后，由公司网维中心负责维护的产品交由网络维护中心。由合作伙伴负责维护的产品交由合作伙伴。产品移交后，网络维护中心要对待维产品进行记录，以指导以后的产品维护，这其中也包括合作伙伴负责的产品，以便于对其进行监督管理。

同时各区分公司对该客户产品涉及的相关业务进行开通，必要的要申请上级部门，涉及合作伙伴产品的，合作伙伴要给予配合。

各区分公司的相关客户经理就业务使用方法等方面对客户进行培训，涉及合作伙伴产品的，合作伙伴要给予配合。

五、产品维护

产品维护流程主要是根据待维产品目录对客户及其产品进行客户关系的维

护、客户新需求挖掘、产品质量监控以及产品问题的维修。其主要包括客户与产品跟踪和产品维护两个环节，如图 11-6 所示。

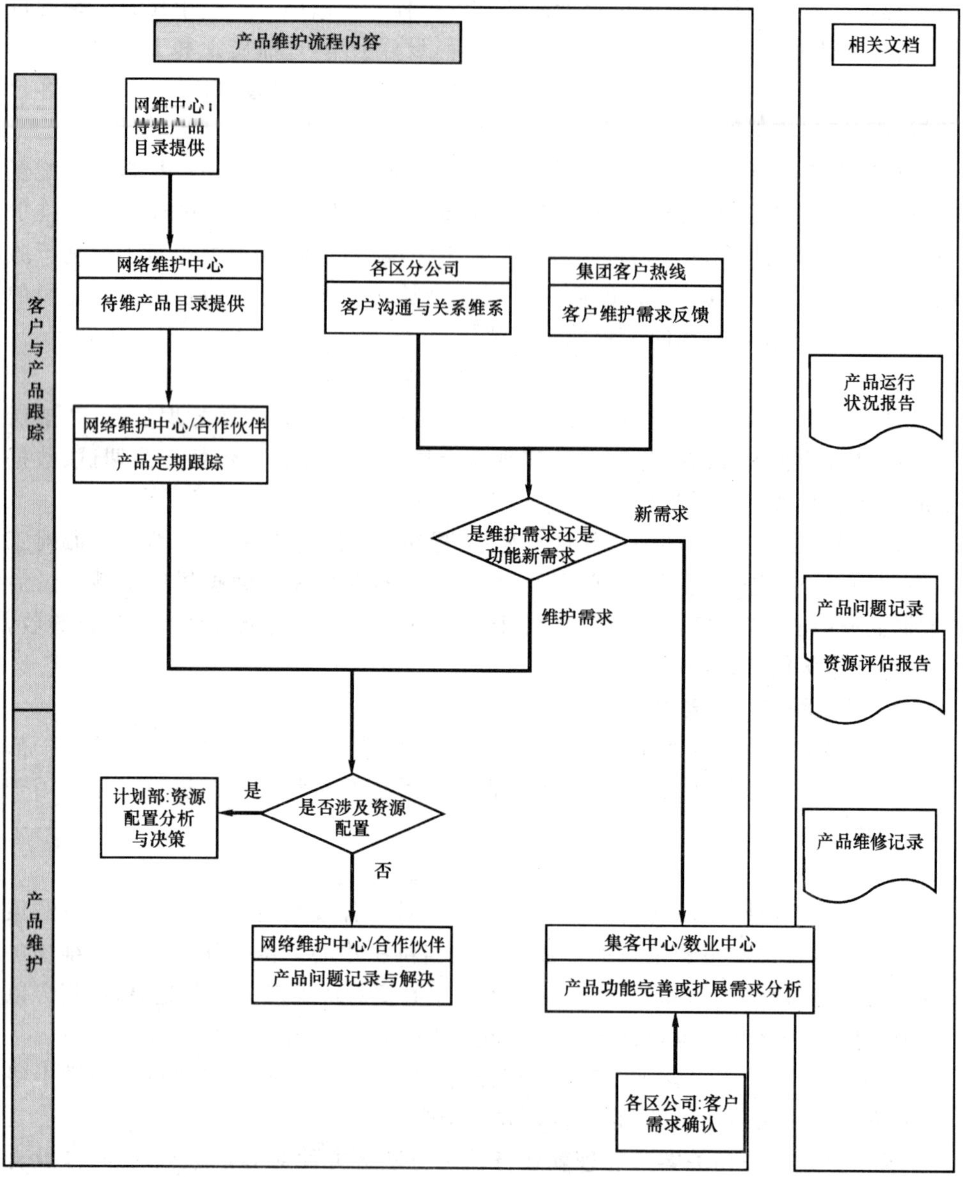

图 11-6　移动信息化产品运营流程——产品维护部分

1. 客户与产品跟踪

客户与产品跟踪是一个客户关系维系和产品质量跟踪的过程，在此过程中通过客户反馈和产品质量的监控和定期检测，寻找和记录产品的问题，同时也对关系维系过程中客户的新需求进行确认。其包括客户沟通与关系维系、客户维修需求反馈、客户需求确认、产品定期跟踪等子流程。

客户与产品跟踪的详细流程规范为：网维中心/合作伙伴根据待维产品目录对产品进行跟踪与监控，对于需要维护的产品进行“是否涉及资源配置”判断，对于需要进行资源配置的产品交由计划部进行资源配置的分析与决策，对于可直接进行维护解决的产品，由网维中心/合作伙伴直接进行维护。同时网络维护中心/合作伙伴根据整体资源的配置和运行情况，对产品质量进行监控，定期跟踪和收集资源反馈信息，以提供给计划部进行资源评估。

各区分公司定期与客户进行沟通，进行关系维系，倾听客户的意见，对于客户新的需求形成需求确认，提交到数业中心或集客中心进行产品功能需求分析。对客户的维护需求进行“是否涉及资源配置”判断，对于需要进行资源配置的产品交由计划部进行资源配置的分析与决策，对于可直接进行维护解决的产品，由网维中心/合作伙伴直接进行维护。

集团客户热线及时对客户的需求进行记录与反馈，对于客户新的需求形成需求确认，提交到数业中心或集客中心进行产品功能需求分析。对客户的维护需求进行“是否涉及资源配置”判断，对于需要进行资源配置的产品交由计划部进行资源配置的分析与决策，对于可直接进行维护解决的产品，由网维中心/合作伙伴直接进行维护。

2. 产品维护

产品维护是一个将客户反馈的产品问题和产品跟踪中检测出的产品问题进行维护的过程，同时对维护过程中客户的升级需求进行产品资源配置分析与决策。

产品维护的流程规范为：对客户提出的产品维护需求问题进行分类，根据合约的规定，由网络维护中心负责的交由网络维护中心进行维护，由合作伙伴负责的交由合作伙伴进行维护。对于需要进行功能完善或扩展的产品提交到产品开发部门（数据业务中心或集团客户中心），由产品开发部门进行功能需求分析，并转到产品销售过程。

3. 预期效果

在产品规划方面，在采用此流程规范后，M 公司将站在战略高度进行产品开发和发展规划，有计划、有步骤地将产品推向并占有市场，从而更符合公司的整体发展战略。

在产品开发方面，在采用此流程规范后，M 公司产品开发的效率将大大提高，产品资源占用表的整理和产品目录的整理将为产品推广销售和产品规划提供更为有力的支撑。

在产品推广销售方面，在采用此流程规范后，M 公司将为产品销售过程提供有利的技术支撑，大大提高公司产品在市场中的竞争力。

在产品投产方面，在采用此流程规范后，M公司将大大提高产品投产的响应速度。

在产品维护方面，在采用此流程规范后，M公司将明确产品的维护职责，及时地为客户服务，提高客户的满意度。

总体来说，M移动公司在应用此移动信息化产品运营管理流程后，各部门职能明确，工作协调统一，移动信息化产品运营效率大幅提高，大大提升了企业的市场竞争力。

思考题

请你结合今年电信运营企业推出的产品，到营业厅进行实地调查，编写某一个电信运营企业的产品管理案例。

参考文献

[1] ITU-T. Recommendation M. 3200 TMN management services and telecommunications managed areas: overview. 1997.

[2] ITU-T. Recommendation I. 210 Principles of telecommunication services supported by an ISDN and the means to describe them. 1993.

[3] 中华人民共和国信息产业部. 中华人民共和国电信管理条例[S]. [2005-12-10]. http:// www. miit. gov. cn.

[4] 范名骏. 电信产品信息模型研究[D]. 北京：北京邮电大学，2005：3-4.

[5] 谢林. 基于生命周期的电信产品分析[D]. 北京：北京邮电大学，2005：15-21.

[6] VHR. Markets for information goods [D]. Berkeley：University of California，1998：3-7.

[7] 菲利普·科特勒. 营销管理[M]. 9版. 上海：上海人民出版社，2001.

[8] 中华人民共和国信息产业部. 电信业务分类目录. [2006-03-07]. http://www. miit. gov. cn.

[9] 范玉顺，黄双喜. 产品生命周期管理研究综述[J]. 计算机集成制造系统-CIMS，2004(1).

第四篇 电信运营企业能力管理

电信运营企业的能力是指其所拥有的赖以提供各项电信服务的基础网络资源，是运营企业的核心生产力。能力的管理涉及对能力的规划、计划、建设、维护以及分析评估等各个过程，是一个贯穿于通信网络资源全生命周期的全方位管理工作。

随着产业的发展，人类通信状态正向着高速移动化和随时随地在线(always online)靠拢。下一代通信技术的发展首先对采用这些技术的电信运营商提出了巨大的挑战，运营商必须把自己武装成既深谙各种未来技术，又能应付新技术引起的市场变化的“未来战士”。对于中国基础电信运营商来讲，能力的管理不仅需要从网络资源的硬件配置上满足市场需求和业务发展，更重要的是，随着电信的转型，能力的管理越来越趋向于对网络资源更加灵活的应用方式和经营模式的管理。这种转型使得传统的具有浓重技术色彩的电信运营能力管理越来越向着具有商业色彩的网络经营、商业运营方面转变。

本篇首先概括介绍电信运营企业网络资源的整体架构及相应的能力管理体系，而后沿着能力管理的进程，分别从能力规划、投资计划、采购建设、运营维护以及能力分析与评估等不同的方面，对电信网能力生命周期各阶段的管理内容和方法进行全面阐述。

第十二章　能力管理概述

电信企业的能力不同于一般制造业的生产制造能力，它是建立在电信基础网络上的服务运营能力。随着电信运营从通信运营到信息运营的转型，电信网络的基本结构和能力内涵也都随之而变。电信企业能力管理是针对电信网络资产的一套完整的管理内容，它涉及从能力的规划计划，到能力的建设形成，至能力交付及运行维护，以及能力的监控与评估等一系列管理环节，是一个基于电信网络资产全生命周期的闭环管理体系。

第一节　电信网结构和能力

一、现代电信网结构

前已述及，电信网络的能力是指其所拥有的赖以提供各项电信服务的基础网络资源，传统的电信运营商注重于构建网络的通信能力，主要是提供通信通道，其网络资源是基于电信协议的七层架构。随着电信转型的日益清晰化，电信运营商在提供通信通道的基础上更加重视其提供信息化产品的能力，因此，在整体网络的上端，网络应用、业务与产品两个层面上的能力日渐加强；在下端，网络基础设施层面，传统的网络、传输和数据链路三个层次也随着通信技术日新月异和客户结构的日益复杂，而集中融和为一个包括分组交换网、接入网和终端网一体的信息运营基础网络。如图 12-1 所示。

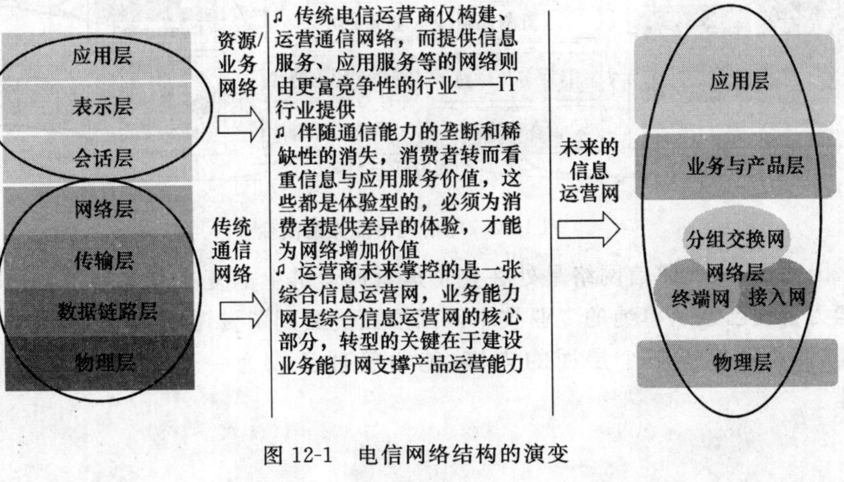

图 12-1　电信网络结构的演变

二、新一代电信网的能力

基于上述的电信运营网络结构的发展变化，网络运营能力的概念和范围也随之有了全新的内容。传统的电信网络，承载并传送信息是其网络的核心能力，网络能力的重点是该通道的运送容量和速度。由于业务内容主要表现了话音和短信，产品类型简单单一，服务内容和质量标准相对统一和规范，其能力管理集中表现为根据客户增长和业务发展预测而进行的各个专业网络的标准配置和建设。但随着电信运营业务内容的不断丰富和需求个性化差异的不断加大，电信市场的争夺焦点已经从对客户的争夺明显地转为对业务的争夺，运营商的网络能力也不再仅仅是提供通道，而是要具有更为直接的提供业务的能力。如图12-2所示，现代电信网的能力可以称为业务能力网，它在传统网络承载能力的基础上，更加强调业务定制、业务生成、业务执行、资源控制等业务交付平台的功能，以及客户关系管理、计费管理等业务运营平台的功能，除此之外，该网络还需要充分地融合企业自身以外的各方资源，包括IT服务提供商、虚拟运营商、设备制造商、系统集成商等。

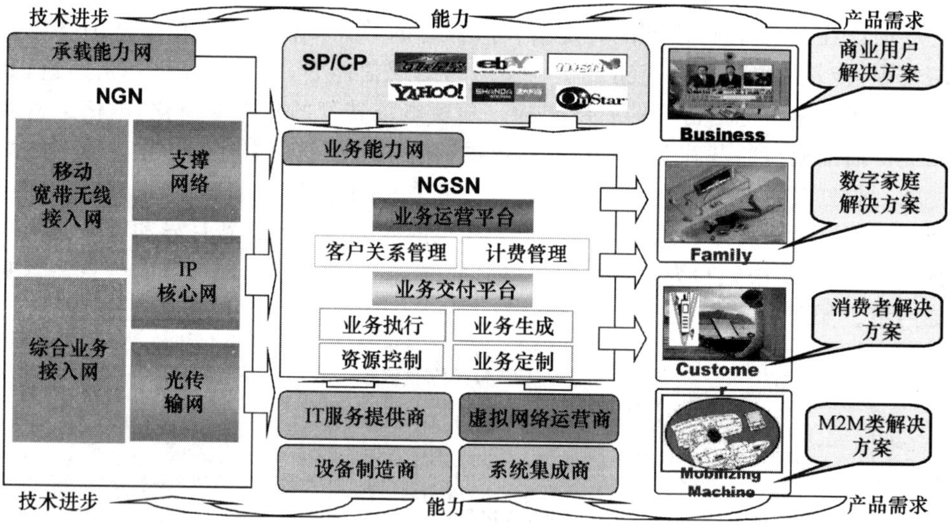

图12-2 电信网络能力的演变

因此，新一代通信网络是处在整个运营产业链上的复杂网络系统，在它上面的能力管理已经从单纯的专业技术匹配层面过渡到了资源配置、组织协调、经营管理、商业运作等多个层面的内容，能力管理已成为一个全方位的系统管理工程。

第二节　eTOM 中的能力管理

eTOM 是一个完整的电信运营业务流程模型或框架，它提供了对于电信运营管理的一整套企业流程。eTOM 较好地代表了电信运营业的真实世界，成为运营行业的标准框架，并在很多服务提供商（包括系统集成商、ASP 和软件供应商）中得到广泛应用。

eTOM 阐述了电信运营商及其所处的经营环境，给出了企业内、外部的相互影响、相互作用的五大实体：客户、供应商/合作伙伴、股东、雇员、其他利益相关者。eTOM 给出了三大流程区域：①战略、基础设施和产品；②运营；③企业管理。这三大流程区域进一步分解为二十三个一级流程群组和八十二个二级流程以及若干三、四级流程；其中七个一级的纵向流程群组，是端对端的流程，用以支持客户和管理业务；十六个横向流程群组区分了功能运营流程和其他类型的业务功能流程。

从 eTOM 的整体架构来看，电信运营企业的能力管理在左右区域各涵盖一定的内容，左边战略、基础设施和产品流程区域中，能力管理涉及了最后两层的内容，即对资源的规划、管理以及供应商的发展和管理等；右边运营区域中，能力管理主要涉及对能力的维护及优化，即资源管理及运营、供应商/合作伙伴关系管理等，如图 12-3 中虚线框所示。

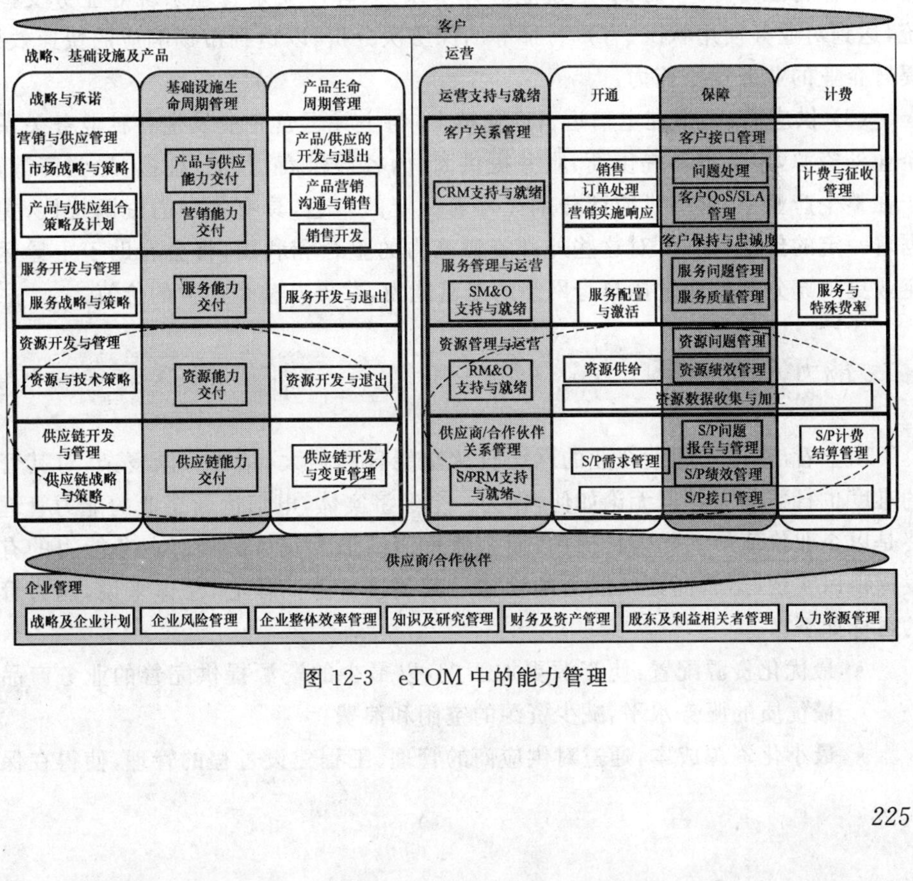

图 12-3　eTOM 中的能力管理

能力管理是电信运营的核心内容，是为前端客户提供高质量服务以及提高后端企业管理效率的有力支撑。

一、能力管理对象

根据 eTOM 架构，并结合图 12-2 的电信网能力的演进，对电信运营企业的能力管理主要是针对企业的网络基础设施（包括网络、局房、生产支撑系统）、业务提供与支撑平台，以及供应商的管理。

(1) 网络基础设施：网络基础设施类似于传统的承载网络，但其技术标准已经发生了巨大变化。具体来讲，下一代通信网络（NGN）是包含了光传输网、IP 核心网、网络支撑（信令、同步，以及网管）系统、宽带接入，以及综合业务接入网等的高性能的通信硬软件系统，是向客户提供诸如语音、数据、图像、流媒体等各种通信服务的电信网络基础设施。

(2) 业务提供与支撑平台：电信网的业务能力集中体现在网络的这个层面，该层网络的功能设计更加面向客户和市场。一方面，通过明确产品业务的定位和标准对其业务平台的基本功能模块形成规范的设计体系，以期具有更快更准的业务生成和执行能力；另一方面，通过业务计费系统、客户关系管理系统等业务支撑系统，达到对业务使用状况、客户特征等的深层次分析，以达到市场响应的快速效果，提升企业的业务竞争能力。

(3) 供应商：是指在电信运营产业链上，与主导运营企业发生各种业务关系的企业外资源，包括设备提供商、服务提供商、内容提供商、其他（虚拟）运营商等，由于在整个产业中，这些供应商分别充当着一定的角色，具有各自的资源特性，并占据着一定的价值，因此，对这些外部资源能力的整合和利用，将会有助于主导运营企业更加充分高效地发挥自身网络的经营能力，并提升整个产业的价值。

二、能力管理目标

由上看出，电信运营企业的网络资源功能日趋强大，结构日渐复杂，对其管理的难度也日益加大。但无论如何，作为一个经济实体，电信运营企业的能力管理最终是以企业价值最大化为目标的，而企业价值的最大化务必通过业务能力的有效发挥得以实现，运营商网络能力的管理是其创造价值的核心，总体来说，能力管理的目标如下。

- 最优化资源配置：使资源更加匹配，以最少的资源提供完善的业务产品和最优质的服务水平，减少资源的空闲和浪费。
- 最小化资源成本：通过对供应商的管理、工程建设过程的管理，使得在保证网络质量的前提下，资源的配置成本最低。

- 最大化资源产出：通过面向市场（客户）的网络资产维护管理体系，建立高效的网络资源经营维护体系，以最大化资源的业务和产品能力。
- 最大化资源效益：通过对网络规划、计划、建设和维护等整个流程的管理，最大化能力的经济寿命，提高整体资源的财务效益。

三、能力管理的阶段及内容

从电信网络资源的生命周期来看，运营商对资源的管理划分为四个阶段，如图12-4所示。

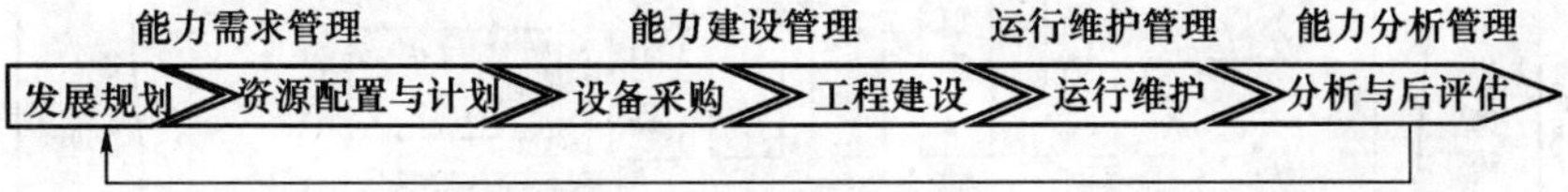

图 12-4 能力管理阶段

第一阶段，能力需求管理：包括制订企业发展规划、进行资源配置，并编制投资计划。

第二阶段，能力建设管理：包括设备采购及工程建设过程，是能力的形成阶段。

第三阶段，运行维护管理：该阶段是对能力形成后的运营阶段进行性能方面的维护，通过日常的网络性能监控及维护系统对电信网运营状况进行实时监控，保证高质量运转。

第四阶段，能力分析与管理：包括两个层面的分析与评估工作，其一是投资后评估工作，即对已投入运行的建设项目，重新审查其取得的效果，对投资影响的各项指标进行分析和后评估，着重对能力的经济效益、影响、持续性等对能力的建设效果进行评估；其二是日常的投资效果分析工作，从投资管理的角度监控审核建设项目对网络性能指标、客户业务指标、经济效益指标等的综合影响，同时从控制预警角度进行动态分析，对投资计划工作提供决策依据。

第三节 电信运营企业能力管理体系

电信运营企业的能力管理体系实际上是沿着资源的整个生命周期来进行的。从规划、计划，到采购、建设，以及使用过程中的维护和分析，这一过程构成了如图12-5中的能力管理体系。

从管理流程上看，能力的管理首先起始于公司的经营战略，经营战略落实到发展规划，而后形成年度投资计划。投资计划通常是从专业结构、区域结构角度给出的投资规模和建设规模，而投资的具体实施是要通过项目前评价与决策过程落实到具体的执行项目，这样就形成了每年的项目建设计划，并由此进行设备的采购、工程的建设实施，直至最终能力建设完成并上线运营。当然，由于通信业务"产供销"一体化的显著特征，能力建设的完成仅仅提供了业务平台，而网络质量的优劣、业务性能的稳定与否、投资效果的好坏都需要随时进行监控，这就是网络的运维和分析工作，即对网络资源使用期的管理。网络运维管理包括了日常技术层面的网络维护和网络优化，同时也包括对投资效果的后评估和对业务运营效益的分析，通过分析为未来的投资决策及运营策略提供有力的支撑。

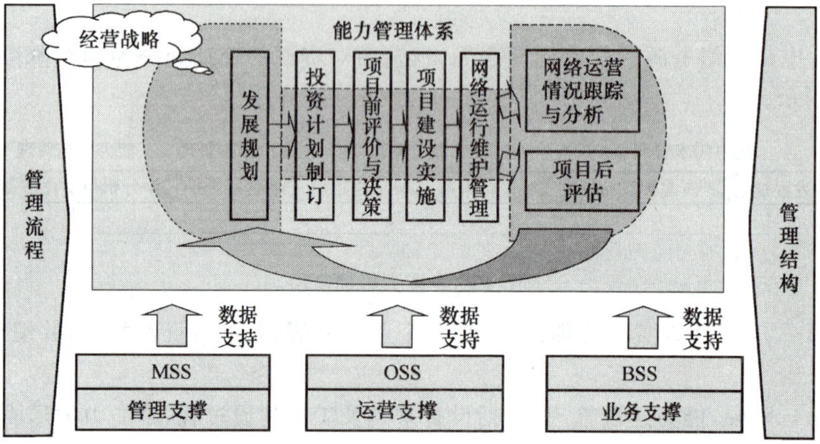

图 12-5　电信运营企业能力管理体系

从管理结构上看，整个体系呈哑铃型，这个结构也表现出在整个能力管理体系中，前端发展规划的制订对整个体系的影响是重要的，它决定着企业的大方向；同样地，能力建设完成后的评估、分析对企业随时的经营调整、对以后的投资方向也起着相当重要的支撑和提升作用。哑铃中间从计划一直到网络维护，更多地是执行层面，需要很好的流程制度加以保证。

另外，能力管理系统各阶段职能的有效发挥、管理效果的有效体现充分依赖着企业的各个信息化支撑系统，在电信运营企业，表现为三大重要的支撑系统，即管理支撑系统（Management Support System，MSS）、业务支撑系统（Business Support System，BSS）和运营支撑系统（Operating Support System，OSS）。

思考题

1. 电信转型带来电信网络结构的转变表现在哪些方面？

2. 现代电信运营企业的运营能力指什么？相对于传统的能力有哪些重要的变化？

3. 简述能力管理的体系和内容。

第十三章　能力需求管理

无论任何形式的企业，其制造能力或服务能力（也可以理解为企业的规模）的设计，必须源自于市场需求。电信企业能力需求管理是指根据市场业务发展前景，结合企业的整体发展规划，对电信企业的资源需求进行合理配置，并以投资计划的方式下达成为网络或业务能力的建设计划。能力需求管理包括三个方面的内容：发展规划、资源配置和投资计划。

第一节　电信企业发展规划

企业发展规划是对企业在未来一段时间内的发展方向、发展目标、发展步骤、发展策略及资源配置的估计和决定。规划是公司层面的工作，因此必须站在全公司的立场上考虑，各个部门、分公司只是具体的参与和执行单位。规划的目标是支撑企业的持续发展和效益实现。

规划管理体系是企业制订、实施规划所进行的各种管理活动和相应的组织保证体系、工作流程的统称，它是企业进行规划管理的各种必备要素的集合。

一、电信企业发展规划体系

企业发展规划体系，是以公司战略为指引，以企业发展目标、市场发展需求和行业技术发展方向为基础，以计划管理信息平台为手段，对企业的整体发展进行全面部署的战略指导体系。企业发展规划体系表现为一系列的专业指标体系，是从各个角度考虑的企业阶段发展目标。

图 13-1 所示是典型的移动运营企业规划管理体系，其内容框架采用“主体规划和专题研究相结合”的方式。主体规划包括战略规划、业务规划、资源配置规划、绩效规划四个层级。

二、电信企业发展规划的内容架构

按照企业发展规划整体体系，规划内容可以分为四个类型：战略类（战略规划)、市场类(业务规划)、资源配置类(资源配置规划)和绩效类(绩效规划)。各类规划中又将涉及不同的专题,形成更细致的规划内容。如图 13-2 是以移动运营企业为例的规划内容体系。

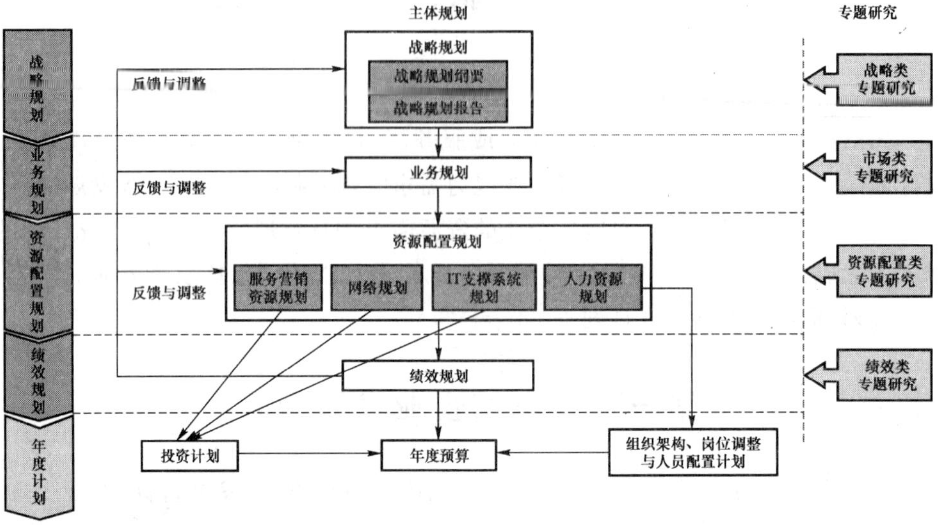

图 13-1　某省移动公司规划管理体系

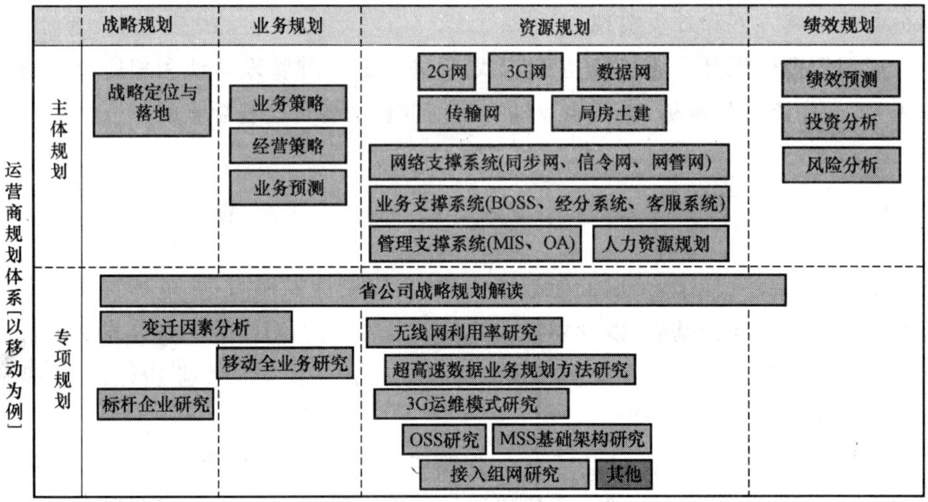

图 13-2　电信运营企业规划内容体系

主体规划是公司规划的核心内容,是整个规划编制的主线。主体规划包括四个方面:战略定位与落地、业务规划、资源配置规划和绩效规划。

战略定位与落地就是战略规划,是规划的总原则,具有非常高的指导意义。战略规划是在环境分析和情景假设的前提下,明确公司未来三年的战略目标、战略定位、战略方案和主要战略措施,为公司的中长期发展提出总体性规划。战略规划由战略纲要和战略报告组成。战略纲要是战略规划的纲要性版本,对公司未来环境做出总体判断,明确公司的战略目标、绩效指标体系、主要战略措施;战略报告则是战略规划全面、详细的报告。

业务规划是指企业的业务发展规划,应以企业发展战略为指导,以市场需求为依据,确定企业的业务发展目标、产品策略和经营策略。业务规划包括业务预测、业务策略和经营策略三方面的内容。

资源配置规划是根据企业的业务规划,结合内部资源现状,确定资源需求及配置方案。资源配置规划包括三个部分:网络规划、IT 支撑系统规划和人力资源规划。网络规划是制订网络发展策略,形成网络建设方案和网络投资建议;IT 支撑系统规划是制订支撑系统和内部 IT 管理系统的发展策略,形成 IT 支撑系统的建设方案和投资建议;人力资源规划则是运用科学方法对公司人力资源需求和供给进行预测,制订相应的策略和措施,使公司人力资源供给和需求达到平衡,并有效提升人力资源效能。

绩效规划是根据环境和公司发展,对规划期内公司发展的主要经营绩效指标进行平衡。绩效规划包含绩效预测、投资分析以及风险分析等方面。

当然,除了主体的四个部分规划,企业还就其不同经营阶段显示出的关键问题进行专题分析与规划。专题规划的内容并不固定,根据实际需要,每个阶段会针对不同的热点问题专门研究。

三、规划计划一体化管理

发展规划通常是企业较高领导层级对中长期发展的战略性考虑,而企业规划必须具体落实到各执行部门的短期(一年/半年/季度/月度)经营计划才能得以实施。规划计划一体化就是强调企业规划与实施计划的衔接和融合,包括在战略上从高层规划到低层规划的衔接,以及在各专业业务领域,从规划到投资计划以及经营计划的具体落实方案。规划计划一体化管理是企业战略得以实现的保证。

图 13-3 是网络发展规划与计划的衔接示意图。图中可以看出,集团对省公司的领导主要是通过规划计划的上报、下达来进行;而从战略到实施则是通过将网络规划落实到能力/业务/绩效等指标,再形成网络投资计划,最终通过工程项目的建设将网络的扩容及发展计划得以落实。

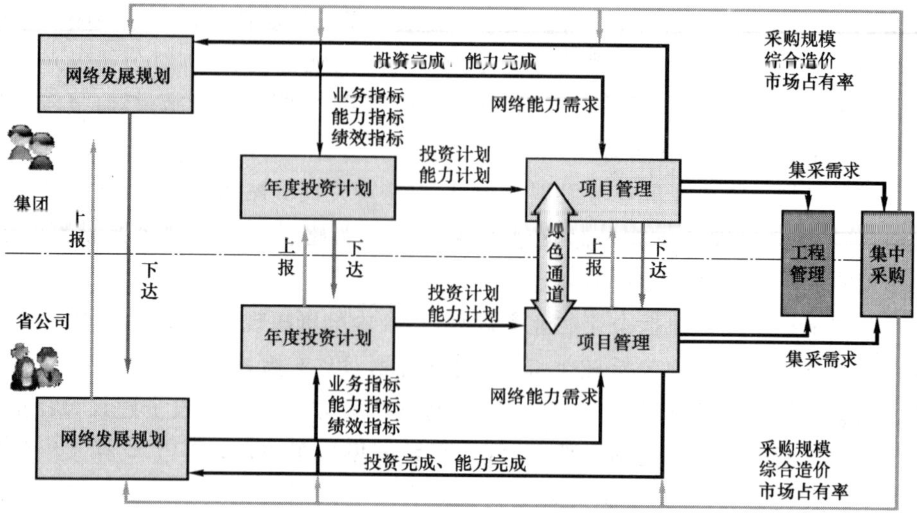

形成规划与投资计划管理和项目管理之间的闭环管理，使规划成为企业资源调配重要手段。

图 13-3　移动运营企业规划计划一体化管理

第二节　资源配置管理

在企业发展规划中，我们讲到，企业的中长期规划必须落实到计划，才能够得以具体实施，企业的战略目标才能够最终得以实现。而从规划到计划的落实主要指的就是企业的资源配置计划。

企业资源的配置一般表现为企业生产经营过程中对资源在时间、空间和数量上的要求，其实质就是选择不同资源构成满足社会需求的产品。也可以认为企业资源配置是企业根据其经营目标将资源的用途在不同的时间、空间和数量上进行合理分配。

资源配置的原因主要来自资源的稀缺性和可选择性，这两种特征使得企业资源配置有合理或不合理的问题，即迫使人们对资源配置加以研究，而克服其稀缺性和可选择性所带来的不确定性。

资源配置一般理解为利用资源的可替代性，使之在不同用途之间进行的分配。就社会资源来说，资源配置就是选择用途置于不同部门或地区。资源配置方式主要有市场配置和政府配置。市场配置是指根据市场经济体制下，根据市场供求关系变化，按利益驱动原理将资源配置于不同的部门和地区。在一个充分竞争的市场体制中，资源总是向收益最高的部门和地区流动，市场供求比例的变化以及由此而引起的价格波动，将把资源配置于适当的部门和地区。政府配置，也称为政府干预，即政府通过各种干预手段直接或间接地调节资源配置的格局和规模，以降低资源配置成本，减少资源的浪费。政府配置对于我国当前的市场经济的建立具有不可缺少的作用，它可以大大克服市场的盲目性和垄断趋势。

如果把企业经营总战略看作是宏观层次，经营策略看作是微观层次，那么企业的资源战略则属于中观层次的问题。企业的资源战略是企业经营总战略在资源配置方面的更为细致的战略，属于企业的职能战略或经营战略。

从电信企业能力管理方面来讲，资源配置计划就是以市场需求为导向，力求提供满足业务服务需求的网路能力资源配置计划，具体来讲，就是网络建设、网络扩容。在传统的电信运营商中，资源配置计划基本表现为话务网能力建设计划，简单地说，就是根据市场及业务发展预测，按照通信网话务与载频的基本数量关系，换算出在交换、传输、无线、支撑系统等各专业的能力增量需求，然后通过相应的技术设计形成具体的项目计划，并在此基础上测算出投资计划。

传统的电信运营商主要是通过固定资产建设进行网路能力的补充和配置，所以其配置内容和手段都是比较单一的，表现为固定资产的建设和固定资产投资。但随着移动市场业务的多元化和数据业务需求的不断增加，电信网能力结构有了新的变化，而其资源配置的手段和方法也随之增添了新的内容。

一、电信运营企业资源配置

1. 资源配置内涵

资源配置方式是指为使经济行为达到最优和最适度的状态而对资源在社会经济的各个领域、地区、部门、企业之间，各种用途之间，进行配置的各种手段和方法的总称。

当前，在电信企业的运营发展中，业务能力的竞争使得运营企业的资源占用全面面向业务的开发。企业在进行业务发展的时候，一般都会有一个业务组合。业务组合是指各项业务在整个企业中起到不同的作用，有的是为其他业务提供现金流的作用，有的是成为未来利润增长点的作用。

业务组合理论中最知名的是 BCG 矩阵（见图 13-4）。BCG 的业务组合理论根据业务的相对市场占有率和市场增长率将企业的业务划分为四大类：明星业务、金牛业务、问题业务和瘦狗业务。通过金牛业务赢取稳定的利润，投入到明星业务和部分问题业务中去，促使某些瘦狗业务能成长为明星业务。而对于瘦狗业务则采用战略收缩的措施，不再占用企业的现金流。

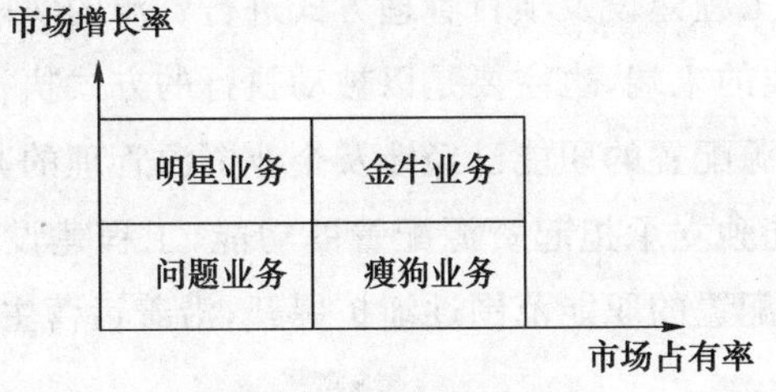

图 13-4 BCG 矩阵

每项业务在不同的发展阶段都有不同的资源投入需求。因此，要让资源配置真正符合企业的发展战略，真正起到支撑发展战略的作用，就必须要制订出资源在业务内部价值链中的配置方向。对于一般的制造类业务来说，业务价值链可以分为产品研发、生产制造、市场营销、售后服务这几个比较关键的环节。企业在对业务内部进行资源配置时，应该从业务发展趋势、企业自身在各环节的实力等方面出发，确定应该进行重点投入的环节，采取效率高、风险小、成本低、见效快的方式实现资源配置。

2. 资源配置在移动运营管理中的定位

企业的经济属性决定了企业运营的主要目标是盈利，这也决定了企业资源配置管理的效益导向。就运营管理而言，效益导向主要体现对资源、能力、产品、收益，以及彼此之间关系的有效管理。因此，高效的运营管理有赖于对资源、能力、产品和效益相互关系间的深度挖掘和全面认识。资源配置正是在对决定企业竞争力的各种要素的充分认识的基础上来分配和调派处理企业的各种资源，从而使这些资源能够为企业创造出最大的价值。

图 13-5 全面展示了通信运营管理的全景视图，通过对"收入—业务总量—忙时业务量—能力—投资—资产"这条运营主线（图中虚线框内的关键路径）的梳理，我们可以清晰地看到电信企业运营管理的各项职能及相应的各个部门在这个运营体系中的位置和作用。从图中可以看出，电信运营企业的资源配置并非仅仅是一个静态的起始性工作，它应该贯穿于企业对资源应用的全过程，不仅要通过需求分析进行初始的规模设计、专业能力配置、建设方式选择等，而且要在资源的使用过程中随时提取资源占用及运营性状，进行即时分析和信息处理，以达到循环式的动态配置，才可以最大限度地优化资源效益。

图 13-5 中，在资源配置方面，电信运营企业的工程建设部门起着最为核心的作用。尤其是在传统的以话音通信为核心业务的电信运营模式下，企业的资源配置主要是对承载网络的能力建设，表现为对传输、无线以及核心网等各专业间的能力进行匹配，并通过工程建设及项目管理方式进行资源的实际建设，而工程建设部门处在整个运营主线的末端，也主要是以被动执行的方式执行着资源配置的计划。但随着运营转型，资源配置的职能已经涉及企业资源管理的其他环节，单独一个工程建设部门已经不能独立承担起资源配置的功能，工程建设也不再是供给资源的唯一方式，因此资源配置的职能范围逐渐扩展开，沿着运营主线伸展到了更多部门的职责范围。

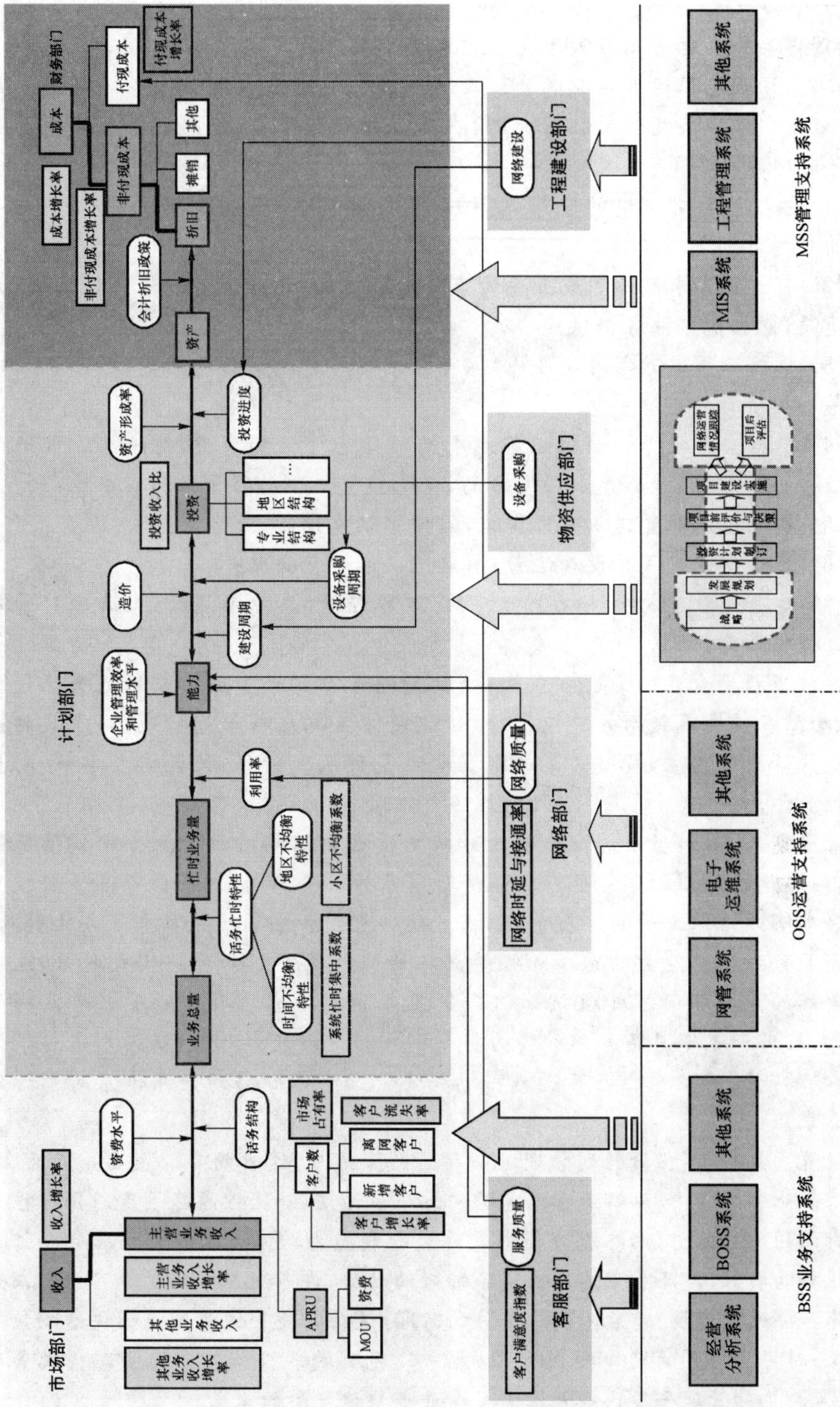

图13-5 通信运营全景视图

资料：国内某移动运营商资源配置管理现状及问题

目前，国内电信运营企业的资源配置管理主要通过投资计划管理的方式来进行，以国内南方某省移动公司为例，在多年的经营中，已经形成了一套完善的投资管理体系。

(1) 根据内外部环境的分析，制订企业投资战略，明确投资方向，从而指导具体的投资计划管理工作；

(2) 有效预测未来三年或五年的市场发展情况，评估现有的资源能力，规划网络建设，包括前端业务提供能力；

(3) 根据三年或五年的发展规划，将规划目标分解到各年的建设计划中，制订当年的投资计划；

(4) 根据当年投资计划组织各地申报项目的评估和审核，统一组织各地的工程项目，以控制投资额度和投资方向，保障投资工作的科学性和实用性；

(5) 各地根据批复组织项目实施，监控工程建设；

(6) 网络建设完成并投入运营后，监控网络运营状况；

(7) 对项目管理的全过程进行评估，汲取经验，总结不足，为未来项目管理的完善提供参考。

就该省移动企业的管理方式来看，目前的资源配置管理对象的范畴比较狭窄，仅局限在传统承载网的建设，由于传统网络主要发挥承载功能，而承载的业务也以语音业务为主，目前的资源配置管理呈现两大特征：配置需求单一，配置周期较长。

配置需求单一：当前的网络能力分析主要来自网络对语音业务承载情况的分析，网络建设计划的制订也以保障语音质量为第一原则，这在语音业务快速发展的时期有效地保障的网络质量，但随着数据业务和许多集团客户业务的引入，这些新业务对网络能力的需求始终游离在传统投资规划和计划模式之外，这就导致前端的市场部门不知道该如何将新业务的能力需求有效地反馈给网络部门，而网络部门也不具备知识和能力将新需求与网络能力对应，从而形成建设计划，简单的“量”的预测已经不能真实地反映更加丰富的移动产品体系对资源能力的需求。

配置周期较长：投资计划管理以一年为一个周期，这样的管理主要是因为，在传统语音业务运营中，网络运营以保障网络质量为主，一次性的建设可以保障很长一段时间的网络能力，网络能力集中表现为承载能力，然而，随着数据业务和许多集团业务的引入，产品生命周期出现了缩短的趋势，许多新业务从发现客户需求到转化为产品进入市场，前后不到三个月的时间，这就需要资源配置能够快速响应市场需求，对投资决策的效率提出更高的要求，现有的逐级批复式的管理模式和以CAPEX为主的管理手段已经无法满足新业务快速发展的需求。

二、转型中的资源配置管理体系

伴随着中国通信行业的跨越式发展，中国的话音通信市场已经是一片竞争激烈的“红海”，市场环境和话音产品价值都不足以支撑各家运营企业“从优秀向卓越”迈进的战略远景，转型成为各家运营企业的共同选择。

对于运营企业而言，战略转型的主要支撑和保障之一是运营体系的转型，而由于运营企业资产密集型的特点，资源配置的转型又成为运营体系转型中的关键环节，资源与能力本身性质和配置方式发生的变化是有效推动运营体系转型的关键，这主要表现在以下两个方面。

其一，话音通信网（以规模经济、大众化为核心）无法有效支撑信息通信产品（以大规模定制、个性化为特点），简单的产品与业务转型必然造成产出的低效率和资源的浪费。为了有效推动移动信息化业务、集团客户业务等转型业务，推动既有“拳头”产品、“杀手级”应用又有利基产品、长尾产品的移动信息产品格局，电信运营商的网络资源与能力必然要历经结构提升，在网络资源结构中，需要出现更多的业务网络、更具扩展性的承载网络。

其二，在新的网络条件下，资源获取方式和手段的种类也越来越丰富，业务网络、营销渠道等网络资源的获取手段将更多的在 CAPEX 与 OPEX 之间权衡

1. 资源配置管理体系设计

基于上述资源配置要求的变化，我们可以看出，电信运营企业的资源配置管理体系发生了显著的变化，新的资源配置体系应当具有图 13-6 的框架和内容。

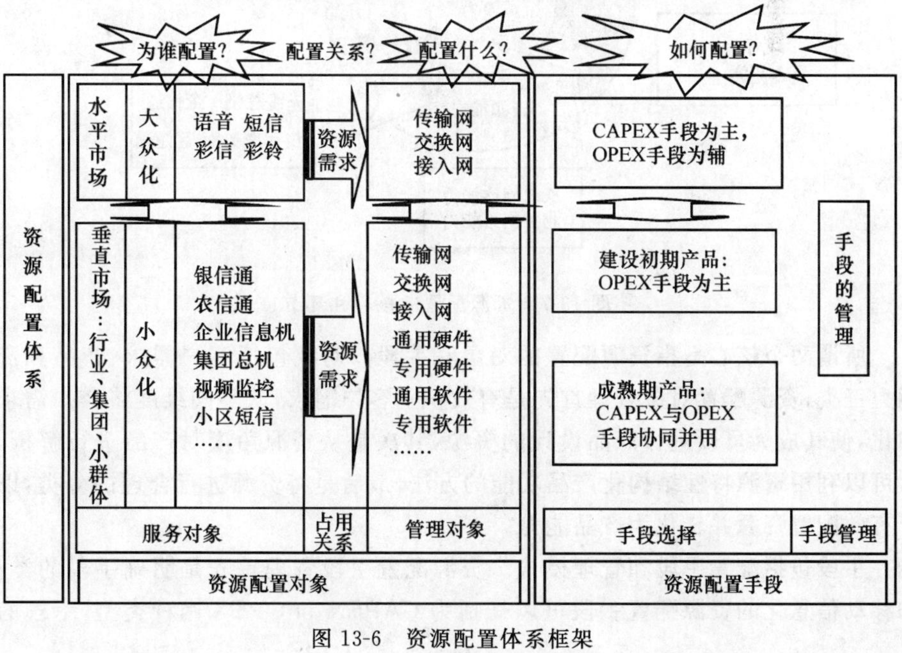

图 13-6 资源配置体系框架

该体系的主体部分包括对象和手段两个部分，对象主要研究为谁配置、配置关系和配置什么的问题，包括服务对象研究、占用关系研究和管理对象研究，服务对象对应移动客户和产品结构，管理对象对应承载网络和业务网络资源，占用关系对应产品与资源之间的对应关系；手段主要研究怎样配置的问题，包括手段选择和手段管理，手段选择主要研究在产品运营过程中如何合理选择 CAPEX 和 OPEX 两种手段，手段管理是指如何将两个配置方式有效地落实到管理工作中去。

资源配置体系清晰地描述了资源配置管理的内容，给出了资源配置研究的主要方向，同时，资源配置体系的完善又是一个长期的过程，随着研究的不断深入和落实，将可以最终形成一套行之有效的资源配置管理方法。

2. 资源配置管理体系的两个核心和五个环节

图 13-7 以另一视角展现了资源配置体系，清晰地展示了资源配置的两个核心和五个环节。

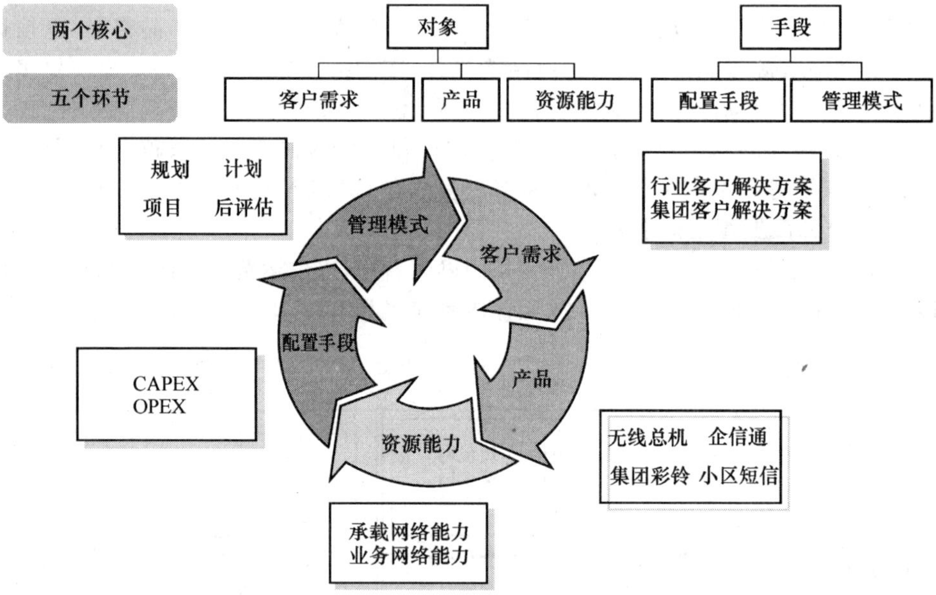

图 13-7 资源配置的核心和环节

所谓两个核心是指资源配置的对象和手段。对象包括客户需求、产品和资源能力三类，资源配置对象管理首先是有效识别客户需求，从不同维度将客户需求结构化，使其成为可以进行产品设计的资源，其次是从资源角度对产品进行解析，探索可以利用资源特性结构化产品功能的方法，最后是将资源进行合理的分类，以便于有效配置资源并转化为产品能力。

手段包括配置手段和管理模式。资源配置手段管理首先是明确手段的类型，如移动信息化的资源配置手段可以概括为 CAPEX 和 OPEX 两种类型，手段的选择可以按照选定的分类方法深入分析，如对 CAPEX 和 OPEX 两个方式的特征、适用情景等进行分析，其次是根据手段确定管理模式，如在以 CAPEX 管理手段为主的投资计划管理中，规划—计划—项目—后评估，就是一套行之有效的管理模式。

所谓五大环节是指“客户需求—产品—资源能力—配置手段—管理模式”。这五个环节所形成的闭环过程正体现资源配置管理的内涵。需求分析推出产品需求，产品需求推出资源能力需求，配置手段给出实现资源能力的方式，管理模式将资源能力的实现有效地落实到企业的运营管理过程中。

3. 资源配置管理的五个核心问题

新市场条件下电信运营的主题是产品运营，产品运营亦即运营企业围绕产品，构成上层客户与市场运营、中层产品与业务运营、下层资源配置的三层运营体系。建设三层运营体系是新条件下运营的必由之路，这要求运营后端的移动通信网络投资管理体系，必须转型为适应新形势的资源配置体系，转型主要面临两个方面的问题，一是资源配置体系的对象问题，二是资源配置体系的手段问题。对象和手段的问题又可细化为五个核心问题，其中，前三个问题的主题是对象，而后两个则是手段。五个核心问题如下。

(1) 适用的产品分类体系与资源分类体系

对于资源配置体系的对象而言，首要的是获取对象的相关信息。在资源配置体系中，对象主要划分为三个类别，一是资源配置体系的服务对象，二是资源配置体系的配置(管理)对象，三是资源配置体系的分析对象。服务对象，亦即产品与业务，资源配置体系需要服务于产品与业务，为产品与业务提供适当的资源支撑；配置(管理)对象，亦即资源与能力，是资源配置体系所能操控的对象，如图 13-8 所示。

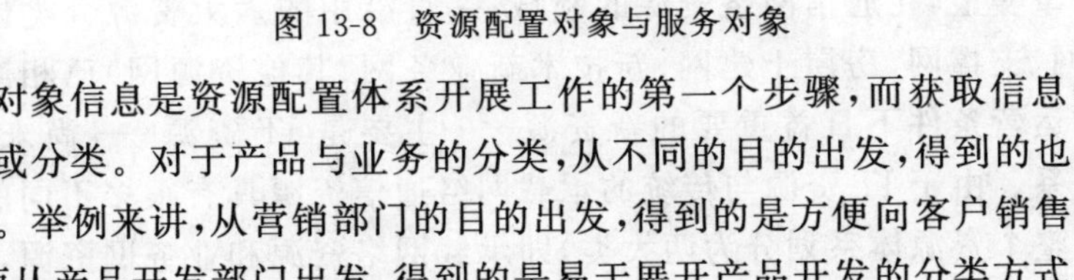

图 13-8 资源配置对象与服务对象

获取对象信息是资源配置体系开展工作的第一个步骤，而获取信息的基本手段为划分或分类。对于产品与业务的分类，从不同的目的出发，得到的也是差异的分类方式。举例来讲，从营销部门的目的出发，得到的是方便向客户销售的产品分类方式，而从产品开发部门出发，得到的是易于展开产品开发的分类方式。

1) 产品分类

对于资源配置体系而言，何种产品与业务的分类体系是适用的？根据研究，基本的分类方式是：将产品与业务划分为需求拉动型产品与技术驱动型产品两类，如

图13-9所示。这种分类方式的原则在于资源配置所需信息的完善程度。需求拉动型产品主要从运营的前端发起，亦即在产品方案中，首先明确的是客户的需求和产品的功能，而产品的资源需求则存在相当的模糊性；技术驱动型产品则正相反，它们主要从运营的后端发起，可以是合作伙伴的技术驱动、供应商的技术驱动和网络技术演进的驱动。在产品方案中，首先明确的是产品的资源需求，而客户的需求和产品的功能细节则依靠前端的相关部门进一步挖掘、细化。显然，对于资源配套体系而言，在产品设计开发的初期，技术驱动型产品的资源需求信息完善程度较高，而需求拉动型产品则较低。对于指导运营前后端的信息沟通重点，这种分类方式是有价值的，但这仅是一种粗的分类方式，应以进一步明确产品的资源占用需求为目的，开发出更细化的分类方式，以便指导具体工作。

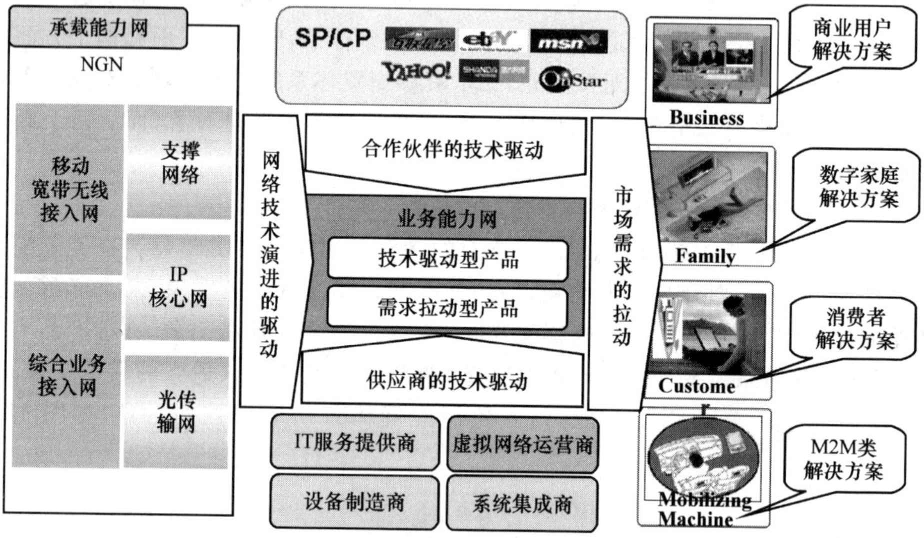

图13-9　资源服务对象——产品分类

2）资源能力分类

沿着通过分类获取对象信息的思路，有必要开发出适用的资源与能力的分类体系。事实上，在通信网络资源的领域，一直沿用的六大资源分类体系（话务网、传输网、支撑网、房屋土建网、新技术新业务网、其他资源网）已相当完善，但对于新的运营条件下日益重要的新资源——主要是IT资源——尚未建立明确的分类体系。由于IT资源与传统的承载网络通信资源具有很多不同的特性，所以首先将整个资源体系划分为两大类，即承载网络资源和业务网资源，承载网络资源可以沿用原来的分类体系，而IT资源的部分，重点从资源专用性的角度分析，将IT资源划分为通用/专用的硬件、软件和服务。图13-10是初步研究的资源能力分类体系。

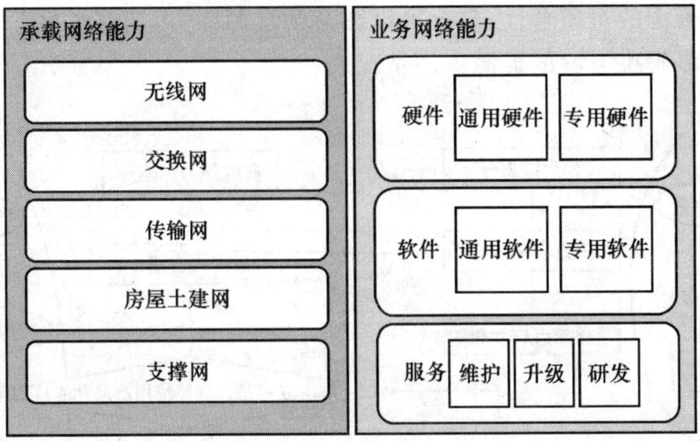

图 13-10　资源能力分类

这种分类方式对于指导资源配置部门明确产品的资源占用结构是有价值的，进一步的研究可以从两个维度深入，一是资源本身的特性信息，资源的固有特性的表现形式即为资源的核心指标，例如在通信网络资源领域，交换网以“万门”标志其资源特性，无线网以“载波”为核心指标等；二是资源配置的手段，对于通信网络资源，资源配置的手段是隐含的，亦即投资或 CAPEX，但对于 IT 资源，投资手段却不是必然的选择。

(2) 产品的资源需求的结构化分析方法

为了获取产品的资源需求信息，产品分类是第一步，以分类为基础展开具体工作，则需要对产品的资源需求进行结构化分析，即资源对象问题中的分析对象。所谓资源需求的结构化，包含两个方面的含义，一是构成关系，即产品与资源的定性的对应；二是数量关系，即产品与资源的定量的关系。

对于具体的产品方案，当涉及资源配置时，就必须对该产品进行资源需求的结构化分析。结构化分析方法在通信网络资源领域已经相当成熟，以话音产品为例，通过忙时话务量作为中间变量，客户的需求可以迅速转换为无线网的载波数需求和交换网的交换容量需求等。

1) 产品资源占用关系分析方法

图 13-11 表示了构建需求—产品—资源占用关系模型的一套方法。

① 根据客户群特征分析客户的需求，并根据现有产品目录可提供产品功能设计解决方案；

② 分析解决方案中使用的产品功能特性及占用关系，如直接占用或非直接占用，所谓直接占用是指标准产品资源占用表中的信息可以直接使用，所谓非直接占用是指标准资源占用表中的信息需要根据实际情况调整后才能使用；

③ 从资源能力信息库中调取相应产品的占用关系表单，分析解决方案对资源的占用情况；

④ 分析资源的可整合性，整合可以整合的资源能力，调整解决方案；

⑤ 提交该解决方案的资源占用情况表。

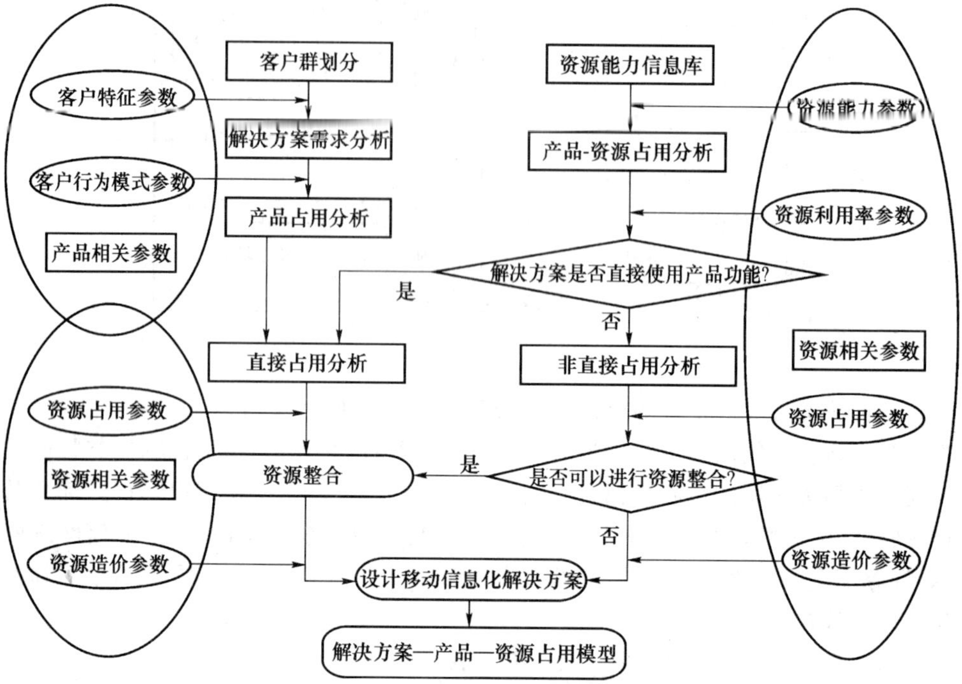

图 13-11　业务资源占用关系模型

通过结构化分析，能够基本明确产品的资源需求，这些信息将作为产品规划中产品决策的成本依据，也是产品投产时资源配置计划的技术依据。

这种结构化分析方法需要实践经验的积累，但可以作为一种知识直接从外部获取，尤其是对于技术驱动型产品，作为技术方案提供方的供应商和合作伙伴，一般都在其附带的业务模型中使用结构化分析方法；而对于需求拉动型产品，则需要资源配置部门和产品开发部门紧密合作，在结构化思路的指导下，从建立业务模型的基本假设出发，逐步细化资源占用，最终总结出相关产品的资源需求的结构化分析方法。

2）产品资源占用表单及资源能力信息库

结构化分析得到的产品资源占用信息可以存入标准的产品资源占用表单，图13-12 示出了一张产品资源占用情况。一个解决方案由两个主要部分组成：功能和内容，功能又是由许多个标准化产品组成，每一个标准化产品都应配备一个自己的产品资源占用表单，如表 13-1 所示。在企业的产品和资源都结构化分类的基础上，通过对每个标准化产品的资源占用分析，可以得到一系列结构化的产品资源占用关系数据，将这些数据信息通过一定的结构化设计就可以形成运营商的资源能力信息库，并成为企业资源配置的基础依据。

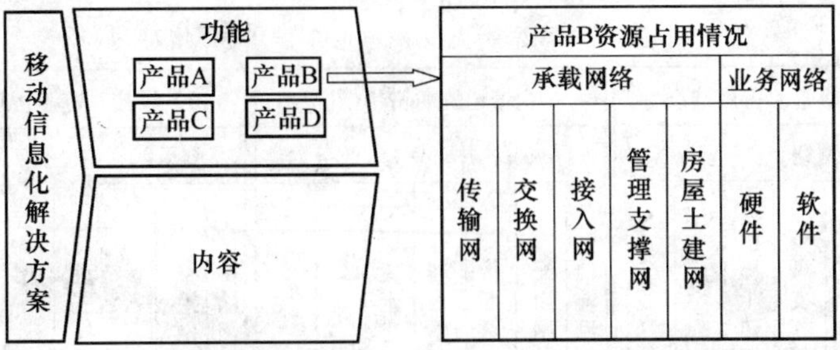

图 13-12　产品资源占用关系

表 13-1　产品资源占用表单

产品名称	承载网资源能力	产品需求
“机灵狗”物品跟踪防盗抢捆绑服务	交换网	MSC（移动业务交换中心）开通定位服务
	无线网	地下停车场覆盖
	业务网资源能力	产品需求
	专用硬件	GSM定位跟踪器（终端）
	通用硬件	“机灵狗”跟踪系统硬件
	通用硬件	Ericsson高精度高灵敏度定位系统硬件
	专用软件	“机灵狗”跟踪系统软件
	专用软件	Ericsson高精度高灵敏度定位系统软件
	专用服务	“机灵狗”热线
	BOSS系统	增加“机灵狗”和签约用户捆绑的定义方法和记录
	经营分析系统	“机灵狗”业务统计分析功能

资料：广州移动对广东电力局产品资源占用信息的结构化分析

广州电力局是广州移动的一个集团客户，随着信息化产品的发展，电力局在无线产品应用上也提出了更具体的结合自身业务的个性化需求方案，在解决业务提供的资源配置方案过程中，广州移动的销售人员经过对广州电力局需求信息的收集和分析，将无线总机、企信通和 IP 专线接入作为广州电力局解决方案的核心产品功能，从资源能力库中调出相应产品的资源占用表单(见表 13-2)，经过优化功能，整合资源，控制成本，最终设计出广州电力局的解决方案。

在此过程中，表单的科学设计和使用很大程度地提升了销售人员的专业能力，使其更好地理解客户需求，从而设计出最适合客户的解决方案；同时也提高了响应速度，在最短的时间内设计出解决方案。

表 13-2　广州电力局产品资源占用表单

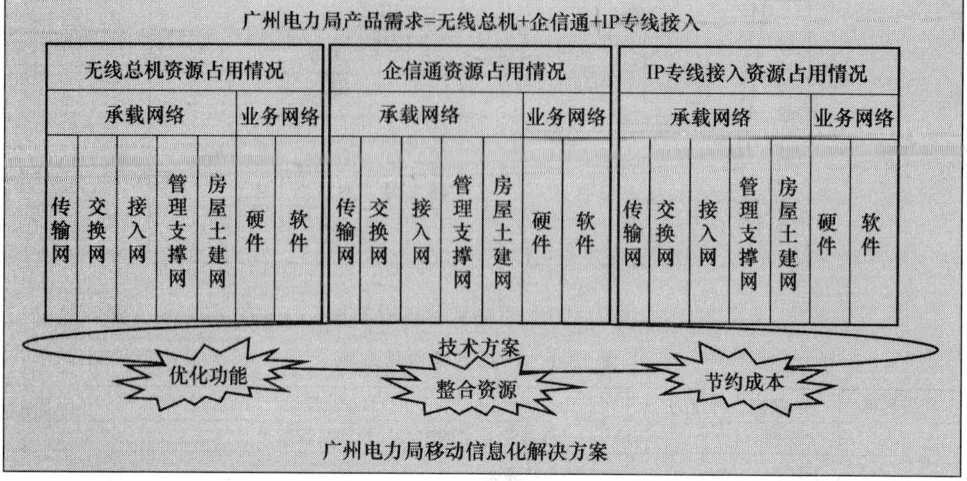

此外，资源能力信息库和产品资源占用表单的建立也将在新的运营条件下的实施过程中，对各个部门提供支持，如图 13-13 所示。

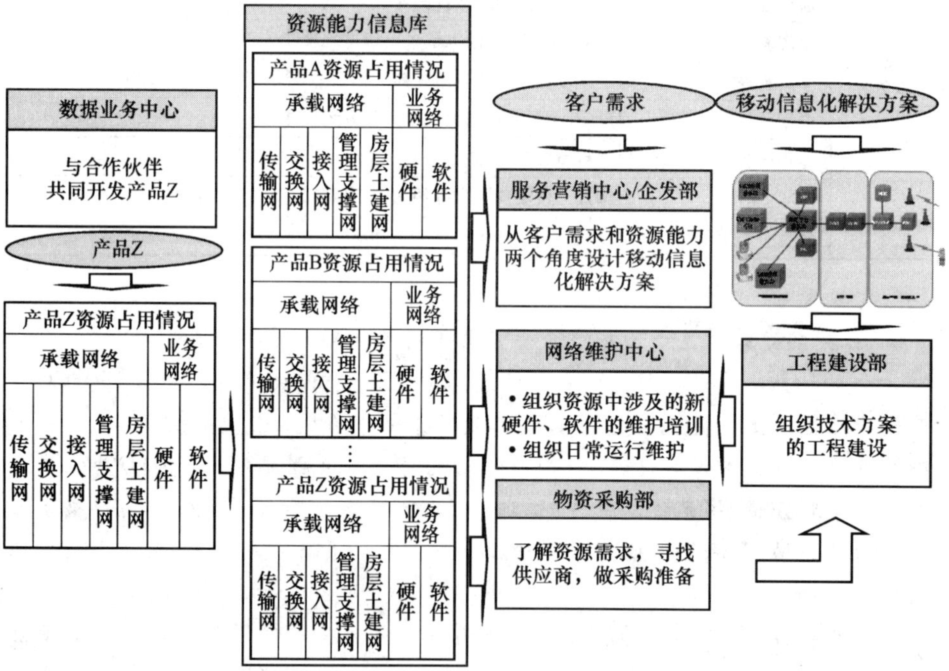

图 13-13　资源能力信息与资源占用信息库

① 数据业务中心在与合作伙伴共同开发出一项新产品后，将产品进行结构化分析，形成该产品的资源占用表单，并存入资源能力信息库；

② 服务营销中心和企业发展部根据客户需求，提取资源能力信息库的中相应表单，设计解决方案；

③ 工程建设中心在接受解决方案后，组织技术方案的工程建设；

④ 网络维护中心从资源能力信息库中提取新硬件、软件的信息，提前组织相应的维护学习和培训，保障维护能力，并对工程建设部门移交的运行项目进行日常维护；

⑤ 物资采购部门根据资源能力信息库中的新型设备，提供了解新的资源采购信息，寻找相应的供应商，做好采购准备。

总之，产品资源占用关系的分析是新的运营方式顺利实施的最核心的环节，尽快搭建资源能力信息库将会帮助广州移动更全面地认识企业现有和未来应该具备的资源能力。

(3) 业务网络的资源特性

业务网络的资源特性是由建立适用的资源分类体系自然引出的问题，资源的分类需要以资源的特性为依据。主要是因为承载网络的资源特性已有一定之规，新的运营方式下产品与大众市场的产品的差异并不反映在承载网络上。新的运营方式下产品的关键资源网络是业务网络，其资源特性是对其核心指标的归纳总结。

总结业务网络的资源特性需要同时考察业务模型，而业务模型与产品的资源需求结构化分析又是联系在一起的。在业务模型和资源需求结构化分析中，表征资源特性的核心指标是作为量纲出现的，是定量分析的基础。在此方面，主要的研究方向应为总结业务网资源的核心指标集，并建立核心指标集与业务模型集、产品的资源需求的结构化分析方法集之间的联系。

(4) 用合适的手段满足产品的资源需求，获取资源能力

在整个资源配置体系中，对资源配置的量的权衡一直是重点关注的决策点，但实际上在量的决策之前，还有对资源配置手段的权衡问题需要决策。资源配置的手段有很多种，大体上可以分 CAPEX 和 OPEX 两大类。在通信网络资源领域，沿用的一直是投资的手段，事实证明，对于大众市场的运营 CAPEX 是行之有效的。但对于新的运营方式下的产品则有比较明显的手段权衡问题，以“机灵狗”为例，对于“机灵狗”的专用 Ericsson 高精度高灵敏度定位软件，购买还是租用也是典型的资源配置手段的权衡问题。

一方面，由于新技术周期缩短，可供选择的技术增多，网络与设备软硬件周期远小于财务折旧周期，对业务网络的 CAPEX 与 OPEX 成分很难明确地界定，因此在做未来业务网络中的资源配置时，CAPEX 和 OPEX 的选择将成为能否提高资源配置效率的关键。

另一方面，数据业务中的 SP/CP 越来越多，但成本(OPEX＋CAPEX)也随之增加，两者之间增长速度不成比例，到一定程度后 OPEX 增加快于 CAPEX，此时

需要采用新的技术降低成本，CAPEX 和 OPEX 的选择将成为能否提高资源配置效率的关键。

CAPEX 手段主要应用于电信及服务器、IT 框架、存储、内容平台和软、硬件等有形资产；OPEX 手段主要应用于 BOSS 成本、托管成本、人工、平台管理、合作伙伴管理与计费成本等构成。

(5) 判断各种手段适用性的依据

资源配置手段的权衡是一种决策行为，需要在特定的决策分析框架中进行，一个典型的分析框架包括三个要素，一是决策的目标，二是决策的约束，三是分析的方法；由分析框架得到的是包含了时间、对象和手段的一系列组合的策略集，这个策略集即为决策的参考建议。

对于资源配置手段选择的具体目标，需要进行总结和归纳，主要从两个维度考虑，一是按照特定的层次总结目标体系，比如按照企业战略层的，部门职责层的，工作小组层面的目标三层进行归纳，二是按照确定性和不确定性对目标进行分类，如风险性目标是不确定性目标，而效益性目标是确定性目标。

而对于手段决策的约束，大致可分为两类，一类是和目标直接相关的，如经济效益约束、风险性约束；一类是与实现目标的过程相关的，比如管理或沟通的便捷程度的约束，对于这些约束需要进行工作跟踪才能有效总结，因为它们往往是内化在资源配置管理者的隐性知识中的，而且这类约束也往往是流程优化的重要对象。

分析的方法亦可分为两类，一是确定性分析方法，比如线性规划，求解目标的最优解；二是不确定性分析方法，以概率为基础的决策树分析方法，或者动态规划方法等。

第三节　投资计划与项目评价

尽管资源配置的内容和手段都发生了很大的变化，但传统的固定资产(CAPEX)投资计划方法在很长一段时间内仍然是电信运营企业构建其网络能力的核心手段，因此投资计划编制及项目建设实施等方式仍然是最基础的资源配置环节。

一、投资计划内容

任何一个具有比较成熟管理架构的企业，在每年的经营计划中都无疑会将企业的投资计划定位为一项非常重要的计划工作。投资总规模必定与各个具体的投资项目的综合相对应，而不同类型投资项目的投资额度在总投资中所占的比例实际上反映出企业对不同产品的发展战略。同时，这种投资结构的分配会受到企业内、外部各种环境的直接影响，必须进行科学的规划和计划，才能把握住企业的整体发展方向。我国电信运营企业的投资计划管理是落实战略、形成建设项目、下达建设任务,并最终建成网络能力的关键管理环节。从总体来看,投资计划包括企业年度投资总额计划、专业投资结构和地区投资结构三方面内容。

1. 企业年度投资总额计划

企业要发展壮大,必须不断进行新的投资,作为一个企业的整体规划来讲,每个年度都要制订项目投资计划。年度投资计划是根据企业的中长期发展目标,结合行业发展态势,并考虑现实的市场竞争状况和企业自身实力等多种情况,综合做出的全面投资计划。当前的电信运营企业,技术资源十分丰富,每年都会有相当多的投资项目被提出并希望予以实施。但企业的发展是循序渐进的,企业的资金实力有限、市场的消化能力有限、资源的配置有限,加上企业所处的社会环境,国民经济发展状况,不同地区技术水平、消费结构、消费层次等多种因素的影响,并非所有的项目只要在技术上可行就一定会实施,这就存在着选择、评价和分析的过程,存在着多因素影响的综合作用过程。企业要在各种重要因素的影响下,科学合理地确定项目投资总规模,并最终落实到具体的项目,只有这样,才能够使企业在一种有序并可控的状况下得到良性发展。

2. 专业投资结构

所谓投资结构,是指在投资规模确定的前提下,将投资总额分解到各个不同的投资类别中去。企业的投资项目通常都会涉及多种类型。比如,可以把电信运营企业的投资项目类型简单地分为三类:业务类项目、基础设施类项目、企业信息化改造类项目等。不同类型的项目,其产生的经济效果是不一样的。

业务类项目会给企业带来丰厚的收益,比如开发并出售软件、通信网扩容、给客户进行专业的系统集成和软件设计等,企业的目的就是发展业务,谋求收益,所以通常会安排比较多的资金进行业务项目的投资,获取直接的经济效益。

基础设施类项目会提升企业形象,增加企业固定资产和无形资产价值,但对当期来讲,通常只有支出而没有收益。比如,企业自建办公楼、通信企业自建机房、铺设光缆管道等基础设施等,都是没有直接收入的投资项目。随着企业的发展,这类项目是必不可少的,它是企业扩大经营规模、增强业务能力的基本保证。

企业信息化改造类项目是为提高企业整体工作效率,协调、沟通、监控内部办公管理流程,并为企业提供充分信息的内部改造工程,是企业走向规模化、现代化、全球化而必须不断进行的投资项目类型。而这类项目通常也是只有支出,没有明显收入,或收益期会明显地滞后,但随着企业规模的不断增大,该类项目是企业为保持正常经营、维持高效管理所必须进行的投资。

企业在进行年度投资规划时,必须将总投资在不同类型项目之间进行合理分配。不能一味地追求短期利益只重视业务类项目,而忽略企业的基础设施和信息化建设投资,造成企业在发展基础上的先天不足。所以要协调企业的内外发展,既不损失收入,又能保持发展潜力和后劲,这就要考虑许多的影响因素,如企业规模发展计划、市场业务需求、企业外部竞争环境、网络技术配比结构、企业形象规划、企业信息化建设等。

3. 地区投资结构

当企业的经营区域涉及全国多个省份甚至延伸到国外时，企业的投资就需要在不同的经营区域间进行分配。由于不同地区在业务发展规模、居民收入水平、市场需求水平、消费观念、技术水平、资源供给、政治经济等方面都存在着差异，同一个项目在某一个地区是可行的，拿到另一个地区就很可能不可行，所以对不同区域的投资应当充分考虑引起地区差异的各种影响因素，利用因素分析和相关性分析，综合平衡不同地区的投资份额和投资项目，依据各地区的实际情况分配投资项目，在满足各地区自身发展的同时，确保企业总体发展的稳步和均衡态势。

二、投资计划编制流程

图 13-14 表示了某通信集团公司投资计划的制订流程，也可以充分看出集团计划和省公司计划之间的关系。

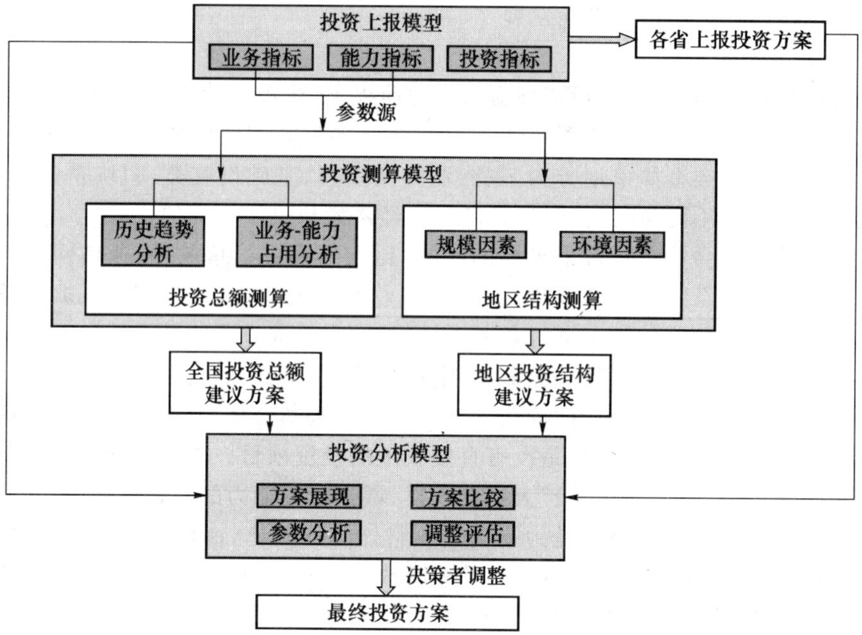

图 13-14　电信运营企业投资计划编制流程

集团公司的投资计划是按照全国(甚至海外)业务发展需求，结合历史业务和投资的历史发展趋势，从总体上预测网络能力的新增需求，通过业务-能力占用关系模型，测算出全国网络在交换、传输、无线、局房等各专业分别的能力需求，这些能力需求通过配套技术方案明确为具体的设备、线路、房屋等资产需求，并通过资产造价折算出相应的投资额。

另外，在上面的投资计划编制中，集团公司的投资计划需要最终明确两方面的计划内容，一是投资总额以及在网络专业上的结构分配，二是投资额在地区（各省）的分配。

三、投资计划编制方法

投资计划编制的方法主要是对投资总额的预测和总投资在各地区的分解。

1. 投资总额编制方法

投资总额的编制主要是在预测的基础上进行的。总的来讲，有以下三种方法。

(1) 对数回归加权方法

预测思路：我们知道，客户数和业务收入是影响企业投资额的两个重要方面。其中，客户数的增长往往是形成投资的直接动因之一，它代表了投资的需求；而业务收入的多少又制约着投资规模的大小，它代表了投资约束。因此，我们从单位客户投资额与单位收入投资额这两个指标出发预测投资总额，考虑到投资的超前性与市场的滞后性存在某种规律性，我们采用大量历史数据寻找规律，并拟合出相应的曲线模型。

预测采用对数回归加权方法，这是一种历史趋势外推预测方法。它主要根据各历史年份的投资总额、客户总数和收入总值数据，计算出每年单位客户投资额与单位收入投资额，然后分别依据单位投资额随时间变化趋势，应用函数曲线模拟外推，预测其未来年份数额，再分别根据单位客户投资额与单位收入投资额的预测值计算得出总投资额预测值 1 与总投资额预测值 2，最后应用线性加权方法对总投资额预测值 1 与总投资额预测值 2 加权汇总得到最终的总投资额预测值。

案例：某运营商基于客户数和业务收入的年度投资总额回归预测

1. 预测单位客户投资额

在对单位客户投资额随年份变化的背景分析中，我们发现数据序列的增长趋势近似于指数曲线，因此决定应用指数曲线模型预测其未来状态，主要采用 Excel 软件作为分析工具。

通过 Excel 分析计算，得到预测曲线模型为

$$y=1\,197.536\,5\times 0.649\,125\times(x-2\,000)$$

自变量 x 表示年份(2001—2003 年)；

因变量 y 表示单位客户投资额(单位：元/户)；

相关系数：0.954 9。

2. 预测单位收入投资额

单位收入投资额的预测采用与前一小节单位客户投资额同样的方法。在对

单位收入投资额随年份变化的背景分析中，我们同样发现数据序列的增长趋势也近似于指数曲线，因此决定应用指数曲线模型预测其未来状态，主要也采用Excel软件作为分析工具。

通过Excel分析计算，得到预测曲线模型为

$$y=0.858\,908\times0.712\,622\times(x-2\,000)$$

自变量x表示年份(2001—2003年)；

因变量y表示单位客户投资额；

相关系数：0.985 0。

3. 预测投资总额

投资总额的预测主要是根据单位客户投资额和单位收入投资额分别计算得到，再对两个预测值进行线性加权，得到最终的投资总额预测值。

第一步，根据公式

$$投资总额1=单位客户投资额\times总客户数$$

$$投资总额2=单位收入投资额\times总收入额$$

可以代入预测年份的计划总客户数和计划总收入额，分别得到投资总额预测值1，投资总额预测值2。

第二步，以相关系数作为权重，对投资总额预测值1、投资总额预测值2应用线性加权汇总，计算得到最终投资总额预测值。

权重1=0.954 9/(0.954 9+0.985 0)=0.492 2

权重2=0.985 0/(0.954 9+0.985 0)=0.507 8

第三步，根据

投资总额预测值=权重1×投资总额预测值1+权重2×投资总额预测值2

最后得到投资总额的最终预测曲线模型为

$y=0.492\,2\times$总客户数$\times1\,197.536\,5\times0.649\,125\times(x-2\,000)+0.507\,8\times$总收入额$\times0.858\,908\times0.712\,622\times(x-2\,000)$

其中，总客户数(单位：万户)和总收入额(单位：万元)为预测年份年末计划发展数；

y为当年计划投资总额(单位：万元)；

x为预测年份。

第四步，根据方案一的预测方法对2004年总投资额进行预测，得到如下结果：

2004年该公司固定资产投资总额预测值为4 259 330.446万元。

(2) 分类预测汇总法

方案思路：目前，新技术新业务与传统话音业务在发展规模和投资趋势方面还

是存在较大差异的，主要表现在话务网投资远远高于新技术新业务投资，其在总投资中仍占据较高比重；但另一个方面，随着话音业务的发展渐趋稳定，其投资增长率亦渐趋平缓，而新技术新业务的投资由于受到数据业务高速增长的前景影响，其投资增长率明显呈上升趋势。话务网和新技术新业务之间存在的该种差异和投资规律在对数回归加权方法中并未得到体现，这样新技术新业务的投资规律就被掩盖了，影响了预测的效果。现在我们运用分类预测汇总方法，试图将这两部分的投资分开来考虑。

分类预测汇总法也是一种历史趋势外推预测方法，但与对数回归加权方法不同的是，它在一定程度上考虑了专业结构的信息，并将专业投资中的直接部分和间接部分分别计算，这种做法在一定程度上提高了结果的可靠性。就具体做法而言，首先将总投资额划分为两部分：话务网投资和新技术新业务投资，每部分投资又继续细分为直接投资和间接投资。具体操作办法是将六大专业的投资额分别分配到话务网投资与新技术新业务投资中，如图 13-15 所示。

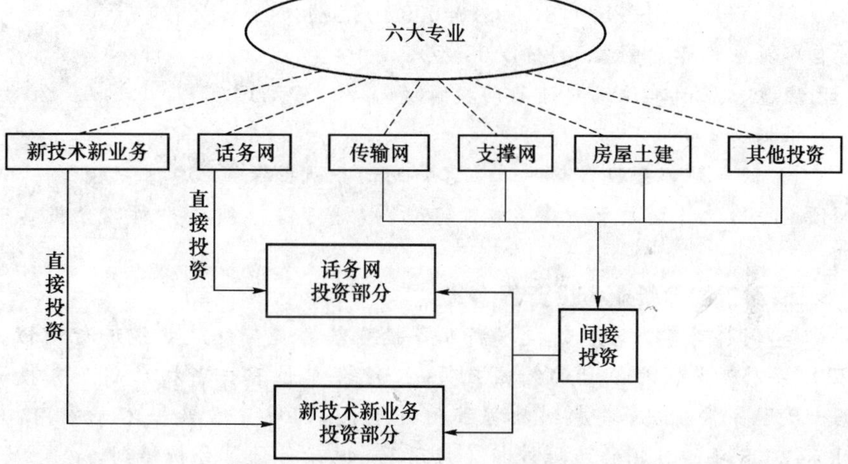

图 13-15 电信运营企业投资专业结构

六大专业中的话务网投资和新技术新业务投资分别作为话务网部分和新技术新业务部分的直接投资，对六大专业中传输网、支撑网、房屋土建、其他投资等其他专业的投资，按比例分配到话务网投资和新技术新业务投资额中，作为间接投资部分。分配比例按话务网专业与新技术新业务专业当年投资额之间的相对比例确定。

然后，分别根据趋势外推法预测话务网部分投资额与新技术新业务部分投资额。

最后，通过话务网投资预测值与新技术新业务投资预测值加总得到总投资额预测值。

案例:某移动运营商投资总额的分类预测汇总法

1. 历史数据处理

将历史数据中各年份的六大专业投资额分别分配到话务网部分与新技术新业务部分投资额中。以 2000 年为例,分配比例的确定按以下方法:

2000 年总直接投资额=2000 年话务网部分直接投资+2000 年新技术新业务部分直接投资

2000 年分配到话务网部分的百分比=2000 年话务网部分直接投资/2000 年总直接投资额

2000 年分配到新技术新业务部分的百分比=2000 年新技术新业务部分直接投资/2000 年总直接投资额

2. 预测话务网部分投资额

首先,对单位客户话务网投资额的趋势发展曲线进行模拟,根据数据背景分析,我们决定采用指数曲线模型,通过 Excel 软件分析计算,得到如下结果:

$$y=2\,025.418\,159\times 0.609\,102\,574\times(x-1\,999)$$

自变量 x 表示年份(2001—2003 年);

因变量 y 表示单位客户话务网投资额(单位:万元)。

再根据

话务网部分投资额=单位客户的话务网投资额×总客户数

代入预测年份的计划总客户数(单位:万户),就可以得到话务网部分投资额预测值。

3. 预测新技术新业务投资额

首先,同样对单位客户新技术新业务投资额的趋势发展曲线进行模拟。由于 2002 年移动集团对投资的缩减政策,2002 年单位客户新技术新业务投资额数据出现了异常情况,考虑到数据稳健处理,我们对异常数据不予采用,只对 2001 和 2003 年的数据作线性外推。应用 Excel 软件计算分析得到:

$$y=25.211\,466\,93+7.817\,263\,607\times(x-1\,999)$$

自变量 x 表示年份(2001—2003 年);

因变量 y 表示单位客户话务网投资额(单位:万元);

将预测年份代入,就可以得到单位客户新技术新业务投资额。

根据　新技术新业务投资额=单位客户的话务网投资额×总客户数

代入预测年份的计划总客户数(单位:万户),就可得到新技术新业务部分的投资额预测值。

4. 预测总投资额

根据

全网投资总额=话务网部分投资额+新技术新业务部分投资额

代入话务网投资额预测值与新技术新业务投资额预测值，计算可以得到最终总投资额预测值，预测模型如下：

y=总客户数×2 025.418 159× 0.609 102 574×(x−1 999) +总客户数×25.211 466 93 +7.817 263 607×(x− 1 999)

其中，总客户数为预测年份年末计划发展数(单位：万户)；

y为当年计划投资总额(单位：万元)；

x为预测年份。

根据方案二的预测方法对2004年总投资额进行预测，得到如下结果：

2004年该运营商固定资产投资总额预测值为5 059 461.9万元。

(3) 业务资源占用关系模型法

方案思路：我们知道，投资的主要动因来自于市场规模的推动，市场发展带来业务需求，不同种类不同数量的业务须匹配不同种类不同数量的资源，因此需要投资进行增补和调配。这样，投资总额可以通过确定市场需求和这种匹配关系来确定，这种匹配关系也就是业务对资源的占用关系，有了这个关系模型，我们就可以通过市场需求得到所需的新增能力，进而估算出投资。

本模型从寻找业务对资源的占用关系入手，对与客户数或业务量直接相关的资源，建立了业务与资源的占用关系模型，分析业务对网络资源、能力的需求，从而可以根据客户增减变动确定资源的调整量，使两者供求平衡。业务对资源的占用模型取决于客户对该种业务的使用行为特征和资源的利用率和能力特性，这也就是模型中用到的用以确定投资的资源参数和客户行为参数。然后根据业务发展需求和现有网络能力确定计划期的投资规模。总的流程如图13-16所示。

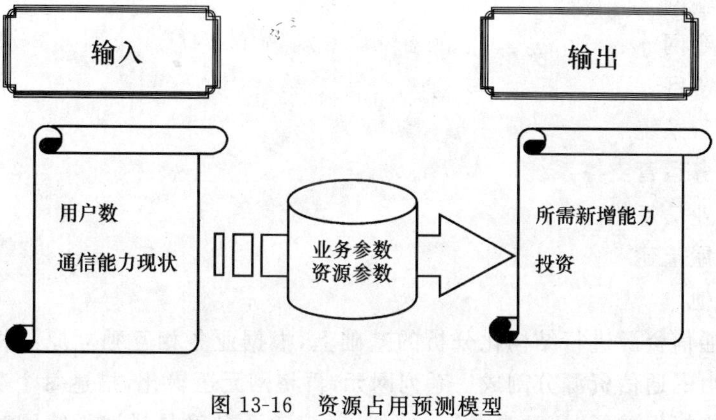

图13-16　资源占用预测模型

其中主要包含如下几个步骤：

- 对客户消费行为特征的描述

- 资源状况的描述
- 业务对资源占用的量化分析
- 投资形成

1）客户消费行为描述

由于通信网络和业务特点，业务对资源的占用一般体现为峰值占用，而各项业务的峰值特性来自于客户的峰值相关行为模式，描述这些客户行为模式的参数在本研究流程中使用“客户行为模式参数”描述，例如忙时集中系数、单机忙时话务量、GPRS业务渗透率等。这些参数就是用来表征客户在各种业务使用行为上的差异，用一组参数可以表征客户对某种业务的使用特征，各种业务实质就是一组客户行为参数的集合。客户和业务是相互联系的，通过客户情况可以得到业务情况。因为所有业务都是面向所有客户的，一个客户可以使用一种或所有业务，从这个意义而言，某一类客户可以等效为多种或所有业务的组合，并且业务特征决定于上述的客户消费行为特征，所以知道了客户行为特征，就可以得到业务特征，这就为我们研究业务与资源之间的占用关系提供了方便。

2）资源状况描述

组成通信网络的资源非常复杂，本部分根据占用关系寻找的需要对通信资源进行层次化的结构分析，将移动网络资源分成：

① 无线网
② 交换网
③ 智能网
④ 移动数据及多媒体通信网
⑤ 固定数据及多媒体通信网
⑥ 传输网
⑦ 信令网
⑧ 同步网
⑨ 网管系统
⑩ 业务运营支撑系统
⑪ 企业信息化
⑫ 房屋土建
⑬ 其他

在对通信资源进行结构化分析的基础上，根据业务相互独立原则将某一业务路径所经由的通信资源分割成一系列网元，再将网元逻辑化，描述每个逻辑网元的单一能力指标组成了“资源参数”。例如，每信道话务量是描述无线网载频每信道所能承载话务能力的参数，而MSC实装率是反映MSC利用率的参数。此外，我们将资源造价参数也归为资源参数类中考虑。资源参数的确定同样是为下一步确定业务对资源的占用关系做准备。

3）业务-资源占用分析

在成功确定了客户行为参数和资源参数，并对资源按逻辑结构划分为相应网元后，我们就可以着手进行业务对资源的占用分析了。

我们知道，通信网络中很大一部分资源的增加动因是直接由客户的增加引起，或者可以等效为客户增加引起的，例如上述资源状况中的①～⑤都可视为客户直接占用的资源。对这类资源，我们利用客户行为参数和资源参数不难建立业务-资源占用的 a_{ij} 矩阵，这里的 a_{ij} 即表示“一个第 i 类客户的增加对第 j 种资源的占用量”，a_{ij} 集中体现了业务对资源的量化占用关系，是我们进行投资测算的基础，各类网元相对于各类客户都有与之相对应的 a_{ij} 值。而对通信网络中与客户增加非直接相关的资源（例如资源状况中的⑥～⑬）投资，根据各自的建设和投资动因，采用个性化处理的方法分别处理。

4）客户直接占用资源的投资形成

确定现有资源能力：据业务发展目标（客户发展目标），确定需要配合的资源总量（目标资源总量）。假定总共有 m 类客户，根据分类客户发展目标（总量概念）（S_i，$i=1\sim m$）和业务对资源的占用关系计算出需要配合的目标资源总量（C_{1j}，$j=1\sim n$，n 为资源）

$$C_{1j}=S_i\times a_{ij}$$

现有资源总量与目标资源总量之间的差距为需要弥补的资源总量（待建设资源总量）。目标资源总量减去现有资源总量（C_{2j}，$j=1\sim n$）即得到需要弥补的资源总量（C_{3j}，$j=1\sim n$）

$$C_{3j}=C_{1j}-C_{2j}$$

根据待建设资源总量，确定出资源的最小建设投资。须弥补的资源总量乘以单位造价（b_j，$j=1\sim n$），即可得到该种资源新增能力的投资额度

$$T_j=C_{3j}\times b_j$$

结合资源建设经济周期，最终确定出资源的投资

$$T_j=F(C_{3j}\times b_j)$$

其中 $F(x)$ 代表资源建设经济规模函数，主要由投资者在考虑了预留期、资源建设的离散性和资源建设的机会成本后确定出最终投资额。

案例：某移动运营商投资总额的资源占用模型应用分析

某移动通信运营集团，在进行全国计划期投资总规模预测时，主要任务在于根据全国业务发展的总状况和计划期的总战略对投资进行宏观控制。出于可用性和准确性的考虑，利用业务-资源占用关系模型时，我们先考量 GSM 网

（主要包括无线网和交换网）以及 GPRS 核心网，原因是这两部分系客户直接占用资源，相对其他部分而言可以进行较为准确的量化处理，而且在各省，这两部分的投资通常占到全部投资的很大比重（50%～70%）。所以只要依据模型确定出这两部分的投资规模，再根据计划期各省上报总投资中相应部分的比例，则不难推算出全国投资的总值。

1. 确定每客户占用的资源量

无线网每客户占用的载频数为

$$a_{ij}=每客户平均忙时话务量/每载频有效话务量$$

其中

每载频有效话务量＝每载频话音信道数×每信道话务量×无线利用率

交换网每客户占用的 MSC 容量为

$$a_{ij}=1/\text{MSC 实装率}\times 开机比$$

GPRS 核心网每客户占用的容量为

$$a_{ij}=1/\text{GPRS 核心网利用率}\times 移动数据业务渗透率$$

2. 参数值的确定

- 2004 年底 CMCC 预测客户数
- 计划期初（2003 年底）网络资源能力现状
- 无线载频数
- MSC 容量（万户）
- GPRS 核心网容量（万户）
- 单位资源综合造价
- 关键参数的确定
- 每客户平均忙时话务量
- 移动数据业务渗透率
- 各省 2004 年上报投资总额的专业结构比例

3. 投资总额的确定

无线网投资额 A＝（每客户占用的无线网载频数 a_{ij}×2004 年底 CMCC 预测客户数—计划期初（2003 年底）无线载频数）×每载频综合造价（含配套）

交换网投资额 B＝（每客户占用的交换网 MSC 容量 a_{ij}×2004 年底 CMCC 预测客户数—计划期初（2003 年底）MSC 总容量）×MSC 每户综合造价（含配套）

GPRS 核心网投资额 C＝（每客户占用的 GPRS 核心网容量 a_{ij}×2004 年底 CMCC 预测客户数—计划期初（2003 年底）GPRS 核心网总容量）×GPRS 核心网每户综合造价

年度投资总额估值＝(A＋B＋C)/ 各省2004年上报投资总额中上述三部分的投资比例

根据本法对2004年总投资额进行预测,得到如下结果:

2004年该运营商固定资产投资总额预测值为5 889 899.4万元。

2. 分地区投资额的分配

投资总额确定后,对于一个全国性的运营商,还必须将总投资额层层分解到各省、市及地县公司,才可能最终落实投资的执行。在进行投资额的分配时,主要根据省公司的上报金额进行调整,调整的原则是综合考虑各地区企业的内部环境、外部环境以及企业投资指导方针三个方面。秉持以各省公司上报投资额为上限,实行投资因素调整并压缩投资分配的方针。

在确定各省投资额时,经过研究发现影响各省投资额大小的因素主要来自两个大的方面,一个是规模因素,企业规模越大,所需要的投资越多;另一个与规模无关的企业所处的投资环境因素,企业投资环境越好,所需要的投资越多。因此,对全国31个省公司投资额的调整主要从这两个角度出发。图13-17是进行投资额分解的因素及指标体系框架。将这个指标框架落实到具体的指标,并对指标的权重进行赋值后,就可以测算出各地区投资调整系数,将总投资落实到各个地区了。

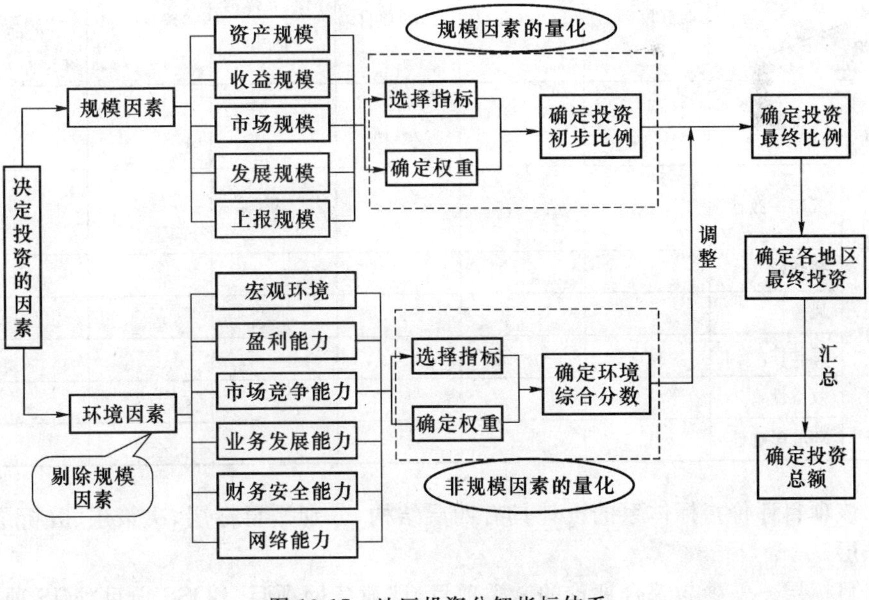

图13-17 地区投资分解指标体系

四、投资项目评价

投资金额计划形成后，要将其落实为具体的投资项目，以完成企业在网络能力、业务支撑、市场开拓、产品研发等方面的发展计划。在投资计划的制订中，已经形成了投资总额在专业、地区上的分配，也就是说，投资计划已经明确了各地区各专业的投资金额，但这些投资额到底应该下达给哪些具体的投资项目，哪些项目应该准予执行，而哪些项目不应去做，这就需要针对具体的投资项目建议进行严格的评价和审核，以使得投资能够真正落实到对企业有益的项目，产生最好的投资效果。这个过程就是项目评价。

通常，企业投资项目申请是来源于各业务部门，往往项目申请数量较多，大大超过了计划中的额度，因此就需要在提出申请的项目中进行评价选优，最后在不超过投资计划金额的范围内选出最好的投资项目组合，并最终确认年度项目建设任务。

按照电信运营企业投资项目的特征，对投资项目的评价体系应该建立多层次多指标，并对具有不同专业特点的项目分别设计评价方法和指标，总体的评价框架如表 13-3 所示。

表 13-3　电信企业投资项目评价体系

决策层 \ 得分 \ 目标层		业务网项目	BOSS 项目	MIS 项目	网络支撑网项目	传输网项目	土建项目
否决性评价	政策因素						
宏观评价	战略一致性						
微观评价	迫切性						
	风险性						
	健壮性						
	效益性						
	环境影响性						

该项目评价指标体系的设计具有四层结构，分别是目标层、决策层、分析层和操作层。

目标层——参与综合评价的六类项目，即业务网项目、BOSS 项目、MIS 项目、网络支撑网项目、传输网项目和土建项目。

决策层——即对项目进行综合评价所考虑的各项内容。此次评价中各类项目都具有相同的决策层。

决策层共由七类评价指标构成：政策因素评价、战略一致性评价、迫切性评价、风险性评价、健壮性评价、效益性评价和环境影响性评价。

这七项内容在性质上分为否决性、宏观和微观三类。否决性评价是决定是否对项目开展进一步评价的阀门，通过否决性评价将剔除部分项目；在剔除部分项目后，对于剩余的项目进一步开展宏观和微观评价，这两种评价是采取评分的形式，可以并行开展。宏观评价立足于全局观点，由决策委员会操作，微观评价则将工作做得更为细致，由计划部门负责。

分析层——分析层是对于每项决策层内容的分解，对决策层内容展开全方位的诠释。对于不同类别的项目，由于特点各不相同，因此即便是相同的决策层下其分析层的内涵也不尽一致。

操作层——操作层是将分析层内容进一步细化到能够直接进行评价，是评价工作开展的基础。

案例：移动通信运营商业务网项目评价指标体系设计

移动通信业务网项目就是为了增加业务网络容量、扩大网络覆盖，以及为提高公司竞争能力，开拓业务发展空间，采用新技术、增加新功能、提供新业务，对现有网络进行的新建、扩容、升级换代等进行的投资。

在投资过程中要以市场需求为导向，从全局出发，把增强网络综合业务能力、提高投入产出效益放在首位，把需要与可能有机的结合起来，做到统筹兼顾、保证重点，合理确定投资结构和方向，最大限度地发挥投资效益。因此，对业务网项目的选择要从多方面考虑其影响及效果，而不是一个简单的经济效益就可以决定的。经过深入分析和研究，并按照通信运营企业项目评价指标四层体系的设计思路，业务网项目评价指标体系如表 13-4 所示。

表 13-4　移动通信业务网项目综合评价指标体系

目标层	决策层		分析层	操作层
	内容	性质	内容	内容
业务网项目综合评价	政策因素	否决性评价	项目对国家、行业政策的适应性	项目是否受到相关政策的强烈限制
	战略一致性	宏观评价	对企业规划的适应程度	对企业长期规划的适应程度
				对企业短期规划的适应程度
			项目预留规模	项目预留期
	迫切性	微观评价	网络规模压力	业务网预期富余度
			通信质量压力	对应业务的业务质量损失率
			竞争压力	竞争者投资动向

续表

目标层	决策层		分析层	操作层
	内容	性质	内容	内容
业务网项目综合评价	风险性	微观评价	市场风险	市场接收度
				业务被侵蚀的风险
			业务运作风险	基础网络资源风险
				网络设备风险
				组织风险
			技术风险	技术复杂性风险
				技术成熟度风险
				方案被替代的风险
	健壮性	微观评价	可持续性	纵向业务收入发展趋势
				横向收入贡献
			风险应对性	抗收入不确定性风险能力
				抗投资不确定性风险能力
				抗运营成本不确定性风险能力
	效益性	微观评价	业务盈利能力	收入份额系数
			项目效益	IRR
				NPVR
				动态投资回收期
			地区吸引力	客户 ARPU 值
				新增客户质量对比系数
				地区潜力系数
	环境影响性	微观评价	对内部业务环境的影响	对企业业务种类的影响
				对企业其他业务业务量的影响
			对外部竞争环境的影响	服务差异性评价
				市场影响力评价

五、项目评价流程

投资项目的评价流程是在整个评价方法以及指标体系都明确的基础上进行的，评价流程根据指标体系的设计分为两个大的阶段，也就是将七类评价指标分为两个评价阶段：第一阶段是否决性评价，从政策层面考察项目的可行性，对于不符合政策规定的项目，不必考虑后续的评估过程，直接剔出；第二阶段是对符合政策要求的项目进行更加细致的多角度评价，包括战略一致性、迫切性、风险性、健壮性、效益型和环境影响等六个方面的详细评价。评价过程利用对不同方面评价内容的指标设定以及相应的权值设定，计算项目在各方面评价的综合得分，通过综合分值高低的比较排序进行最终项目的选择。图 13-18 是项目评价的流程图。

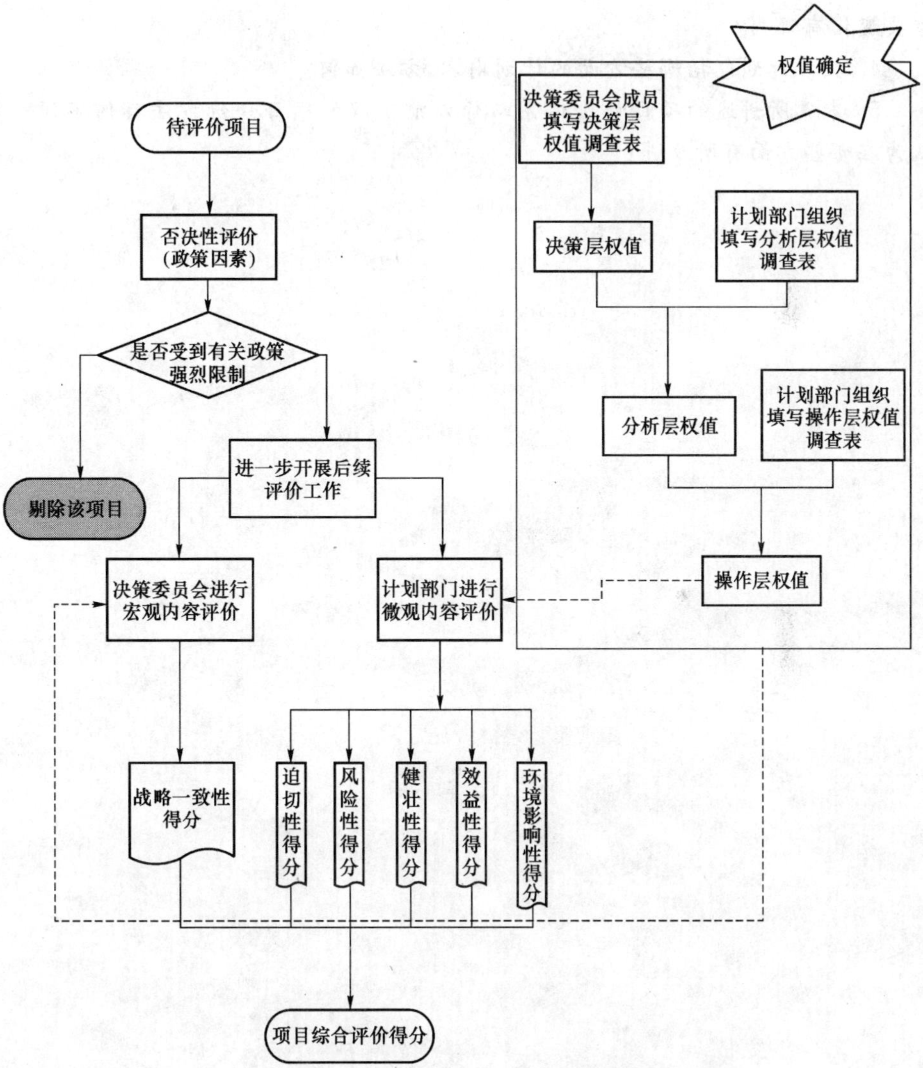

图 13-18　电信运营企业投资项目评价流程

思考题

1. 电信运营企业的能力需求管理包括哪些管理环节？

2. 规划管理体系的主要架构和内容是什么？各内容之间的衔接关系怎样？

3. 什么叫资源配置？电信转型给运营企业资源配置体系和配置内容带来的重要变化有哪些？

4. 投资计划包括哪些方面的计划内容，方法如何？

5. 本章所讲述的项目评价体系与你以前了解的项目评价方法有何不同？你认为在哪些方面有所改进？

第十四章 能力建设管理

能力需求完成后，将形成具体的投资项目计划，并以明确的建设任务方式下达到能力的建设部门。投资计划的实施过程就是能力的建设过程。电信运营商的能力建设管理包括两个典型的管理环节：项目（设备）采购管理和工程建设管理。采购管理的目的是通过科学的供应商选择，以尽量低的综合成本获取各种网络设备及维护材料；而工程建设管理的目的则是以最快的建设进度保质保量安全规范地完成施工任务，保证服务的提供和业务的开通。

第一节 采购管理

采购是项目建设的前期，是企业资源配置计划实施的最初环节。在运营商的能力建设过程中，采购支出占每年投资支出非常大的份额。而且由于通信网技术标准、质量标准的要求，采购过程不仅仅表现为资产购买过程，它更多地涉及资产的建设安装和后期的性能维护，是一个影响到通信运营企业长期能力的问题。

一、运营商的采购管理

随着我国电信业的改革重组，电信行业取得了跨越式的发展，但同时处在发展中的一些深层次的问题也凸显出来。我国电信行业的市场竞争逐步加剧，客户需求变化不断加快，电信业发展初期的收入高增长态势已一去不复返。我国大部分运营商近两年虽然电信客户不断增加，业务收入却不断下降。随着电信行业激烈竞争导致的利润下降，迫使电信运营商不得不考虑寻求新的商业模式，以及如何提升自己的核心竞争力。同时，电信业的技术创新、业务创新也呼唤新的商业模式、管理形态的出现。面对激烈的市场竞争环境、层出不穷的电信业务、迅速发展的电信环境，电信运营商逐渐意识到，与伙伴共同应对竞争环境已经成为企业维持市场份额的关键。因此，加强采购管理，建立合作共赢的供应链成为运营商关注的焦点。

产品采购作为企业最重要的活动之一，一方面面向企业生产运营提供资源，另一方面影响企业利润水平以及在产业链中的地位。因此，采购管理能力的提升将成为企业发展的另一个契机。

1. 对采购的认识

(1) 什么是运营商的采购

“采购者应对生产总成本的一半负责。因此,公司的成功明显地受到了采购者在工作表现、发展潜力、谈判技巧、创造力、协同工作能力以及商业过程中积极配合能力等方面的影响”(见国际采购专家瑞士的阿尔伯特丁·盖瑟尔的《采购与利润》)。采购是从资源市场获取资源的过程,是商流过程和物流过程的统一,是一种经济活动。

运营商的采购是以采购部门为核心,通过需求、计划和实现三大环节的有效衔接而进行实施的,如图 14-1 所示。采购承担着企业资金资产投资转移为实物资产投资的前端转化任务。

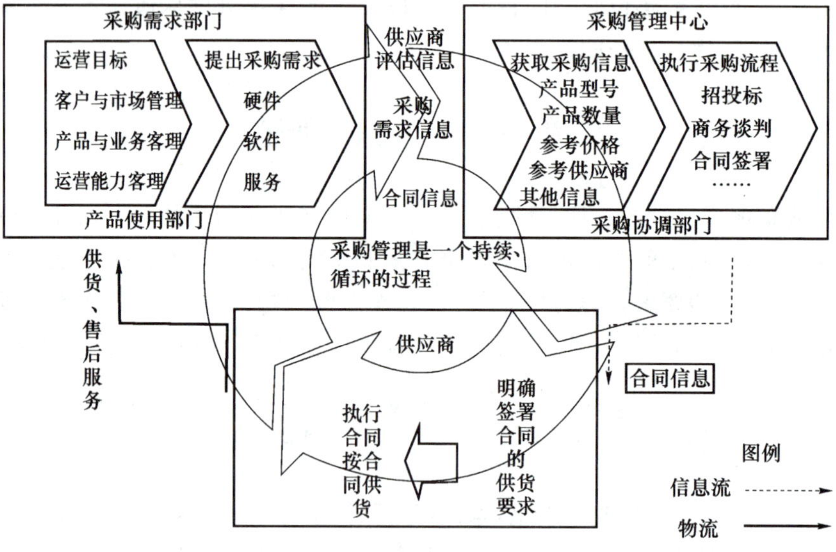

图 14-1　电信运营采购管理的三大环节

(2) 采购的作用

直接作用——通过降低成本提高利润;通过对质量和物流进行安排,提高资本周转率;通过科学的采购流程管理,对企业业务流程的重组及组织结构的改革做出贡献;提供信息源的作用。

间接作用——通过采购标准化实现产品标准化;减少库存;增强柔性,提高对市场的反应速度;对产品设计和革新的贡献;提高对部门间的协作水平。

(3) 采购的战略地位

采购的战略地位可以从价值、供应链、质量等几个方面得以体现。

采购的价值地位:从世界范围来看,典型制造企业的采购成本占销售收入的60%、工资福利占20%、管理费用占15%、利润占5%。而电信运营企业中,由设备采购引起的资产折旧占到其每年运营成本的35%左右。由此可以看出,从企业价值角度来看,采购与企业的成本、利润有着相当重要的关系。

采购的供应链地位:采购是整体供应链管理中"上游控制"的主导力量。

采购的质量地位:采购物料大部分不是价格问题,更多的是质量水平、质量保证能力、售后服务、服务水平、综合实力的问题。

(4) 运营商采购的产品种类

运营商采购的产品与制造企业原材料、存货等的采购有着本质的区别,运营商采购的主要对象是其网络建设的基础设备资源,这些采购的产品通过建设过程将形成企业的长期资产,并通过长期运营成为运营商网络经营的核心基础。通常来讲,采购产品的类型如表14-1所示。

表14-1 电信运营商采购产品类型

产品类型	产品名称
主设备	交换、基站、传输与IT交换机路由器等 WLAN设备、基站覆盖延伸、部分传输设备等
配套设备	基站用馈线、传输光纤光缆、走线槽架、天线与馈线配套安装材料等。电源、蓄电池、基站天线、空调、防雷器、UPS设备、AC配电箱、动力环境监控、电力线缆、传输管道PVC-PE管材、管道井具、PCM电缆、DDF架、ODF架、铠装尾纤等
其他产品	安全产品、服务器、通用软件、终端产品等 技术支持服务、市场促销礼品等

2. 运营商采购管理的发展趋势

随着市场经济的不断发展,服务意识的不断深化,商品数量品种的极大丰富化,商品交易已经逐渐从卖方市场向买方市场转化,在这个大背景下,买方比以前具有更好的支配地位。同时,随着信息技术的不断更新,采购在企业中地位的提升,采购管理的发展趋势越发表现为电子化、国际化、规范化、专业化,以及"大采购"等方向。电信运营商的采购管理就经历了传统采购、战略采购,以及集中式战略采购几个大的阶段,如图14-2所示。

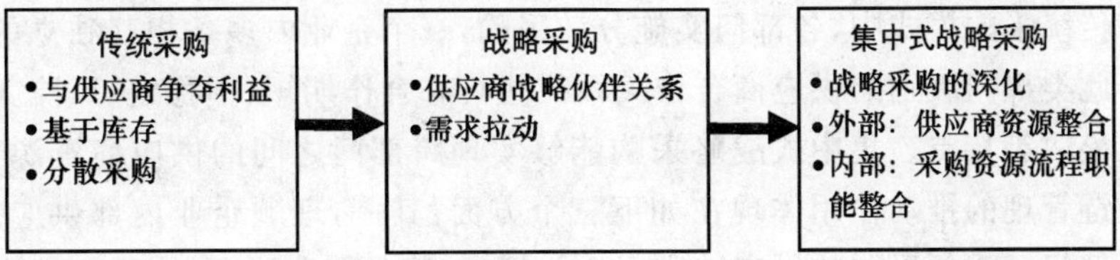

图14-2 采购管理的演进过程

(1) 传统采购

传统采购往往具有三大特点:一是追求最低交易价格;二是基于库存水平的订货方式;三是各组织分散采购,自给自足。追求最低交易价格使得采购部门和供应商之间的合作缺乏信任基础,存在信息不对称,企业往往无法得到市场中最满意的采购价格。基于库存的采购模式造成了大量提前订货或者超量订货的现象,库存成本和运输成本居高不下。同时,分散采购限定了选择供应商范围,削弱了企业谈判优势。

(2) 战略采购

随着市场竞争日趋激烈,传统采购模式的弊端愈发明显,供应链管理理念的提升创造了"战略采购"模式。战略采购基于市场需求,将传统"一方盈利一方损失"的供应商合作转化为"双赢"的长期战略伙伴关系,从而提升采购绩效。战略采购的最终目标是实现供应链上成本最低和效率最大化,而企业内传统采购流程和组织结构的设计对战略采购的支持力有限。

(3) 集中式战略采购

为了实现跨越企业边界的供应链整合,首先应当完成企业内部跨部门的采购一体化,包括采购流程、组织结构和供应商资源的集中整合。因此,战略采购实施通常伴随着企业内部的采购职能集中化的趋势。"集中式战略采购"模式应运而生,基于供应链的集中式战略采购是指企业将采购职能和供应商资源跨部门集中管理,通过加强与供应商合作,提高采购对企业战略的支持力度,实现供应链总成本最低化和效率最大化,该模式通过企业内、外部采购整合,将战略采购理念进一步深化,同时也是战略采购的一个有效实施策略。

集中式战略采购的主要特点如下。

1) 战略采购"外部集中":供应链管理的助推器

在当今快速变化的市场环境中,单靠提升企业自身的资源利用已远远不够,还需要充分挖掘外部供应商资源。战略采购"外部集中"正是遵循了供应链管理的思想,将企业内各个组织和供应商的交互活动集中管理,整合供应商资源,以企业整体为单位,同供应商建立长期稳定的战略伙伴关系,实现整条供应链总成本最低化和效率最大化。集中式战略采购将成为企业实施供应链管理的助推器。

在传统采购模式中,各部门实施分散采购,一个企业内多条相互独立的供应链并存。此类部门级别的供应商合作关系往往具有合作期短、不稳定、风险大以及合作关系松散等特点。集中式战略采购能够实现跨部门之间的供应商资源整合,它对供应链管理的推动作用体现在如下三个方面:其一,理顺企业内部供应链结构,对不同部门间重复采购的供应链进行合并管理,简化采购流程,实现企业内部供应链集成,这是外部供应链整合的前提;其二,保持采购职能和企业战略的一致性,依照不同采购物品对战略的支持程度和财务影响程度的不同对供应商进行分类,发掘并维持关键供应商，降低供应链风险；其三，基于供应链的集中式战略采购对物流体系优化及库存管理水平也有很高的要求，需要企业具备高水平的供应商管理能力，另外企业内的管理信息系统或电子采购平台也可以显著提升企业的采购和物流管理效率。综上所述，集中式战略采购是供应链管理的助推器，切实有效地提高了供应链管理水平。

2）战略采购“内部集中”：采购组织结构的变革

企业内部跨组织的采购流程重组和结构变革是集中式战略采购最显著的特点。传统的采购组织结构正受到日益增长的顾客需求和不断变化的市场的冲击，为了提升采购职能的竞争力，企业内部催生出跨部门采购集中管理的需要，并加强内部采购和外部供应链的整合程度。

集中式战略采购管理并不等同于在企业总部设立采购中心，而是“集中”落实在管理理念上，不是固定在组织形式中，具体实施形式具有多样化的特点。可以设立实体化的采购中心，也可以在企业内不同部门的采购小组之间建立虚拟的采购联盟，或在总部设立采购指导小组，对各分部的采购工作起指导作用。企业内所需采购的物品种类繁多，用一种采购流程对所有物品进行管理是不切实际的。经实际调查，近年来在大型制造企业中被广泛采用的是一种集权和分权并存的采购组织结构，充分发挥两者的优势，兼具灵活性和规模效应。另外，一些企业实施战略采购之后，仍然选择部门内独立采购，但针对关键物品，跨部门设立虚拟的采购核心小组，从而获得价格规模效应，并加强了和供应商的战略合作关系。综上所述，战略采购的“内部集中”并不一定体现为实体化的采购中心，而是将企业内所有采购需求统一规划，重组内部采购组织结构，加速内部供应链，追求供应链上总体成本的最小化。

二、电信运营商集中采购

1. 集中采购的概念

集中采购是政府采购的一种组织实施形式，由政府将具有规模包括批量规模的采购项目，纳入集中采购目录，统一由集中采购机构开展采购活动，从而获得政府采购的规模效益。集中采购的三大优势：一为成本优势，二为战略优势，三为运营优势。

(1) 成本优势

集中式战略采购充分平衡企业内部和外部的优势，旨在降低供应链的总成本，而不是以最低采购价格获得物品的简单交易，成本优势是集中式战略采购为企业带来的最显著的竞争优势。据统计，在制造业中采购成本约占销售收入的60%，是成本结构中比重最大的部分，因此企业试图把降低成本的控制延伸到内部供应链的源头——采购环节上。

供应链总体成本方面的优势是毋庸置疑的。该采购模式要求供应链上的更多成员参与到采购成本降低战略中，企业、供应商、供应商的供应商，各个环节共同合作，寻找降低总成本的机会。基于供应链的采购成本包括：直接购买成本，物流配送成本和库存成本。在直接购买成本方面，大批量集中采购与小批量分散采购比较，由于采购量扩大获得更好的经济规模效应，拥有更大的价格谈判权。在物流配送成本方面，集中战略采购模式使企业能够跨组织对物流网络进行有效的统一规划，并且建立集中式战略采购竞争优势分析。战略联盟之后，部分物流成本由供应商承担。在库存成本方面，集中战略能够从全局战略出发，设计仓库地点，避免了不同部门之间重复设置仓库的现象。同时，部分战略供应商提供 VMI（供应商管理库存），进一步降低了物流和库存成本。海尔集团应用集中式战略采购之后，提出了大订单、大客户、大市场、大货源的“四大”集中策略，钢材、电子零部件等大宗原材料采购成本节省了 20％～30％。

(2) 运营优势

集中式战略采购的另一大目标是提高供应链运营效率。和传统的采购模式相比较，集中式战略采购实现了从基于库存的管理到基于市场订单的管理的理念转变，从而显著提升供应链运营效率，并加速采购物品的存货周转率。传统采购部门按照生产部门提供的固定的物料需求计划，紧盯仓库储备量，始终保持大量货品滞留在仓库内，加大了库存成本，降低了存货周转率。更严重的是，采购计划和市场销售情况基本脱节或反应滞后，采购的物品不能充分支持生产需要，造成关键物品缺货风险，而次要物品大量堆放在仓库中，进一步加大了采购成本。而在基于订单管理的集中式战略采购模式中，企业内部实现采购管理、市场销售和生产管理之间流程的无缝整合，信息及时共享，提高内部供应链的效率。另一方面，在企业外部通过与供应商建立“双赢”的战略伙伴关系，实现跨企业边界的供应链流程整合和关键信息共享，提高整条供应链的竞争优势。举例来说，海尔在实施集中式战略采购之后，许多战略供应商承诺提供 VMI 服务，海尔只须将生产所需的采购订单通过信息系统提交给供应商，供应商直接将货品及时送到海尔的指定生产车间，大大节约了运输成本和库存管理成本，并加快了供应链速度和采购物品周转率。

(3) 战略优势

集中式战略采购的战略优势能够最大限度提升企业的竞争力。首先，在该模式指导下，企业能够结合整体管理战略，综合考虑市场变化趋势和各部门采购资源，制订切实可行的采购目标和采购计划，充分体现了该模式基于订单管理的特性，因此它对企业战略的支持力度大大超越传统采购模式。其次，通过对企业内所有采购需求的集中管理，该采购模式能够按照物品战略重要性的不同，对关键物品进行优先采购，充分贯彻企业战略意图，保证关键业务的稳定性。最后，和供应商建立的战略伙伴关系有利于消除供应市场的不稳定因素，包括价格短期波动和缺货问题，进而保证企业运作的稳定性。部分企业还在供应链战略联盟的基础上合作开发新产品,缩短了新产品研发周期,从而为企业赢得了战略竞争优势。举例来说,中国钢铁行业和煤炭行业近年来需求大增,由于中国石化集团采用了集中式战略采购管理,和几家重要的供应商签订了战略合作协议,这几家供应商在供不应求的市场环境中首先保证了中石化的采购需求,不仅确保了中石化的运营稳定性,还规避了短期的价格波动,对企业的长期战略起到了良好的支持作用。

2. 集中采购的基本流程

图 14-3 是当前电信运营商集中式战略采购的流程示意图,以集团公司为采购主体,汇集了全国、省级、地市级公司的采购需求,在建立了与一、二级采购供应商的战略合作关系的基础上,形成了一体化的集中式采购模式。

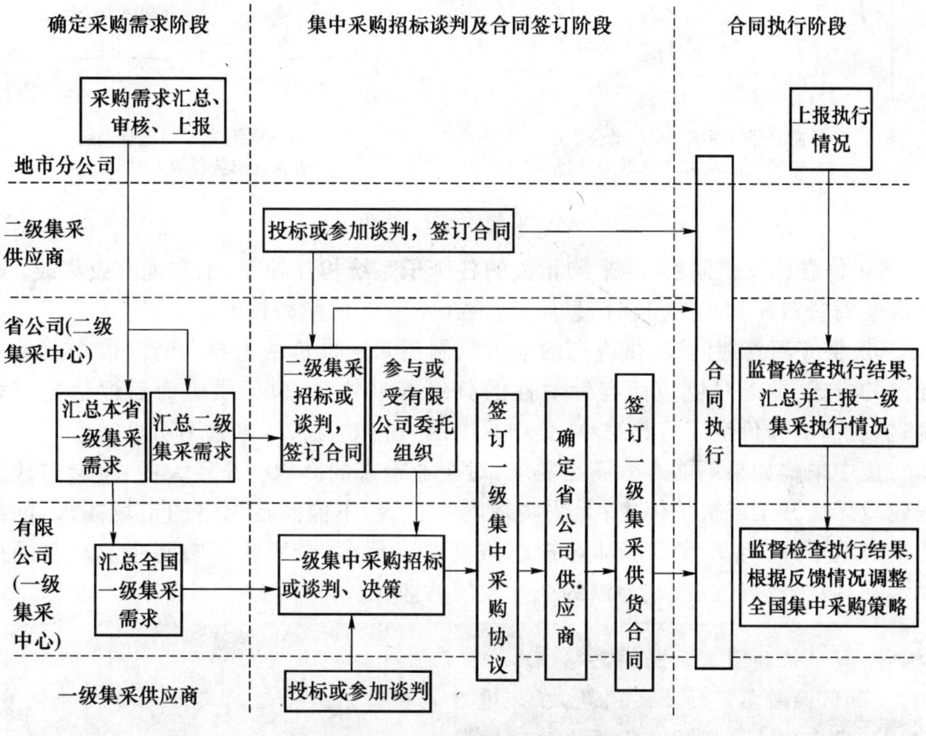

图 14-3 集中式战略采购流程示意图

3. 集中式采购带来的新问题

国内几大主导运营商很早就实行了集中采购的管理模式,也形成了较为成熟的管理体系。但在多年的管理实践中问题不断产生,同时,电信运营的转型也给运营商的采购管理提出了新的挑战。总结起来,目前集中采购的问题主要表现为以下几点。

① 产品不能有效满足需求:集采目录不能有效满足地区个性化需求;产品的供货和质量出现了不稳定现象。

② 采购人员管理问题:采购人员还未完全适应采购部门从物资供应到采购管

理工作思路的转变，而且缺乏相应的采购人员激励和成长机制。

③ 采购效率有待提高：采购需求申报的准确性难以保证；集采流程还不能高效满足设备及时到货要求。图 14-4 示意了采购效率的“牛鞭效应”。

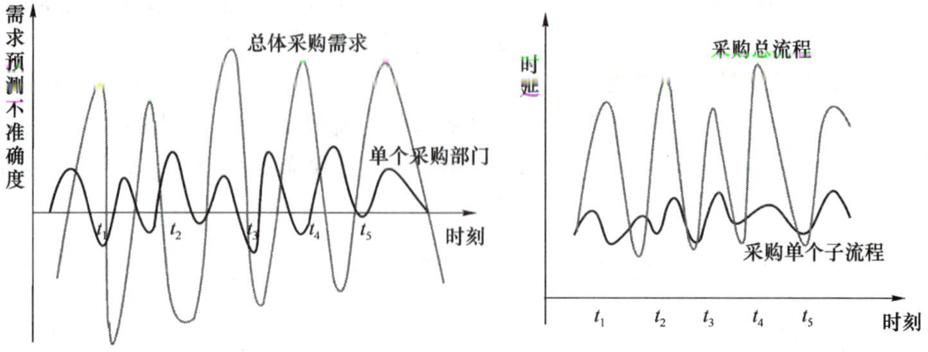

各需求部门需求的小波动会引起
采购总需求的大波动

采购子流程的小时延会引起
采购总流程的大时延

图 14-4　采购效率的“牛鞭效应”

④ 信息化支撑问题：与采购相关的各个子系统相互独立，未实现有效集成；缺乏供应商资料库和采购价格信息库，应对市场变化的能力较差。

⑤ 供应商管理问题：供应商的准入机制还未从以价格为导向转向以全成本为导向的方式；缺乏对供应商有针对性的分级管理体系，包括供应商后评估监督机制；供应商的降价空间日趋缩小，集中采购的直接效益将越来越不明显。

集中采购如果不能有效满足需求，对企业带来的影响将是巨大的：将会造成工程建设无法开工或被迫停工；无法实现网络扩容，不能满足网络的市场需求；网络通信质量下降；客户满意度和客户忠诚度的降低等，最终将影响到企业产品的质量水平，限制业务发展，成为制约企业发展的瓶颈。

探讨：集中采购问题的解决思路

如何面对集采的上述问题，在经过对运营商采购管理的实际调查及研究基础上，我们从几个不同方面提出了解决思路。

(1) 优化采购流程

通过流程梳理，在考虑到采购下游的工程建设部门和维护使用部门实际情况的基础上，补充必要流程，减少冗余环节，从整体上优化采购管理的各环节流程。

(2) 加强供应商管理

建立供应商管理的完整架构，包括供应商分类资料、供应商准入、供应商选型、供应商关系管理、供应商评估及淘汰等一系列管理功能和内容，全面建立供应商信息和供应商指标管理数据库，形成完整的供应商管理信息系统。

(3) 基于"全成本"的采购价值管理体系

传统上对采购价值的关注仅仅在于采购价格(设备价格)上,而实际由采购而引起的后续过程还会涉及更多执行和管理成本,比如:交易成本、融资成本、延期到货损失机会成本、维护成本、使用成本等。以传统的采购成本观念,我们忽视了影响成本的更多因素。我们来看两组数据:

- 一家公司的新产品只是晚上市6个月,那么在产品生命周期中就损失掉33%的潜在毛利;进入市场提前一个月,就会使利润提高12%。

——麦肯锡

- 据调查:国际电信运营商CAPEX:OPEX的比例为2:8,国内电信运营商的比例为3:7。

所以,采购产品的全成本应当包括从采购商务阶段、工程建设阶段到采购产品参与企业生产运营的全部生命周期过程的所有成本,即

产品采购的全生命周期成本(TCO)=直接采购成本+间接采购成本

其中,直接采购成本主要指在采购商务过程中确立的含产品报价、运输在内的费用,称之为采购商务成本。

间接采购成本中原材料(设备或服务)参与企业生产运营的全部寿命周期过程所发生的成本,分为工程建设成本和维护使用成本。

采购全成本(TCO)的构成要素由采购活动相关的各个过程的成本要素构成,包括:

- 采购商务成本,即采购价格、运保费、税费、人力成本等;
- 工程建设成本,即安装调试费、机会损失、人力成本等;
- 维护使用成本,即代维成本、修理费、故障损失成本、网络结构成本、人力成本等。

最优采购价格的选择应该从采购全成本的角度集中考虑各个供应商的条件,并选择全生命周期成本最小的供应商及供应价格,如图14-5所示。

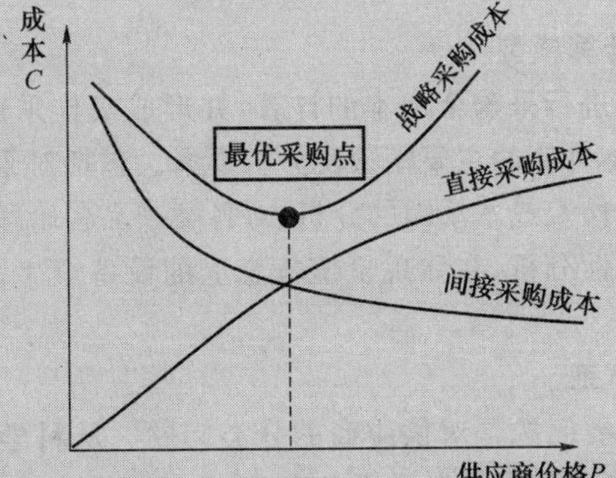

图14-5 基于全成本的供应商价格选择模型供应商价格 P

三、电信运营企业集中采购的管理重点

基于上述对采购管理问题的分析和解决思路的探讨，目前电信运营企业集中采购管理的重点表现为几个方面：管理体系框架、全成本计算模型、供应商管理体系等。

1. 集中采购管理体系的整合完善

在现有集采管理内容和流程的基础上，重新梳理集采管理的层次、内容、控制点、内外关系等要素，并以此为基础搭建信息化支撑平台。图 14-6 展示了管理体系的基本架构。

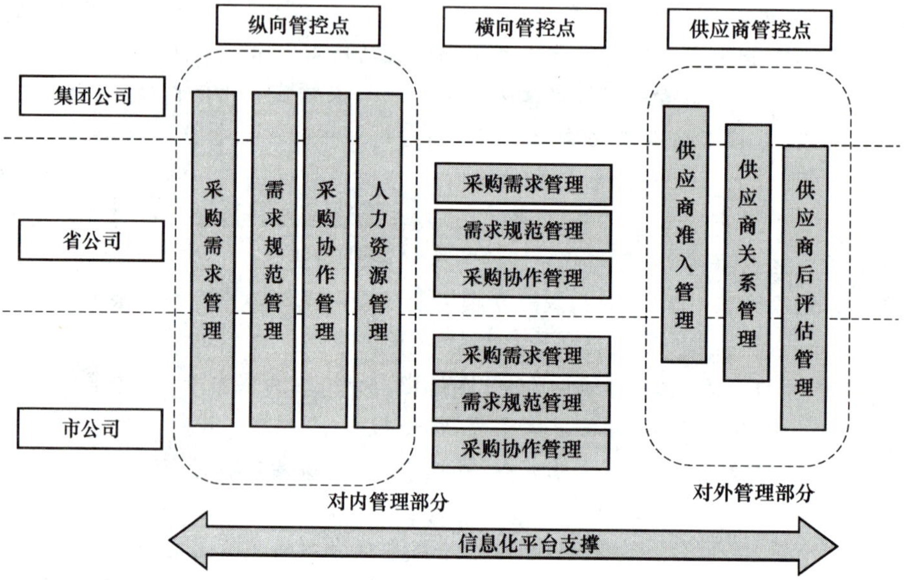

图 14-6　集中采购管理体系架构

2. 采购全成本计算模型

要想科学准确地进行采购全成本的计算，并形成最佳采购成本的供应商选择模式，必须明确全成本计算的主要模型及分析要素。包括对采购产品的分类，对各类产品各阶段成本结构及成本动因的分析，对各类产品各阶段成本的计算，成本变动的影响因素及敏感性分析，在体现价值概念上的设备全生命周期平均成本测算和分析等。

3. 供应商管理体系

供应商管理的首要问题是对供应商的分类问题。从科学的角度讲，采购的对象是产品，供应商是产品的提供者和服务者，企业的供应商管理应当是基于采购产

品的不同类型而进行的，如图 14-7，采购产品分为瓶颈型、战略型、一般型和杠杆型四类，对不同类型产品，企业的采购策略及对其供应商采用的管理策略也有所不同。

- 战略型产品：高风险高价值型产品，主要有网络主设备（含交换、基站、传输与 IT 交换机路由器、电源、蓄电池、基站天线等）。
- 瓶颈型产品：高风险低价值型产品，属于网络配套类，如机房空调、机房列头柜、电源 AC 屏、动力环境监控设备、机房门禁系统、机房防雷设备等。

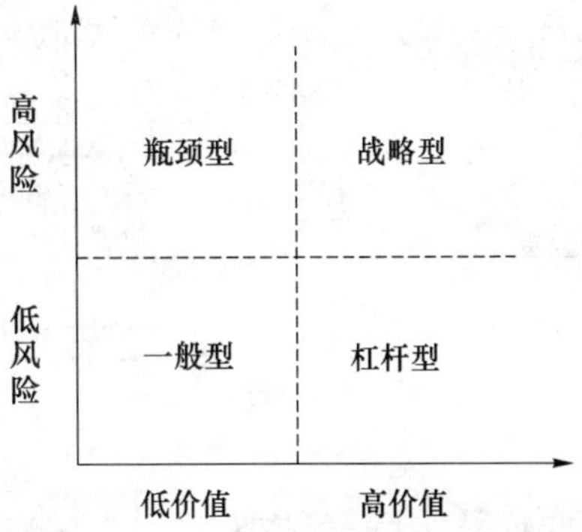

图 14-7 采购立品分类

- 杠杆型产品：低风险高价值类产品，这类产品有基站馈线、传输光纤光缆、电力线缆、传输管道 PVC-PE 管材、管道井具等。
- 一般型产品：低风险低价值类产品，为常规型产品，主要有传输 PCM 线、光纤尾纤与跳纤、机房配套走线槽架、天线与馈线配套安装材料、传输配套 ODF 架、DDF 架、综合机柜、传输光纤接线盒等。

供应商管理的第二个核心是供应商的准入和考核问题。以什么样的资质要求供应商体现了运营商自身的管理和经营水平，而准入后，对越过门槛的供应商，合理的监督考核制度是保证后续服务有效提供的关键问题。

资料

1. 通用电气(GE)的供应商管理

GE 的理念：我们要成为世界上最有竞争力的公司，我们的供应商也要成为世界上最有竞争力的供应商，具体的管理策略如下。

价格——GE 和一个供应商合作后，要求供应商以后每年价格都要降低 5%～10%。如果供应商连续三年不能降低价格，GE 就要考虑更换供应商。

质量——如果一个供应商有一年质量非常差，它就有可能不能再和 GE 合作了，在质量上没有任何商量余地。

交货——供应商一定要准时交货，如果不能准时交货，就要用飞机运输。

整体质量水平——如果供应商一个程序出错，就会被 GE 取消供应商资格，包括供应商对 GE 的人行贿，供应商自己的人员管理等。

效果：GE 保证了自身采购的成本优势，供应商通过和 GE 合作，不仅扩大了利润，而且提高了企业的整体竞争力，从而达到了双赢的效果。

2. 英国电信合作伙伴/战略供应商管理

指导思想：合作共赢为主，整个生命周期内的价值创造/整体成本最优。

合作方式：运营商制订系统要求规范，运营商引导市场发展方向，所有制造商与运营商多方合作研发。

选择方法：长期认证，侧重考察供应商长期的发展能力。

供应商资格认证的STQRDCE体系：S(社会责任)T(技术)Q(质量)R(响应)D(交费)C(成本)E(环境)。

第二节　工程建设管理

一、工程项目管理概述

人类的活动可以分为两类：一类是连续不断、周而复始的活动，称为“运作”；另一类是临时性、一次性的活动，即“项目”。随着经济的不断发展和人们需求多样化程度的提高，项目对各类经济活动和人们日常生活产生着越来越重要的影响。随之，应运而生的便是项目管理。项目管理伴随着人类生产活动的复杂化和社会进步而逐渐形成为管理科学的重要分支。20世纪70年代以来，项目管理理论对大型复杂项目的实施提供了有力的支持，改善了对包括人力在内的各种资源利用的计划、组织、领导和控制的方法，从而引起了广泛的重视，并对管理实践做出了重要贡献。今天，科学技术发展日新月异，市场环境变幻莫测，国际化竞争日趋激烈，要求企业善于应对潜在的形势和经营环境带来的新挑战，项目管理的理念显得更为重要。

1. 项目管理的概念

在美国项目管理协会(PMI)所发布的项目管理知识体系(PMBOK)中，项目是“为创造一种独特产品或服务而进行的暂时性努力”。国际标准化组织所颁布的ISO 10006则将项目定义为“独特的过程，有开始时间和约束时间，由一系列相互协调、受控的活动所组成，其实施是为了达到规定的目的，包括满足时间、费用和资源等约束”。

可见，项目是一个有待完成的任务，有特定的环境和目标；在一定的组织、有限的资源和规定的时间内完成；满足一定的性能、质量、数量、技术经济指标等要求。

项目管理是以项目为对象的系统管理方法，通过一个临时性的专门的柔性组织，对项目进行高效率的计划、组织、指导和控制，以实现项目全过程的动态管理和项目目标的综合协调与优化。

从系统的观点看，项目是一个系统，而项目管理则是一项系统工程。项目管理系统中包含了三个层次的管理活动，即基础技术层、组织层和制度层，它们与项目所处的环境相互作用，形成了项目管理的特定系统。

项目管理的基本职能包括项目的规划计划、组织执行、控制与评价。

2. 项目管理的核心内容

项目管理体系需要将项目技术、项目组织和项目制度与所处的环境有机地结合起来,形成一个高效、互动的整体,才能确保项目目标的有效实现。项目管理的核心内容表现为五个流程、一个经理和九大管理领域,简称"5-1-9"。

(1) 项目管理活动的五个流程

如图 14-8 所示,项目管理活动涉及五个重要的管理阶段,项目管理对这五个阶段的管理也表现为不同的内容。

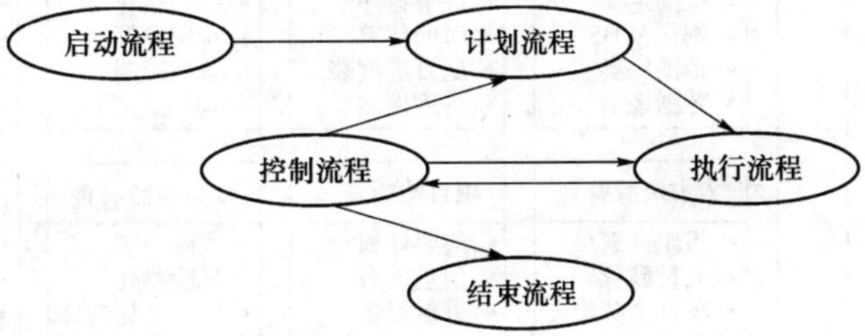

图 14-8 项目管理的五个流程

启动(Initialing)——明确项目或阶段的开始,并承诺执行。

计划(Planning)——制订和维护可执行的计划。

执行(Executing)——协调组织任何元和其他资源执行项目计划。

控制(Controlling)——通过监控项目进程,并在必要时采取正确的行动,以确保达成项目的目标。

结束(Closing)——项目或阶段的正规验收,以产生一个有序的结束。

(2) 项目管理的"单一"联系点

项目经理是项目的单一联系点,并对项目的成败负全部责任。图 14-9 表示项目经理在整个项目管理过程中需要组织领导的各个方面,项目经理作为项目各个环节的纽带,是单一的联系点,也是项目管理组织的核心。

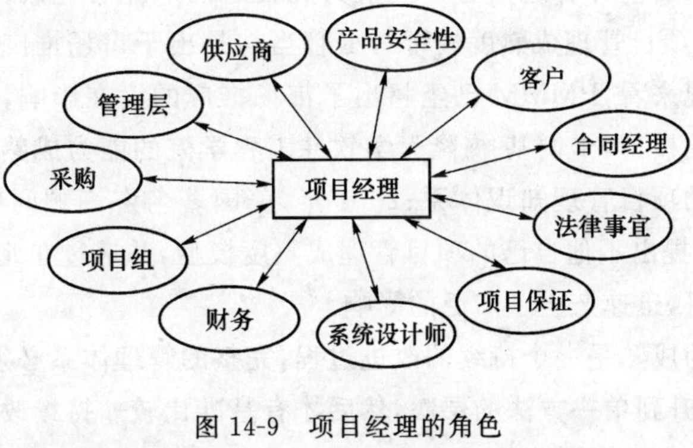

图 14-9 项目经理的角色

(3) 项目管理九大领域(PMBOK)

工程项目管理从内容上讲,已经有了比较成熟的理论基础,传统上讲,项目管理的内容归纳为"九大知识领域",包括:项目的整体管理、范围管理、时间管理、费用管理、质量管理、人力资源管理、沟通管理、风险管理、采购管理。各领域的管理内容如图 14-10 所示。

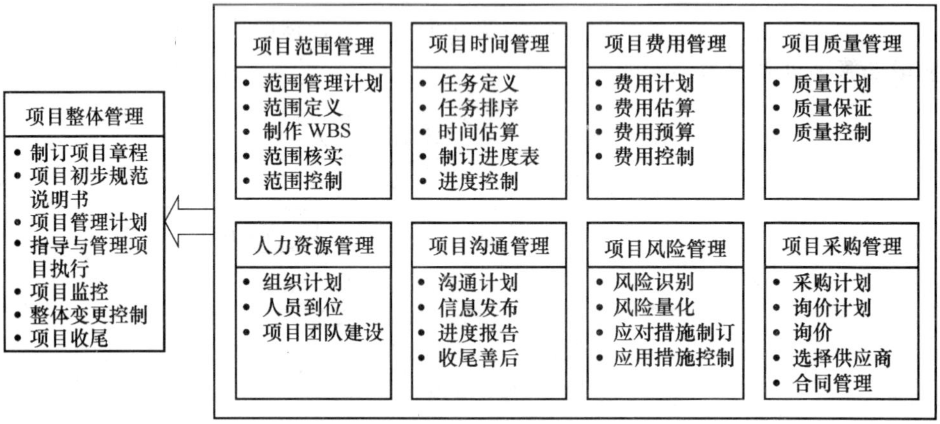

图 14-10 项目管理九大知识领域

3. 项目管理成熟度模型(PMMM)

1993 年,美国卡内基-梅隆大学软件工程学院(CMU/SEI)正式发布了 SW-CMM 软件能力成熟度模型;美国项目管理协会(PMI)推出非常著名的评价个人项目管理能力的 PMP 认证之后,从 1997 年开始开发组织的项目管理成熟度模型(OPM3)。1998 年 5 月,PMI 标准委员会发起制订一个用于描述如何增强一个项目管理组织的能力的标准,此标准的目的是凭借组织的成功引导项目的成功,从而强调组织性的项目管理是一种企业的战略工具。这个项目被分解为 6 个相关的子项目由 200 个来自世界各地具有不同能力和技巧的志愿者完成;2001 年,PM Solutions 出版了"项目管理成熟度模型",尽管当初是出于市场推广的目的,但是,从目前发展的情况来看,PMMM 已经超出了市场推广的潜在影响,因为它试图集成两个主流的评估模型:卡内基-梅隆大学软件工程学院的能力成熟度模型和美国项目管理理协会的项目管理知识体系;2001 年,美国著名咨询顾问和培训师 Harold Kerzner 博士也提出了他自己的项目管理成熟度模型,并通过在北电网络等公司的试验得到了认可,迅速产生了广泛的影响。

项目管理的成熟是一个持续的改进过程,完整的管理体系必须从通用术语、通用过程开始,上升到单一方法的层次,然后才有基准比较—持续改进—单一方法的螺旋上升,如图 14-11 所示。

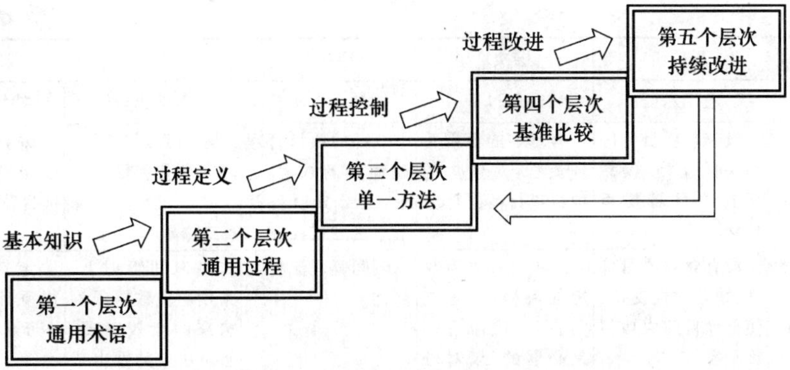

图 14-11 项目管理成熟度模型的五个层次

第一层次:通用术语(common language) 在这一层次,组织开始意识到项目管理的重要性,并进一步了解项目管理的九大知识领域、五个管理过程和项目管理的各种工具,项目管理基础知识成为组织的交流语言和术语。

第二层次:通用过程(common processes) 在这一层次,组织认识到自己需要定义和建立通用过程,以便在一个项目上成功之后,可以将该过程重复地用于以后的许多项目,将组织的战略意图重复地转化为多项目的成功。

第三层次:单一方法(singular methodology) 在这一层次,组织认识到公司所有方法结合成一个单一方法所产生的协同效应,其核心是项目管理。与使用多个方法相比,只用一个方法所产生的协同效应使得监控更加容易。

第四层次:基准比较(benchmarking) 在这个层次上,组织认识到为了保持竞争优势,过程改进是必要的。基准比较必须连续进行,公司必须决定以谁为基准点以及怎样进行比较。

第五层次:持续改进(continuous improvement) 在这一层次中,组织评估通过基准比较获得信息,然后决定这些信息是否能够有助于改进公司的单一方法。

具体来讲,五个层次在九个管理领域中管理水平评价标准如表 14-2 所示。

表 14-2 项目管理成熟度模型矩阵

项目成熟度等级	层次 1	层次 2	层次 3	层次 4	层次 5
	通用术语	通用过程	单一方法	基准比较	持续改进
项目综合管理	对项目过程缺乏统一的标准以及项目管理体系,没有建立项目组	对项目计划、项目报告有基本的流程,只对较大的项目实施管理	对项目的综合管理有统一的标准和过程,项目办公室开始集成项目数据	项目管理的流程和标准应用于全部的项目,并且已经集成到公司的整体流程中	采用了项目综合管理改进过程。定期总结和回顾过去项目的经验

续 表

项目成熟度等级	层次1	层次2	层次3	层次4	层次5
	通用术语	通用过程	单一方法	基准比较	持续改进
项目范围管理	没有与项目范围相关的文档，仅意识到项目需要里程碑	有基本的范围管理流程，对较大的项目进行范围管理	全部的项目管理过程都有文档记录，大部分项目都采用这些过程	项目管理过程应用于所有项目	采用效率和效果指标优化项目范围管理
项目时间管理	没有建立项目计划、缺乏文档支持，使得项目的成功很难重复	对项目计划有规定的流程，但是在实施时，该流程不是必需的，仅对较大项目实施时间管理	时间管理流程文档化	在时间管理上，采用历史数据预测将来的绩效表现；管理决定的做出依赖于效率和效果的量化指标	定期回顾以往项目的经验，不断优化
项目成本管理	没有统一的成本过程标准，不同的项目组会制订各自不规范的文档格式	对成本估算、上报以及绩效评估有相应的规定，只对较大型的项目进行成本管理	组织内有统一的成本控制规定，通过项目办公室的资源库可以实施对成本的控制，在部分项目都实施了成本控制	成本管理与跟踪的工作跟项目办公室、财务和人力资源系统集成起来，并作为全公司工作流程的一部分	主动采用效率和效果指标优化成本管理
项目质量管理	没有项目质量标准，管理人员必须在不同项目中自己去制订“质量”的定义	有统一的质量标准，对大型项目实施质量管理	有统一的质量标准文档，对大多数项目都实行质量管理	所有项目都采用质量管理流程	采用量化指标优化项目质量管理
项目人员管理	没有统一的项目组人员组成标准，项目团队的组成是不确定的，成员的时间和成本不可衡量	对项目人员构成有相应的规定	大多数项目都遵循资源管理的相关规定，建立了项目管理职业发展路径	对项目计划采用源预测的方法。衡量项目组的绩效，并将其与成员的职业发展相结合	制订相应流程激励项目成员将项目经验文档化。优化人力资源管理流程
项目沟通管理	沟通的过程是不确定而且不正式的，管理人员很难知道项目的真实状态	建立了基础流程，对大型项目要求定期汇报进度	主动进行项目绩效评估，大多数项目都有一个正式的项目沟通计划	所有项目计划都要求项目沟通管理计划，沟通计划与公司的基础沟通结构（如OA）集成	采用相应的流程持续地提供沟通效果。对知识和经验进行记录
项目风险管理	没有统一的管理标准，文档数量很少，而且不能够共享	对大型项目有基本的风险管理	对大多数项目都实施风险管理，对风险管理使用量化的指标	风险管理系统与资源、进度、成本等管理系统集成	主动采用效率和效果指标优化风险管理
项目采购管理	项目采购没有固定的流程，只对最终的合同进行管理	对购买设备或者服务的流程有相应的规定，采购流程主要应用于较大的项目	有统一的采购流程，项目组和采购部门在采购过程中紧密集成	购买决定是基于公司层面做出的。供货商和公司的项目管理机制集成	定期回顾采购流程，注重提高项目采购的效率和效果

虽然模型把项目管理成熟度分成了五个层次,实际上某些层次也会发生重叠。但每个阶段被完成的顺序是不能改变的。企业在提升自身的项目管理水平(成熟度)的时候,有以下两点需要注意。

其一,这是一个不断进行的过程,而不是快速变革。项目管理成熟度不是一夜之间发生的,沿着最理想的成熟度要获得收益最少也要六个月。全公司范围内基础的项目管理理论和方法的培训和教育是必不可少的,因为人们不可能成功地及重复地执行一个他们不明白的方法。

其二,聚焦连续的提高。项目管理成熟度强调连续不断的提高,即使组织达到了最高的目标成熟度水平,也总是还有空间去提高和成长。

二、电信运营企业工程项目管理模式

在第十三章的图 13-5 中,我们展示了运营全景视图,这个视图也是国内电信运营企业运营架构的典型代表。图中我们可以看出,电信运营企业的工程建设部门担负着网络建设的主要任务,是能力建设的主要管理部门。

对于传统运营企业,能力构建的内容主要表现为对承载网络基础设施的建设,工程管理中心的核心任务是按计划完成投资计划中已经明确的投资项目,组织和实施项目的建设过程,按质按量完成各期的网络能力建设任务。在这个过程中,工程管理中心以相对比较被动的角色承担着网络能力的建设工作。然而,竞争环境的变化和内部管理提升的要求对运营商工程管理水平提出了新的要求。

1. 对项目管理水平的要求

(1) 外部环境变化对工程管理中心提出的新要求

竞争环境对管理水平提出了更高的要求:如何实现对工程项目的有效管理,降低运营成本和投资风险,从而最有效地利用公司现有资源提高管理水平,更好地为业务发展服务,将是所有运营商面临的共同挑战,也是工程管理部门面临的重要课题。

新的业务环境提出了新的要求:传统的电信业务一般规模较大,需求相对稳定,其建设项目在一次性建设完成后以“扩容”为主,对工程项目管理的要求比较稳定,主要强调工程质量。随着市场环境的变化,新技术、新业务的引入,越来越多的工程项目呈现出周期短、时效性强的特点,对工程项目管理的灵活性、有效性等都提出了更高的要求。

项目管理标准化趋势的要求:项目管理国际化的发展趋势,要求尽快建立起符合国际标准的企业化项目管理(EPM)制度,才能提高企业的竞争力。除技术因素之外,项目管理将成为电信运营企业提升竞争优势的另一个重要基础,因为突显项目进度、成本、资源、质量管理的重要性,如同注重技术优势,是组织生存和持续发展的基础。

(2) 内部管理的发展对管理体系提出了更高的要求

计划、工程实施、效益评估闭环管理的需要。随着移动运营企业经营管理水平的不断提高,项目管理从计划制订、项目审批、项目实施、控制到项目评估等整个过程的闭环管理要求也已经被提上议事日程,而投资的最终效益体现需要工程实施以及后评估的科学化管理作为保障,这就对公司项目管理的整体水平提出了更高的要求。

统一和规范管理措施的需要。目前,电信运营企业工程建设任务的难度一年比一年大,运营企业的工程管理中心为了更好地完成各项扩容工程任务,充分发挥各分公司的积极性,调动社会上的相关资源,在放权的同时也相应推出了一系列的工程管理措施和考核办法,但这些检查内容还未能统一、规范,在实际操作过程中难免会有些冲突和不全面之处,指导性和使用性都不够,而且工程管理毕竟是电信运营管理体系中的一个环节,需要多方的通力配合。为加强工程管理部门对施工质量的控制力度,确保建设的质量,进行管理经验的积累,及时发现施工质量存在的问题并能迅速采取相应的措施加以纠正和解决,必须在原来的各不同类别的流程、规范、EMS 表格、各种管理细则的基础上,制订出一套较完善的切合移动工程实际的通信工程管理体系,使之能指导工程的施工,客观地反映和评估施工队伍的施工质量和施工水平。

组织重整的需要。一般公司没有充分认识项目管理的重要性,或者认为项目管理的实施是一个简单的过程。理由通常包括:我们做了那么多年的项目,还会不知道项目管理为何物;高层管理者的主要工作是决策,下属的项目经理与团队成员才需要项目管理训练;因为还有很多其他重要的事需要处理,项目管理可以以后再说。然而,管理层与下属间存在的项目管理知识落差形成的风险,使项目管理机制可能面对不同制度、文化、与工作语言等方面的挑战。

2. 解决问题的思路

针对以上面临的挑战,工程建设管理的问题是解决好多项目管理的复杂性问题。这个问题不是单纯意义上对单个项目的管理,而是作为一个企业的职能管理机构,对所有工程任务的综合管理问题。它需要在单个项目管理知识和技能都比较熟练的基础上,从组织、流程等方面对管理的模式进行统一和规范,是表现工程管理中心项目管理的成熟度层面问题。工程管理中心迫切需要做好的是项目管理体系的整体规划,形成项目管理的综合模式以及统一规范的管理体系,并在此基础上建立起以工程管理部门为中心,多部门沟通共享的项目管理平台系统。

3. 基于项目管理成熟度理论的电信运营企业工程管理体系及运作模式

通过对上述问题的分析可知,工程项目管理的目的是提升部门的整体项目管理水平。要达到这个目的,需要分作以下几个步骤来进行。

首先,对目前的管理水平进行分析评价,明确其属于项目管理成熟度模型中的哪个阶段。

其次，对当前所处成熟度阶段的状况进行分析，同时将下一阶段作为项目管理水平提升的目标，将目标落实为具体的管理要求。

再次，针对提升要求进行具体的管理体系设计，从组织、流程等细节落实到具体的操作方案。

最后，基于上述管理体系的设计进行项目管理系统的设计(或提升)。

下面，我们结合国内某移动运营商工程管理中心的具体案例，详细介绍其管理体系及运作模式的构建及提升过程。

案例：国内某电信运营商工程建设管理体系及运作模式设计

背景：在多年工程管理实践过程中，某移动运营商工程管理部门已经形成了一套比较完整的工程管理方法，包括工程规章制度、工程操作流程、工程信息分析等，在其日常的工程项目实施过程中起到了较好的指导作用。但在新的竞争形势下，这些基础的管理制度越来越不能够满足日益复杂的建设管理需求，工程中心急需一套更加系统科学的管理体系和方法来提升管理水平，因此，中心选择以 PMMM 为基础，进行管理体系的构建工作。

第一步，对工程中心当前的管理现状进行深度评价，比照表 14-2 的标准进行分析。

项目综合管理：工程管理部门按专业划分办公室对工程项目分类管理，包括无线专业、交换专业等。下属地市公司的工程管理部门按统一的标准和过程向项目所属的专业办公室汇报项目的完成情况、进展情况等信息；由各专业办公室对上报的项目数据汇总集成，通过 EMS 系统对各个项目的数据信息进行分析处理和发布。因此，可以判断，工程管理部门对项目的综合管理有统一的标准和过程，项目办公室开始集成数据。项目管理水平在该知识领域目前处于项目成熟度模型的第三层次：单一方法层次。

项目范围管理：工程管理部门都有比较详细的管理流程，各专业的办公室都制订了 WBS(工作分解结构)模板，根据模板对每个项目划分 WBS 结构，进行范围管理。基于这些现状，项目管理水平在该知识领域目前处于项目成熟度模型的第三层次：单一方法层次。

项目时间管理：部分科室开始使用项目管理工具(Microsoft Project)制订项目计划。但是，这些工具的应用仅仅限于计划阶段，并没有贯彻到项目执行过程之中，在实施时不是必需的。因此，项目管理工具并没有对项目实施过程产生影响，而只是一种项目计划阶段的例行公事。因此，项目管理水平在该知识领域目前处于项目成熟度模型的第二层次：通用过程层次。

项目成本管理：项目的成本一般由合同中签订的数额确定，通常都会控制在预算之内。在项目的实施过程中，费用的发生主要是通过物供部门，与工程管理部门的经营管理活动无直接联系。因此，对工程管理部门成熟度水平的评估不涉及该领域。

项目质量管理：项目质量通过相关的技术规范和管理制度进行保证；质量考评采用的是考评表的方式进行量化计分，对项目的质量进行跟踪，最后的评分结果通报给物供部门，作为工程服务违约金的计算依据。对大多数项目都实行质量管理，质量的流程控制相对比较完善。因此，项目管理水平在该知识领域目前处于项目成熟度模型的第三层次：单一方法层次。

项目人员管理：项目人员的构成有相应的规定，遵循资源管理的相关规定，做到责任分配到个人，对每个项目组成员的权责有明确的分配，合理考评项目管理人员的工作绩效，建立了项目管理职业发展路径。因此，项目管理水平在该知识领域目前处于项目成熟度模型的第三层次：单一方法层次。

项目沟通管理：实际工作中与其他部门有着紧密的沟通协作关系。在EMS(现用的工程管理系统平台)的操作规程中对沟通的对象、时间已经有详细的规定。在部门内部的工作活动中，各地市公司按规定做到按期报告项目进度信息，由省工程管理部门根据其工作情况采取打分制绩效评估，大多数项目的沟通能够有效地进行。因此，项目管理水平在该知识领域目前处于项目成熟度模型的第三层次：单一方法层次。

项目风险管理：风险评估主要通过与供应商的沟通进行。在过去的项目中，没有出现明显的失误；项目初始阶段的评估由该领域的技术专家进行。但是目前对风险没有一个明确的定义。因此，项目管理水平在该知识领域目前处于项目成熟度模型的第二层次：通用过程层次。

项目采购管理：项目采购活动主要由物供部门负责，与工程管理部门的经营活动无直接联系。因此，对工程管理部门成熟度水平的评估不涉及该知识领域。

通过以上的评估，我们认为，目前该移动运营商工程管理部门大部分管理水平都处于项目管理成熟度水平第三层次——单一方法层次。在此基础上，管理水平的提升应该在稳固和完善第三层次的同时，以第四层次为目标。

第二步，工程项目管理体系逻辑结构设计

第四层次的管理主要表现为以系统、规范的管理体系对所有的工程项目形成统一的管理体系，也就是说在决策、控制、执行、信息沟通与支撑等方面形成所有项目共有的管理模式和管理台，按照这个目标，改进方案逻辑框架如图14-12所示。

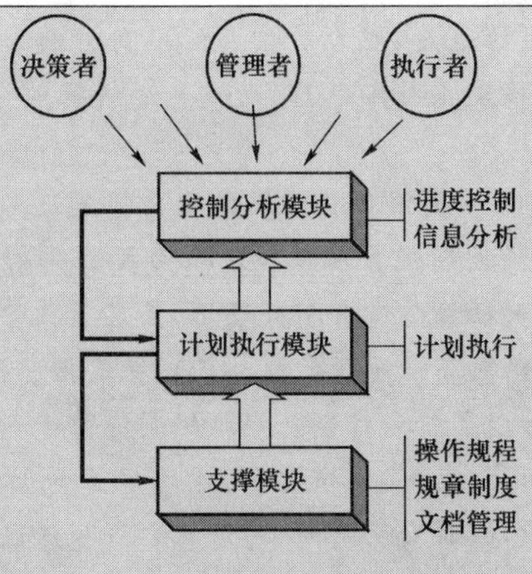

图 14-12 项目管理逻辑结构

整个模型由控制分析模块、计划执行模块、支撑模块三个层次组成，模块之间存在着信息流和控制流的传递。管理体系中更重要的一部分是人的参与和作用。参与到工程项目管理体系中的管理人员可以分为三类：决策者、管理者和执行者，他们在项目管理体系运作中发挥不同的作用。

(1) 管理体系的模块构成

支撑模块：是整个管理体系框架的支持部分，由操作规程、规章制度、文档管理等部分构成，是过去工程管理部门项目管理的经验知识的积累，为工程管理人员的项目管理工作提供参考和规范，是整个管理体系的基础。

计划执行模块：代表了一个项目从开始启动到最后收尾结束的全部建设过程中的计划及具体实施活动，该模块真实地反映了项目的执行过程和管理过程，并搜集项目实际进展情况等信息。

控制分析模块：控制分析模块对项目的执行情况等信息汇总并加以分析，信息分析的结果全面展现各个在建项目的进展情况，上级管理人员可以随时了解项目进度、资源、成本等信息，对工程项目从战略、战术层次加强监督和控制。控制分析模块还可以根据项目执行情况，以积分的方式对项目组成员考核工作绩效。

(2) 模块之间的信息流与控制流

信息流——图 14-12 中向上的宽箭头代表信息流及其方向，共有两类信息流：支撑信息流与项目信息流。支撑信息流由支撑模块流向计划执行模块。支撑模块是整个管理体系的最底层，计划执行模块中，工程管理人员根据支撑模块中的 WBS 模板制订工程的具体实施计划，参考支撑模块中的文档形式完成项目有关文档，依据支撑模块中的操作规程和规章制度规范项目执行过程中的管理活动。项目信息流由计划执行模块流向控制分析模块：计划执行模块中，工程管理人员按期将项目的进度、成本等信息汇报到控制分析模块。信息的传递以报表的形式，通过报表系统汇总后，由信息分析模块分析处理，以图表的形式展现。

控制流——图 14-12 中的窄箭头图例代表控制流及其方向。共有两类控制流，项目控制流与经验控制流。项目控制流由控制分析模块流向计划执行模块：控制分析模块在对项目信息分析处理后，高层项目管理人员针对项目的进展情况和出现的问题，对下一阶段的实施计划提出指导性的建议，在关键点对各项目的执行情况加以监督和控制。经验控制流由计划执行模块流向支撑模块：支撑模块中的 WBS 模板、文档管理、操作规程等信息并不是静态不变的。在工程管理活动中，随时会有更新、更好的方法和建议出现。计划执行模块中，在每个项目的执行过程中，可能形成新的经验对支撑模块中的模型与数据修改和优化，保证支撑模块的内容能够适应环境的不断变化。

(3) 管理体系中人的作用

依据工作重点的不同，工程管理体系中参与项目管理的人员可以分为三类：决策者、管理者、执行者。

决策者：决策者从战略层次上对项目进行管理和指导，设定项目对企业经营方向的作用，保证项目符合企业战略层的经营目标；保证项目在各个阶段的工作都符合企业的经营理念，项目的最终成果能够对企业的长期发展目标有所贡献。在项目中的每个关键控制点，决策者都要对项目的阶段成果进行评估，并做出是否继续进行该项目的决策。决策者做出的战略决策将在整个项目相关组织内实施，对项目的方向产生重要的影响。

管理者：管理者在项目的每一项活动中，应用项目管理知识体系（PMBOK）九大领域中的工具和方法对项目的进度、资源、质量等进行管理，全程对工程项目监督和控制，实施对工程项目的管理活动，在每一阶段结束时向上层管理部门报告项目的进展情况，如果在项目进行过程中有偏离计划的情况出现，也要及时向决策者汇报。

执行者：执行者直接参与到项目的实施过程中。保证项目工作包的具体实施和相关资源的按时提供。是负责项目活动的具体执行工作，保证项目能够向着它的目标有效执行，并及时地把项目的具体进展情况和变更因素汇报给管理层。

将上述模型各层次的管理内容与项目动态展开持续过程相结合，就形成了比较形象化的“Ω”管理模式，如图 14-13 所示（由于页面限制，此图为缩略图）。

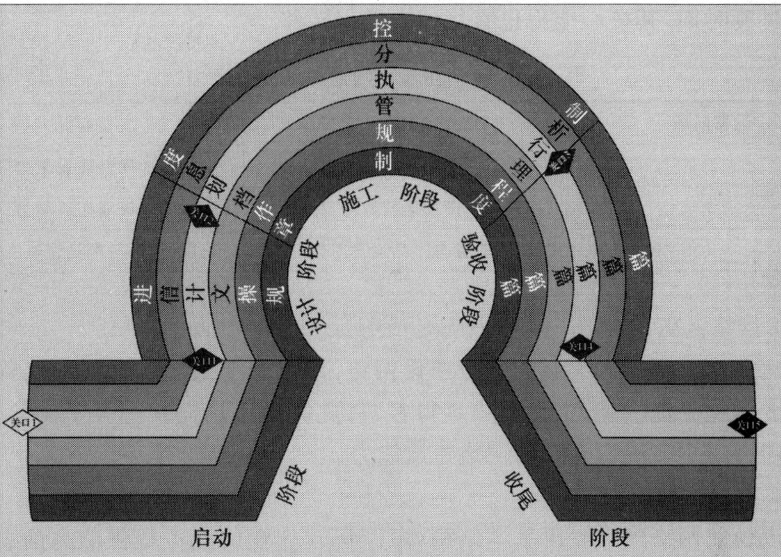

图 14-13 移动工程项目管理体系模型

从整体角度看，模型的轮廓是一个希腊字母“Ω”，代表了一个项目从开始到结束的整个生命周期。

从横向角度看，模型按时间顺序描述了一个项目从发起到收尾的过程。依据项目的生命周期划分，可以分为五个阶段：项目启动阶段、项目设计阶段、项目施工阶段、项目验收阶段和项目收尾阶段。

从纵向角度看，依据前面的逻辑结构构成，可以分为三个层次：控制分析模块、计划执行模块和支撑模块，每个层次的模块又细分为下一级的子层次，共有六大篇章：进度控制篇、信息分析篇、计划执行篇、文档管理篇、操作规程篇、规章制度篇。

图中，项目的启动阶段和收尾阶段，在项目的开始和项目的结束两部分，即“Ω”字母的两个脚端部分，工程管理部门虽参与其中，但不是项目的主导者，而是由其他部门负责牵头。“Ω”字母的半圆弧部分，从项目交底后的设计阶段至验收阶段，这段过程由电信运营商工程管理部门主要负责管理。

第三步，基于上述模型设计对该运营商工程管理中心现用系统 EMS 进行升级改进。

三、转型中的工程项目管理

1. 电信运营企业核心能力的转移

电信运营的发展可以分为三个阶段（如表 14-3 所示），各阶段的特征决定了其核心能力的不同。现阶段，电信运营产业处在由市场运营阶段向业务与产品运营阶段的过渡时期，其核心能力也必将再次发生转移。

表 14-3 电信运营不同阶段的核心能力

运营阶段	名称	核心能力
1	网络运营阶段	网络建设能力
2	市场运营阶段	市场拓展能力
3	业务与产品运营阶段	业务与产品管理能力

(1) 网络运营阶段

各运营企业都投入大量的资金建设网络，谁能够在最短的时间里将网络建设能力转变为业务提供能力，谁就将赢得客户，此时的市场需求远大于供给，本阶段的核心能力集中体现为企业的网络建设能力。

(2) 市场运营阶段

大规模的网络建设阶段基本结束，多家运营企业的业务提供能力的总和已经超过了市场需求，网络资源出现了闲置和浪费，为提高网络的利用率，尽可能地挖掘网络的盈利能力，企业间通过相应的市场策略在客户市场中展开竞争，价格、质量、服务等一系列市场因素成为竞争的关键，本阶段的核心能力集中体现为市场拓展能力。

(3) 业务与产品运营阶段

业务价格趋于稳定，业务质量在客户感知的层面上趋于一致，市场策略上的竞争已经不能为企业带来显著的客户增长。此时的企业会将运营的重点转向新产品的开发和新市场的拓展，寻找新的利润增长点，谁能尽快将新技术转化为客户需要的新产品，并以客户喜闻乐见的方式提供给客户，谁将成为这一时期的赢家。新的变化对企业产品管理能力的各个方面提出了新的要求，本阶段的核心能力集中体现为业务与产品管理能力。

现阶段，整个电信运营产业处在由市场运营阶段向业务与产品运营阶段的过渡时期，进入 3G 时代后，业务与产品运营的大幕将正式拉开，更多的新产品也将像雨后春笋一般进入市场，特别是随着更多的产品在垂直市场的渗透率越来越高，产品的复杂性也越来越高，迅速提升业务与产品管理能力，为即将到来的竞争做好准备，已经成为各电信运营企业转型的关键。

2. 资源配置体系下的工程建设管理

企业在本质上是一定资源的集合体，正是这一定的资源在时空上按相对一定的规则动态地组合在一起才构成了企业及其运作的基础和前提，离开了一定的资源及其有序而动态地组合，企业就不可能存在和运作。资源优化配置就是要达到更加高效率的资源使用，使其产生最大的经济效益。

显然，由一定的资源组合而形成的企业的生存与发展能力即企业竞争力不外乎取决于相互密切联系的两个方面：一是企业所拥有的资源的数量与质量，二是企业对资源的定向整合使用能力。一定数量与质量的资源总是具有一定的生产力的。不过，在自然状态下，这种生产力是处于潜伏或休眠状态的。可把一定数量和质量的资源所含有的、处于潜在状态的生产力称为资源潜力。

资源潜力是企业赖以生存与发展的物质基础，从而也是企业竞争力的基础。但企业的资源潜力若不被激活和放大，则不能转化为现实的生产力和企业竞争力，也就不能成为维系企业生存、推动企业发展的有效力量。而要有效地激活和放大企业资源潜力，就要靠企业按一定的目标及规则要求对资源进行定向整合，使企业资源按一定的秩序进行动态地有机结合。企业资源潜力被激活和放大的程度取决于企业对资源定向整合的能力，可称这种能力为企业的资源配置力。显然，企业生存和发展的能力即企业竞争力既取决于企业资源潜力，又取决于企业对资源的定向整合能力即企业资源配置力，是二者相互作用的结果。三者之间的关系可以下式来表述：

企业竞争力＝企业资源潜力×企业资源配置力

工程建设部门传统上一直作为电信运营企业执行资源配置方案的执行者之一，只是被动地、按部就班地执行着各种资源配置计划，总的来说，这种方式是企业根据特殊需要赋予的，本无可厚非，但是在越来越激烈和残酷的竞争格局面前，工程建设部门可以凭借自身优势主动地参与到资源配置过程中来，积极执行资源配置计划的同时也可以帮助企业获得资源潜力并最终转化为资源配置能力，典型的例子便是传输预覆盖和资源拓展与储备，这些主动的尝试都是值得肯定的。

3. 工程建设管理模式的转变

基于前述研究发现，在电信业转型的大背景下，移动信息化的快速发展和资源配置体系的转变，使得工程管理模式不得不随之进行改革。工程管理将从运营后端的资源建设逐步贴近运营前端的市场运作，并为之提供更快的响应速度；工程管理也随之从原先简单的土建工程管理向高知识密集的IT项目管理转变；而从战略上，工程管理也将从原先的被动建设转向主动的资源配置方面转型。工程建设中心将以更加主动的角色参与到运营企业能力的配置职能中去。图14-14展示了转型的趋势。

由图14-14可以看到，在电信运营企业核心竞争力由网络能力建设逐步转向业务能力集成的情况下，企业战略也应该有新的变化。当前战略定位仍然是网络能力建设，即构建运营通信网络，以响应业务产品的网络能力建设；突破网络价值困境的唯一路径就是重构网络，建设网络价值增值的核心能力。工程管理中心的任务仅仅是在市场部需求明确、规划部下达任务后，对工程建设项目进行执行和反馈。在新的形式下，这种传统的工程管理模式已经落伍。工程管理必须向信息化转型，抓住新的核心竞争力，业务能力集成。工程管理中心要从承载网与业务网统一管理角度出发，协调市场部、技术规划部及相关部门，实现资源的整合配置及新能力的建设，做合格的资源整合配置者，加强承载网和业务网软能力结合的建设。为了迎接这些转变，工程部门有必要从工程建设管理、IT管理、系统集成和软件工程等方面寻求知识、技术和能力的提高。

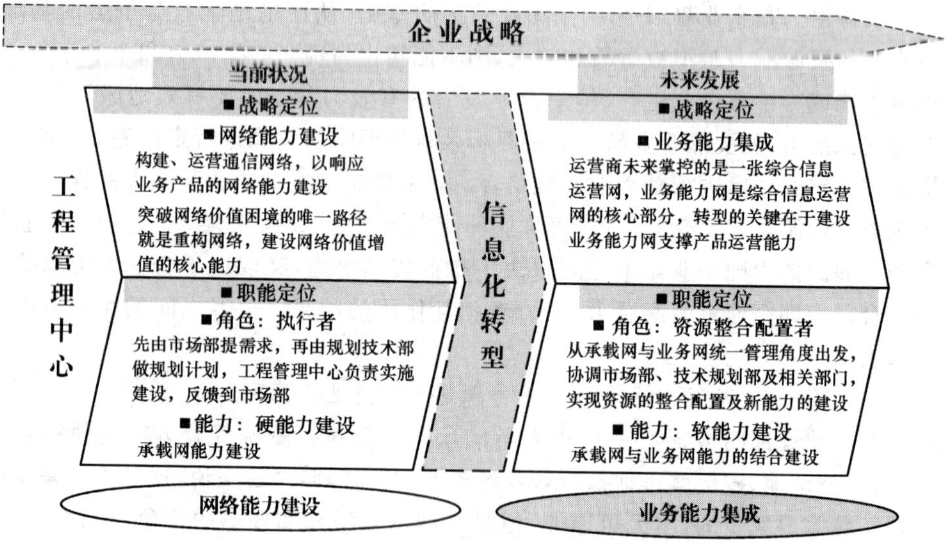

图 14-14　工程管理模式转型

思考题

1. 讨论：比较制造企业的采购管理与电信运营业的采购管理在各自经营中的作用和地位有何区别？

2. 为何采用“集中采购”管理方式，分析其优势及可能产生的管理问题。

3. PMBOK 和 PMMM 分别指什么？讨论并总结其核心内容及方法。

4. 电信运营企业工程项目管理面临的新问题是什么？

第十五章　运行维护

电信网络的运行维护是电信运营商的常态管理内容。为了保证所有电信业务的质量满足客户需要，对网络资产的运行状况需要进行实时地监控和分析，并建立一定的预警机制，以尽量避免设备故障及业务投诉等非正常事件的发生。随着电信运营的转型，电信网运行维护的内涵逐步从对固定设备运行状况的监控转移到了对动态的业务服务质量的监控，由此也带来了电信运维体系的转变。

第一节　网络运维管理基础

一、运维管理内涵

运维管理定义：为保障电信网络与业务正常、安全、有效运行所建立的软件、硬件系统和组织体系，以及实施的组织生产、管理活动称为运行维护管理，简称运维管理或 OAM。图 15-1 示意了电信运营商运维管理的内涵和主要职责。

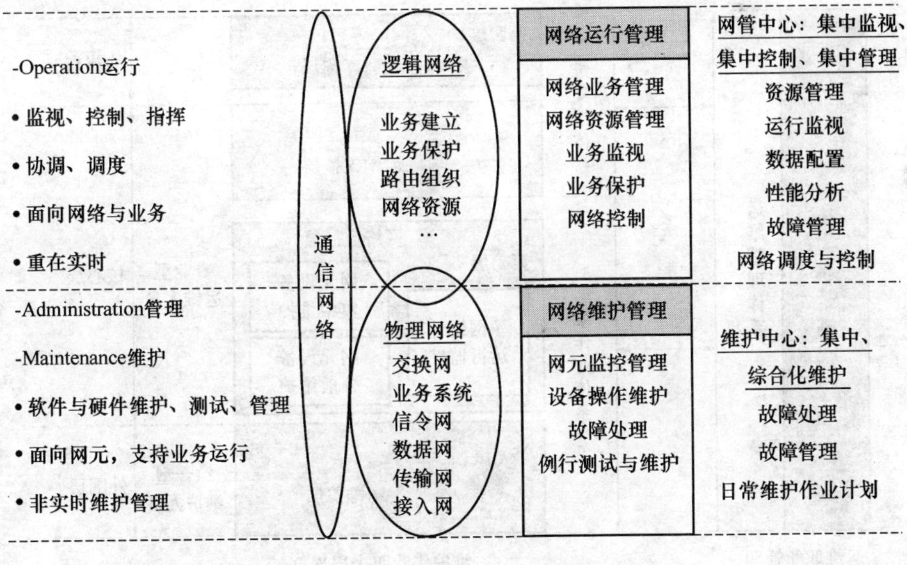

图 15-1　电信运维管理内涵

网络运维管理可以清楚地分为网络运行管理和网络维护管理两大部分。网络运行管理主要是对通信逻辑网络进行面向网络和业务的实时监控和分析，合理调配资源，保证网络质量及业务开通，该部分职责由网络管理中心完成，包括资源管理、运行监视、数据配置、性能分析、故障管理和网络调度控制等集中的监视和控制；网络维护管理则是对通信物理网络的非实时维护管理，重在故障的监控和处理，实施监控网元的工作状态，并及时处理故障，其主要职责由维护中心完成，包括故障处理、故障管理、日常维护作业计划等集中化维护工作。

网络运维在电信网络能力管理体系中具有非常重要的地位，它为整个网络的正常运转提供实时的支撑，运维管理在电信运营体系中肩负着五个重要的功能角色：资源管理中心、运营监控中心、服务保障中心、网络保障中心、成本控制中心。

二、运维管理分层

从具体职责来看，网络运维管理包括：运维工作协调管理、目标运维、指标维护、规程维护、工作流程的制订、网元设备管理、入网管理、设备质量评价、电信附属设施管理、维护作业组织架构、网络与设备运行维护质量的监督检查、新技术及新业务引入管理等。

1. 按照职责内容的管理分层

将所有运维管理职责按照其内容，以及与运营企业核心业务的紧密程度归类，这些职责可以划分成四个层次，如图 15-2 所示。

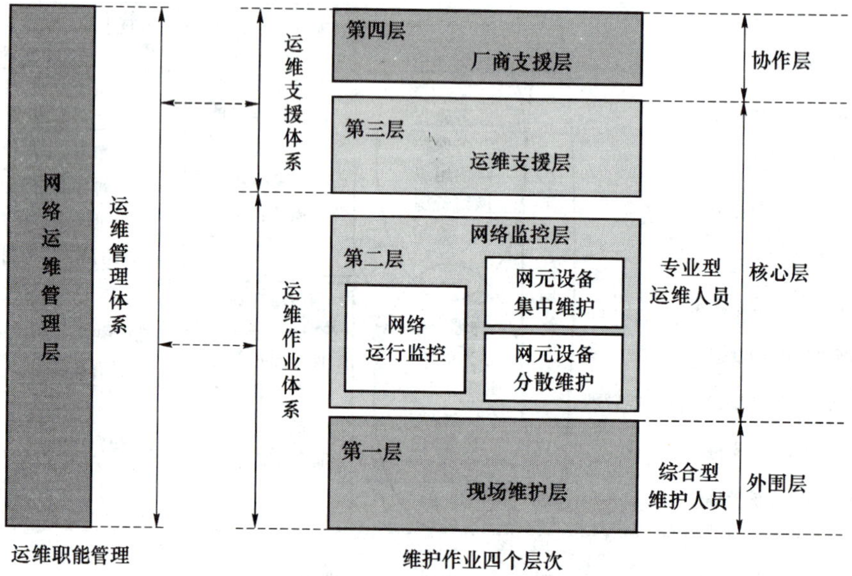

图 15-2　运维管理职责分层图

(1) 第一层——现场维护层

职责:机房值守、例行维护、设备硬件更换、测试、设备备件管理及仪表管理。

(2) 第二层——网络监控层

职责一:网络运行监控,具体包括网络监视、网络控制操作、网络性能分析与报告、网络运行指挥调度、网络运行资源管理、网络运行数据管理、话务及流量管理控制、网络保护恢复、运行质量管理、网络管理策略和计划制订、网管生产工作流程的制订。

职责二:网元设备集中维护,具体包括系统软件维护、硬件维护,设备运行性能分析、测试,故障处理,设备指配,设备备件管理及仪表管理。

(3) 第三层——运维支援层

职责:网络及系统软件、设备硬件疑难问题解决、网络应急、预警、预案的制订、网络重大技术引进及改造的参与、技术培训、运维支撑系统开发与维护支持。

(4) 第四层——厂商支援层

职责:网络疑难问题、重大问题的最终解决者

2. 按照组织功能的管理分层

从另一个角度,我们可以将运维职能按照其在运维组织中所发挥的功能分为管理层职能和操作层职能。

(1) 管理层

管理层与操作层分设,网络运行监视、操作控制、性能分析、资源管理、指挥调度是网络管理中操作层面的工作。

管理层组织和操作层组织都面向网络的运行维护管理工作,管理层组织主要研究如何提高网络运行效率和效益,规定网络运行质量,规范操作层组织对于网络的运行操作行为;操作层组织主要保证网络日常的运行质量和设备的维护质量。

管理层组织不涉及操作层组织的工作,由各层组织相应的行政领导负责。

(2) 操作层

因为维护作业高度集中,所以维护工作建立了多级技术支持保障体系,一般为四层:第一层,现场操作人员;第二层,集中维护中心内负责监控维护的人员,通常是高层技术人员;第三层,公司内部负责技术支持的专家;第四层,设备厂商作为其设备的最终技术支持力量。

网络管理与设备维护职责界线明确。网络管理的目的都是在使网络最大效率利用的同时,保证业务的不中断和网络质量及快速反应。网络管理发展趋势是面向业务的管理,网络管理的最大目标是保障客户业务,当网络故障产生时,最先反应的是网络管理部门,在网络能力允许的情况下和客户可容忍的时间范围内首先调通和恢复业务,然后在规定的抢修时间内将故障修复。

3. 运维管理功能分层

电信运营企业的运维管理类似于制造业的生产作业过程,是相当重要的角色。

运维管理的功能可以从多个维度来分析。图15-3中，电信运维管理分别在网元管理、网络管理、业务管理、事务管理四个层次上均发挥着故障管理、配置管理、性能管理、安全管理、账务管理的功能。当然在不同管理层面上，同样功能所对应的管理内容是不同的。

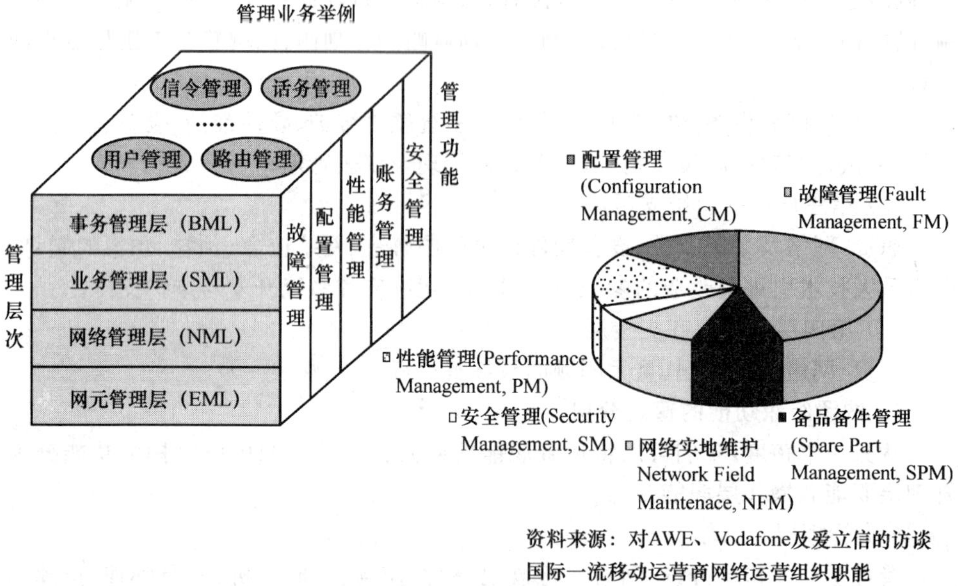

图15-3　运维管理功能分层图

三、运维管理程序

运维管理包括如下五个程序。

1. 业务指配程序(Service provisioning)

提供电信业务所需要的对设备的预测、准备和启动过程。目的是通过调整以及连接设备和电路来适应业务和电路的需求。客户线路和租用电路的需求由客户提出，局间电路的需求则通过网络运行管理过程中的预测工作提出。

2. 维护程序(Maintenance)

维护程序是指保持某一部件或使部件恢复到能够完成它所需功能的全部技术和相应管理活动的组合。维护程序的目的是保证已安装的网络设备按其规范进行工作，并保证所设计的业务功能。维护程序与网络各部分的及时检测、定位和修复有关。

3. 网络监视程序(Network surveillance)

监视整个网络以及客户到客户，以保证维护恰当的服务等级和性能。网络监视为网络管理、经营和维护人员提供信息资料,以便对电信网络进行准确有效的规划和营运。

4. 网络管理程序(Network management)

保证在所有情况下网络最大程度的利用,对通信网络进行监督。监督要求进行监视、测量以及在必要时有效地控制业务流量。网络管理的职能是以"实时"或"接近实时"的方式监督网络的性能,并且当需要时可以立即采取措施来控制业务流量,以保证在所有情况下最大限度地利用网络的容量。网络管理的目的是保证尽可能多的呼叫在所有情况下都能成功地完成。

5. 网络组织管理程序(Network administration)

满足网络服务指标,保证网络以最大效率工作的过程。网络组织管理的目的是保证网络的结构和设计以最有效的方式获得所规定的服务质量而提供短期措施。包括电路和交换设备的分配,以及为保持设备的平衡和有效利用的重新分配。

第二节　电信网运维管理体系

电信网运维管理体系,是为满足电信网络运行维护的要求所建立的各项组织生产与管理要素的集合。

运维管理的核心能力体现在:竞争对手不易模仿,比竞争对手更有效地传递客户价值。这取决于四个要素:①通用资源;②专用资源;③运营管理能力;④创新能力。

一、电信运营转型对运维管理的影响

网络技术的飞速发展推动了电信运营的转型,业务与网络由绑定、分散、分割走向分层、融合 TDM 技术向 IP 技术演进,现代网络充分体现出设施共享,运维职能共享,集中化优势明显的特征,驱动着运维的转型。图 15-4 示出了电信网运维转型的背景。

(1) 业务和服务转型:完善业务体系,提升将信息服务融入人民生活和企业生产中的能力。

- 深度挖掘并运营移动业务,提升将信息服务融入日常生活的能力;
- 以集团客户为依托,为集团客户提供融合的综合信息服务解决方案,提升将信息服务融入企业生产经营的能力。

(2) 网络转型:由传统的移动通信网络转型为综合的信息服务网络。

- 进一步完善并演进业务网络;

- 建设并完善业务及应用集成开发平台；
- 建设并完善接入及门户网络平台。

(3) 组织与管理转型：围绕业务和服务转型、网络转型逐步完善组织管理体系。

- 建立以客户为中心的组织管理模式；
- 提升关键运营流程的效率。

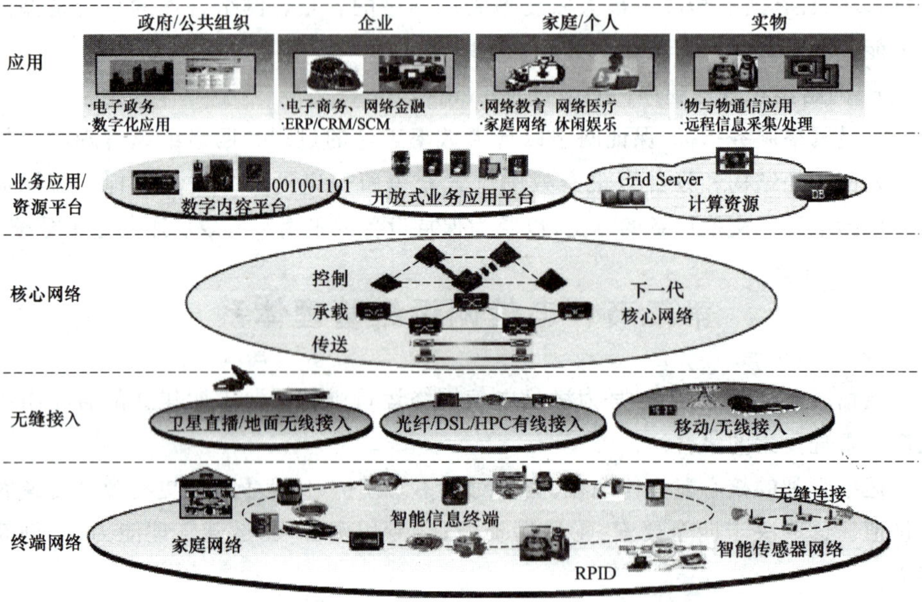

图 15-4 电信网运维转型背景

二、网络运维转型方向

纵观电信运营的竞争历史，从一家垄断的无竞争，至以产品、价格、服务为表象的前端显性竞争；至追求“降本增效”的后端隐性竞争；直至体现于管理、理念、文化的综合竞争。竞争从单一的市场、产品，延伸到复杂的价格、服务、管理、理念，以至全方位的企业综合能力。这些都给新形势下电信网运维管理提出了新的挑战，图 15-5 总结了电信网运维面临的各种挑战。

电信服务与产品消费者不断提出差异化、个性化服务需求，电信运营企业要继续保有原有客户，就必须关注客户满意度，进行市场细分，保证服务承诺；网络技术的多样化发展，给维护的技术水平提出了更高的要求；业务与产品的转型，以及产业价值链的不断延伸，在网络运维深度和广度上都大有扩展。

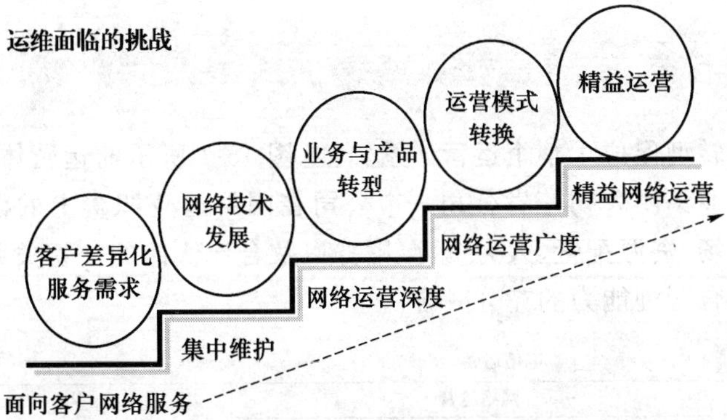

图 15-5 电信网运维转型面临的挑战

针对面临的挑战，电信网运维管理的转型方向为：

(1) 由面向设备转向面向客户和业务；

(2) 从粗放式管理转向精细化管理，由职能管理转向流程管理；

(3) 由分散式维护作业走向相对集中式、高度集中式、集约化作业与管理；

(4) 由单纯追求网络质量转向注重客户感知的网络，兼顾效益。

由此可见，电信网络的运维管理逐渐从传统意义上对生产操作过程的管理概念逐步演进到了集生产过程和经营过程为一体的企业资源经营管理的理念上。图 15-6 示出了电信网的运维管理与运营管理体系。

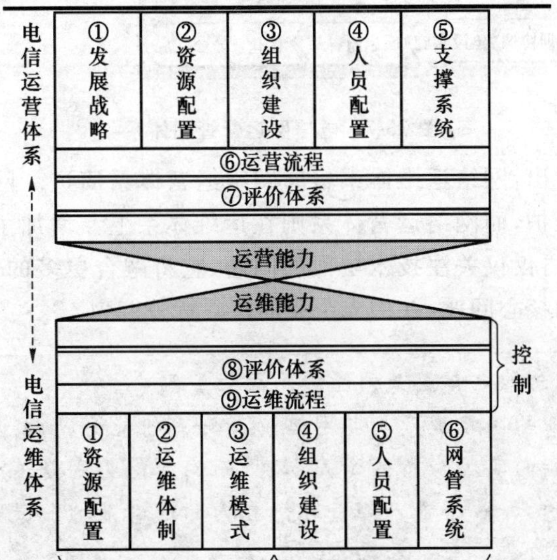

图 15-6 电信网的运维管理 & 运营管理体系

三、网络运营体系

运维管理的转型促成了整个运营体系转型，图 15-7 所示的运营体系充分体现国内电信运营企业集团公司—省公司—市公司在网络运营职责上的衔接，以及网络运维与产品市场、资源配置、人力资源、财务以及合作伙伴的密切关系，体现了网络运维与企业综合管理能力的充分融合。

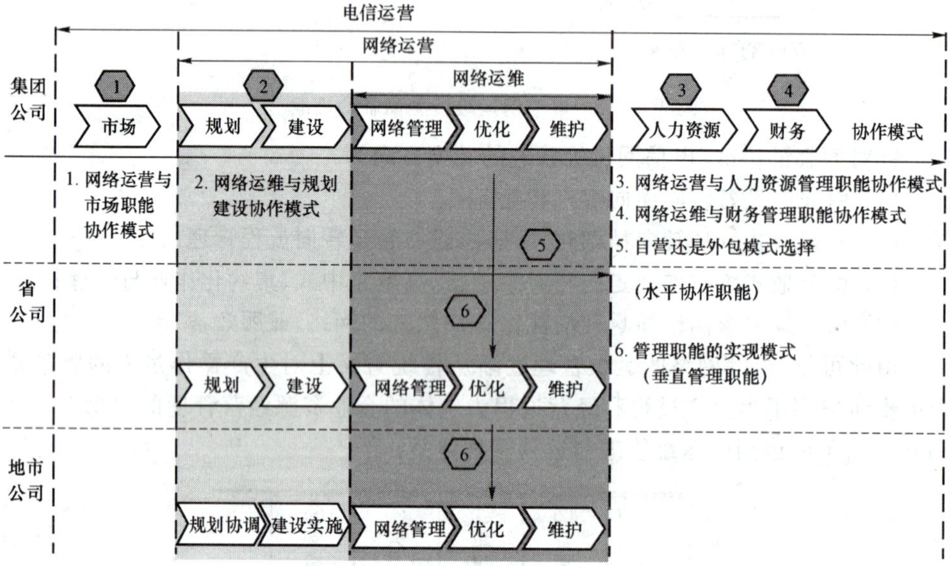

图 15-7　电信网运营管理体系

从趋势可以看出，网络运维体系将向网络运营体系演进。网络运维体系包括网络运行和网络维护，而网络运营体系则在运维体系上又增加了网络经营。也就是说，网络运维不再仅仅关注技术层面的问题，它将融合更多的企业经营理念，成为企业经营层面的核心问题，并构成企业的核心竞争能力。

探讨：基于价值理念的电信企业网络资产运营管理

电信运营企业的网络资产与其网络资产具有的能力是两个层面上的概念，网络资产更多地指向实物形态的资产本身，而网络能力则是基于网络资产所具有的技术能力上的，加入了资产经营理念在内的运营能力。就好比一个大学本科毕业生，他具有的是某专业本科的学历，但这个人在不同的工作环境中为企业创造出的价值是不一样的。网络实物资产表现为交换容量、载频、传输量等一些纯粹的技术指标，但在网络资产上通过自营、出租、虚拟、合作分成等不同的经营方式，对于运营商来讲，产生的价值是不同的。企业的经营目的是创造最大的价值，所以网络运营不再只是传统意义上对网络技术性能和质量的维护，而是以更加灵活多样的方式来经营网络资产，使其发挥更大的效用和价值。

思考题

1. 讨论："运维"与"运营"的区别？
2. 电信网络运维与电信网络运营在理念和内容上的区别是什么？
3. 电信网络运营管理体系应该如何建立？

第十六章　能力分析

能力分析主要表现为两个阶段不同的管理方法，即投资分析和投资后评估。能力分析是电信运营企业对其整体资源配置效果的一个评估和反馈过程。其中，投资分析主要是从财务角度，对投资计划完成情况、完成效果、业务能力实现状况、网络资源占用、业务产品发展、以及客户市场等各方面，按照月度、季度、年度所进行的全面监控与分析；而投资后评估则是对企业每年的整体投资效果以及特定的投资项目建成后实施状况进行的全方位评估。

投资分析及后评估作为电信运营企业能力管理体系的一个环节，对企业调整资源配置计划、改善投资计划管理、优化项目决策方法等方面都起着非常重要的作用，是企业提升投资管理能力的重要手段。

第一节　投资能力分析体系

一、投资管理工作的核心

对于电信运营企业，网络资源的优化配置是投资管理工作的核心，而资源优化配置又必然与众所周知的“木桶理论”有着不可分割的联系。

- 企业发展必须关注“瓶颈”环节，即短木板，只有加高了那块木板才可增加整个木桶的容量；对于中国移动的网络资源投资，应首先考虑最紧缺的资源；
- 如果错误地将某个“长木板”看成是“短木板”，在“长木板”上大量投入资源，其结果不仅无助于企业整体效益的改善，而且还可能造成资源的浪费甚至企业整体盈利能力的下降；
- 企业发展的“瓶颈”环节是变化的，这正如将“木桶”中最短的一块木板加高到一定程度，就有可能会使原来次短的一块木板变成新的最短木板，即成为新的“瓶颈”，此时，如果仍然继续在以前的短木板上投入，就会形成新的资源浪费。

无论如何，使用木桶的人总会觉得有些木板的长度不足，影响资源的整体效益。因此，根据业务需求的发展，发现短木板和长木板，对资源进行优化配置，是投资管理的核心。而资源优化配置的实现,有赖于对业务需求和资源状况的动态把握和对资源效益的客观分析,因此,投资管理目的的达成需要一套强大的投资分析体系的有效支持。

二、投资分析思路的转变

长期以来,我国电信行业的投资直接受政府政策的影响,国家对电信运营企业一般实行严格管制,电信运营企业的准入条件一般比其他行业苛刻。随着我国经济体制改革的深入,电信企业已初步实现政企分开。但由于政府兼有行业管理者和国有资产代表双重身份,这两种不同身份相互交叉,又缺乏必要的制度来区别和规范,使得政府实际上对企业仍有很强的干预能力。虽然政府的目标要通过企业来实现,但现行的这种体制产生的结果便是政府倾向于利用各种手段保证企业按政府意愿运营,而企业也缺乏有力的依据来拒绝这种干预,从而运营企业的行为,包括投资行为仍要受政府意愿的左右。

目前,我国电信运营企业的投资决策很大程度上是受市场的拉动和设备制造商的技术推动,即我们所说的“能力满足型”投资决策:只要市场有需求,企业相应地就增加投资,满足能力需求。“有能力就有需求”曾在市场对通信的需求极其迫切的情况下,成为当时指导电信运营商投资的主要思想。这在很大程度上说明我国电信运营商的投资决策还属于被动的投资决策,缺乏科学的决策思想和方法。

在“能力满足型”的投资决策思路指引下,投资管理的关键在于能力的建设是否能够及时、充分地满足市场业务的需求,投资计划的“任务”色彩很重,相应地,投资分析的重心也就在于投资完成情况,即对投资进度的分析。

随着投资环境的逐渐变化,投资管理工作面临着新的挑战,必须要转换思路来适应新形势下投资管理。投资管理不仅要考虑满足能力需求,更应该与企业效益相结合分析,从而更好地指导企业的投资决策。我国电信业已进入了一个平稳增长期,在这种情况下,如果中国移动仍不顾一切大量投资新项目,有可能出现资金链断裂等问题,后果不堪设想。因此,随着业务收入增幅的逐步下滑,运营企业越来越重视投入产出效益,对于投资管理问题,应采取“分析型管理”模式进行探索,秉持“以效益为中心”的指导思想,建立投资分析体系。

建立“以效益为中心”的投资分析体系的前提是找出投资-效益间的关联要素,我们从分析投资活动带来的一系列结果开始,从而找到从投资-效益过程中的分析点和控制因素,再从这些分析点和控制因素入手逐步分析其与投资间的关系,并对投资决策提出指导意见和方法。

以移动通信为例,投资是对资源的补给,投资最直接的效果体现在网络能力的提高上，即增加网络可承载的话务量，同时，业务量实现收入产生效益。所以我们可以说资源是有效益的，而投资则是企业效益的保证。如果我们把投资产生效益的过程分解，就可以表示为如图 16-1 所示的过程。

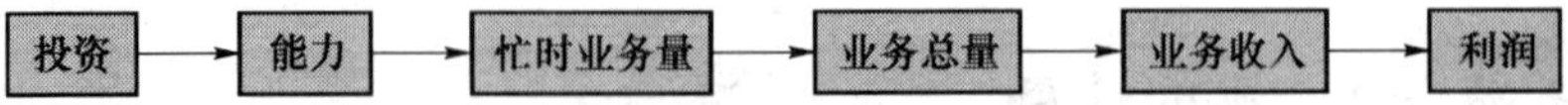

图 16-1　投资收益过程

如图 16-1 所示，投资到效益的实现经过了若干个环节，牵涉到企业的网络、市场甚至是战略，任何环节出现问题，都会对最终企业的效益产生直接或间接的影响，即影响投资效益。换言之，如果我们找到了各环节之间相互影响的关键因素（指标），通过分析和讨论这些关键因素，最终就可以对企业的投资决策提供支持。

三、投资分析体系建立

按照上述投资分析思路的转变，对电信运营商，建立如图 16-2 所示的投资分析体系。

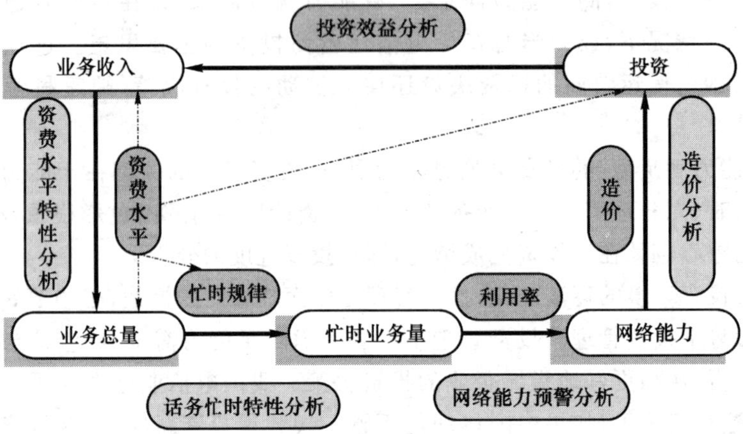

图 16-2　投资分析体系

图 16-2 中以粗箭头连接的矩形闭环的五个椭圆节点是投资分析的关键点，也是用于测算年度投资总额的总体思路；位于矩形闭环内侧的椭圆方框是联系各关键点的控制因素，包括资费水平、忙时规律、利用率、造价等，这些因素也是整个投资分析体系的监控点；而位于矩形闭环外侧的椭圆方框是与投资分析相关的分析主题，每一个主题都可以深入挖掘其内在的机理及各潜在指标间的影响关系。下面，我们对该闭环分析体系中的每段路径进行解释。

1. 投资-网络能力分析

(1) 路径分析

固定资产投资是指购置和建造固定资产而进行的经济活动,包括固定资产更新和扩大再生产,以及与之相联系的工作。中国移动的固定资产投资与现有电信网络资源是紧密挂钩的,主要用于新增能力。新增能力包括利用企业税后利润、自筹资金、国内外贷款以及其他专项资金等进行的网络扩容工程等,以扩大网络能力为目的,同时,努力提高服务质量,增加业务种类,促进业务升级换代。从投资到形成能力的过程中,造价是最为关键的因素。一定的投资额的情况下,造价的高低直接决定了新增能力的大小;换言之,若新增的能力一定,造价越小,投资额越低。因此,造价是连接投资和网络能力这两个环节的关键控制点。

(2) 控制点分析——造价分析体系

造价分析体系建立的总体思路是:通过选取和定义造价指标,进行造价分析,了解造价水平并发现造价异常,分析造价异常的原因,最终为投资额和投资方向的确定提供基础。分析流程如图 16-3 所示。

图 16-3 造价分析流程

造价指标的选取和定义主要是选取合适的造价指标,并明确界定其含义和计量范围,为造价分析提供良好的基础。

造价分析的内容可以包括造价历史趋势分析、造价对比分析、造价合理区间分析等方面;通过造价分析发现异常情况,比如说造价数值异常,或者造价变动趋势异常;找到这些异常点之后,必然要分析造成这些数值,或变动趋势异常的原因,其中可能有一些非正常原因,包括填报错误等,也可能有一些正常原因,比如宏观经济运行情况的影响,或者设备供应市场的变化等。最终,我们需要提出造价控制的对策,并且视具体情况采取相应的措施。

2. 网络能力-忙时业务量分析

(1)路径分析

投资形成各种通信能力满足不同的通信需求,目前通信企业为了保证网络质量和通信的畅通,通信网络的建设是在保证满足峰值需求的基础上再留有一定的冗余,所以我们现在提到的网络(设备)的利用率通常指的是系统忙时的利用率,即峰值业务量与系统容量的比值。

从投资的效益来看,能力的建设取决于业务量峰值的大小,忙时利用率的高低影响着投资的最终效果。具体来说,忙时利用率过高会对网络质量造成压力,而忙时利用率过低则说明有过多的重复建设,企业资源没有得到充分的利用,投资的效果不佳。我们只有把忙时利用率控制在一个合理的范围之内,才能获得最佳的投资效益。

(2) 控制点分析——网络预警体系(利用率监控)

网络预警体系通过建立各项预警指标,展示网络能力运行现状,并通过建立网络能力变化的预警机制加强对话务量的跟踪和分析,在宏观上把握全网话务和容量的发展态势,微观上对容量即将出现压力的网络设备或省市进行预警。网络预警体系主要包括以下几个部分内容。

① 预警指标定义:无线网络和交换网络分别建立预警指标体系,包括核心指标和辅助指标。核心指标直接表征网络能力是否发生预警,辅助指标用于计算核心指标,是核心指标的基础来源。

② 预警触发阈值确定:设置四级警戒,对进入警戒区域的地区网络状况提出警告,在后面的原因分析和解决方案部分提出相应的建议。

一级警戒:当前指标值已经超过上限阈值。

二级警戒:当前指标值正常但预测值超过上限阈值。

三级警戒:指标预测值没有超过门限。

四级警戒:当前指标值低于下限阈值。

③ 话务预测及预警判定:无线网话务预测采用日忙时话务量进行核算。根据市场部门提供的话务量预测和采用趋势外推法计算出的话务量预测来确定未来的容量需求。

3. 忙时业务量-业务总量分析

(1) 路径分析

忙时业务量是系统最忙时的业务量,一般在节假日或是一天中某个特定的时段出现,表现为业务量在短时间内的迅速激增,并在短时间内迅速消退。基于忙时业务量这种突发性的特点,我们在分析系统忙时利用率的同时还必须考虑整个网络的平均利用率即忙时规律。

忙时规律体现了网络整体的运行效率,客观地反映了网络负载的实际状况,不易受一些突发性、不确定性因素的影响,较系统忙时利用率能更全面地表征投资的效率。

在这里我们谈提高投资效益,优化网络,具体来说就是要通过采取一些措施来降低系统的忙时利用率,提高网络的全利用效率,即实现低忙时集中度。

(2) 控制点分析——话务忙时分析

话务忙时特性的分析是对话务均衡情况的分析,其目的是从话务分布的角度,结合相关的资费优惠措施,探究造成网络压力的原因,同时还可以分析在不扩容的前提下能否通过忙闲时话务分流满足总的话务需求。话务忙时特性主要从时间不均衡性特性和地区不均衡特性这两方面展开。分析思路如图 16-4 所示。

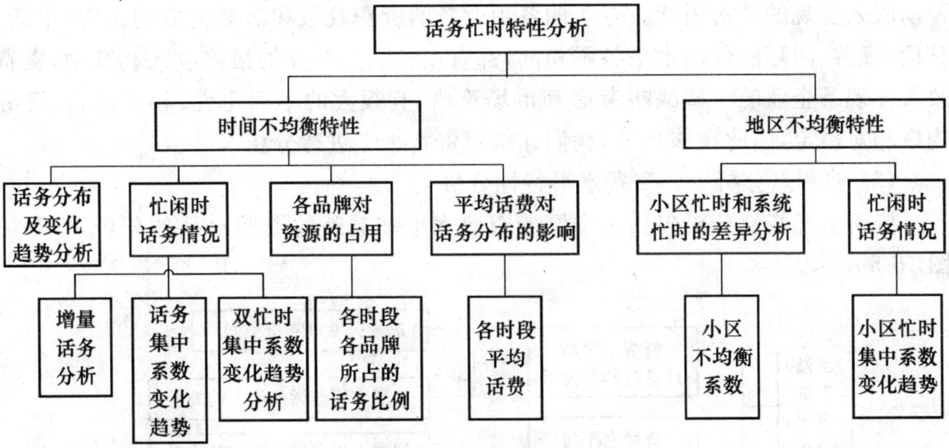

图 16-4　话务忙时特性分析结构

① 时间不均衡特性

话务分布及变化趋势分布:进行忙闲时梯度的划分,分析资费调整的效果,检验话务量的分布对资费调整的敏感程度。通过话务分布的分品牌展示,还可以分析各品牌的忙时是否相互错开。

忙闲时话务情况:通过增量话务分析、话务集中系数变化趋势、忙时集中系数变化趋势的分析,展示忙闲时话务分布是否合理,或与前几个月相比是否有改善。

各品牌对资源的占用:通过各时段各品牌所占的话务比例分析得到其所占用的网络资源,并结合各品牌的效益分析进行对策选择。

平均话费对话务分布的影响:除了展示各时段的效益外,还可以展示忙闲时的平均话费有没有差异及差异的大小。

② 地区不均衡特性

小区忙时和系统忙时的差异分析:真正的话务需求来自于小区忙时话务量,小区忙时与系统忙时的差异越大,则说明各小区忙时越多地出现在不同的时间段,从而使许多小区的无线资源在非忙时被闲置,因此要有效地控制这种差异,以提高资源利用率。

忙闲时话务情况:小区忙时集中系数变化趋势,即从历史趋势看小区忙时话务集中的变化情况。

4. 业务总量-业务收入分析

(1) 路径分析

业务量增长和收入增长并不是呈线性正相关的,甚至业务量的增长未必可以带来收入的增长,我国运营商增量不增收的局面已经出现,ARPU 值年年下滑的尴尬已经说明了这一点。

价格和数量是影响收入的直接因素。显而易见,资费和话务构成是影响中国移动收入实现的关键因素。企业的各项业务的资费政策和话务构成的结构(市话、长话、漫游、国际的价格水平各不相同)都直接影响到企业的最终收入。其中,资费政策体现了企业的一些战略考虑和市场策略,有很大的不确定性,相对而言,话务构成相对稳定,因此在该环节,我们详细对资费水平进行分析。

(2) 控制点分析——资费水平特性分析

资费水平特性分析包括对全网的资费水平和品牌的资费水平的分析,思路如图 16-5 所示。

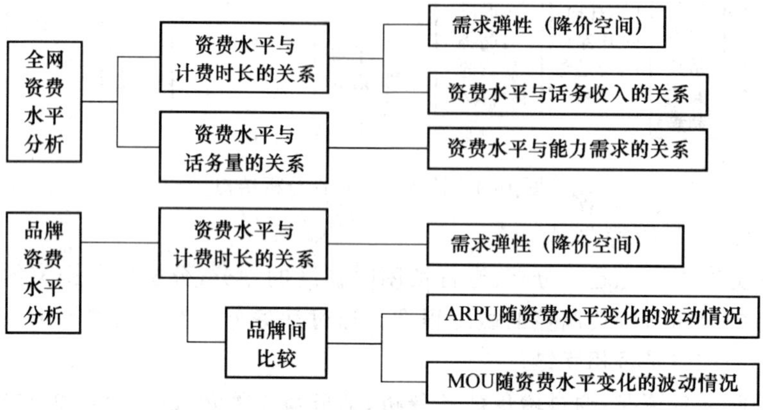

图 16-5　资费水平分析

分析内容如下。

① 以经济学中的幂函数模型为基础,探讨平均资费与总话务量之间关系。主要分析全网平均资费-话务量关系及不同品牌的平均资费-人均话务量关系。

② 通过全网平均资费-话务量模型预测出的话务量上下界可用作网络规划的出发点。

③ 不同品牌的平均资费-人均话务量模型能够反映人均日话务量和 ARPU 值随资费变化的波动情况及该品牌的降价空间。

5. 业务收入-投资分析

(1) 路径分析

在信息化时代,电信业是国民经济中基础要害产业,直接关系到国家的安全,确保这个行业的健康持续发展是国家发展的需要。在优胜劣汰的市场竞争中,电信业竞争,主要是价格的竞争,而价格的竞争归根到底是成本的竞争。我国电信企业面对国际电信市场的激烈竞争,其唯一出路是突出效益、全力实施成本领先战略。

(2) 控制点分析——投资效益分析

考察利润即评价投资效益可以分别考察企业总体效益和各品牌效益。总体效益从总体的收入和成本两方面去考察并做出综合评价；品牌效益即是从各个品牌分别考察其收入、成本并做出综合评价。图 16-6 中分析表明以下几点。

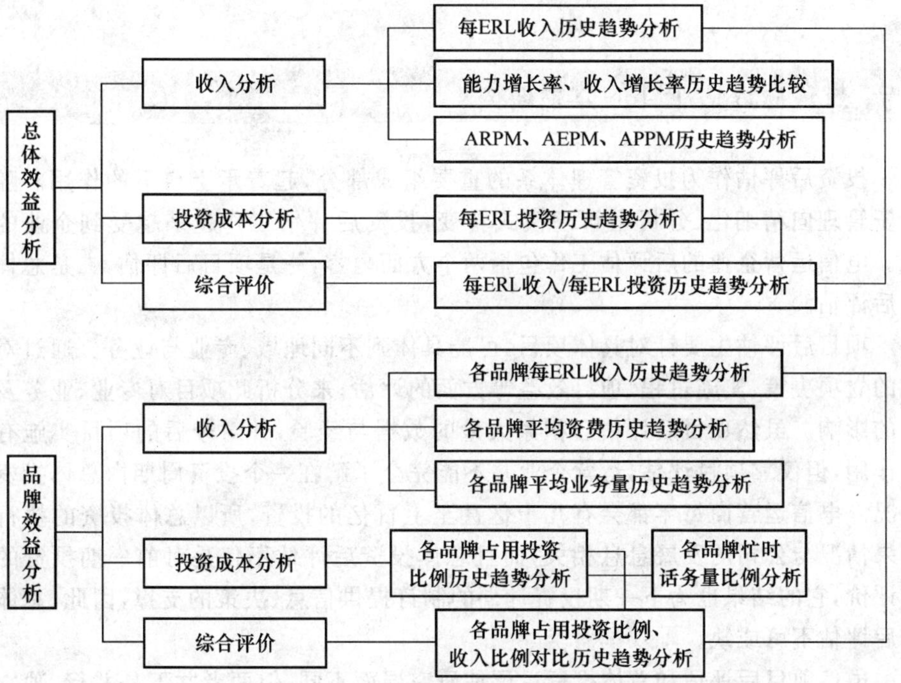

图 16-6　投资效益分析体系

① 网络资源效益分析是针对多年以来通过持续投资形成的网络资源总存量所带来收益回报从绝对量和相对量两个方面进行评价。

② 对与网络资源效益相关的关键因素进行剖析和挖掘，最终对效益做出判断并找到影响效益高低的原因。

③ 以单位能力收入和单位能力投资作为评价网络资源总体效益的主要指标。

(3) 控制点分析——成本控制

运营企业要在全方位提升管理、规模化水平，不断提高产品品质的前提下，使得生产成本不断下降。以管理、技术、规模、专业化来控制成本，树立全员成本意识，从各个方面挖潜降耗，使得成本控制水平不断提高，达到公司发展需求。

在市场竞争中运营企业获得成本领先的战略重点是严格控制成本。将成本控制的目标系统化、具体化，做好成本控制的整体战略布局，制订出成本控制的战略对策和具体措施，以便充分发挥其职能战略与企业的总体战略二者之间的互动作用，发挥企业的经营战略与投资战略之间的互动作用，最终提高投资效益，以最小的投入实现最大的产出。

第二节　投资后评估体系

一、投资后评估工作的体系架构

投资后评估作为投资管理体系的重要组成部分，起着承上启下的作用。随着投资管理向精细化、分析型管理模式转变，投资后评估工作越来越受到企业的重视。电信运营企业的后评估工作包括两个方面内容，一是项目后评估，二是总体投资后评估。

项目后评估主要针对具体项目，可能具体到不同地域、专业与业务。通过对项目的立项决策、实施过程、项目效益等方面的评估，来分析此项目对专业、业务及企业的影响。虽然项目后评估会积累大量的数据与经验，并对今后的项目实施有指导作用，但仅靠项目评估，运营企业并不能完全了解在一个投资周期内总体投资的情况。电信运营商每年都会有几十亿甚至上百亿的投资，所以总体投资的执行和效果情况与公司的发展息息相关，而且总体投资后评估不仅是对前一期投资的总结评价，它的结果也为下一期投资计划的制订提供信息、决策的支撑，因此，总体投资后评估不可或缺。

虽然项目后评估和总体投资后评估研究层面不同，但两者并不是并行、独立实施的关系，它们的关系如图 16-7 所示。

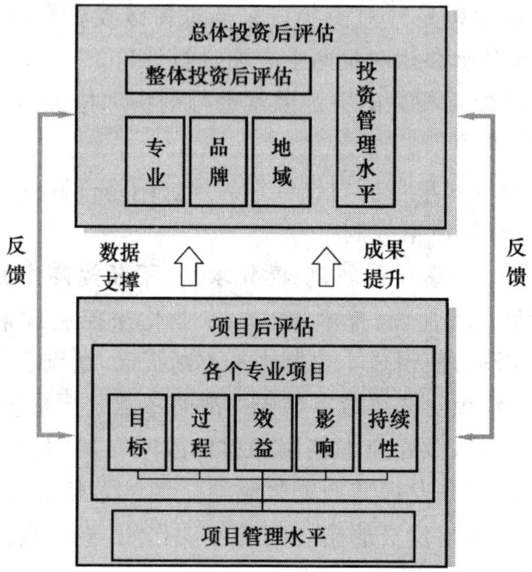

图 16-7　后评估总体框架

由图 16-7 可知，投资后评估工作分为两个层次，其中项目后评估是基础，总体投资后评估是对项目后评估的提炼和提升。如果做了大量的项目后评估，但怎么把这些不同专业、不同层次的项目后评估的结果进行应用，是企业进行项目后评估面临的一个问题。由于总体投资最后都会落实到具体项目中，所以总体投资后评估正是对所有项目后评估的一个总结，项目后评估的结果、数据等信息也为进行总体后评估提供支撑。

总的来说，从项目后评估到总体后评估是管理提升的过程。由于总体后评估和项目后评估各自所研究的目的、层面不同，所以在评价的范围、内容、方法，以及选择的评价指标方面都存在显著区别。

二、投资后评估一般方法

投资后评估方法主要包括逻辑框架法、成功度评估法和对比法等。

1. 逻辑框架法

逻辑框架法是一种综合评估的方法，通过对投入、产出、直接目的、宏观目标四个层面对项目进行分析和总结的综合评估方法。该方法主要是通过逻辑框架表的方式来评估项目的实施情况，如表 16-1 所示。

表 16-1 逻辑框架指标设计

项目描述	可客观验证的指标			原因分析		项目持续能力
	原定指标	实现指标	差别或变化	内部原因	外部条件	
项目宏观目标						
项目直接目的						
产出/建设内容						
投入/活动						

该方法通过分析指标之间的差异找出造成这种差异的原因，从而对项目的实施情况和管理能力做出客观的评估。

2. 成功度评估法

成功度评估法也就是通常所称的打分方法。成功度评估是依靠评估专家或专家组的经验，综合后评估各项指标的评估结果，对项目的成功程度做出的定性结论，如表 16-2 所示。

表 16-2 成功度等级标准

打分	等级	标准
1	完全成功	项目各项目标已全面实现或超过；相对成本而言，项目取得巨大的效益和影响。
2	成功	项目大部分目标已经实现；相对成本而言，项目达到了预期的效益和影响。
3	部分成功	项目实现了原定的部分目标；相对成本而言，项目只取得了一定的效益和影响。
4	不成功	项目实现的目标非常有限；相对成本而言，项目几乎没产生什么效益和影响。
5	失败	项目目标是不现实的，无法实现；相对成本而言，项目不得不终止

3. 对比法

对比法包括前后对比法和有无对比法两种。

(1) 前后对比法：指项目实施前相关指标与项目实施后同类指标的对比，用以直接估量项目实施的相对成效。

(2) 有无对比法：指在项目周期内“有项目”(实施项目)相关指标的实际值与“无项目”(不实施项目)相关指标的预测值对比，用以度量项目真实的效益、作用和影响。该方法的关键是要求投入的代价和产出的效果口径一致，也就是说，所度量的效果要真正归因于项目。

简单的前后对比不能得出真正的项目效果的结论，必须采用有无对比的方法才能判定项目的真实效果。因此两种对比法要结合进行才可以完整地进行项目的后评估。

4. 评估方法的应用

由于不同的方法侧重面不同，而且评估的难易程度也有很大差异，因此要针对不同的项目选择相应的方法。

比如，对于评估所需要的指标数据不容易得到的项目，可以直接采用成功度评估法来进行评估；对于一些效益很明显、项目前后或有无之间差别较大的投资项目，宜采用对比法；对那些比较复杂，对企业意义重大的项目宜采用逻辑框架法对项目进行综合的评估。

三、投资后评估内容

投资后评估工作包括总体投资后评估和项目后评估两部分内容。

总体投资后评估是企业投资管理中的重要环节，是企业日常投资管理的一部分，它是以年度为周期在下一期投资决策之前对上一期投资所进行的后评估。主要对投资计划执行情况、投资效益和效果以及投资的持续能力进行评估。总体投资后评估对年度投资计划决策将起到有效的支撑作用。

项目后评估是企业针对不同专业网络的项目进行的后评估，主要包括项目的目标评估、过程评估、效益评估、影响评估、持续性评估以及项目管理评估等部分。项目后评估对项目投资决策将起到有效的支撑作用。

1. 总体投资后评估内容

总体投资后评估主要是考察投资的综合效果，为企业年度投资计划决策服务。总体投资后评估具体内容包括投资计划执行情况、投资效益和效果、投资的持续能力等方面。

为使投资后评估能够服务于企业的能力规划、业务发展以及区域战略，总体投资后评估应当从企业整体投资、区域投资、专业网络投资、业务（品牌）投资以及投资管理水平等方面分别进行。

(1) 企业整体投资后评估

- 企业（集团和省）年度投资总额测算的后评估。
- 企业总体投资的执行情况、实际投资与计划的差异及原因。
- 企业年度投资效益和效果分析。投资效益分析包括收入、成本造价以及收入与成本的变动趋势等；投资效果分析包括本年投资对企业的综合运营水平、业务发展状况、市场竞争形势等的综合影响。
- 企业投资的持续能力：从企业财务能力的持续性、专业和业务发展的持续性等方面评价企业的投资能力。

(2) 区域投资后评估

对集团来说，是针对不同的类型的省份进行投资的后评估对省公司来说，是针对省内不同区域（地、市等）进行投资的后评估。

- 区域投资的效益和效果分析。投资效益分析包括区域成本造价、收入及其变化趋势分析；投资效果分析包括年度投资对区域的网络能力、业务发展、市场竞争等的综合影响。
- 区域间的投资效益比较，不同区域在成本造价、收入、投资效益以及投资对业务能力提升、市场份额变化等产生效果的差异分析。
- 区域的划分可以根据行政区域、地理位置和业务发达程度进行。

(3) 专业网络投资后评估

按专业网络划分为话务网、新技术新业务网、传输网、支撑网、房屋土建等分别评价。

- 专业网络投资评估的重点在于投资所形成的专业网络能力、网络能力与业务的匹配、网络能力利用率、专业技术水平等，同时要兼顾全网不同专业之间的能力匹配状况。
- 专业网络投资的成本收入分析，专业网络能力造价指标及变动趋势，专业网络投资收益分析。

(4) 业务（品牌）投资后评估

按照业务品牌划分分别评估，对重点新业务进行评估。

- 各品牌投资效益评价，成本及收入分析，投资的边际成本及边际收益等。
- 各品牌投资效果及影响，包括投资对市场需求的满足程度、服务水平的提升、业务发展前景、品牌信誉等的效果，以及对网络资源匹配的影响。
- 各品牌计划的合理性，实际业务需求与预测的差异及原因分析。
- 新业务的投资后评估主要是各省针对自己的新业务投资进行选择，评估的内容参照品牌评估。

(5) 投资管理水平后评估

- 投资计划的科学性及准确性。
- 对投资重点及方向的把握能力。
- 投资实施的执行力度。
- 投资管理方法的科学性。

2. 投资项目后评估内容

除了进行投资的整体后评估外，还要对重点项目进行后评估，以指导后续项目的建设。项目后评估按照不同层面，针对不同专业和五个方面的评估内容分别设立相应的评价指标体系，通过对指标体系中各指标权重的赋值以平均得分的计算，可以得出该投资项目的综合评分，便于不同项目之间的比较。投资项目后评估体系如图 16-8 所示。

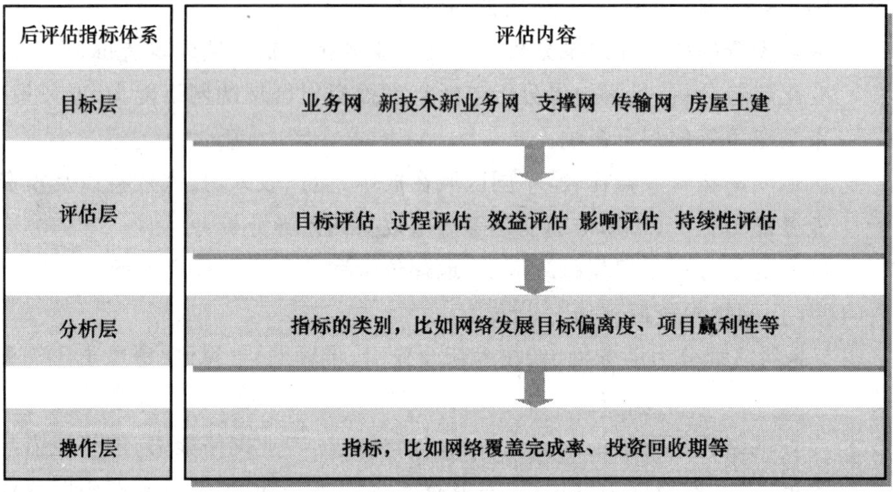

图 16-8 投资项目后评估指标体系

项目后评估应当包括以下五个方面的评估内容。

(1) 项目的目标评估

- 业务目标偏离度：指业务开通和客户到达情况等与项目计划目标的差异。
- 网络偏离度：指网络覆盖、网络质量和网络规模等与项目计划目标的差异。

- 项目进度偏离度：指项目投资计划完成和建设进度情况的变化率。
- 收益目标偏离度：指项目的实际收益与计划收益目标的差异情况。

(2) 项目过程评估

- 项目计划及立项决策阶段回顾。
- 项目准备阶段。
- 项目的执行实施(进度、投资和质量的跟踪及控制)。
- 项目竣工运营阶段：技术水平、设计能力、经营和财务状况等。

(3) 项目的效益评估

侧重对项目经济效益的评估。

(4) 项目的影响评估

项目对企业内部业务的影响和外部竞争环境的影响。

(5) 项目的持续性评估

持续性是指项目对企业整体效益、业务发展、专业能力、技术水平以及对社会所产生的影响作用的持久性。影响持续能力的因素包括内部因素和外部因素。

- 内部因素：财务状况、技术水平、产品竞争力、管理体制等。
- 外部因素：资源、环境、战略发展规划、政策环境、市场变化及趋势等。

(6) 项目管理评估

不可控因素对项目评估结果的影响，以及企业的应对能力。对可控因素的预测、规避和控制能力。

案例：A省移动运营商彩铃业务投资后评估

1. 彩铃投资后评估背景

(1) A省移动彩铃业务发展概况

2003年3月，中国的移动客户数达到2.2亿，其中移动客户数为3 400万，这其中有2 400万是A公司的客户。客户数的持续增长并没有带来收入的大幅度提高，中国移动在话音业务上的收入增长变缓，占总收入的比例逐渐变低，市场在不断地增加低端客户，而大话务量的高端客户却增长缓慢。中国移动想在市场上雄踞一方，多种盈利渠道是必需的。同时，由于电信市场竞争的加剧，中国移动必须在拓展新业务的同时大力发展增值业务。当时，彩铃已经在韩国得到了成功的应用，市场反应良好。受此启发，中国移动决定在全国推广彩铃业务。

A公司响应集团要求，于2003年4月开始彩铃一期建设。自推出彩铃业务以来，彩铃客户数持续高速增长，彩铃业务收入也节节攀升，截至2006年9月，A公司彩铃的有效客户和收费客户分别为3＊＊＊万户和2＊＊＊万户，渗透率超过30%，当月的彩铃业务收入达到1＊＊＊＊万元(由于保密的需要，真实数据均经过了处理)。

为了刺激彩铃客户数的持续增加,A 公司使用了多种方式进行促销,包括免费试用和话费捆绑。同时,在硬件设施上,为了保证彩铃业务的顺利发展,A 公司在彩铃五期工程中,将彩铃平台的容量增加到了 4 000 万户。目前,A 公司彩铃业务在客户规模和业务收入上均稳居全国首位。

(2) 彩铃项目后评估依据

《A 彩铃 1～3 期可研报告》,A 公司规划技术部提供

《A 彩铃 1～3 期实际投资额》,A 公司规划技术部提供

《A 彩铃实际话务模型数据》,A 公司规划技术部提供

《大广州彩铃业务流失调研》,A 公司广州分公司市场部提供

《2006 年 2 月份网络成本及营销成本分摊结果》,A 公司财务部提供

《2004 年 2 月～2006 年 5 月财务月报》,A 公司财务部提供

《2005 年 8 月～2006 年 9 月彩铃客户及收入》,A 公司数据业务中心提供

2. 彩铃项目后评估

(1) 目标评估

经过计算,A 公司彩铃 1～3 期客户数平均偏离度为 13%;渗透率平均偏离度为 16%,三期偏离度分别为 6.5%、10%、31.1%;三期彩铃的单位客户收入偏离度为－14.3%,整体收入偏离度为－0.38%;话务模型的平均偏离度较大,平均偏离度超过了 20%。

彩铃客户数的发展和预期相差不大;渗透率的变化说明客户对数据业务的接受需要一个从陌生到熟悉的过程;单位客户收入偏离度说明彩铃实际收入结构与预期有较大差别,但收入总量基本达到目标;话务模型较大的偏离度要求 A 公司在以后的彩铃扩容中需要重点关注前三期偏离度较大的指标,如:中继平均负荷、客户忙时平均接入 IVR 次数、ISUP 消息信令链路平均负荷等,以便实质性地提高话务模型的准确度。

综上所述,经过三年的发展,A 公司彩铃业务基本达到了自身的发展目标,既增加了收入又促进了数据业务的整体发展,同时维护了 A 公司市场领导者的地位。

(2) 过程评估

A 公司彩铃项目的实施过程系统、完善,各个环节环环相扣,有条不紊。各类文件、文档规范齐全。但是,在项目中也暴露了传统大网建设的"抛过墙"式的串行工作流程在数据业务项目建设上的缺陷,直接导致项目工程建设阶段工期紧张,这需要通过"并行工程"的相关方法加以解决。

(3) 效益评估

A 公司彩铃三期项目总投资 1.3 亿元。目前,A 公司彩铃每客户月收益在 1 元左右,彩铃月收入已经超过 1 亿元。通过对财务指标进行计算,彩铃的投资回收期为 1.75 年,内部收益率高达 384%,其他财务指标也非常理想。综上所述,A 公司彩铃项目具有很强的盈利能力。

彩铃收入一直保持着稳定的增长，但是彩铃功能费在彩铃收入中的比例居高不下，客户活跃度不断降低，收入的增长过多地依赖客户数的增长，这为彩铃的发展埋下了隐患。通过对彩铃1～3期边际成本和边际效益的分析发现，彩铃具有很好的规模经济性和边际收益。

(4) 影响评估

彩铃的出现，对A公司内外部环境都产生了影响。就内部影响来说，彩铃占用了其他业务的资源；同时，现有的网络也因为彩铃而进行了升级；另外，彩铃还对经营分析系统提出了更高的要求，也为运营商提供了机会将SP重新洗牌。

彩铃对A公司外部环境的影响是全方位的，不仅满足了消费者对时尚和个性的追求，同时带动了整个产业链的发展。

(5) 持续性评估

目前彩铃的月收入稳中有升，彩铃的有效客户数虽然增长较快，但是收费客户的增长比较平缓，而换铃率的下降说明客户活跃度的降低。总体来说，尽管有公司战略上的支持，但是在现有模式下，彩铃发展已经进入稳定期，快速的、大规模的客户和收入增长已经很难出现。

3. 彩铃发展建议

(1) 彩铃定位：价值链分析说明了彩铃的价值链较短，铃声是客户所能感知的唯一价值，这导致目前彩铃的盈利模式单一(客户收入以功能费为主)，客户活跃度不高。商业模式分析说明由于彩铃业务自身的缺陷，业务整体的发展空间不可能有大的改变。因此，要么在现有商业模式下调整对彩铃的预期，要么在现有预期的情况下改变现有的商业模式。

(2) 商业模式改变的核心思想：让彩铃成为其他产业或其他业务平台的互补品，为其他产业或业务平台价值链的某一环节提供增值服务。

(3) 彩铃功能开发建议：彩铃的新功能开发，一方面依赖商业模式拓展对彩铃产品核心技术定义的重构，另一方面有赖于同SP的合作以及对SP需求发现、价值发现能力的借助。

(4) 彩铃业务发展策略：捆绑销售的存在有其理论基础，同时，A公司将彩铃和话音业务捆绑销售也符合捆绑成功的要素。同时，彩铃捆绑销售的实践证明，捆绑策略对于彩铃业务的发展具有积极的推动作用。但是，现有的捆绑策略仅限于对语音的捆绑，并且捆绑对话音的影响以及对网络规划的影响也没有被考虑。

扩展现有的捆绑策略需要通过客户细分，将彩铃与其他业务进行捆绑，以此满足不同客户的需求，扩大捆绑销售的范围和作用。

捆绑策略有资源配置的属性，捆绑策略的运用不仅应单由业务推广部门负责，资源配置部门也应参与进来，从资源配置的立场出发，提升捆绑策略的效率。

4. 数据业务项目实施建议

任何新的数据业务对运营商来说都是一个全新的事物，从设备购买到配套建设，从工程建设到系统维护，每一个环节所遇到的问题都是全新的，各个部门并没有历史的知识和经验可供借鉴，我们称这种情况为“第一期问题”。“第一期问题”在彩铃项目中也体现了出来，具体的表现就是彩铃一期的建设和维护问题很多。“第一期问题”的出现对移动现有的资源配置体系提出了新的要求。

由于资源配置对象发生了变化，资源配置的手段和流程也应该相应地做出调整。从目前数据业务的发展趋势和彩铃项目开展的情况来看，OPEX 手段将在未来的数据业务发展中得到越来越多的应用，功能开发费用将成为数据业务成本的重要组成部分。而现有的项目开展流程需要从“抛过墙”式的“串行工程方式”转型为“并行工程方式”。

思考题

1. 能力分析在电信能力管理体系中的地位和作用是什么？

2. 讨论：试根据文中提供的移动运营企业能力分析体系架构和要素设置，为固网运营企业建立类似的能力分析体系，分析其关键指标的设置和关键分析要素。

3. 投资后评估在整个能力管理体系中的作用如何？结合文中所给案例，讨论并体会后评估工作的内容和目的。

参考文献

[1] Reiss，Rayner. Programme Management Maturity Model (PMMM) 项目管理成熟度模型. 美国项目管理学会. [2008-08-25]. http://www.12manage.com/methods_reiss_pmmm_zh.html.

[2] 美国项目管理学会. 项目管理知识体系指南(PMBOK 指南)[M]. 3 版. 北京：电子工业出版社，2004.

[3] 莱桑斯，法林顿. 采购与供应链管理[M]. 鞠磊，等，译. 北京：电子工业出版社，2007.

[4] 路易斯. 电信管理精选译丛——电信企业运营与管理(Telecom Management Crash Course) [M]. 龙红明，郭薇，译. 北京：人民邮电出版社，2005.

[5] 鲁春丛. 下一代网络推动电信运维管理体制变革. [2007-11-22]. http://www.ccidcom.com/Cnews/20071122/20685.html.

[6] 中国(双法)项目管理研究委员会. 中国项目管理知识体系[M]. 北京:电子工业出版社,2006.

[7] 李帜,林立新,曹亚波. 软件工程项目管理——功能点分析方法与实践[M]. 北京:清华大学出版社,2005.

[8] 周惠珍. 投资项目评估[M]. 3 版. 大连:东北财经大学出版社,2005.

第五篇　IT 应用与管理

IT(Information Technology)是信息技术的简称,指一切获取、存储、转换、传递、处理、控制和利用信息的技术手段。

随着企业信息化的日益深化,IT 在企业中的作用已经不仅仅局限于 IT 基础设施的建设和 IT 应用及工具的维护。IT 对于企业的业务发展的作用越来越大,IT 已经成为企业价值链中不可或缺的重要一环,IT 的管理和控制已经成为企业运营管理和企业治理的重要组成部分。

IT 管理作为一个特定的专用名词,由于其本身仍然处于发展之中,因此其定义尚未统一。从不同的视角看,IT 管理主要有两种不同的概念:一是利用 IT 进行管理;二是对 IT 本身进行管理。本篇采用的是第二种概念,即 IT 管理是企业 IT 部门在 IT 系统运营阶段中,在管理方面采用的方法论、标准、技术、制度、流程、文档及其最佳实践等的统称。目前国际上已经建立了一系列关于 IT 管理和控制的完整的、专业性的国际标准和体系,如 IT 服务管理(ITSM)及其最佳实践 ITIL、软件能力成熟度模型(CMM/CMMI)、IT 控制目标体系 COBIT 等,针对电信业也有相关的信息化标准与参考,如下一代运营支撑系统(NGOSS)以及增强的电信运营图(eTOM)等。这些标准与体系有效地支撑了电信企业的 IT 管理工作。

电信业作为我国信息化程度最高的行业之一,多年来在信息化方面取得了长足的进步,但是仍然存在一些问题,这些问题在一定程度上阻碍了电信行业信息化进程的深化。因此,电信企业如何利用 IT 管理标准、体系,同时与电信行业的特殊性相结合,从而进行有效的 IT 管理和控制以解决这些问题,是电信企业关注的焦点,也是本篇的主旨所在。本篇共分为四章,包括电信企业 IT 规划、IT 项目管理、IT 服务管理以及 IT 治理。

第十七章 电信企业 IT 规划

“IT 规划”如同产品设计、开发、制造周期中的“设计”过程一样，往往是在 20%的阶段时间中决定了 80%的系统建设蓝图和功能。但是，在国内企业信息化实践中，IT 规划的设计功能并没有得到应有的重视，通常是“业务要什么，IT 就做什么”，同时业务部门与 IT 部门之间的“信息不对称性”以及业务需求本身的多样性，导致了企业信息系统应用的无效现象。

在电信市场竞争日益激烈的形势下，如何进行合理的 IT 规划，保持其核心竞争力，已经成为电信企业的当务之急。本章正是基于这些问题，对电信企业的 IT 规划的内容进行了详细的介绍。

第一节 IT 战略与规划概述

一、IT 战略和 IT 规划的概念

1. IT 战略的概念

IT 战略是指为满足企业经营需求、实现企业战略目标，由企业高层领导、信息系统技术专家等根据企业总体战略的要求，对企业信息系统的发展目标和方向所制订的基本规划，是企业信息系统建设在较长时期内应参照的根本依据。

IT 战略应保持与企业战略的一致性。战略一致是一个具有多种含义的、复杂的、动态的概念，其核心在于使企业的生产经营活动与 IT 应用之间，在战略层面上达成相互支持与促进的良性效果，并不断完善企业组织的价值创造与实现活动。因而，战略一致不仅包括企业战略对 IT 战略的要求，也包括 IT 战略对企业战略的现实影响；不仅需要重视战略制订的一致性，也需要强调战略实施的一致性；不仅需要重视战略一致的结果，也要注重达成一致的过程；不仅需要考虑达成一致的相关经营与技术背景，也需要注意影响一致的有关组织与文化因素。

2. IT 规划的概念

IT 规划是关于企业 IT 应用的长远发展计划，是与企业发展战略目标相一致的发展战略规划。它是以企业目标、战略或目的、业务流程信息需求等为基础，识别并选择所需要的信息系统，进而确定建设和实施计划的过程，是企业战略规划的

重要组成部分。

广义的IT规划包含“IS规划”与“狭义的IT规划”两个部分。IS规划是指在理解企业发展意愿、业务规划的基础上，形成信息系统的远景、信息系统的组织架构、信息系统各部分的逻辑关系，以及支撑企业业务规划的目标达成。狭义的IT规划，是指承接IS战略之后，对信息系统各部分的支撑硬件、支撑软件、支撑技术等进行计划和架构，围绕“技术”来展开。本篇中除特别说明以外，IT规划都是指广义的概念。

3. IT规划的重要性和作用

在实践中，不论是国外企业还是国内企业都日益认识到IT规划的重要作用。IT规划是企业信息化建设的基本纲领和总体指向，是信息系统设计和实施的前提与依据，具体来看，IT规划的重要性表现为以下几点。

- IT规划帮助企业理顺信息化建设的思路。进行科学的IT规划，能够使企业的信息化建设处于一个稳定、有序的状态，有利于企业的长期建设。
- IT规划是信息化建设的依据。企业信息化具有较强的不确定性，所以必须从有效的规划开始。只有通过IT规划，才能在信息化建设时，从客观上防止不良后果的发生。
- IT规划保证信息化建设的协调性。在企业信息化建设的初期，由于沟通及认识上的问题，对信息化建设的指导思想、工作原则、关键成功因素、重点应用领域等，往往没有达成共识，通过IT规划则可以更好地保证IT系统的开发和管理。

实践证明，科学的IT规划对企业信息化具有显著作用。

- 全局性：从企业战略发展高度出发，规划整个企业信息系统的全景愿望图，确保信息架构能更好地应对业务流程和组织的变化。
- 预警性：通过考察、借鉴和学习，总结成功经验、吸取失败教训，能有效地指导系统选型和项目实施、预防各种信息化建设过程中易出现的问题。
- 有序性：根据企业各方面的资源约束，以及企业的预算，给出信息化建设的阶段性目标与工作安排。
- 经济性：依据信息化建设的目标和全局架构，避免无效投资、重复投资。
- 集成性：整合信息资源，消除“信息孤岛”，确保各应用系统的整合集成。

由于IT规划对企业IT系统的建设和信息化有着举足轻重的影响，下面我们将重点讲述企业（尤其是电信企业）应该如何进行IT规划。

二、IT战略规划

IT战略规划是企业根据IT评估的结果，制订和调整企业信息化的指导纲领，争取以最适合的规模、最适合的成本去做最适合的信息化工作。从本质上讲，IT战略规划是IT规划的重要组成部分。企业通过实施IT战略规划，能够使企业信息化建设的方向与企业的发展战略保持一致，从而提高企业驾驭IT的能力，提升企业竞争力；能够客观地结合目前和未来的发展状况决定企业进行信息化的重点；能够对信息化建设的指导思想、工作原则、应用领域、关键成功因素等形成共识；能够明晰IT资源应具备的知识技能和评估标准，提高企业的IT投资收益并降低风险。

在对企业IT战略规划时可以从以下几方面考虑：

第一，IT战略规划目标的制订要具有战略性，要确立与企业战略目标相一致的企业IT战略规划目标并且以支撑和推动企业战略目标的实现作为价值核心；

第二，IT战略规划要体现企业的核心竞争力，IT战略规划的制订要紧密围绕如何提升企业的核心竞争力来进行，切忌面面俱到；

第三，IT战略规划目标的制订要具有较强的可操作性，要结合企业不同时期的发展要求，将建设目标分解为合理可行的阶段性目标，并最终转化成企业业务目标的组成部分；

第四，IT战略规划对信息技术的规划必须具有策略性，对信息技术发展的规律和趋势要持有敏锐的洞察力，在信息化规划时就要顾虑到目前以及未来发展的适应性问题；

第五，IT战略规划对成本的投资分析要有战术性。既要考虑到总成本投资的最优，也要结合企业建设的不同阶段做出科学合理的投资成本比例分析，从而为企业获得良好的投资/效益比；

第六，IT战略规划要对资源的分配和切入时机进行充分的可行性评估，从而为实施计划的制订和实施时机的切入提供依据。

第二节 电信企业的IT系统与框架体系

一、电信企业IT系统的发展

随着我国电信行业的发展，IT对电信行业的作用越来越显著。自1996年我国电信行业进行信息化建设以来，至今已经走过了十一个年头，在此历程中，IT对中国电信行业的作用可以划分为两个阶段。

第一个阶段是从1996年开始，以中国电信“97系统”为起点，国内电信运营商开始尝试从IT系统切入，推动管理和业务流程的变革，主要是从“手工管理”向“计算机自动化管理”的演进。

第二个阶段是从 2000 年至今，电信企业的 IT 系统开始上升到推动组织机构调整、战略转型的层面，成为企业不可或缺的关键因素。

目前中国电信行业 IT 系统的发展主要集中在以下几个方面：

- 电信业务和服务领域，如客户关系管理系统（客服、营业等）、计费系统、账务系统、综合业务开放系统、综合业务保障系统等；
- 电信网络领域，主要包括各种电信技术与各种网元、专业网的管理等；
- 电信管理领域，主要是电子运维、运营数据仓库、经营分析等。

可以说，随着通信技术不断融合、电信行业的进一步调整，IT 系统已经成为运营商乃至整个行业的重要着力点。

二、电信行业 IT 系统的总体架构

IT 系统总体架构包括应用系统架构、数据架构、集成架构、基础架构。其中，应用系统架构是以逐层的方式实现各类 IT 应用；数据架构主要是实现系统数据的标准化、一致性、准确性和可靠性，充分发掘数据价值，有效支撑企业信息数据管理和经营决策分析，实现企业数据的统一管理和信息的透明共享而制订的规划体系；系统集成架构是描述应用系统之间的主要集成关系；基础架构是应用系统架构的基础和保障。

其中，应用系统架构根据企业实际情况可分为若干层：为便于系统的划分和建设，第 0 层，即系统域层可划分为 BSS(Business Support System，业务支撑系统)、OSS(Operation Support System，运营支撑系统)、MSS(Management Support System，管理支撑系统)域；第 1 层，即系统类层，是用于将逻辑上功能目标类似的系统进行归类，系统类层的应用系统架构应保持相对的稳定性；第 2 层，即系统层，定义了所有规划中需要建设的 IT 系统，从第 2 层开始，应用系统架构由于集团总部和省公司职能定位的不同而开始存在差异；第 3 层，也是系统功能第一层，它定义了每个系统的第一层模块功能；第 4 层，也是系统功能第二层，它定义了每个系统的第二层模块功能；以此类推，直到第 n 层，也是系统功能第 m 层，它定义了每个系统的最小功能点。

在系统类层之后的所有层次上的架构会根据不同的运营商而有所不同，因此，下面重点就第 0 层进行介绍。图 17-1 示出了系统域层架构图。电信企业中众多的 IT 系统大多可以划分到 OSS、BSS 和 MSS 中。

OSS 主要面向基础的网络元素、网络及其管理系统的操作、维护管理，这些网络包括基础传输网、交换网、移动网和各业务网及其管理系统，它保障企业可靠、安全、准确、优质地为客户提供电信服务，不断追求企业收入和利润的最大化。OSS 由 ITU-T TMN OS 演化而来，就其概念 OSS 指电信运营支撑系统，其范围既包括

网元管理系统/网络管理系统等用来支撑网络运营的系统，也涵盖了 BSS、MSS 的内容，其概念也不断得到发展，在此取其狭义定义。

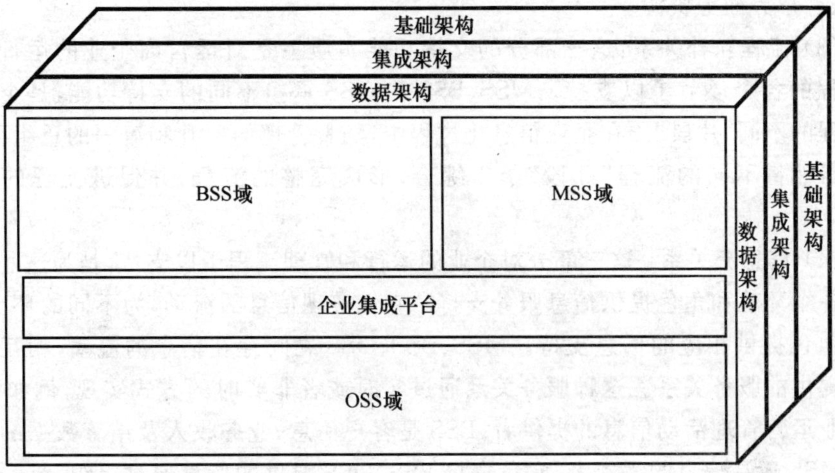

图 17-1 系统域层架构图

BSS 主要完成对业务运营和客户服务的支持，对企业的经营和客户情况进行分析，为向客户提供优质服务提供支持。BSS 涵盖了 CRM、计费、账务、结算、经营分析等子系统，同时 BSS 又是 MSS、OSS 经营信息基础数据的主要来源。CRM 子系统是 BSS 的重要组成部分，体现了“以客户为中心”的服务理念，为客户提供个性化、差异化服务，强调全网一致的客户体验；注重客户价值的分析，对高价值的客户提供更高品质的服务；注重客户保持和客户忠诚度；为精细化营销和精细化服务等提供支持。

MSS 是企业管理信息化元素(功能)的有机集合，是企业流程自动化和信息共享的平台，支持企业员工、决策者的沟通与协作以及管理过程与业务流程的实现，主要包括财务及 ERP、人力资源、OA、投资管理、工程管理等系统。MSS 是一个有效的“承载体”，通过它实现与业务系统和已建设的信息系统的关联，并能支持未来管理与业务发展过程中信息化建设的需求，实现对企业信息化发展战略的支持。

这三个组成部分既相对独立，又相互配合、协同工作，共同完成企业信息化的支持功能，实现信息共享、流程重组，提高决策效率和准确性，实现企业的科学经营和管理。从建设角度看，MSS、BSS、OSS 分别自成系统，并相互通过接口互联，三者的关系如下。

(1) 信息服务支持功能上相对独立而又协同配合实现企业信息化。BSS 主要着眼于业务和服务的运营支持，其中也包括了对业务收入实现的支持；OSS 着眼于对于企业资源的管理、优化等方面的支持，其中包括了对于资源的规划，以及对资源的过程化管理；MSS 将 BSS、OSS 的支持功能有机组织，集中展现给企业的员工和管理人员，其目的是促进企业运行和管理的效率和水平。

(2) 资源共享关系：这三部分可共享许多资源，包括网络平台、信息资源、客户认证、客户界面等资源。

(3) 流程互补关系：这三部分的支持功能实质上是对运营商企业的运行和管理流程的各个环节予以支持。MSS、BSS和OSS承担不同的支持功能，是企业工作流程的不同“片段”。在企业信息化过程中，随着管理的提升和流程的重组再造，最终必然将不同的流程“片段”予以综合，形成完整的流程，并促进流程的不断优化。

(4) 信息流关系：这三部分对企业的运行和管理流程予以支持，是为这些流程中的各个环节和角色提供信息服务支持。它们实现信息的流动，为不同的环节、不同的角色提供相应的信息支持。MSS、BSS、OSS之间存在信息的流动，相互构成信息提供的服务关系。这种服务关系通过实时或者非实时的方式实现，例如MSS是企业运营管理活动信息的提供者，BSS是客户信息、业务收入及结算数据的提供者。MSS还是信息的需求者，它负责将BSS、OSS提供的信息通过组织、统一展现后提供给使用信息的客户。

(5) MSS为BSS、OSS提供共享的客户（主要指企业的管理人员和员工）接入平台，客户统一通过MSS接入平台，实现了客户与BSS、OSS的接触。

三、NGOSS

1. NGOSS概述

提到电信企业的IT框架体系，就不能不提到NGOSS(New Generation Operations Software and System)。NGOSS是电信管理论坛（TMForum）提出的新一代支持电信运营企业OSS系统的体系架构。它从整体性出发，为电信行业指出了分析、设计、开发以及获得运营企业业务支撑系统及软件的框架，其包含的eTOM文档已被ITU-T采纳为正式的标准建议。

NGOSS从系统（即插即用规则）、过程（企业事务过程模型）、信息（关联处理公用数据）、产品四个方面保证OSS体系具备标准化，能够逐步演化，保证互联互操作（开放），实现端到端的管理和高度自动化的特点。NGOSS提出了一系列的文档、信息模型和代码，分析研究企业核心业务流和信息技术，提出一套指导OSS建设的系统框架和设计即插即用的OSS组件方法，帮助开发商迅速开发支撑系统，满足电信运营商对OSS系统建设的需要。

2. NGOSS体系架构

NGOSS体系架构包含了当设计和建造系统时要用到的概念、原则、规则和导则，其体系架构生命周期联系紧密。NGOSS生命周期包括业务、系统、实现和开发四个视图，从不同阶段和角度描述 NGOSS 系统的整体结构，吸收现有各种方案作为 NGOSS 的组成部分。

具体地说，NGOSS 的体系架构包括以下几个组成部分。

(1) NGOSS 的生命周期和方法论。电信运营商、设备制造商以及软件提供商等在 NGOSS 的建设和开发过程中，需要依据 NGOSS 的生命周期和方法论进行操作。它的作用主要是论述如何定义和描述业务目标，以及用于指导实际开发方案的文档规范。

(2) 增强的电信运营图——eTOM(enhanced Telecom Operations Map)。eTOM 定义了下一代业务处理框架，主要对现有和未来的业务处理进行分析和分类，下文将对 eTOM 进行详细介绍。

(3) 共享信息和数据模型——SID(Shared Information and Data)，提供了建立必要和充足信息的公共信息模型。

(4) 技术中立架构——TNA(Technology Neutral Architecture)，主要定义了 NGOSS 实现方案中的结构单元——合约(Contract)，它是 NGOSS 解决方案中实现互操作的基础单元。

(5) NGOSS 一致性测试，主要用于验证解决方案及产品是否满足 NGOSS 的体系架构和技术要求。

3. NGOSS 生命周期和方法论

NGOSS 生命周期和方法论为电信企业提供了一个公共的框架，解决了如何在企业中使用并开发 NGOSS 系统的问题。由于不同企业提供的业务种类、市场规模、服务的范围不同，在规范的具体应用过程中，如何对 NGOSS 给出的通用模型与相关领域知识相结合进行选择，以适合具体企业的具体解决方案，仍然缺乏一个统一的方法。NGOSS 生命周期和方法论正是为这一目的而开发的，用于指导应用者利用 NGOSS 的成果，分步骤地定义、开发和部署适合于本企业的 OSS 系统。

NGOSS 生命周期反映了不同使用者关心的问题。因此对 NGOSS 生命周期从不同的角度进行划分，提供了从两类 NGOSS 应用者看系统的视角，一类是业务提供者的视角，一类是系统开发者的视角。两类应用者又分别从逻辑的和物理的两个层面看系统。这样构成了四个视角，分别是业务视角、系统视角、实现视角和部署视角。

(1) NGOSS 业务视角

这一阶段需要明确系统的业务目标、范围和职责。利用 eTOM 和 SID 描述业务过程、业务实体、业务流程和业务规则，以适合管理环境和业务提供的需要。

(2) NGOSS 系统视角

在这一阶段，主要关注系统对象、对象行为和交互操作。利用 eTOM、SID 和 TNA 来建立功能模型、构件模型、流程模型和信息模型，明确对象间的信息交互，协调一致地支持业务过程的要求。

(3) NGOSS 实现视角

该视角主要关注如何利用硬件、软件和 COTS,根据系统设计的要求具体实现一个特定的 OSS 系统。在这一阶段,要解决如何将技术中立规范中的设计转换为与技术相关的具体实现。

(4) NGOSS 部署视角

部署视角是从系统维护者的角度监控系统的执行,保证系统符合业务的需要;如果系统不满足需要,能够通过 NGOSS 的调整和控制机制,使其符合业务需求的变化。这些控制机制如基于过程管理中的流程定义,基于策略管理中的规则设置。

NGOSS 生命周期强调了可见性和可跟踪性,这是开发 NGOSS 的核心问题,它保证从明确系统的任务开始,到系统在实际环境中真正运行的整个过程,系统方案始终保持一致,这被称为 NGOSS 知识库。NGOSS 知识库中的信息来源于合作组和 TMF 两个方面,包含三类知识:现有的合作组织知识,包括软件业的已有成果、电信业的运营和业务知识;NGOSS 知识,包括 TMF 定义的各种框架、模型、规则、技术方法等;共享知识,以上两类知识的通用部分。图 17-2 示出了 NGOSS 生命周期和知识库。

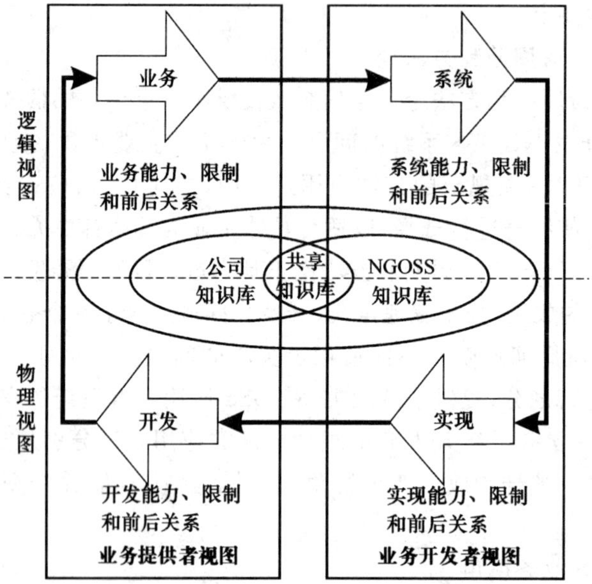

图 17-2 NOGSS 生命周期和知识库

NGOSS 生命周期提供了分析、定义、设计和开发 OSS 解决方案的一套循序渐进的方法。它支持过程迭代,过程迭代既包括四个阶段的整体循环演进,也包括每个阶段自身的不断演进,这一方法被称为 SANRR 方法,它包括五个实现步骤。

(1) 定义范围(Scope)

通过对当前环境的描述和实现目标的设定,明确定义系统演进须实现的业务和功能的范围、边界。

(2) 分析(Analyze)

分析新增业务或功能与原有业务或功能的关系,并用模型化语言对新增业务或功能加以定义和描述。

(3) 规格化(Normalize)

分析新增业务或功能对原有业务流程、功能模型、信息模型、业务规则等的影响,将新增部分加入到原有模型中,形成一个统一的新模型。

(4) 合理化(Rationalize)

通过检查和验证,进行差异分析、冲突分析和冗余分析,列出和标明出现的问题。

(5) 纠正(Rectify)

针对上个步骤列出的问题,对产生问题的模型进行修改,重复(4)和(5)直到全部完成。

NGOSS 生命周期和方法论不是重新创建的一套全新的方法,而是当今软件领域各类知识有机融合的产物,它总结融合了当前软件开发方法论中较有影响四个方法:企业体系结构框架、开放分布式编程参考模型(RM-ODP)、模型驱动体系结构(MDA)以及统一软件开发过程(USDP)。

四、业务流程规划工具——eTOM

TMF 通过对国际领先电信运营商的运营实践和管理理论的总结,对信息和通信服务以及运营商内部的活动、组织架构、业务流程等进行研究和描述的基础上,提出了企业内部活动和作业的整体规划——eTOM,eTOM 是 NGOSS 的重要组成部分。

eTOM 对电子商务时代的电信运营商内部整体活动进行了系统、全方位地描述。它从业务驱动、市场导向、聚焦客户、流程创新、组织再造的角度,全面直观、逐级深入地定义和勾画了企业内部全部的作业活动和业务流程。它不仅制订了企业规划、建设、运营和管理等新一代支撑系统的指导方针和实施策略,而且也是电信企业规划改造电信企业组织、业务流程和构建企业内部信息支撑系统的总体框架和平台,已经成为信息及通信服务提供行业流程框架的一种合理的参考。

对于正在逐步走向世界的中国电信业而言,按照 eTOM 的业务流程框架深化对于电信运营过程的理解,并以 eTOM 作为公司重组的重要依据,使中国电信企业在组织机构、业务支撑、客户服务、IT 建设、网络运行、设备维护等各个方面，全面与全球业界通行的规范接轨，在技术层面上实现 IT 系统的明确化、一体化，在管理层面上达到工作流程的高效性、一致性，进而在体制层面上确保公司结构的科学化、国际化，已成为各个电信运营企业必然的选择。

eTOM 的业务流程框架由概念层、第 0 层到第 4 层共六个层面组成，每一个层次可分解扩展到下一个层次。

在整体概念层次上，eTOM 将电信运营企业的全部活动划分为三个流程区域，即战略、基础设施和产品，运营，企业管理。每个流程区域按照水平和垂直两个方向划分为水平流程集和垂直流程集，如图 17-3 所示。

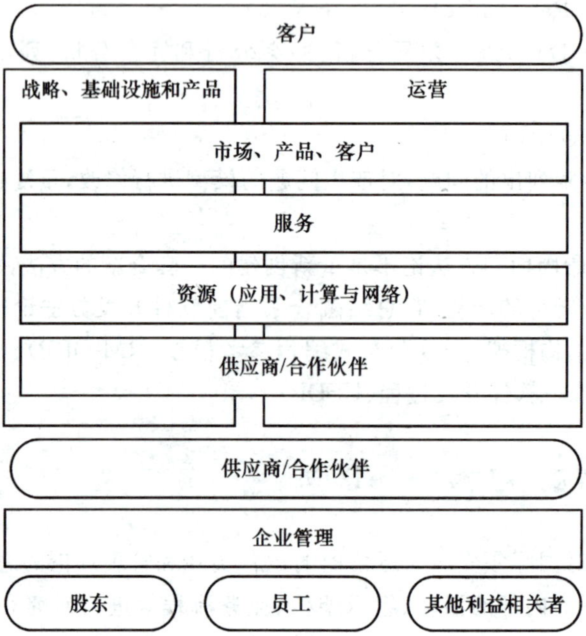

图 17-3　eTOM 概念层模型

(1) 战略、基础设施和产品(SIP)流程

主要包括市场发展战略、基础设施构筑、产品及供应链开发和管理的流程。它覆盖了企业规划、支撑手段和产品生命周期的管理。基础设施不仅是指支持产品及服务的 IT 和资源管理系统，还包括用以支持功能性流程的基础设施，如客户关系管理(CRM)。SIP 流程引导和驱动运营(OPS)流程，并直接为 OPS 提供支撑和服务。

(2) 运营(OPS)流程

主要指所有支持客户运行和管理的流程，以及由客户驱动的直接面向客户的流程。这些流程包括日常运作流程和运行支持及就绪流程，加强对销售管理和供应商/合作者关系的管理。它覆盖了公司运行管理的中心内容，是 eTOM 的核心部分。

(3) 企业管理流程

覆盖了公司或业务运作所必需的基本商业流程，行使对公司或业务运转的支持和管理功能。这些流程是为了实现企业的目标和期望，属企业级流程。与企业其他的战略、基础设施和产品以及运行的流程皆有接口，常被看作是公司的功能或公司运作的流程，如财务管理流程，人力资源管理等。

除了这三个主要的范围，eTOM 又被分为四个水平的层次：市场、产品和客户(Market, Product and Customer)过程，服务(Service)过程、资源(Resource)过程、供应商/合作伙伴(Supplier/Partner)过程。

(1) 市场、产品和客户过程

主要包括销售和渠道管理、营销管理、产品和定价管理，以及客户关系管理、问题处理、SLA 管理、计费等。

(2) 服务过程

主要包括业务的开发和配置、业务问题管理和质量的分析，以及业务使用量的计费等。

(3) 资源过程

主要包括企业的基础设施的开发和管理，无论这些设施是为产品提供支持还是为企业本身提供支持。

(4) 供应商/合作伙伴过程

这些过程处理企业与其他提供商和合作伙伴的交互，它既包括支持产品和基础设施的供应链管理，也包括与其他提供商和合作伙伴之间关于日常运营的接口的管理。

另外，还包括了与企业交互的主要实体：客户、提供商/合作伙伴、雇员、股东、其他利益相关者，其中利益相关者指与企业之间具有承担义务的关系而不是股票所有权的关系。

近年来，为了提升服务水平，中国电信运营企业建设了一系列企业内部计算机支撑系统，如计费系统、网管及监控系统、障碍受理系统以及企业经营分析系统等。但是受传统的运行机制的制约，这些系统皆独立成网，自成体系，信息和资源不能实现共享，造成企业大量宝贵信息资源的闲置和浪费，也导致跨部门流程的执行困难重重，难以实现对前台的服务和支撑作用。

而 eTOM 则界定了企业全部运营活动的过程，为电信运营商提供了经济、高效的自动化业务规范操作流程，为建设有中国特色电信企业运营管理支撑系统提供了理论依据。

资料：电信管理论坛（TMF）与国际电信联盟电信标准局（ITU-T）

TMF是一个为电信运营和管理提供策略建议和实施方案的世界性组织，其前身是网络管理论坛（NMF）。TMF曾致力于按TMN的框架规划进行电信运营支撑系统的规范开发、概念验证、示范项目实施工作，现在TMF主要围绕新一代运营系统和软件（NGOSS），在共享信息数据（SID）模型及组件化、产品化方面开展相关研究，并注重和业界的软件开发商、集成商等合作研究。TMF作为专注于通信行业OSS和管理问题的全球性的非赢利性社团联盟，在全球范围内都有广泛的影响力和权威性，目前已在60多个国家有450多个成员单位，在中国已发展了17个成员单位。

ITU-T（ITU Telecommunication Standardization Sector）是国际电信联盟（ITU）管理下的制订电信技术相关国际标准的专门组织，创建于1993年，其前身是国际电报电话咨询委员会（CCITT）。

ITU-T下设多个研究组（Study Group，SG），研究范围涉及信息通信技术（Information and Communication Technology，ICT）基础设施标准化的广阔领域，由ITU-T指定的国际标准通常被称为建议（Recommendations）。由于ITU-T是ITU的组成部分，而ITU是联合国下属的组织，所以由该组织提出的国际标准为业内普遍承认。目前，NGOSS的相关的标准包括eTOM 5.0，已被ITU-T接纳为国际标准。

第三节　电信企业IT规划的原则与要求

一、IT规划的要求

企业在进行IT规划时，必须从全局角度出发，进行合理的、完备的IT规划，具体要求如下。

（1）确定清晰准确的信息化目标。成功的IT规划，清晰准确的目标是非常重要的，绝不能模糊不清、模棱两可。制订的目标既要得到组织成员的理解和拥护，还要起到凝聚组织成员的作用。因此，在开始规划前，应该结合企业内外部的实际情况，站在企业发展的战略高度制订出清晰明确的目标。还要注意，IT规划的目标必须是企业经过努力可以达到的，不可脱离实际、并具有一定的先进性。

（2）明确信息化的价值。帮助企业确定IT如何帮助企业实现业务战略，并且明确每个业务部门在信息化过程中要达到的目的，也就是要获得的价值，以及实现这些价值的方式。企业信息化成功的前提不是仅仅靠选用最先进的系统、软件和合适的实施公司，更重要的是企业自身对信息化能给企业自身带来多大的价值有个清楚的认识。

(3) 正确评估现有信息系统的性能。现有的信息系统是企业进行信息化的基础，因此，需要合理、客观地对其做出评估，在这一评估过程中，尤其要结合企业的业务流程和组织特点等，以给出全面的评估。

(4) 确定信息化的核心基础项目，并给出各个项目的优先顺序及其价值。对于信息化项目需求的轻重缓急应当具有明确的规划，先实施企业最需要的基础核心项目，并以此为基础量体裁衣，衍生其他项目的建设，并给出各个项目的优先顺序和价值。

(5) 选择与企业最匹配的技术。信息化建设与企业发展相匹配是最好的选择，不要盲目追求最先进的技术，认为企业只要采用了最先进的技术，就一定能使企业在竞争中取胜的观点是不现实的。

(6) 有效控制成本和资源综合配置。信息化过程与企业的其他投资一样，都需要考虑投入产出比，因此，需要实现对成本的有效控制和资源的优化配置，这一点在进行规划时就应该充分体现。IT 规划的制订一定要与企业本身的环境与资源相匹配，而且要符合企业的管理过程，与企业的各项活动相匹配。此外，一个有效的 IT 规划，还要符合可执行性、可分解性和灵活性的要求。

二、IT 规划的原则

要成功实现企业 IT 规划，还需要一些能够从根本上指导规划制订者的原则，确立基本的指导思想，下面提出八点原则以供参考。

(1) 与企业战略相一致原则。IT 规划应纳入到企业本身的发展战略中，要与企业未来的业务发展和管理发展充分结合，形成企业的核心竞争力、确立企业的整体的竞争优势。

(2) 与企业发展相配合原则。在规划时一定要从企业实际出发，结合 IT 业发展趋势和企业的发展现状，制订出适合企业发展的规划。

(3) 整体规划原则。企业信息化的总体规划要以发展的观点，站在企业的高度，从整体上规划企业信息化过程。

(4) 一体化集成原则。企业信息化的内容覆盖了企业各项经营活动的信息处理，企业信息化建设不是孤立地搞单项 IT 系统的应用，而应该统一考虑。

(5) 长期发展原则。规划方案具有一定的柔性，能适应未来一段时期业务模式的变化，适应企业未来发展的需求。

(6) 从管理、业务变革出发的原则。企业管理变革往往是信息化建设的一个重要原因。因此在信息化规划时，需要充分考虑管理和业务变革的需求，注重变革管理。

（7）与合作伙伴共同成长原则。市场竞争的日趋激烈要求企业不仅要提高自身的竞争力，更需要提高整个供应链的竞争力，因此在信息化方面要充分把握与合作伙伴共同成长的原则。

（8）可操作原则。企业在进行信息化方面的发展规划时，不能脱离实际，需要把规划建立在对企业信息化的需求与市场的供应状况做出全面研究的基础上，保证其实施的可行性。

三、IT 规划过程中的平衡问题

在 IT 规划的过程中应注意以下几个平衡。

（1）长远规划与适应变化之间的平衡。在 IT 规划过程中最突出的问题之一是，既要尽可能地保持开放性和长远性，以确保系统的稳定和延续性；同时又因为实际环境的剧烈变化，致使再长远的规划也难以适应这些变化。这就要求信息技术和信息系统在理论上和应用上要不断创新，同时要具有适应变化的能力。

（2）组织流程与系统流程之间的平衡。信息化推广中一直在争论的话题就是，到底应该是改变企业业务流程来适应信息系统，还是修改信息系统来适应企业业务流程。从根本上说，组织采用新技术的方式决定着新技术对组织结构和流程的影响程度，而组织及管理模式也影响着信息技术和信息系统，二者存在紧密的互动关系，可以说，企业信息化必然与其流程重组、优化密不可分。

（3）IT 规划与建设实施之间的平衡。信息化规划的目的是为信息化建设和实施提供框架指南。事实上，在信息化规划阶段，通常是以第三方专家为主导，建设单位积极参与配合；而在信息化建设实施阶段，则以供应商为主导、建设单位参与配合。如何确保信息化规划在后期的实施建设过程中不走样，单纯靠建设单位去协调和监督，效果往往是不理想的。

解决这些问题通常相对有效的做法是：在信息化规划时，认真分析企业的战略与 IT 支撑之间的影响度，并合理预测环境变化可能给企业战略带来的偏移，在规划时留有适当的余地；并且根据企业自身的动因，即是出于战略考虑还是出于实际考虑：如果着眼于企业长远发展战略，则让企业行为和业务流程适应系统；相反，如果着眼于更现实的需求，则让系统适应企业流程；同时请第三方咨询公司或监理公司来协调建设单位和供应商之间的步调，全力推动和监控信息化建设实施过程。

第四节 电信企业 IT 规划方法

一、信息资源规划理论与方法

1. 信息资源规划的概念

企业要成功进行 IT 系统的建设,就必须做好 IT 总体规划,而其核心与基础就是信息资源规划(Information Resource Planning,IRP),即对企业生产经营所需要的信息,从采集、处理、传输到利用的全面规划。其中,信息资源(Information Resource)是企业生产及管理过程中所涉及的数据、文档、资料、图表和多媒体等信息的总称,包括企业各种运营活动所产生、获取、处理、存储、传输和使用的全部信息资源,贯穿于企业运营的全过程。例如,电信运营商不论开发新产品、采购通信设备、维护通信网络,还是销售电信产品和客户服务等过程,无不伴随着大量信息的产生、流通和运用。

早在 20 世纪 80 年代初,美国信息资源管理学者霍顿(F. W. Horton)和马钱德(D. A. Marchand)等人就指出:信息资源与人、财、物等资源一样,都是企业和社会的重要资源。企业的信息资源来自于企业运行中的原始数据,对这些原始数据加以控制、管理、处理、分析和利用,实现其附加值,继而增强企业的核心竞争力,是企业信息化的真正目的所在。所以,严格地讲,信息资源规划不是一种信息技术,而是企业信息化战略的系统工程的方法论。

企业信息资源规划是企业信息化建设稳定性和可持续性的基础。企业可以通过信息资源规划梳理企业业务流程、明确企业的信息需求、建立企业信息资源标准和信息系统模型,再利用这些标准和模型来衡量企业现有的信息系统及各种应用,然后加以继承、优化、整合或重建,从而稳步推进企业信息化建设。通过信息资源规划,将使得企业信息化的目标和任务明确,投资合理、资源有效,从而使其在企业的发展中起到重要的作用。因此,企业信息资源规划,是企业信息化建设的基础工程和先导工程。

对电信企业而言,通过开展信息资源规划,建立信息资源基础标准,分层次、分步骤稳步推进企业信息化进程,最终使电信运营企业持续、稳定、健康地发展。

2. 信息资源规划的实施方法

信息资源规划工作包括了大量、复杂的业务数据和业务流程的分析、整理和梳理的过程,是一项重要和艰苦的工作。基于詹姆斯·马丁(James Martin)等美国学者提出的信息工程方法论(Information Engineering Methodology,IEM),采用工程化方法进行全企业的信息资源规划,就是按照一定的方法步骤、遵循一定的标准规范、利用有效的软件支持工具进行各职能域的信息需求和数据流分析，制订信息资源管理基础标准，建立全域和各职能域的信息系统框架——功能模型、数据模型和系统体系结构模型的统一过程。

信息需求和数据流分析是按职能域进行的最基础的工作，包括整理、定义网上交流数据的格式和内容，及对内外、上下数据流进行量化分析。

信息资源管理基础标准是指开发利用信息资源所必须遵循的最基本的标准——数据元素标准、信息分类编码标准、客户视图标准和数据库表标准。这些标准的建立，将贯穿信息需求分析、数据建模和后续应用开发的全过程。

建立全域和各职能域的信息系统框架是在大量的分析综合工作的基础上，按照系统工程理论的思想和方法，从整体上构思和把握的信息网络/信息系统框架。其中功能模型是系统的功能结构框架，数据模型是系统的数据结构框架，系统体系结构模型是系统的功能和数据关联结构框架。建立企业信息网络/信息系统框架的目的，是使企业领导、信息部门负责人(CIO)和信息系统开发人员在企业信息化建设的总体规划方面达成共识，制订发展目标和实施策略，全面推进企业信息化，实现跨越式发展。

二、电信企业 IT 规划方法

电信企业的 IT 规划既要与企业战略结合，又不能脱离企业的业务现状、企业的 IT 发展目标、社会发展现状及远景。IT 规划主要包括以下几个方面。

(1) 业务流程的梳理与分析

进行业务流程梳理是为了按信息工程的思想方法来重新认识企业，它是 IT 规划的出发点。梳理工作要从内而外进行，即先在每个部门内部进行流程的对接，之后再处理各部门间流程对接的相关工作。

从业务流程间的关系来看，可以分为两类：一类是串行流程，另一类是并行流程。串行流程的特点是一个工作节点连接的对象是唯一的，并行流程则要面对多个节点对象。事实上，业务流程更多情况下是一个串、并行混合的复合结构。因此，在流程对接中会较多地涉及两类流程节点间的处理，即串行节点的对接整合和并行节点的对接整合。价值链方式是全局流程绘制的重要方法，通过价值链方式，可以将各业务部门的内部流程与全局流程对接，形成完整的业务流程体系。在这一阶段，主要通过管理文件收集、业务流程调查访谈等形式获取流程名、简单流程图、主要过程文档和支持系统等信息。为了使流程收集得全面、准确和及时，IT 规划人员须与各业务部门人员密切沟通，对已收集的流程进行检查、分析，对于流程不全、需要细化的应及时补充、完善。

(2) 数据流分析

在业务流程梳理分析的基础上,进行数据流分析。通过绘制数据流程图,搞清楚业务内外、业务之间的信息流。然后,进行数据流流入、存储、流出的量化分析。通过数据流分析,帮助规划人员从信息转换、存储与利用的视角来把握企业各业务之间的关系。电信企业具有海量客户信息与服务资源的特点,但由于企业内现有的许多应用系统没有实现数据共享,数据一致性差,使得无法进行深入的数据分析与挖掘,导致无法进行有效的营销分析与决策支持。进行数据流分析,一方面可以为建立数据标准化体系做好准备;另一方面,也可以为现有系统制订出合理经济的平稳过渡方案。

(3) IT 支撑分析

IT 支撑分析是企业 IT 规划的核心内容,主要包括业务流程的 IT 支撑现状分析、基于 IT 的流程诊断与创新、IT 整合与发展分析三个方面。我国电信企业都已经建设了各自的运营支撑系统,包括营业、计费、账务、客服及网管等系统,这些系统在企业的运营和管理过程中发挥了巨大的作用。通过 IT 支撑现状分析,可以找出现有各系统的局限性,并对它们的生存周期和进一步发展进行重新考量。基于 IT 的流程诊断与创新就是通常所说的业务流程重组或业务流程优化(BPR/BPI)过程。在对业务流程、数据流程进行分析的基础上,对业务流程进行可行性研究,对那些不利于企业运营的障碍流程、无用流程或重叠流程进行重组或优化。IT 整合与发展分析需要规划人员结合企业未来发展战略,并根据目前企业的信息化水平制订适合本企业的 IT 发展方向。在这一过程中,要充分利用流程重组与优化的成果,对现有信息资源进行全面评估,为各子系统进行改造或重新设计做好准备。

(4) 制订实施计划

在以上工作的基础上,编制未来的 IT 实施计划,内容主要包括:IT 发展预测、建立数据标准化体系、制订原有应用系统改造优化实施计划、制订新应用系统(引进成熟应用软件、自行开发、合作开发和外包开发)实施计划。IT 发展预测是要企业对 IT 技术进行前瞻性预测,防止 IT 技术失去技术生存与发展的环境支持;数据标准化体系是指导数据库模型和系统开发的重要标准,建立数据标准化体系不仅可以为后续系统开发、运行和维护提供便利,而且各内容提供商(CP)和服务供应商(SP)等与电信企业的信息交换也按此标准建立数据交换接口,整合企业管理信息资源,为价值链集成打下坚实的基础;制订原有应用系统改造优化的实施计划、制订新应用系统实施计划,都是为了利用信息化手段来支持企业运营,提供决策支持,从而获得竞争优势。对企业信息化的投资,要在充分利用现有系统的基础上,促使各个系统更加合理、更加完善。企业信息化不是一个项目,而是一个 PDCA (Plan—Do—Check—Action)不断循环的过程,企业 IT 规划应坚持具体目标与总体目标相结合、近期目标与远期目标相结合,使企业信息化建设符合整体规划和设计的要求。按照系统需求的轻重缓急，优先建设需求迫切、关系全局的系统。

(5) 建立IT项目评价指标

建立IT项目评价指标可以帮助企业控制IT项目风险，规避资金“黑洞”。由于信息技术投资额巨大，对电信企业来说已成为可观的持续性资本支出，因此管理者有必要明确这些投资在经济上是合理的，并能带来一定的收益。但是，由于IT项目评价的复杂性，企业必须在规划阶段对IT项目可获得的投资回报有一个较为全面、客观的分析和估计，包括企业盈利能力、生产率和客户价值等方面的指标体系。

案例：eTOM在IMDS系统中的应用

1. 立项背景

在过去的十几年中，电信行业的业务环境发生了巨大的变化。客户与业务需求日益多样化，市场竞争日趋激烈的态势，使科学的管理和决策成为增强企业竞争实力的重要途径。但是之前各大电信运营商的运营支撑系统，由于往往是根据某一项需求而独立开发的，对于现在层出不穷的新业务，只能是“基于某个平台，将新增子系统上挂”，因此系统间接口不统一。而且，各地自建的业务系统由于缺少统一的数据模型，在进行系统整合的过程中造成了很大困难。

面对上述情况，天津通信公司于2001年8月提出了建设IMDS(Information Management and Decision Support)System的设想，并结合天津通信的信息系统现状，考虑今后3～5年电信行业发展趋势，最终选定参考eTOM模型作为IMDS建设整体框架的理论基础，于2002年具体着手建设。

2. 项目组成

以eTOM模型为蓝本形成IMDS整体框架中的流程部分，以NGOSS GB922为蓝本形成IMDS整体框架中的数据结构部分，IMDS系统数据模型与eTOM的对应关系如图17-4所示。

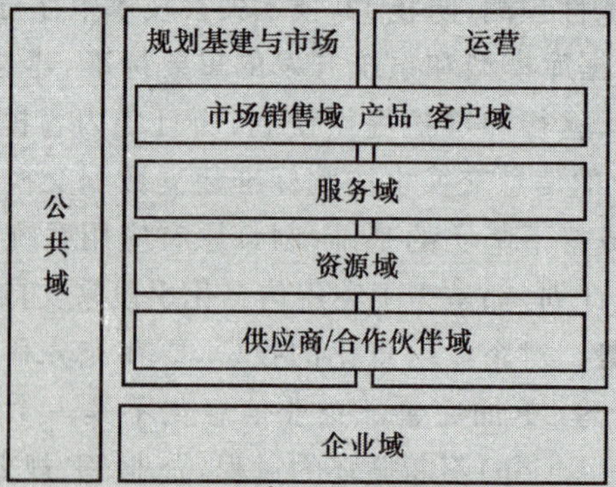

图17-4 IMDS与eTOM对应关系图

在进行了综合业务受理系统和本地网计费系统改造的基础上，结合 eTOM 模型和天津通信的各业务实际需求，进行了 IMDS 工程中各个项目的建设。

- 物理域的项目，主要包括企业网项目、企业网延伸项目、支撑系统存储改造项目、支撑系统主机改造项目；
- 逻辑域项目，主要包括企业信息门户项目（包含办公自动化）、数据仓库与经营分析、大客户管理项目、资源管理项目；
- 安全与系统管理域项目，主要包括安全服务项目、系统集中管理项目。

3. 项目成果

通过近一年的建设，IMDS 的各子系统完成并上线投入使用。这些项目包括企业网及延伸项目、支撑系统存储改造项目、支撑系统主机改造项目、企业信息门户系统项目、数据仓库与经营分析系统项目、大客户管理系统项目、资源管理系统项目等。通过这些项目的应用获得了以下成效。

（1）打造企业的数字神经。通过企业网及延伸项目搭建了企业内部的“信息高速公路”，为企业的各项管理、业务、服务等应用提供了高速、稳定、安全的网络支撑。

（2）形成了面向客户的 IT 基础架构。通过各项目的实施，建成了物理域、逻辑域、安全管理域的 IT 基础架构，通过整体架构实现以客户需求为中心的支撑模式，为企业发展提供有力保障。

（3）利用信息技术构筑学习型组织的基石。EIP 系统的应用成为公司内部日常办公不可或缺的重要媒介；为促进组织学习和知识管理提供先进的技术保障。

（4）建立企业的“经营预警雷达”。对电信网络资源实现了有效管理，实现了大客户管理工作的科学化和信息化，使决策者更及时、准确地掌握企业的经营状况，把握市场需求，为企业决策提供有力的支撑。

思考题

1. 什么是 IT 战略，它与企业战略的关系是什么？
2. 什么是 IT 规划，它对企业的作用体现在哪些方面？
3. 电信企业的 IT 系统大概有哪几类？每类具体职能及其相互之间的关系如何？
4. NGOSS 体系架构具体包括哪些内容？NGOSS 生命周期有哪些视图？
5. 什么是 eTOM？它的业务流程框架由哪些内容构成？
6. IT 规划的要求和原则是什么？在 IT 规划中要具体注意哪些问题？
7. 电信企业如何进行 IT 规划？如何实现与企业战略规划的融合？

第十八章　电信企业IT项目管理

中国企业的信息化正处于一个高速发展、亟需规范管理并且以项目为主导的阶段，企业面临着各种各样IT项目的实施、管理等机遇。在这样的环境中，电信企业如何对IT项目、IT资源实施科学高效的管理，提高IT项目团队能力，加速实现企业的信息化、管理的规范化、标准化和国际化，是其面临的最大挑战。

本章借助PMBOK、软件工程、CMM/CMMI等知识体系，针对电信企业IT项目管理中的相关理论进行了介绍，同时就IT项目管理中的方法和模型以及现在管理中存在的问题进行了讨论，希望能够对电信行业的IT项目管理提供一些帮助。

第一节　IT项目与IT项目管理

一、IT项目

1. IT项目的概念和分类

IT项目的产生源自于市场的需求。电子商务、企业信息化、电子政务等工作产生了以信息技术为基础的项目，即IT项目。IT项目本身是项目，因此具备一般项目的特征，即在一定期限内，依托一定的资源，以实现一定的产品、服务或成果为目标而进行的一系列活动。这一定义包含三层含义：一定的资源约束（时间、经费、人力和物资）、一定的目标和一次性任务。

IT项目可能是由信息化需要产生的，也可能是由企业根据市场情况和趋势分析，从市场利益出发，研究投资的机会，为了提升企业的竞争力而产生的，其主要类型有：IT技术及产品研发（包括通信技术及产品研发项目）、IT基础设施建设项目（包括电信网络建设项目）、软件开发项目、系统集成项目、IT咨询与服务项目等。

2. IT项目的特点与风险

由于IT项目的手段和内容的不同，决定了IT项目除了具有项目的一般特征之外，还具有如下特殊性。

- IT项目所包含的技术含量高，参与项目实施的技术人员不是能够随意从人力市场得到的专业人才；同时一些IT技术在具备先进性的同时往往不够成熟、缺乏市场检验，这种高技术含量的项目在实施中往往会带来高风险。
- IT项目是智慧型和知识性项目。IT项目需要熟练的技术人员负责实施，需要创造性的智慧活动才能保证项目的成功。但高技术人才的聚集，往往又会增加协调管理的难度，一旦核心人员流失会给项目带来显著的负面影响。

- IT 项目中的许多资源、工作是可以复制或重复的，但任何一个项目都是全新的，项目的独特性在 IT 服务领域表现得更为突出。
- 一些研发类的 IT 项目的客户可能不是真正的客户，而是企业的决策部门。

因此，IT 项目往往具有更多的风险特征，项目的唯一性和时限性是项目风险的根源。传统的风险定义是损失或损害的可能性，它的两个基本特征是损失和不确定性。项目风险是一个不确定的事件或者环境，既包括对项目目标的威胁，又包括改善项目目标的机会，IT 项目的风险亦包括威胁和机会两层含义。针对 IT 项目风险，人们将风险管理的思想引入当前的 IT 项目，并且逐步演变为 IT 项目管理的一个重要组成部分。

二、IT 项目管理的概念和要素

IT 项目管理是以信息技术为基础的项目管理，它是项目管理的一种特殊形式，是随着信息技术的发展而诞生并不断完善的一种项目管理。一般项目管理的思想和理论、方法和技术在 IT 项目管理中依然适用，但是由于 IT 项目的特殊性，也有其特殊的管理问题需要研究和讨论。

同其他项目管理一样，IT 项目管理的主要要素包括范围、时间、成本、质量、人力资源管理、沟通管理、采购管理、风险管理和集成管理等管理领域。而与一般项目相比，IT 项目管理中，人力资源管理显得更加特别，也更加重要。尤其在软件项目中，还需要考虑软件工程、配置管理、测试管理等更加特殊的内容，其风险管理也更为突出。这些都使得 IT 项目在管理的领域上有了新的拓展和完善，但同时也增加了企业对 IT 项目进行管理的难度。

三、IT 项目管理的体系框架

关于项目管理的知识体系，国际上不同的组织有不同的称谓和内涵。其一是以欧洲为首的体系，即国际项目管理协会(International Project Management Association，IPMA)；其二是以美国为首的体系，即美国项目管理协会(Project Management Institute，PMI)。其中，PMI 提出的项目管理知识体系(Project Management Body Of Knowledge，PMBOK)被广泛地应用到项目管理实践中，这里我们对 IT 项目管理的介绍和说明也主要基于这种体系。此外，英国政府还率先基于信息系统项目管理提出了 PRINCE/PRINCE2 模型；中国项目管理协会(PMRC，原优选法统筹法与经济数学研究会项目管理研究委员会)在 2001 年 7 月推出了一个具有中国特色的项目管理知识体系(Chinese Project Management Body Of Knowledge,C-PMBOK)。由于篇幅所限,下面将分别针对每种体系做简单介绍,有兴趣的读者可自行参阅相关书籍。

(1) PMI 的 PMBOK

美国项目管理协会早在 20 世纪 70 年代末就率先提出了 PMBOK。PMBOK 第二版把项目管理划分为九个知识领域:包括整体管理、范围管理、时间管理、成本管理、质量管理、人力资源管理、沟通管理、采购管理和风险管理。而为了更好地管理和控制项目,从过程上又将项目管理划分为五个过程组:启动、规划、执行、监控和收尾。作为美国项目管理协会(PMI)的权威经典著作,PMBOK 已经成为美国项目管理的国家标准之一,也是当今项目管理知识与实践领域的事实上的世界标准。2005 年 7 月,PMI 推出了 PMBOK 第三版,其内容与第二版相比有了较大更新。

(2) IPMA 的 ICB

IPMA 在项目管理知识体系方面也做出了卓有成效的工作,从 1987 年就着手进行"项目管理人员能力基准"的开发。在 1999 年推出了 ICB,即 IPMA Competency Baseline,在这个能力基准中 IPMA 把个人能力划分为 42 个要素,其中 28 个核心要素、14 个附加要素,还有关于个人素质的 8 大特征及总体印象的 10 个方面。

(3) PRINCE2

20 世纪 80 年代英国政府计算机和电信中心(CCTA)出资研究开发 PRINCE (Projects IN Controlled Environments,受控环境中的项目),一种对项目管理的某些特定方面提供支持的方法。1996 年开发出 PRINCE2 项目管理过程模型——基于过程(Process-based)的结构化的项目管理方法,它是适用于所有类型项目(不管项目的大小和领域,不再局限于 IT 项目)的易于剪裁和灵活使用的管理方法。

PRINCE2 提供从项目开始到项目结束覆盖整个项目生命周期的基于过程的结构化的项目管理方法,共包括 8 个过程,每个过程描述了项目为何重要(Why)、项目的预期目标何在(What)、项目活动由谁负责(Who)以及这些活动何时被执行(When)。

(4) C-PMBOK

基于 PMBOK 的理论,中国项目管理协会(PMRC)在 2001 年 7 月推出了一个具有中国特色的项目管理知识体系——C-PMBOK。C-PMBOK 的编写主要是以项目生命周期为基本线索进行展开的,从项目及项目管理的概念入手,按照项目开发的四个阶段:概念阶段、规划阶段、实施阶段及收尾阶段,分别阐述了每一阶段的主要工作及其相应的知识内容,同时考虑到项目管理过程中所需要的共性知识及其所涉及的方法工具。同已有的 PMBOK 比较,它采用了中国人较容易接受的方式和习惯编写,在内容上体现了中外项目管理环境的差异,反映了中国项目管理实践中的先进理念和先进方法。

四、IT 项目管理的模式

IT 项目可以由企业部门自行开发设计，也可以将其外包给其他公司。在实际的操作过程中，请乙方公司进行 IT 项目开发的情况日趋成为主流，这样不仅体现了社会分工细化，同时也集中了企业的力量，突出了其核心优势。

自行开发 IT 项目的管理过程及内容前面已经进行了具体的介绍，不再赘述；这里重点介绍 IT 项目外包以及由此而出现的 IT 项目监理。

1. IT 项目外包

将企业 IT 项目的开发、运行管理和维护承包给外部专门的机构负责的做法，称为 IT 项目外包。IT 项目外包的种类主要有两种：部分外包（包括硬件和通信网络系统维护、软件及数据库的维护、咨询服务外包等）和系统外包（整个企业系统信息中心的运行、管理以及应用程序的开发）。外包的方式主要是国内专业公司承包和境外承包。目前在工业发达国家越来越流行的外包方式是境外外包。

企业采用外包的方式能够更经济、灵活，能够有效地利用人才、盘活资产。同时可以享受高质量的服务，但是缺点也同样明显，那就是失去了项目进度的可视性以及专业技术流出公司，造成企业核心技术和竞争优势的“空心化”等问题。因此，外包方式的选择和使用需要加以妥善考虑。

2. IT 项目监理

所谓 IT 项目监理，是指聘请第三方（丙方）代表，根据甲乙双方签订的企业 IT 项目实施合同和监理合同的要求，对企业信息化实施中双方的工作和成果进行审查和监督，以确保信息化建设成功。采用 IT 项目监理后的企业信息化过程如图 18-1 所示。

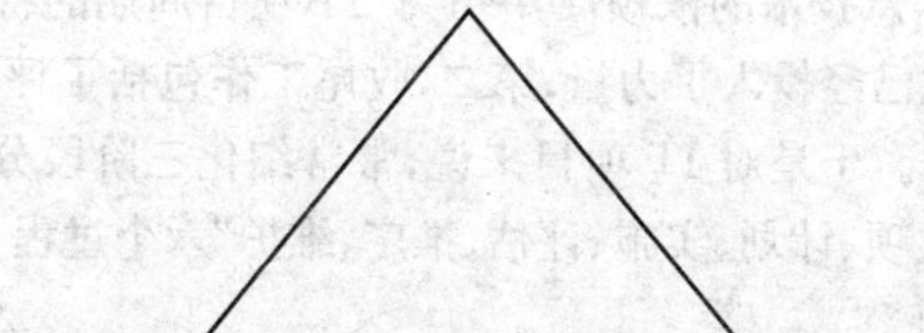

图 18-1 “正三角式”的信息化过程

根据监理内容和程度不同，IT 项目监理可分为如下三种：咨询式监理、里程碑式监理和全程式监理。按照 IT 项目本身的特点，IT 项目监理可以划分为三类：硬件网络集成项目的监理、软件产品实施型 IT 项目的监理以及软件开发型 IT 项目的监理。

第二节 IT 项目的生命周期与开发模型

一、IT 项目的生命周期

1. 一般项目的生命周期

通常所说的项目五大过程是指“启动、计划、实施、控制、收尾”。项目生命周期则将五个过程分为三个阶段，其中启动过程作为开始阶段，将计划、实施、控制三个过程合并成“中间阶段”，最后收尾过程作为最后阶段，如图 18-2 所示。

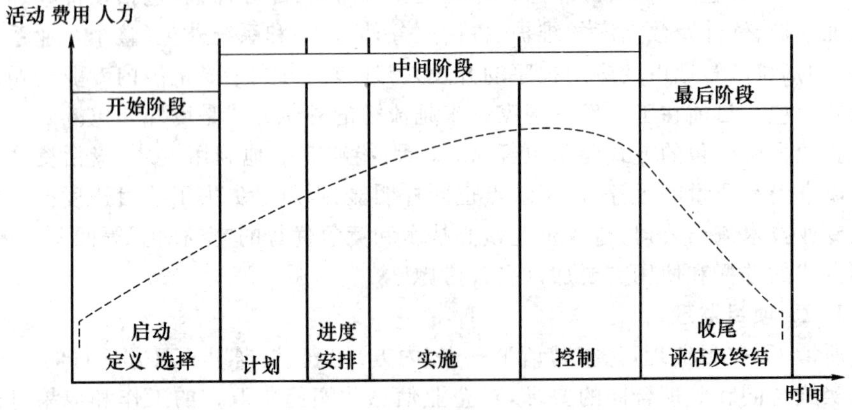

图 18-2 一般项目生命周期

2. IT 项目生命周期的特殊性

由于 IT 项目对信息技术的依赖性，决定了 IT 项目周期的特殊性：第一，IT 项目往往在正式立项之前，就已经投入了力量；第二，收尾工作包括了评估、推广和维护三个部分，而且延续时间较长。于是对 IT 项目来说，常常细化三阶段分法，形成 IT 项目的六阶段生命周期——“立项、计划、实施、评估、推广、维护”六个过程，如图 18-3 所示。

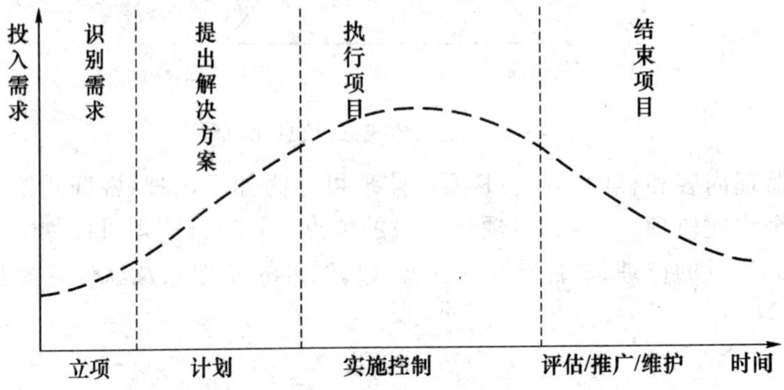

图 18-3 IT 项目生命周期

二、软件项目开发模型

IT项目的典型代表之一是软件项目，并且电信网络的正常运营、电信企业管理的信息化均需大量的软件系统支撑，这些系统已成为电信企业的核心资源。在软件开发项目中，对应上述IT项目管理几个阶段分别是需求分析（识别需求阶段）、系统设计（提出解决方案）、系统开发和系统测试（执行项目阶段）、运行维护（结束项目阶段）。

这里简要介绍几种软件项目开发的常用模型。

(1) 瀑布模型（Waterfall Model）

该模型由于酷似瀑布而得名。在该模型中，首先确定需求，并接受客户验证。然后拟定规格说明，经过验证后，进入计划阶段。瀑布模型中最重要的一点是只有当一个阶段的文档编制好并获得软件质量小组的认可之后才能进入下一个阶段。典型的瀑布模型通常包括三个时期，即应用软件计划时期、开发时期和运行维护时期，每一个时期又再细化为若干个阶段，如图18-4所示。

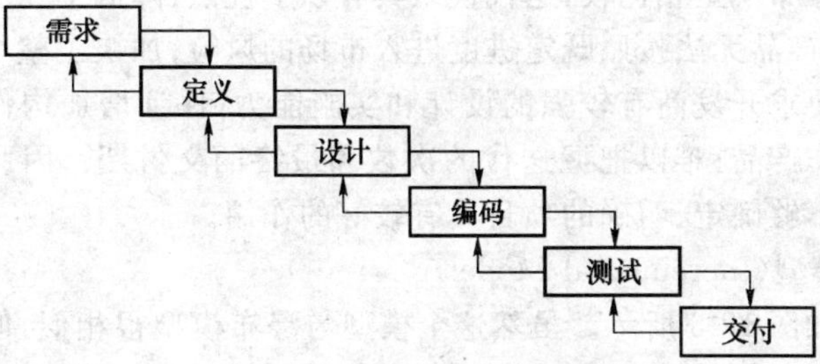

图18-4 瀑布模型

瀑布模型是最典型的预见性的方法，在诸多工程化的软件开发方法中，瀑布模型以其鲜明的特点及有效的工作方式成为方法最成熟、流行也最广的一种模型，特别适用于中、小型软件的开发。但是瀑布模型缺乏灵活性，无法通过开发活动来澄清本来不够确切的需求，这将可能导致直到软件开发完成时才发现所开发的软件并非客户所需要的，此时必须要付出高额的代价才能纠正这一偏差。

(2) 迭代模型（Interative Model）

瀑布模型管理方式对项目经理而言非常方便，但对开发人员而言相对较为严格。因为测试过程在开发阶段之后实施，子系统测试所暴露的问题可能需要立即修改代码，显著增加了计划架构的成本。为了消除瀑布模型的缺陷，软件工程学中引出了迭代开发模型的概念。

迭代模型是RUP（Rational Unified Process，统一开发过程）推荐的周期模型。在RUP中，迭代被定义为：在某种程度上，开发迭代是一次完整地经过所有工作流程的过程，至少包括需求工作流程、分析设计工作流程、实施工作流程和测试工作流程。实质上，它类似小型的瀑布式项目。RUP认为，所有的阶段都可以细分为迭代。每一次的迭代都会产生一个可以发布的产品，这个产品是最终产品的一个子集，如图18-5所示。

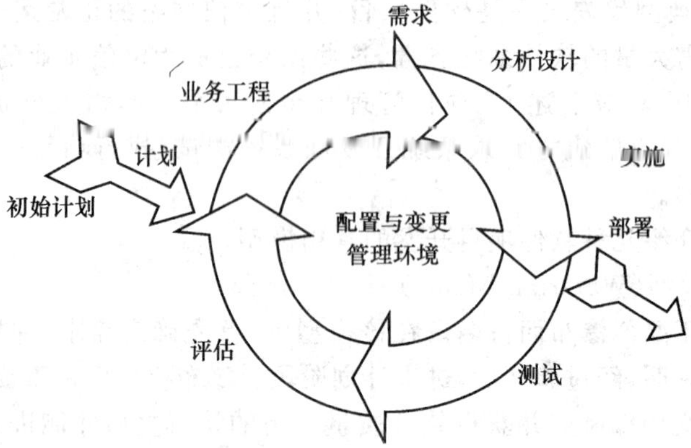

图18-5 迭代模型

与传统的瀑布模型相比较，迭代模型具有以下优点：降低了在一个增量上的开支风险；降低了产品无法按照既定进度进入市场的风险；加快了整个开发工作的进度。缺点在于要求开发商有较强的设计和实施能力，保证增加构件时不会破坏已经开发出的工作产品；难以把握迭代的次数和最终的交付期。因此迭代模型对于企业客户需求不够确定、明确的项目具有较好的作用。

(3) 增量模型(Incremental Model)

增量模型如图18-6所示。虽然这个模型与瀑布模型很相似，但这个模型中产品被增量式地一块一块地开发。当每一块完成了低层设计、编码和测试之后，它就进入了系统测试，在那里它将被集成和测试。该图代表了增量模型的一个普遍的观点，然而实际上，各块的开发可能与定义阶段一样早地开始。

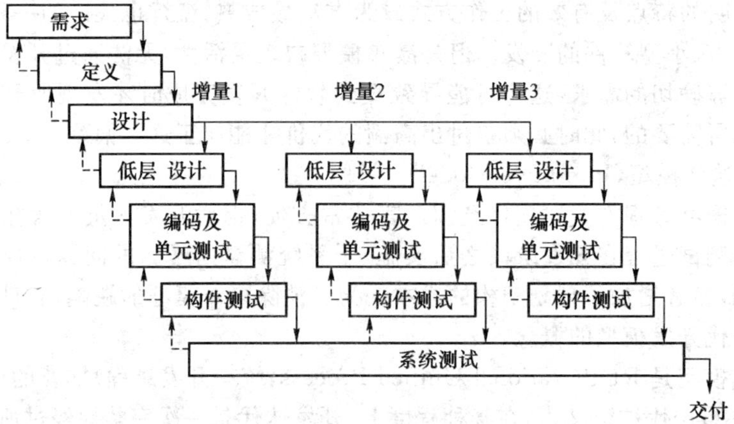

图18-6 增量模型

增量模型的一个显著的优点是产品的各模块很大程度上可以彼此并行开发，从而开发活动部分重叠，这种做法潜在的好处是通过在开发周期内尽早地证明操作代码的正确性而降低了产品的技术风险。开发活动部分重叠也允许为了满足产品的早期客户的需要，而增加或降低重叠。注意在项目中并行执行的活动数增大，则管理项目的复杂性就加大。但是，增量模型也存在缺陷：由于各个构件是逐渐并入已有的软件体系结构中的，所以加入构件必须不破坏已构造好的系统部分，这需要软件具备开放式的体系结构；在开发过程中，需求的变化是不可避免的，因此很容易退化为“边做边改”模型而陷入被动，从而使软件过程的控制失去整体性。

(4) 快速原型模型(Rapid Prototype Model)

由于在项目初始阶段人们对软件的需求认识往往不够清晰，因此软件开发项目难以做到一次性开发成功，通常要做多次开发，最终才能令客户满意。所以通常第一次只是试验性开发，探索其可行性；第二次则在此基础上获得较满意的软件产品，再进行原型设计等。

典型的快速原型模型是需求和设计之间进行迭代设计的，从模糊的需求到初始的原型，经过对原型的更改，得到清晰的需求，最后逐步演化为最终的产品，如图18-7所示。

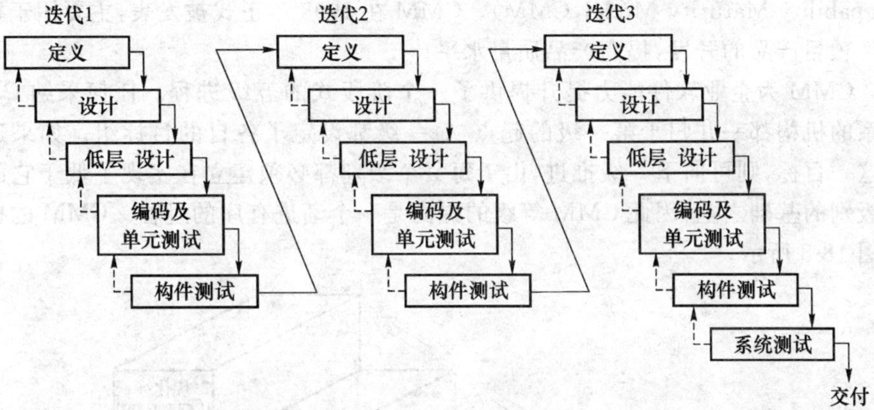

图 18-7 快速原型模型

快速原型模型在克服瀑布模型缺点，减少由于软件需求不明确而给开发工作带来的风险方面有显著的效果。

(5) 其他

除上述介绍的四种软件项目开发模型外，比较典型的开发模型还有：软件螺旋模型(Spiral Model)、喷泉模型(Fountain Model)、智能模型(Intelligent Model)、混合模型(Hybrid Model)等，另外，近年来由原型开发方法还延伸出极限编程(XP)和敏捷编程(Agile Programming)等不同的派系，有兴趣的读者可以归纳整理，比较各模型间的优点和缺点，以总结各模型的适用情况。

第三节　软件能力成熟度模型与软件质量度量

一、软件能力成熟度模型

目前，无论是在管理界，还是在项目管理领域，成熟度模型都是一个热门话题。“成熟度模型”可以定义为描述如何提高或获得某些期待物（如能力）的过程的框架。

1. CMM

软件能力成熟度模型被国际软件界公认为是软件工程学的一项重大成果。它既可用来科学地评价软件开发单位的软件能力成熟度等级，也可用来帮助软件开发单位进行自检，了解自己的强项和弱项，从而不断完善单位的软件开发过程，确保软件质量，提高软件开发效率。

其中最具代表性的无疑是美国卡内基·梅隆（Carnegie Mellon）大学软件工程研究所（Software Engineering Institute，SEI）开发完成的软件能力成熟度模型（Capability Maturity Model，CMM）。CMM 在 1993 年正式被发表，主要用于指导软件项目产品的开发，提高产品质量水平。

CMM 为企业软件能力提升提供了一个阶段式的五级进程。任何采纳 CMM 体系的机构都一并归于第一级的起点，每一级都设定了各自的目标组。如果达到了这一目标，则可向下一级推进，由于每一个级别都必须建立在实现了低于它的全部级别的基础之上，因此 CMM 等级的提高是一个渐进有序的过程。CMM 的标准如图 18-8 所示。

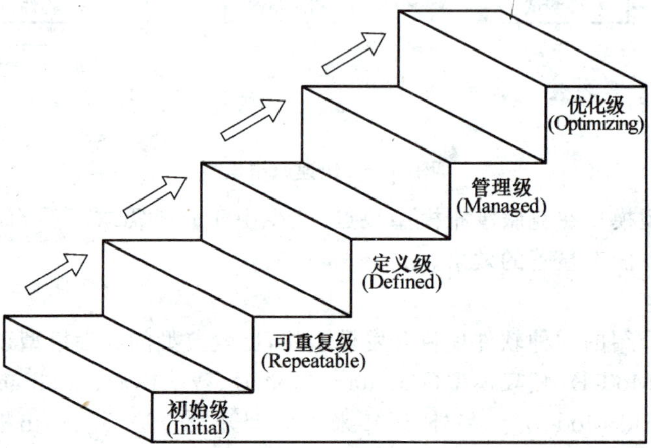

图 18-8　CMM 五级标准

(1) 初始级。在这一级中,软件开发过程还没有定义,即使有一些规范,但是也没有被严格执行,企业不具备稳定的软件开发与维护环境,面对开发中所遇的各类具体实施问题往往选择放弃原定计划仍由编程人员凭个人经验与主观感觉应对,整个企业没有稳定的过程规则可依据。总之,整个企业的软件生产是不可重复,不可预见,不成体系,不可积累及不稳定的,仍处于 CMM 的概念阶段。

本阶段改进重点包括:建立软件项目开发过程并进行有效管理;建立需求管理,明确客户要求;建立各类项目计划;建立完善的文档体系,严格执行质量监控;按 CMM 二级所规定的各项核心实践进行开发。

(2) 可重复级。第二级的管理过程包括需求管理、项目计划、项目追踪和监控、子合同管理、质量保证与配置管理等六个方面。在该级的企业可以给客户较有保证的承诺,因为企业可在以往同类项目的成功经验上总结和建立起一整套过程准则来保证成功地重复。

本阶段改进重点包括:将各项目的过程经验总结为整个企业的标准过程,使整个企业的过程能力得以提高;跨项目间的过程管理协调和支持,树立齐全组织的过程标准概念;建立软件工程过程小组(SEPG),对各项目的过程和质量进行评估和监控,使软件过程得以正确地调整;建立软件工程数据库和文档库,加强培训。

(3) 定义级。企业制订了一套软件过程规则对所有软件工程和管理行为给予指导。企业有了标准化的过程并可在所开发的项目中,依据具体项目的需要,将标准过程调整为合适的项目过程。软件过程在此得到稳定的,重复的和持续性的应用,使开发风险大为下降。此级的主要特点在于软件过程已被编制为各个标准化过程,并在企业范围内执行,从而使软件生产和管理更具可重复性,可控制性,稳定性和持续性。

本阶段改进重点:应准备对整个软件过程的定量评测分析,以尽可能将软件工程所涉及的定性因素转变为定量标准,从而对软件进行定量控制和预测。

(4) 管理级。管理级的过程是量化的过程,所有项目和产品的质量都有明确的定量化衡量标准,软件也被置于这样一个度量体系中进行分析、比较和监控,所有定量指标都被尽可能地详细采集并描述,从而可以具体应用于软件产品的控制之中,软件开发真正成为一种工业化生产行为,本级主要特点是定量化,可预测化和高质量。

本阶段改进重点:注意采取必要措施与方案减少项目缺陷,尽量建立起缺陷防范的有效机制,实行过程管理,不断改进已有的过程体系。

(5) 优化级。第五级的软件过程是一个持续改进的过程,并且有一整套有效机制以确保软件工程误差接近最小或零。每一个过程在具体项目的运用中,可根据周边和反馈信息来判断下一步实施所需的最佳过程,以持续改善过程使之最优化。因此,企业能够不断地调整软件生产过程,按优化方案改进并执行所需过程,实现“持续改进”。

CMM 描述的五个等级的软件过程反映了从混乱无序的软件生产到有纪律的

开发过程，再到标准化、可管理和不断完善的开发过程的阶梯式结构。除第一级初始级外，每一级成熟度都由若干核心过程域构成，这些核心过程域分别针对软件开发过程的某一方面阐述了这一等级的软件过程在此方面应达到的目标组的核心实践。

2. CMMI

在2001年，SEI发布了CMM的新版本——集成的能力成熟度模型(Capability Maturity Model Integration,CMMI)，它不但包括了软件开发过程改进，还包含系统集成、软硬件采购等方面的过程改进内容。

CMMI是过程成熟度模型，可用于各类企业提高过程管理能力，比较复杂。虽然CMMI包括项目管理的内容，但其关注的重点不是项目管理而是流程本身，包括过程管理、项目管理、工程、支持四大类过程区域(Process Area)，每一个过程域都有五个成熟度级别。CMMI体系结构如图18-9所示。

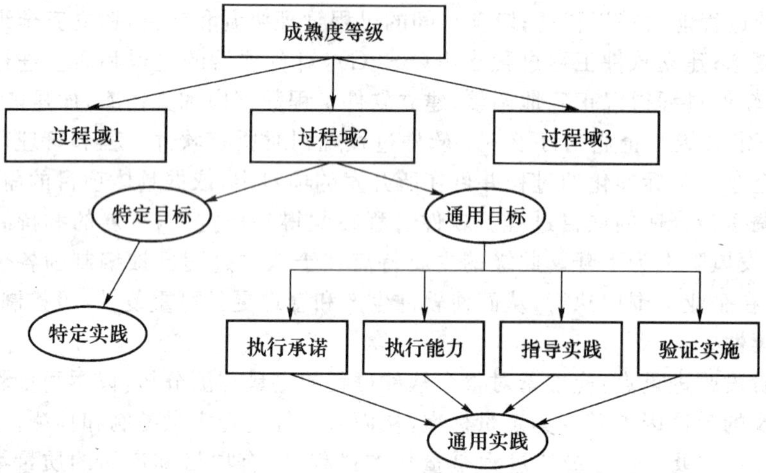

图18-9 CMMI体系结构

每个过程域由通用目标和特定目标予以表征，特定目标下有对应的特定实践，通用目标下的通用实践分为执行承诺、执行能力、指导实践、验证实施，这些描述对软件组织达成特定目标和通用目标提供了指导性的建议。如果恰当地处理了某个关键过程涉及的全部特定实践和通用实践，这个关键过程的各项目标就能达到，则表明该关键过程实现了。这种思路在于把一个组织执行软件过程的成熟程度分成循序渐进的在某一段时间里集中开展少数几项过程改进活动。CMMI可以用来评估一个机构的软件过程，也可以用来计划过程的改进。

经过流程改善后，除使组织提升产品品质外，还能够有效降低开发成本与后续维护的成本，增强企业的项目管理能力。

资料:CMM发展

CMM是基于多年产品质量研究成果所建立的。美国的Walter Shewhart于20世纪30年代发表了统计质量控制成果。在Watts Hunaphrey和Ron Radice等人的研究成果之上,卡内基·梅隆大学软件工程研究所将这套质量控制方法改造为能力成熟度框架并标明不同成熟度等级,Humphrey并于1987年发表了初步的成熟度提向单。1990年SEI公布CMM的0.0版。1991年SEI公布了包含第二级KPA方案的CMM0.4版及包含第三级方案的CMM0.5版,同年,又发布了包含第四级和第五级KPA方案的0.7版。CMM1.0版于1991年底发布,1993年SEI公布CMM1.1版。目前通行的版本是1.1版,改进版2.0版原定于1997年完成,但由于CMMI(能力成熟度集成)的开发,2.0版被推迟。CMMI框架包括软件能力成熟度模型、系统工程能力成熟度模型、软件采购能力成熟度模型、继承产品和过程开发等。1995年,个体软件过程(Personal Software Process,PSP)又被提出,用于控制和改进个人软件开发方式,PSP是一个过程描述、检测和方法的集合,能够帮助软件工程师改善其个人软件开发性能。它包括一整套适用于个人软件工作者在实践中应用的表格、脚本和标准,以帮助软件工程师预估和计划其工作减少软件工作缺陷并提高计划和生产效率。CMM是适用于软件开发组织中的流程管理,而PSP则面向个体开发人员。

目前,最有影响的模型包括:系统工程(SE-CMM)、软件采办(SA-CMM)以及集成的产品和过程开发(IPPD-CMM)、CMMI等。

二、软件产品质量标准体系

软件产品质量不同于软件生产质量,一个成熟的软件产品其质量包括两个层次:产品本质质量和客户满意度。产品本质质量可以用平均失败时间和缺陷密度来度量;客户满意度可以通过客户问题和客户满意度来度量。

由于软件产品的特殊性,其质量特征是由技术型风险承担者与非技术型风险承担者共同提出的希望实现的系统功能,可以将这些特征分为四大类:商业特征、行为特征、改进特征以及发展特征。

1. 软件产品质量评价特性

软件产品质量可用下列特性来评价。

- 功能性:与一组功能及其指定的性质有关的一组属性。这里的功能是指满足明确或隐含的需求的那些功能。
- 可靠性:与在规定的一段时间和条件下,软件维持其性能水平的能力有关的一组属性。
- 易用性:与一组规定或潜在的客户为使用软件所需作的努力和对这样的使

用所作的评价有关的一组属性。

- 效率：与在规定的条件下，软件的性能水平与所使用资源量之间关系有关的一组属性。
- 维护性：与进行指定的修改所需的努力有关的一组属性。
- 可移植性：与软件可从某一环境转移到另一环境的能力有关的一组属性。

2. ISO/IEC 与 NAST

ISO（International Organization for Standardization，国际标准化组织）和 IEC（International Electrotechnical Commission，国际电工技术委员会）是为全球标准化而组成的专门体系。ISO 是世界上最大的国际标准化组织，它成立于 1947 年 2 月 23 日，前身是 1928 年成立的“国际标准化协会国际联合会”（ISA）。IEC 于 1906 年在英国伦敦成立，是世界上最早的国际标准化组织，主要负责电工、电子领域的标准化活动。而 ISO 负责除电工、电子领域之外的所有其他领域的标准化活动。

为了适应我国软件产业急速发展、软件市场亟需规范的形势，按照国家有关要求，对应用软件产品和信息系统实施质量监督检验，帮助厂商提高产品的质量，维护客户合法权益，促进软件市场规范，增强我国软件产业的国际竞争能力，国家质量监督检验检疫总局于 2004 年 10 月 12 日批准成立了国家应用软件产品质量监督检验中心（NAST），它是我国质检系统第一个国家级软件产品质量监督检验中心。

3. 软件质量标准

在短短的几年时间里，ISO/IEC 颁布的与软件工程有关的国际标准就有几十个，其中 ISO/IEC 12207 和 ISO/IEC TR 15504 是两个直接与软件质量相关的标准。

ISO/IEC 12207 标准的全名是“信息技术标准：软件生存周期过程”（Standard for information technology：software life cycle processes），它是于 1995 年 8 月由 ISO 和 IEC 联合提出，为开发和管理软件提供的一个公共框架。此标准相当于已发布的几十项国际标准的总则或序言，对软件开发和管理产生了深远的影响。其主要内容是规范软件工程中的五个主要生存期（life cycle）过程、八个支持生存期过程、四个组织（organization）生存期过程等。

ISO 和 IEC 联合提出 ISO/IEC 12207 之后，又于 1998 年 8 月提出了与之相对应的标准 ISO/IEC TR 15504。ISO/IEC TR 15504 提供了一个包含整个软件生存期过程的框架。该框架的过程范围与 ISO/IEC 12207 紧密映射，不仅进一步肯定了 ISO/IEC 12207 对软件工程实践的重要意义，还保证了软件生存期过程在世界范围内进行评价和对比时有一个统一的标准。这在国际软件工程界还是第一次，它将对软件业学习和应用 ISO/IEC 12207 起到强有力的推动作用。

中国国内关于软件产品质量的标准主要有两个：GB/T 16260—1996(《信息技术 软件产品评价质量特性及其使用指南》)以及 GB/T 18905.5—2002(《软件工程产品评价》)，这两个标准用于指导软件产品测试的准备、执行和报告等过程，同时对信息系统的功能性、可靠性、易用性、效率、可维护性、可移植性、文档等方面进行测试。

第四节　电信企业 IT 项目管理的方法

一、电信企业 IT 项目管理的问题

自从电信企业开展信息化建设以来，IT 项目从无到有并不断发展，在不同领域对电信企业的信息化发挥了巨大的作用。但是，在这些项目实施的同时，也存在如下问题。

(1) 项目周期延长情况普遍。实际工作中，由于缺乏相应的标准，往往难以准确地界定项目范围，在项目开发过程中需求变更普遍存在但缺少对变更的管理。在项目执行过程中又没有有效的“里程碑”来约束项目进展情况，使得项目管理人员面对软件开发周期一拖再拖的问题感到无所适从。

(2) 项目文档缺乏规范化管理，给后期维护工作及二次开发工作带来诸多不便。目前，软件开发项目不同程度地缺乏规范化管理(项目文档不齐全、不规范，信息表达不清楚、不完整，缺乏可用性、易用性和连贯性)，导致对项目进行监测和后续的维护及二次开发工作带来了诸多不便。

(3) 项目过程控制缺乏规范化的监控点。由于缺乏指导性的监控方法，在项目进行的过程中管理方式灵活性很强，其管理难度对于项目管理人员(尤其是新员工)显得要求过高，如上情况都将对开发项目最终的质量产生不利的影响。

正是由于这些客观情况的存在，对电信行业而言，IT 项目管理就显得尤为重要。如何通过有效的项目管理，使电信企业的项目管理方式有形化、项目文档规范化，让项目管理人员在今后的项目实施中少走弯路，节省时间和资源，发挥信息资产的最佳效益，将是本节研究的重点。

二、电信企业 IT 项目管理

IT 项目管理的相关概念在本章第一节已经进行了详细的介绍，IT 项目管理主要包括范围管理、时间管理、成本管理、质量管理、人力资源管理、风险管理等，在这里主要介绍范围、时间、成本、质量管理四个领域的知识。

1. IT 项目的范围管理

项目范围包括项目的最终产品或者服务以及实现其所需要的各项具体工作。

因此项目范围管理就是确保项目包括成功完成项目所需的全部工作，但又只包括必须完成的工作的各个过程。

根据美国项目管理协会（PMI）的定义，项目范围管理包含的过程主要有：范围规划、制订工作分解结构、范围定义、范围核实以及范围控制。它的首要任务就是界定项目包含且只包含所有需要完成的工作，并对其他项目管理工作起指导作用，以保证项目的顺利完成。

（1）范围规划

项目范围规划是项目计划编制中的重要组成部分，进行项目范围规划的过程就是确定项目的范围并且编写项目范围说明书的过程。它是以启动过程的结果——产品描述、项目章程等为依据的，最终形成项目范围说明书以及范围管理规划。电信行业中，最典型的IT项目实施方式是采用招投标的方式开始，最后用合同的方式进行管理。电信企业在招标书中通常会包含两个部分：项目业务规范、项目技术规范，可以说，这两个规范就构成了一个项目的范围说明。

（2）制订工作分解结构

制订工作分解结构主要是利用Work Breakdown Structure（WBS）将项目分解为相对独立的、较小的且便于管理的、内容单一的、能够可靠地进行工作费用及持续时间估算与检查的工作包，并直观呈现其在项目中的地位与构成，从而有效地组织和界定项目的范围。WBS的构成方法主要有类比法、自上而下法、自下而上法等。

（3）范围定义

范围定义是以范围规划的成果为依据，形成工作分解结构（WBS）。范围定义如果不明确，会出现变更并且会破坏项目的节奏，最终延长工期，降低工作效率等。进行工作分解成功与否很大程度上决定了项目的成功与否，进行工作分解的主要步骤为：确定项目、确定可交付成果的详细程度、确定可交付成果的组成部分、核实分解的正确性。

（4）范围核实

范围核实主要关注工作结果的接受与否，通常是由第三方（其他项目干系人）来完成的，在这里注意区分其余质量控制的区别。

（5）范围控制

项目处于一个不断发生变化的内外环境中，难免发生各种变化，这时就需要对项目进行修改，这些变化和修改就是变更。项目变更控制是通过建立一套正规的程序对处于动态环境的项目变更进行有效的控制。它要以工作分解结构、项目绩效报告、变更请求以及范围管理计划为基准，利用变更控制系统、范围变更流程等为工具进行。

2. IT项目的时间管理

IT项目的时间管理又叫作项目工期管理或者进度管理，是为确保项目按时完工所进行的一系列管理过程。项目时间管理主要包括五个过程：活动定义、活动排序、活动持续时间估计、进度计划编制以及进度控制。

(1) 活动定义

活动是占用时间的工作,活动定义就是要清楚 WBS 中各工作包对项目团队的要求是什么,怎么样工作才能产生出该工作包要求的可交付成果。活动定义的关键是分解的活动清单完整而且不包括多余的活动。

(2) 活动排序

活动排序是确定各活动之间的依赖关系,并形成相关文档的过程,它是进度计划编制的基础。常用的活动排序表示方法有前导图法(AON,国内称为单代号网络)和箭线图法(AOA,国内称为双代号网络)。

(3) 活动持续时间估计

活动持续时间估计也称作活动工期估算,是定义在给定的资源条件下,完成各活动所需要的时间,该过程是在完成活动以后,结合资源需求情况下进行的,它是进度计划编制的基础。活动工期估算的方法有很多,常用的有专家估计法、类比估算法、量级估算法等。

(4) 进度计划编制

进度计划编制是根据各活动间的排序及各自的工期估算,并且结合资源的可用情况,计算各活动的开工及完工日期,并最终确定整个项目的开工和完工日期。项目进度计划是项目计划非常重要的一部分,供进度控制及集成控制所用。编制项目进度计划的方法通常有关键路径法、资源平衡法、计算机模拟法等。

(5) 进度控制

进度控制作为 IT 项目控制中的三大控制目标(投资、进度、质量)之一,其重要性不言而喻。一个工程项目能否在预定的工期内竣工并且交付使用是项目管理工作的重要内容。进度控制不仅仅是考虑施工单位的施工进度,还要在各个阶段与各部门紧密配合,只有对相关单位和部门都进行控制,才能有效地控制项目进度。项目进度控制主要包括三个步骤:制订控制目标、衡量执行结果和采取措施纠正偏差。在进行实际进度和计划进度的比较时,通常采用的方法有横道图比较法、S 形曲线比较法等。一旦发生实际进度和计划进度的偏差,就要采取进度调整措施,以便确保进度目标的实现。

3. IT 项目的成本管理

IT 项目的成本管理就是为了确保项目在既定预算内按时、按质、经济高效地实现项目目标所开展的项目管理过程。主要包括 IT 项目成本估算与预算、IT 项目成本控制、IT 项目成本效益。

(1) IT 项目成本估算和预算

成本估算和预算是项目成本管理不同阶段的两个工作。成本估算是从项目整体角度出发,基于整个项目对企业资源的占用测算出的项目的总支出;成本预算则是将成本估算的数额按照项目实施进度和工序安排分摊到每个相对独立的工作任务和工作阶段中去。常见的 IT 项目成本估算方法有类比估算法、自下而上法、参数模型法等。成本预算则通常包括两个步骤：第一，将项目成本估算分摊到工作分析结构中的工作包；第二，在整个工作包期间进行预算分配。

电信企业的IT项目往往造价昂贵，并且经常超过预算。这是由于项目需求比较模糊，往往会根据客户的实际要求变更计划，IT项目成本的结构较为复杂，成本核算方法实施难度比较大。

(2) IT项目成本控制

项目的成本控制是采用一定的方法对项目形成过程所耗费的各种成本的使用情况进行管理的情况。实施IT项目的成本控制，首先要清楚控制成本的着眼点，找出关键因素，从而对其进行重点监控，这样就可以有效进行成本控制。通常，项目在时间、进度和范围上的控制效果直接影响项目成本控制的有效性。

IT项目的成本控制是一个系统过程，主要包括三个方面的具体工作：执行情况跟踪、成本变更控制、补充计划编制。成本控制的方法比较多，在IT项目的成本控制中，一般主要是用三种方法：成本计划方法、挣值分析法和成本因素分析法。

(3) IT项目成本效益

追求效益是任何一个项目实施的最终目的，IT项目自然也不例外。在IT项目的成本管理中，简单的收入分析和成本效益分析是非常必要的，这样可以更好地进行成本管理。

IT项目的收入类型体现为两种类型：直接收入和间接收入。电信企业的项目中许多是基础网络的建设项目，如网管、计费等支撑系统的项目，这些都是为了保证业务网的服务质量的必要功能。就此而言，电信企业的IT项目大多并不产生直接的收益，因此，在评价电信项目时，通常会根据成本的比例测算合理的分配系数，将业务网的收入分配给这些基础网络和支撑网络。

4. IT项目的质量管理

IT项目质量管理是IT项目管理的一个重要环节，但是IT项目质量管理是一个很难界定的知识领域。在IT项目管理中，确定质量方针、目标和责任，借助质量体系中的质量策划、控制、保证和改进等手段来实施的全部管理职能活动都是IT项目质量管理的范畴。

(1) IT项目质量计划编制

质量计划包括确定适合该项目的质量标准，并决定如何达到这些标准。在项目计划中，质量计划是项目程序推进的主要推动力之一。

(2) IT项目质量控制

质量控制是一个诊断和纠偏的过程，质量控制是为达到质量要求所采取的作业技术和活动，它贯穿在质量环(PDCA循环)的所有环节。常用的质量控制的技术主要有帕雷托图、鱼刺图、质量控制图等。

测试作为项目质量控制的关键一环，往往被认为是在项目即将结束时的活动。但事实上，电信企业在系统建设的每个阶段都应该进行测试检验，而不仅仅是在系统交付之前进行一次整体性测试。除测试之外，对IT项目供应商的CMM、CMMI

能力的把握也是一种有效途径。

案例：功能点法及其在软件项目评估中的应用

一、软件规模的测算方法——功能点法

软件规模举足轻重，它是软件项目的可量化结果，是项目估算的重要参数和决策的重要依据。从软件规模度量的研究历程看，代码行测算法(Source Lines of Code，SLOC)和功能点测算法(Function Point Analysis，FPA)是两种代表性的方法。

功能点法之前，开发人员通常用代码行来表示软件的规模，但由于在软件构造完成之前很难准确估计，导致其无法进行有效的项目管理。在这种背景下，工程师 A. J. Albercht 在 1989 年提出了功能点(Function Point，FP)的概念，并建立了工程预算功能点分析法(FPA)。功能点估算法相对于传统的代码行法更加侧重于从业务的视角来分析软件的规模大小，利用该方法进行系统预算，既能得到比较精确的量化结果，又不需增加太多的工作量，因而得到广泛的使用。近年来，功能点测算法已成为国际主流的软件规模测算法，并于 2003 年被国际标准化组织接受为国际标准。

1. 功能点法简介

功能点分析是面向功能的软件度量方法，注意力集中于软件系统的"功能性"和"实用性"，从系统的复杂性和系统的特性这两个角度来度量系统的规模，其特色是："在外部需求确定的情况下度量系统的规模"、"对从客户角度把握的系统规模进行度量"。

在 FPA 中，任何一个软件都被看作是由外部输入处理、外部输出处理、外部查询处理、内部逻辑文件和外部参照文件五种要素组成，如图 18-10 所示。

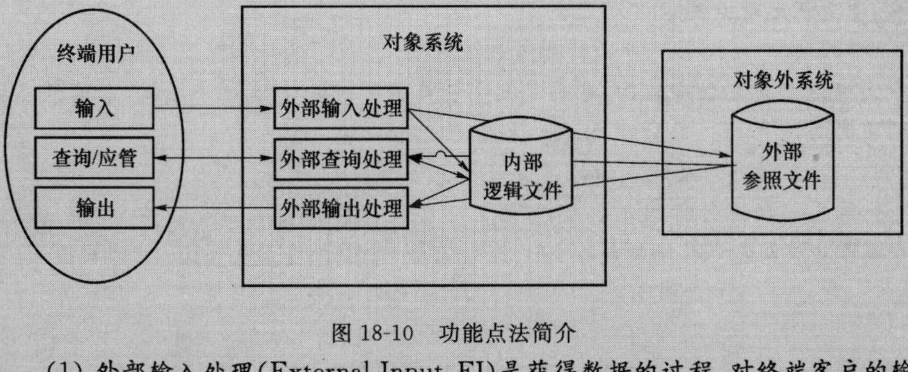

图 18-10　功能点法简介

(1) 外部输入处理(External Input，EI)是获得数据的过程，对终端客户的输入进行相关的处理。

(2) 外部输出处理(External Output，EO)是反馈数据的过程，完成对票据、报表等的输出。

(3) 外部查询处理(External Inquiry,EQ)是针对终端客户的查询请求,输出相应的检索结果。

(4) 内部逻辑文件(Internal Logical File,ILF)是在信息系统内部,为了完成相关功能使用的逻辑文件,包括顺序文件、数据库表、临时文件等。

(5) 外部参照文件(External Interface File,EIF)是该系统和外部其他信息系统为了交换数据而使用的接口文件。

其中前三种属于处理,它们涵盖了终端客户和信息系统对象之间存在的所有可能的交互内容,只要明确了该系统和终端客户的接口就可以正确估算上述三种处理。后两种属于文件,系统功能确定后,使用文件个数也可以被估算出来。

2. 功能点法测算步骤

利用功能点估算法(FPA)测算软件规模可细分为六个步骤进行。

(1) 确定EI、EQ、EO、ILF、EIF的个数

- EI的判定基准:数据是从系统边界外部获取的;事务处理是对ILF的插入、修改、删除操作,但当数据是控制信息时,此规则不适用。
- EO的判定基准:向系统边界的外部输出数据。
- ILF的判定基准:有检索操作,同时也有插入、更新、删除操作的数据。
- EIF的判定基准:计测范围内的系统检索,在计测范围外的系统保存的数据;在计测系统范围内,没有插入、更新、删除等操作的数据。

(2) 确定各要素的复杂程度

三种处理EI、EQ、EO的复杂程度通常是用该处理中使用文件个数(通常对应为数据库表数)以及用到的文件中的项目数(通常对应为数据库表的字段数)来度量的,复杂程度与文件数和项目数成正比。即用到的文件数越多,项目数越多,复杂程度就越高。

(3) 确定处理和文件的功能点权值

确定了复杂程度后,要对每种复杂程度的处理和文件赋予权值,以便计算出相应的功能点数。

(4) 未调整的功能点的计算

在上述功能分析的基础上,可由以下公式计算出系统的未调整功能点数:

未调整功能点数=EI功能点数+EO功能点数+EQ功能点数+ILF功能点数+EIF功能点数。

=EI低×3+EI中×4+EI高×6+EO低×4+EO中×5+EO高×7+EQ低×3+EQ中×4+EQ高×6+ILF低×7+ILF中×10+ILF高×15+EIF低×5+EIF中×7+EIF高×10

(5) 计算调整后的功能点

"未调整的功能点数"还不能完整表现出系统的全部基本特征,功能点方法通

过14项系统基本特征进行调整，得到“已调整的功能点数”。14项系统基本特征包括数据通信、分布式数据处理、性能、重度配置、处理速率、在线数据输入、最终客户使用效率、在线升级、复杂处理、可复用性、易安装性、易操作性、多场所、支持变更。

每项系统基本特征的影响程度(DI)的取值范围都是0～5。其中，0表示不考虑此特性或者对系统功能没有影响；1表示偶尔对系统特性有影响；2表示有一定的影响；3表示有比较多的影响；4表示有很重要的影响；5表示自始至终都有很强的影响。

14项系统基本特征值相加就得到总影响程度(TDI)。值调整因子(VAF)及已调整功能点数的计算方法如下：

$$VAF=(TDI\times 0.01)+0.65$$

$$已调整功能点数=VAF\times 未调整功能点数$$

(6) 根据功能点数进行软件规模测算

根据开发人员每月可开发的功能点数以及当地的工资水平以及其他成本支出，即可计算出软件的规模及开发成本(或投资)。

二、功能点法在某BOSS系统中的应用

上面简单介绍了功能点法的相关概念和计算方法，下面运用功能点法估算某省移动运营商BOSS计费子系统建设的软件开发规模与成本。

(1) 将软件功能清单中列举的功能划入EI、EQ、EO、ILF、EIF中

划分结果如表18-1所示。

表18-1　系统中各类要素数目

外部输入处理	外部查询处理	外部输出处理	内部逻辑文件	外部参照文件
4	4	4	1	0

(2) 根据功能描述，大致确定各要素的复杂程度

(3) 确定处理和文件的功能点权值

(4) 未调整的功能点的计算

步骤(2)、步骤(3)和步骤(4)结果如表18-2所示。

表18-2　未调整的功能点计算结果

要素	复杂度	数量	复杂度权值	未调整的功能点	未调整的功能点的汇总
外部输入处理(EI)	高	0	6	0	53
	中	0	4	0	
	低	4	3	12	
外部查询处理(EQ)	高	2	6	12	
	中	0	4	0	
	低	2	3	6	

续表

要素	复杂度	数量	复杂度权值	未调整的功能点	未调整的功能点的汇总
外部输出处理(EO)	高	0	7	0	53
	中	0	5	0	
	低	4	4	16	
内部逻辑文件(ILF)	高	0	15	0	
	中	0	10	0	
	低	1	7	7	
外部参照文件(EIF)	高	0	10	0	
	中	0	7	0	
	低	0	5	0	

(5) 计算调整后的功能点

对于功能点的调整是以系统的 14 项基本特征为基础的,而且每个特征都有相关的定义、规则和指南。因此,在操作时以该 14 项基本特征为依据,利用具有业内通用的评分标准为每项基本特征赋予唯一的值——影响程度,同时,为了各项基本特征的具体得分情况,可采用多专家同时打分的方法对 14 项基本特征进行打分,以取得更加合理的标准。表 18-3 为通过 Delphi 法测得的评分结果。

表 18-3　各项调整因素评分结果

基本特征	评分	基本特征	评分	基本特征	评分	基本特征	评分
分布式数据处理	4	在线数据输入	2	最终客户使用效率	4	可复用性	3
数据通信	3	处理速率	3	在线升级	3	易安装性	3
性能	2	重度配置	3	复杂处理	3	易操作性	3
多场所	3	支持变更	2				

则调整系数为:

$$TDI=4+4+2+3+3+3+3+3+2+3+3+3+3+2=41$$

$$VAF=(TDI\times 0.01)+0.65=0.41+0.65=1.06$$

$$已调整功能点数=VAF\times 未调整功能点数=1.06\times 53=56.18$$

(6) 根据功能点进行软件投资规模测算

根据美国 SPR 的研究结果,不同规模的项目其生产率水平相差很远。由于文档编写量和通信协调的影响,普遍地,越大的项目生产率水平越低。即小项目的每人月实现功能点数比大项目高。其中,1 000 个功能点的项目,每人月实现的平均功能点数为 5.5 个。

根据 SPR 对各国软件开发工作时数的研究,对于同等水平的开发人员,中国每人月实现的平均功能点数应高于 5.5 个。各国功能点数实现数量统计如表 18-4 所示。

表 18-4　各国功能点数实现数量统计

国家	每年工作日	每天工作小时	每天超时工作	每年工作小时
日本	260	9	2.5	2 990
中国	260	9	1.5	2 730
印度	245	8.5	2	2 573
美国	239	8	1	2 151

同时结合当地的工资水平与企业管理水平，将各项开发成本与管理成本折合到每名开发人员，每月平均开销约为 9 600～18 000 元。

根据上述功能点数与人力成本，可得 BOSS 系统的投资规模：

① BOSS 系统每人月实现的功能点数为 5.5 个；

② BOSS 系统每人月软件开发成本费为 18 000 元。

那么

① 总人月数＝56.18/5.5＝10.214；

② 总开发费＝18 000×10.214＝183 861.8 元。

由相关数据可知，BOSS 计费子系统软件开发费用约为 21.26 万元。

在功能点法的应用中还应注意，功能点测算仍然受以下因素的影响：适当的利润空间；政府对软件行业的扶持；最终客户计算机应用水平偏低；纯商业运作的结果；招投标采购（竞争）；购买中间件产品导致的工作量转嫁；测试不充分导致的工作量转嫁。其中，前四项导致开发费用上升，而后三项则导致开发费用下降。可根据功能点测算，结合实际情况，对功能点结算金额进行适度调整。

思考题

1. 什么是 IT 项目？与传统的项目相比，它有哪些特点？
2. 为什么说 IT 项目的风险性更大？
3. 什么是 IT 项目管理？具体有哪些体系框架？相互间的区别主要有哪些？
4. IT 项目管理的模式有哪些？选择不同模式的原则是什么？
5. 与一般项目相比，IT 项目的生命周期具有哪些特殊性？
6. 实际工作中，具体有哪些软件项目开发模型？模型的特点有哪些？
7. 软件能力成熟度模型有哪些？每类模型的特性是什么？
8. 如何评价软件产品质量？
9. 电信企业 IT 项目管理中的问题有哪些？电信企业如何进行 IT 项目管理？

第十九章　电信企业IT服务管理

融合和国际化运营是当今世界电信业所面临的两大趋势，如何加强企业对平台运营、业务运营起到支撑作用的组织流程、内部服务体系和外部服务价值，优化组织内部结构，减少组织内耗，提高经营效益，成为国内电信运营企业面临的重大问题。基于电信企业的特殊性质，即其既对全社会提供通信和IT服务，自身内部又运营着庞大的IT支撑系统，使得近年来崛起的ITSM恰好提供了解决问题的思路。

本章中我们将就ITSM的相关理论及其最佳实践——ITIL进行介绍和探讨。

第一节　IT服务管理概述

一、IT服务管理产生的背景

伴随着信息技术的进一步发展，传统的偏重于技术的IT管理已经不能适应企业发展的需要。于是，IT管理在20世纪80年代中期向IT服务管理（ITSM）阶段过渡，ITSM最初起源于ITIL（IT Infrastructure Library，IT基础设施库）。

回溯ITSM的成长史，有一条很清晰的主线贯穿其中：管理。这个管理，不仅是对IT基础设施的管理，更是对人的管理，或者说是业务流程的再造。在这一点上，它和ERP有颇多相似之处，因此有人称之为"IT部门的ERP系统"。

同时，ITSM不同于传统IT管理的最重要的特征在于：ITSM强调IT和业务需求的有效融合同时注重IT投入的成本和效益。从组织层面上来看，它将企业的IT部门从成本中心转化为服务中心和利润中心；从具体IT运作层面上来看，它不是传统的以职能为中心的IT管理方式，而是以流程为中心，从复杂的IT管理活动中梳理出那些核心的流程，将这些流程规范化、标准化，明确定义各个流程的目标和范围、成本和效益、运作步骤、关键成功因素和绩效指标、有关人员的责权利，以及各个流程之间的关系。

二、IT服务管理的基本概念和内涵

1. ITSM的定义

IT服务管理的定义众说纷纭，ITIL将其定义为"管理IT服务，以满足客户的需

求”。国际权威组织IT服务管理论坛(ITSMF)认为ITSM是一种以客户为中心的基于流程的方法,通过整合组织业务和IT服务,提高组织IT服务的提供和支持能力及水平。权威IT研究机构Gartner将其定义为“一系列通过SLA(服务水平协议)来确保IT服务质量的互相协作的流程,涉及系统管理、网络管理、开发管理等管理活动,并且融合了包括变更管理、资产管理、文体管理等众多流程在内的管理理论和实践”。

可以看出,虽然ITSM的定义各不相同,但都同时强调了服务能力和满足需求这两点。

2. ITSM的核心思想和要素

ITSM的核心思想是:IT组织,无论它是企业内部的还是外部的,都是IT服务提供者,其主要工作就是提供低成本、高质量的IT服务。ITSM是以业务流程为核心,本质上是对IT部门为业务部门提供服务的流程再造,实现面向服务及业务的管理。

ITSM强调流程、人员和技术三大要素的有机结合,技术保证服务的质量和效率,标准流程负责监控IT服务的运行状况,人员素质则关系到服务质量的高低。由于国内的信息化仍处于起步阶段,以往更多关注的是技术问题,因此今后在ITSM实施过程中不仅要部署相应的管理工具,同时更要根据企业的具体情况制订人员的岗位职责、设计日常工作流程以及突发事件和问题管理流程等。

3. ITSM的基本原理

ITSM的基本原理可简单地用“二次转换”来概括:第一次是“梳理”,第二次是“打包”,如图19-1所示。

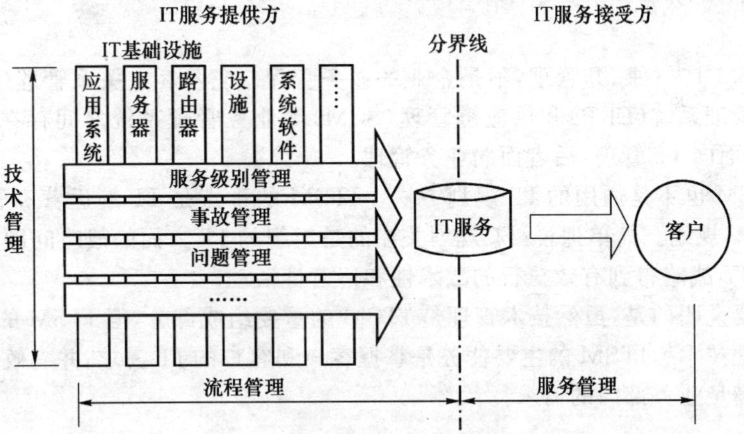

图19-1 ITSM的基本原理

首先,将纵向的各种技术管理工作(这是传统IT管理的重点),如服务器管理、网络管理和系统软件管理等进行梳理,形成典型的流程,比如ITIL中的10个流程,这是第一次转换。流程主要是IT服务提供方内部使用的,客户对它们并不感兴趣,因此仅有这些流程并不能保证服务质量或客户满意。还需将这些流程按需“打包”成特定的 IT 服务，然后提供给客户，这是第二次转换。第一次转换将技术管理转化为流程管理，第二次转换将流程管理转化为服务管理。

之所以要进行这样的转换，有多方面的原因。从客户的角度说，IT 只是其运营业务流程的一种手段而不是目的，需要的是 IT 所实现的功能，客户没有必要也不可能对 IT 有太多的了解，它和 IT 部门之间的交流，应该使用“商业语言”，而不是“技术语言”，因此要求 IT 技术对客户应该是透明的。为此，我们需要提供 IT 服务。为了灵活、及时和有效地提供这些 IT 服务，并保证服务质量、准确计算有关成本，服务提供商就必须事先对服务进行一定程度上的分类和“固化”。流程管理是满足这些要求的一种比较理想的方式。

4. ITSM 的特点

实践证明，ITSM 有以下三个特点。

- 共性——ITSM 是一种基于 ITIL 标准的信息化建设的国际管理规范。ITIL 体系提供了“通用的语言”，为从事 ITSM 的相关人员提供了相同的模式、方法和术语。
- 中立——ITSM 为 IT 管理提供了实施框架，这样可以让客户不会受制于任何单独的服务提供商。
- 实用——ITSM 是一种以流程为导向、以客户为中心的方法，在兼顾理论和学术的同时，非常注重实用和灵活性。

由于这些显著的特点，ITSM 迅速发展起来，在企业中得到了广泛的应用。

三、IT 服务管理的范围和内容

ITSM 是一种 IT 管理，不是企业的业务管理。它与客户关系管理(CRM)、企业资源管理系统(ERP)和供应链管理(SCM)等业务管理系统之间存在明显的界限：前者面向 IT 管理，后者面向业务管理。

ITSM 也不是通用的 IT 规划方法。ITSM 的重点是 IT 的运营和管理，不是 IT 的战略规划。简单地说，IT 规划关注的是组织的 IT 方面的战略问题，而 ITSM 是确保 IT 战略得到有效执行的战术性和运营性活动。

需要说明的是，虽然技术管理是 ITSM 的重要组成部分，但 ITSM 的主要目标不是管理技术。ITSM 的主要任务是掌握客户和客户的 IT 需求，并有效地利用 IT 资源以满足业务部门的需求。

四、IT 服务管理的价值

作为 IT 管理的“ERP 解决方案”，ITSM 为企业、企业员工及其他利益相关者提供了多方面的价值，可以将这些价值归纳为商业价值、财务价值、内部价值和创新价值。

商业价值：IT 在商业中扮演着越来越重要的角色，通过实施 ITSM，可以获取多方面的商业价值，比如，确保 IT 流程支撑业务流程，整体上提高业务运营的质量；通过事故管理流程、变更管理流程和服务台等提供了更可靠的业务支持；提高了客户和业务人员的生产率；提供更加及时有效的业务持续性服务；客户和 IT 服务提供者之间建立更加融洽的工作关系以及提高了客户满意度等。

财务价值：ITSM 使企业在财务上直接受益，例如，降低了实施变更的成本；当软件或硬件不再使用时，可以及时取消对其的维护合同；“量体裁衣”的能力，即根据实际需要提供适当的能力，如磁盘容量；恰当的服务持续性费用。

内部价值：ITSM 使企业服务人员多方面受益，例如，IT 人员更加清楚了解对他们的期望，并有合适的流程和相应的培训以确保他们能够实现这些期望；提高 IT 人员的生产率；提高了 IT 人员的士气和工作满意度等。

创新价值：ITSM 提供的创新价值包括 IT 服务提供方更清楚地理解客户的需求，确保 IT 服务有效支撑业务流程；更多地了解当前提供的 IT 服务的有关信息；改进 IT 支持，使业务部门能够更加灵活地使用 IT；提高了服务的灵活性和可适应性；提高了预知未来发展趋势的能力等。

第二节 IT 服务管理的最佳实践——ITIL

一、ITIL 的基本概念

20 世纪 80 年代中期，英国政府发现 IT 服务质量普遍不理想，甚至提供给其自身的 IT 服务质量也很差，于是就责成其下属机构——计算机和电信局(CCTA)(后来并入英国政府商务部，即 OGC)启动一个项目对此进行调查，并开发一套有效的可进行财务计量的 IT 资源使用方法以供本国的政府和企业使用。这个项目的最终成果是一套公开出版的 IT 管理指南，即 ITIL。ITIL 的目的是提供一套独立于厂商并且可适用于不同规模、不同技术和业务需求的有效的 IT 服务管理方法。

自从 ITIL 问世以来，已经经历了三个主要的版本。

(1) 1986—2001 年，原始版。主要是基于职能型的实践，开发了四十多卷图书。

(2) 2001—2006 年，ITIL2.0 版。主要是基于流程型的实践，共有十本图书，包含七个体系：服务支持、服务提供、服务管理规划与实施、应用管理、安全管理、基础架构管理及 ITIL 的业务前景。它已经成为了 IT 服务管理领域全球广泛认可的最佳实践框架。

(3) 2007 年，ITIL3.0 版。基于服务生命周期的 ITIL3.0 整合了 1.0 和 2.0 的精华，并融入了 IT 服务管理领域当前的最佳实践。

从 ITIL 的发展历程不难看出，随着 IT 服务管理领域的实践和不断发展，ITIL 也在不断地发展和完善，以适应实践的不断变化。

由于ITIL3.0刚刚推出，很多内容仍处于研究和实践之中，因此在本篇中阐述的有关ITIL的知识主要以ITIL2.0为主，仅对ITIL3.0进行简单的介绍。

二、ITIL的主要内容

ITIL的主体框架包括八个主要模块：业务管理(Business Perspective)、服务管理(Service Management)、ICT基础架构管理(ICT Infrastructure Management)、IT服务管理实施规划(Planning to Implement Service Management)、应用管理(Application Management)和安全管理(Security Management)。其中服务管理是其最核心的模块，该模块包括：面向IT基础设施管理的服务支持(Service Support)和面向业务管理的服务提供(Service Delivery)两个流程组。

服务管理模块包括了十个核心流程以及一项IT服务管理职能，这十个核心流程是从复杂的IT管理活动中梳理出来的最佳实践企业所共有的关键流程，然后将这些流程规范化、标准化，具体如图19-2所示。

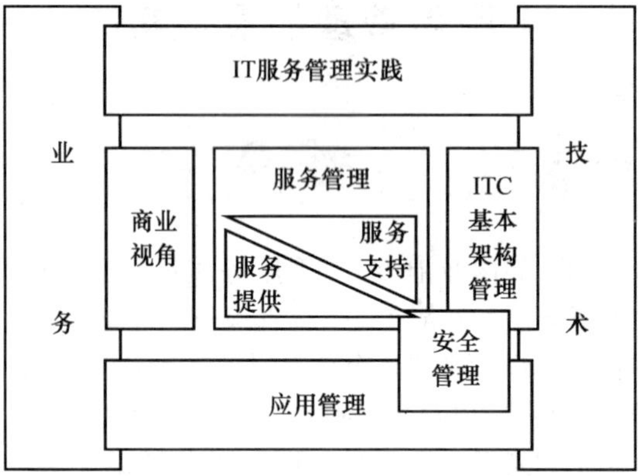

图19-2 ITIL的架构模型

服务支持和服务提供作为ITIL的核心内容共包括十一个流程，如表19-1所示。

表19-1 ITIL工作流程

服务支持	服务提供
服务台	
事故管理	服务级别管理
问题管理	成本管理
配置管理	持续性管理
变更管理	可用性管理
发布管理	容量管理

其中,服务支持流程主要面向终端客户,负责确保 IT 服务的稳定性和灵活性,用于确保终端客户得到适当的服务,以支持组织的业务功能。IT 服务提供流程主要面向付费的机构和个人客户,负责为客户提供高质量、低成本的 IT 服务。

三、ITIL 的基本特点

ITIL 作为一种有效的 IT 服务管理方法,特点如下。

公共框架:ITIL 由世界范围内的有关专家共同开发,它可由世界上任何组织免费使用以及利用 ITIL 开展有关业务。

最佳实践框架:ITIL 是根据实践而不是基于理论开发的,OGC 收集和分析各种组织解决服务管理问题方面的信息,找出那些对本部门和在英国政府部门中的客户有益的做法,最终形成了 ITIL。

事实上的国际标准:虽然 ITIL 当初只是为英国政府开发的,但鉴于其获得的卓越成就,它在 20 世纪 90 年代初期在欧洲其他国家和地区得以迅速推广和流行。目前,ITIL 已经成为世界 IT 服务管理领域事实上的标准。

质量管理方法和标准:ITIL 内含质量管理的思想。组织在运用 ITIL 提供的流程和最佳实践进行内部的 IT 服务管理时,不仅可以提供客户满意的服务从而改善客户体验,还可以确保这个过程符合成本效益原则。

四、ITIL 的实践及其发展

自 20 世纪 80 年代中期英国商务部提出 ITIL 以来,ITIL 作为 IT 服务管理事实上的国际标准已经得到了全球几乎所有 IT 巨头的全力支持。IBM、惠普、微软、CA 等著名跨国公司作为 ITIL 的积极倡导者,基于 ITIL 分别推出了实施 IT 服务管理的软件和实施方案。ITIL 在欧洲、北美、澳洲已得到广泛应用,全球 1 万多家在各行业处于领先地位的著名企业给我们带来了众多实施 ITIL 的成功案例,通过实施 ITIL 大大改进了企业 IT 服务的质量,促进了 IT 与业务的融合,带来了 ITIL 在全球的迅猛发展。

自 ITIL 于 1999 年被引入中国以来,也得到了长足的进步。由于 ITIL 项目的实施需要结合流程、人员和技术三大要素,一旦实施 ITIL 建设,企业要付出的不仅仅是 ITIL 的建设资金,还有时间、人员、管理等多方面的大量资源。同时由于缺少成功案例的"现身说法",中国企业对实施 IT 服务管理显得信心不足。国内已经实施 IT 服务管理(或部分最佳实践)的公司或机构主要集中在政府部门、金融、电信行业等。

由于电信企业内部分布着多个 IT 系统,而且最初进行 IT 项目建设时缺乏统一的规划，建设的随意性较大，因此目前普遍遇到了整合的困难。IT 系统基本采取“谁建设、谁管理”的方式进行运维，IT 部门平时会出现充当“救火队”的情况，虽然有一些规章制度，但是很难在相关部门得以推广和执行。而在 ITIL 的初步使用过程中，电信企业往往是建立起流程中最核心的部分，逐渐产生效果后，再增加其他的内容，达到“最佳实践”仍有较长的一段路要走。

五、ISO/IEC 20000

2005 年 12 月，英国标准协会的 IT 服务管理标准 BS15000 正式发布成为 ISO 国际标准：ISO20000，也称为 ISO/IEC 20000。ITIL 从 20 世纪 80 年代的 IT 服务管理最佳实践的萌芽状态，到 2000 年成为英国标准协会的 IT 服务管理标准 BS15000，再到 2005 年 5 月 17 日通过快速通道成为 ISO 国际标准家族中的一员，ITIL 最终修成“正果”，成为国际标准，被国际广泛接受。

ISO/IEC 20000 标准由 ISO/IEC 20000-1：2005《IT 服务管理规范》和 ISO/IEC 20000-2：2005《IT 服务管理最佳实践》两部分构成，与 BS15000 的整体框架相似，与 ITIL 的框架则略有差距。整体来说，ITIL 包含 10 个管理流程与 1 个服务台，ISO/IEC 20000 则包含 13 个管理流程，其中新增业务关系管理（Business Management）与供货商管理（Supplier Management），但对于 ITIL 来说，这些已经同时包含在服务等级管理（Service Level Management）之中；另外，ISO/IEC 20000 新增的服务报告（Service Reporting），事实上也涵盖在 ITIL 的每个管理流程当中。

ISO/IEC 20000 能使组织了解如何从内部和外部改进其服务质量，它整合了 ISO 管理体系标准基于流程导向的方法（即 PDCA），如 ISO 9001：2000 和 ISO 14001：2004 等，包括规划（Plan）—执行（Do）—检查（Check）—行动（Act）的循环和持续改善方法论。ISO/IEC 20000 的执行是以主动预防性方式，确保提供高水平的客户服务来满足业务需求。这些服务管理流程在协定的资源水平内尽可能地提供最好的服务来满足客户的业务需求，例如服务的专业性、成本的有效性，以及被理解和全面执行的风险性。

ISO/IEC 20000 促进了组织采用流程整合的方法，有效地交付管理服务以满足业务和客户的需求。对于期望高效执行 IT 服务管理的组织而言，需要识别并管理大量的相关活动。服务管理流程的整合实施，为持续控制和改善 IT 服务提供了可能。

ISO/IEC 20000 系列对流程的最佳实践进行了总结，还描述了 IT 服务管理流程质量标准，可适用于不同规模、类型和结构的组织。这些服务管理流程为组织在一定环境中开展业务提供了最佳实践指南，包括提供专业服务、降低成本、调查和控制风险。

讨论:ITIL 的最新发展——ITIL3.0

在ITIL2.0发布时隔六年后,ITIL的最新版本3.0在2007年5月30日正式发布。在过去的六年中,IT技术的快速发展和变化给IT服务管理带来了非常丰富的实践和挑战,而正是这些实践的积累和应对挑战的需求推动了ITIL最新版本的诞生。

相对于2.0,ITIL3.0到底有哪些变化呢?如图19-3所示。

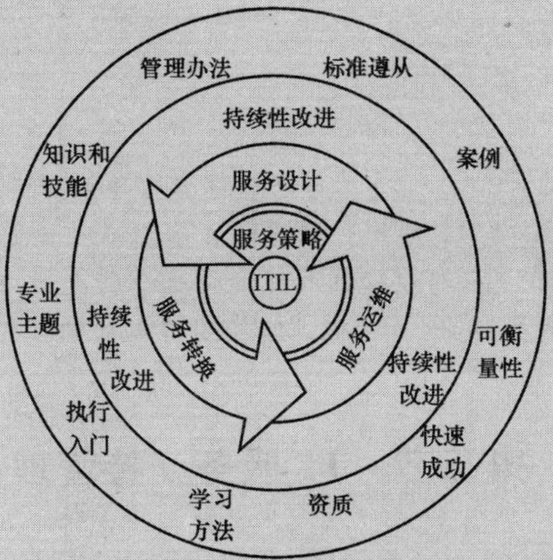

图19-3 ITIL3.0框架图

(1) 面向服务的框架

ITIL3.0的最大变化是改变了看问题的角度。ITIL2.0版更多的是从功能和功能操作、流程等角度出发,而3.0则从IT为企业业务服务的角度出发,服务于企业IT管理的完整流程。ITIL3.0框架主要包括两大部分内容:

- 核心部分,涉及IT服务管理的五个方面(服务策略、服务设计、服务转换、服务运维和持续的服务改进);
- 相关的主题帮助、术语对照表以及流程图等。

(2) IT服务管理生命周期

ITIL3.0引入了生命周期的概念。它通过PDCA模型,持续不断地循环改进IT服务,保证了ITIL持续的生命活力。由于IT生命周期的建立,企业可以全面了解某个功能将如何影响业务,并能够设计自己的IT服务管理模式。

(3) 业务服务管理(BSM)

业务服务管理并不是一个新概念,不同之处在于,它在ITIL3.0中被定义为IT服务策略,用来表明IT与业务的关联度,帮助客户使业务与IT建立起关联,并成为ITIL3.0的核心内容。

(4) 配置管理系统

在ITIL3.0中,CMDB(配置管理数据库)不仅作为中央数据库连接各个数据库,同时提供一个平台供客户根据业务需要进行配置。

(5) 其他变化

在ITIL3.0中纳入了知识管理的内容,知识库的建立与积累能够使IT的知识资产得到增强,并提高服务效率和质量。除了知识管理外,ITIL 3.0还提供了丰富的新资源,引入了很多行业案例,还包括一些具体实施方案以及专门针对中小型企业的实施方法,以帮助企业实施IT服务管理。此外,针对绿色IT和大量虚拟化技术应用的需求,ITIL3.0也提出了相应的节约能耗和实现管理虚拟化的方法。

在ITIL3.0里面还加入了和业界其他标准的接口,如软件开发标准CMMI、目前非常热门的COBIT(IT治理控制框架)、6σ绩效考核管理办法和PMP项目管理方法等。ITIL和这些标准之间可能会存在一些重叠,包括在实施相关项目的时候互有交叉和整合,在ITIL3.0里面都有详细的介绍。

第三节 IT服务支持管理

一、IT服务支持管理模型

IT服务支持(ITSM)主要关注IT基础设施的日常服务支持,它提供了以下几个基本的相关管理流程:服务台、突发事故管理、配置管理、问题管理、变更管理和发布管理,如图19-4所示。

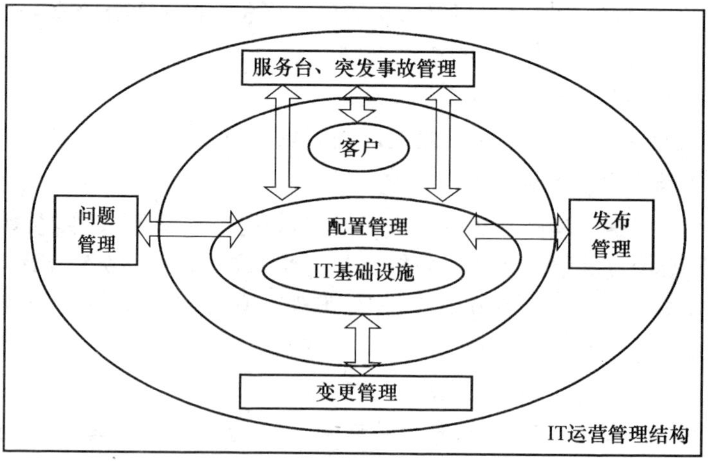

图19-4 IT服务支持管理示意图

所有来自终端客户的服务需求将由服务台负责接受，服务台进行一线解决，并向终端客户提供相关信息。服务台不能解决的突发事件，将通过问题管理进一步诊断。如果服务管理需要进一步变更，变更管理将用以确保变更不会对现有服务产生不良影响。变更管理将由发布管理控制，所有管理流程都由配置管理提供支持，以上所有流程的数据都将存储在整合的配置数据库中。IT 服务支持管理过程如图 19-5 所示。

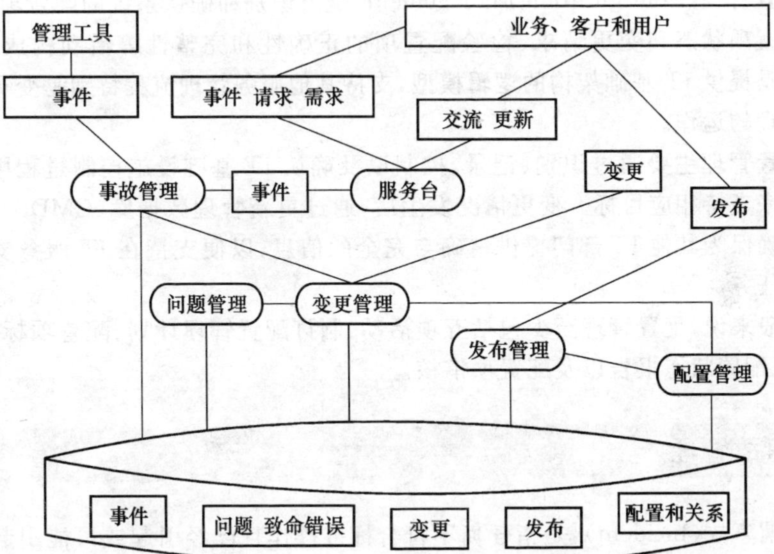

图 19-5　IT 服务支持管理过程模型

二、IT 服务台

服务台(Service Desk)是一项管理职能而不是一个管理流程。它作为 IT 服务提供方与 IT 服务客户和客户之间的统一联系点。当客户提出服务请求或报告事件或问题时负责记录这些请求、事件和问题，尽量解决它们，在不能解决时可以转交给相应的支持小组并负责协调各小组和客户的交互。

服务台结构有多种选择，常见的方式包括：集中式服务台，作为所有客户的单一联系点；分布式服务台，在每个不同地区建立自己的子服务台。这种服务台是在 ITSM 起始阶段存在的一种形式；虚拟式服务台，指利用呼叫自动转移技术等现代信息和通信技术实现全球或地区统一服务电话，从而和客户保持单点联系的一种特殊的分布式服务台构建模式。

服务台促进了 IT 组织业务流程与服务管理基础架构的集成，主要包含以下职能：响应客户的请求，尝试解决或者将其指派给合适的人加以解决，满足服务级别协议；根据服务级别协议的规定监控突发事件并进行事件处理的升级管理；根据实际情况，就服务级别协议的任何变动及时与客户进行沟通；协调二线人员和第三方支持组织；安排客户的培训和教育计划。

三、配置管理

配置管理（Configuration Management）是由识别和确认系统的配置项、记录和报告配置项状态和变更请求、检验配置项的正确性和完整性等活动构成的过程。其目的是提供 IT 基础架构的逻辑模型，支持其他服务管理流程特别是变更管理和发布管理的运作。

配置管理主要通过识别、记录、控制以及确认 IT 基础设施控制过程中的所有配置项来支持相应目标。变更情况发生后，通过更新管理数据库（CMDB），配置管理可以确保为其他 IT 部门提供精确与完全的信息，以便支持在 IT 服务支持与提供中的任务。

一般来说，配置管理至少包括五项活动：制订配置管理计划、配置项标识、配置项控制、配置状态报告以及配置项审核。

四、事故管理

所谓事故（Incident），是指任何不符合标准操作且已经引起或可能引起服务中断和服务质量下降的事件。事故处理的目标为在最短时间内还原正常 IT 服务，将客户损失缩减至最小。

事故管理（Incident Management）的活动一般由事故管理小组进行控制和处理。事故管理是支持的第一个层级，它的主要活动包括八个方面：检测和记录、对事故进行分类并提供一线支持、根据影响程度与紧急程度排定优先级、调查与诊断、解决事故与恢复服务、关闭事故、事故处理过程的跟踪与监督以及管理信息。

总体来说，事故管理对客户和客户而言，一是减少了事故对业务的影响，提高了效率；二是化被动为主动，改进了业务系统；三是获得更多有用的管理信息，加强了管理。而对 IT 部门而言，既提高了绩效评价的准确性、有关服务质量的信息的质量，又提高了服务人员的工作效率、避免了误将某些情形当成事故，最终提高了客户满意度。

五、问题管理

问题管理（Problem Management）是指负责解决 IT 服务运营过程中遇到的所有问题的流程。问题是导致一起或多起事件的潜在原因，事故管理只是强调快速，仅仅是“治标”，而事件发生的根源，还须进一步深入分析，才能对症下药，达到“治本”的目的。

问题管理的宗旨在于找到问题的源头，积极地防止事件的再次发生。它的主要任务包括分析事件找出问题、分派问题、确定根本原因、找出解决方案，以消除事件或在其发生时降低对客户或业务的影响。问题管理包含三个核心处理过程：问题控制过程、已知错误控制过程以及问题防范过程。

六、变更管理

为了支持企业更快速地迎接挑战，IT 必须要更频繁地更改其架构，或是推出新服务，但是“变更”往往会带来风险，轻则影响效能，重则造成整个 IT 服务的停滞。“变更管理”(Change Management)的目的即在“时间”与“风险”间取得平衡，取得完整信息及获得相关专业人员的认可，尽量降低风险；通过明确而有效率的沟通机制，加快变更确认的进程，不至于由于层层关卡，延误了变更的时机。

变更管理主要包括接受变更请求(RFC)、分类及划分优先级、变更确认和实施变更等四个重要活动。以 RFC 为基础，经过记录和筛选并接受 RFC 后，对 RFC 进行分类划分优先级，确定实施 RFC 所需要的资源并制订变更进度安排，实施变更并在实施完成后评审 RFC 的实施，形成变更管理报告等管理信息。

七、发布管理

发布管理(Release Management)是指一组经过测试后导入实际运作环境的新增的或经过改动的配置项。目的是为了保证发布的成功，主要应用于大型的或关键硬件、主要软件及打包或批处理一组变更。

发布管理活动的实施应当在变更管理流程的控制下进行，几乎贯穿变更管理的整个过程。发布管理的主要活动包含了规划、设计、构建、配置设定及测试等活动，具体包括制订发布策略及规划；详细制订发布计划；设计、构建及配置发布；发布验收规格；制订首次运行计划；沟通协调、发布前准备以及教育培训；正式发布、软件分发及安装；管理信息。

第四节 IT 服务提供管理

一、IT 服务提供管理模型

IT 服务提供管理负责为“客户”提供高质量、低成本的 IT 服务，与组织每年的周期和每年持续的评估信息有关，包括服务水平管理、可用性管理、能力管理、IT服务持续性管理以及IT服务财务管理五个部分，如图19-6所示。

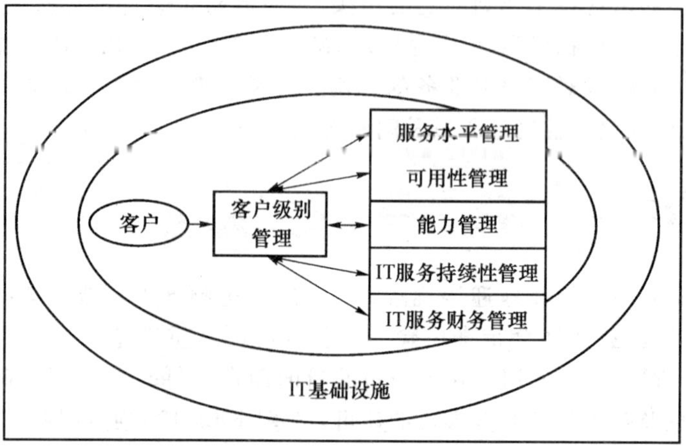

图19-6　IT服务提供管理组成示意图

要提供高质量的IT服务，建立评估IT服务的标准是至关重要的。服务水平管理通过建立服务水平协议提供了管理顾客需求和评价IT服务质量的机制。服务水平协议一旦形成，持续的检测系统将被运用来保证有关协议的各个部门都达到协议的要求。服务级别管理和其他四个功能共同运作来保证IT服务的质量：IT服务财务管理用来决定和控制提供IT服务所需要的成本；能力管理用来保证充足的IT基础设施，而不是过多的IT基础设施，即提供与服务级别相应的IT服务能力；IT服务持续性管理用来控制和减少IT服务的风险；IT可用性管理用来保证当客户需要时，能够提供相应的IT服务。IT服务提供管理的过程如图19-7所示。

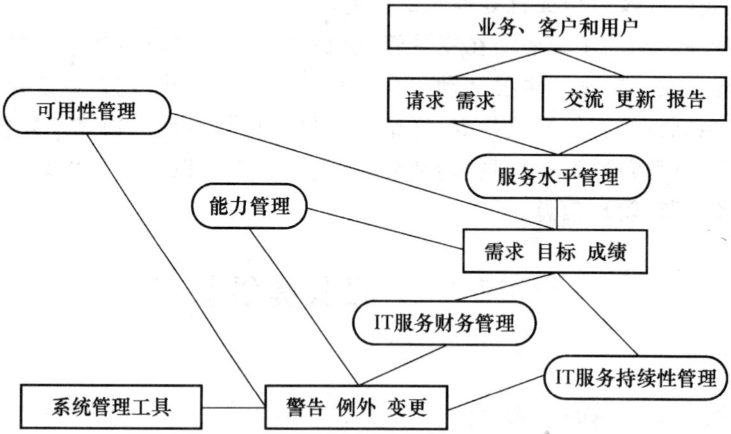

图19-7　IT服务提供管理过程模型

二、服务水平管理

1. 服务水平协议

服务水平协议(Service Level Agreement,SLA)是一种由服务提供者与客户共同签署的法律文件或书面协议,它是服务提供者承诺向客户提供与其支付费用相对应的服务性能和可靠性保证。它是客户和服务提供者之间的桥梁。一个 SLA 由多个 SLO(Service Level Object,服务水平对象)组成,每个 SLO 包括一个或者多个服务部件的性能参数。SLA 根据各个企业所处环境的不同包含的项目也有所不同,但服务项目和水平是 SLA 最基本的组成要素。而且,SLA 并非一成不变,而是能够随时不断调整,这种灵活性能够保证在服务水平管理的实施中获得成功。

2. 服务水平管理

服务水平管理(Service Level Management)是指企业在可以接受的成本条件下,就 IT 服务的质量所做出的包括谈判、定义、评估、管理、改进等在内的一系列管理活动。服务水平管理包括定义、匹配、存档和管理客户要求的各个水平的服务。这些服务水平受到服务成本的约束。

服务水平管理是非常必要的。组织需要利用 IT 服务来支持业务的发展,而 IT 服务则需要 SLM 来保证其服务有效:SLM 能够定义 IT 服务的水平,建立服务水平监督体系,来保证服务达到规定的水平等级,即使服务失败,也可以正确分析原因,帮助公司做出正确的应对决策。

最主要的是,服务水平管理建立了一个管理框架来约束服务提供者和顾客,这样可以增强对客户业务的理解,使工作量和服务特性能够及时做出合理的改变,同时为与顾客进行建设性的对话提供条件,这些都是 IT 服务良好质量的保证。

服务水平管理的管理过程是一个动态的循环的过程,也就是说在 SLM 的实施过程中,服务质量将得到螺旋式上升,在 SLM 管理过程中需要涉及 SC(Service Catalogue,服务目录)、SLA、OLA(Operational Level Agreement,操作级别协议)和 UC(Underpinning Contract,支持协议)等关键管理要素。

三、可用性管理

可用性管理(Availability Management)是通过分析客户和业务方的可用性需求并据以优化和设计 IT 基础架构的可用性,从而确保以合理的成本满足不断增长的可用性需求的管理流程。可用性管理是一个前瞻性的管理流程,它通过对业务和客户可用性需求的定位,使得 IT 服务的设计建立在真实需求的基础上,从而避免 IT 服务运作中采用了过度的可用性级别,节约了 IT 服务的运作成本。

目前IT服务的可用性和性能管理尚处于较为落后的阶段。究其根源，从人(组织)、流程，技术(管理工具)三个方面来看，主要有以下两个方面的原因：

(1) IT组织因为传统的面向技术、单纯注重技术而忽略了可用性管理；

(2) 可用性和性能管理在IT服务管理流程上往往是亡羊补牢，没有起到应有的作用。

由于一些传统的或现实的因素，对于IT系统的管理缺乏有效的事先规划，IT部门和业务经理在选择和实施业务应用系统时往往不考虑其可管理性；而由于缺乏前瞻性，IT管理员往往被迫花很多的时间处理故障和突发事件，却没有人或不愿花时间主动地对系统警告进行预防性的系统运行状况分析。由于忽略了或未曾发现这些早期的IT运营警告信号，IT故障问题往往会被拖延到重要的系统应用、服务中断时才被解决，造成了高昂的管理成本，并使得绝大多数的运维都成为了一次次的“消防灭火”。

在很多企业的IT部门中，因为缺乏良好的ITSM流程，可用性和性能监控管理被一定程度上忽略了。而即使是系统看上去可用，糟糕的系统性能对业务的不良影响也是不可低估的，并造成了企业IT投资的浪费。所有这些都要求立刻采取相应的变革，包括电信企业在内的部分企业均已认识到上述问题，并已着手加以改进。

四、能力管理

能力管理(Capacity Management)致力于在合适的时间，花合适的代价，以较高的性能价格比，使IT能力能够满足当前及将来的业务需求，为客户提供符合服务水平协议定义的连续一致的IT服务。能力管理不仅涉及CPU处理能力、存储容量及吞吐率、网络带宽，外部设备等软硬件性能，还包括IT服务能力、人力资源的提供等多个方面。

能力管理是IT服务战术管理中的一个重要组成部分，是衡量IT服务质量的一个重要指标。其主要关注的问题有：现有服务能力是否满足业务的需求并有一定的扩展余地以适应将来的业务发展；获得相应服务能力的成本是否合适；现有的能力是否被充分地利用。

能力管理时刻要考虑两个平衡，其一是花费的成本与提供的能力的平衡，其二是供与需的平衡。做到这两个平衡则能保证以一定的代价获得的能力既满足了业务需求又不至于浪费。能力管理通过能力计划、性能管理、需求管理、负载管理等多种方式达到IT资源利用率的优化。成功的能力管理可以做到既降低IT服务的成本，同时又提高客户满意度。

能力管理成功的关键因素包括：对业务的洞察力、对技术架构的理解、对成本预算和控制的能力、与其他IT服务管理流程结合。IT能力管理的计划和实现，使能力与业务需求紧密结合。

五、IT 服务可持续性管理

IT 服务可持续性管理(IT Service Continuity Management)是指发生灾难后有足够的技术、财务和管理资源来确保 IT 服务持续性的管理流程。IT 服务可持续性管理关注的焦点是在发生服务故障后仍然能够提供预定水平的 IT 服务从而支持组织的业务持续运作的能力。因此,IT 服务持续性管理必须立足于组织的业务持续性管理。业务可持续管理关心的是对业务发展依靠的所有服务的可持续性管理,主要包括两方面的管理内容:一方面是指确保企业能够持续运作的基础上,将风险降低至最小的合理水平;另一方面是指在业务发生中断后进行恢复的管理过程。因此,可以说,IT 服务可持续性管理是业务可持续管理的一部分。

IT 服务管理主要负责的工作包括:评估在一次灾难发生后 IT 服务被中断的风险和影响;确认需要制订额外的预防措施,对业务有关键性影响的服务;确定服务恢复的时间限定;采取措施来预防、检测和应对灾难的发生,从而减缓或减轻灾难的影响;确定恢复服务的方法;制订、测试和维持一个足够详细的恢复计划;通过风险分析和管理确保组织在任何时候都具备最低要求的生产能力和服务供应。

IT 服务可持续管理包括四个主要阶段:初始化阶段、需求与战略阶段、实施计划阶段以及运营管理阶段。

六、IT 服务财务管理

IT 服务财务管理(Financial Management for IT Service)流程是在提供深入了解 ITSM 流程的基础上,对 IT 服务运作过程中所涉及的所有资源进行货币化管理的流程。其目标是帮助 IT 部门在提供服务的同时加强成本效益核算,以便合理利用 IT 资源、提高效益及财务资源使用的有效性。该服务管理流程包括三个子流程,分别是:IT 投资预算(Budgeting)子流程、IT 会计核算(Accounting)子流程和 IT 服务计费(Charging)子流程。这三个子流程形成了一个 IT 服务项目量化管理的循环。

投资预算:IT 投资预算的主要目的是对 IT 投资项目进行事前规划和控制。预算主要从财务的角度出发,可以帮助高层管理人员预测 IT 项目的经济可行性,也可以作为 IT 服务实施和运作过程中控制的依据。IT 投资预算需要明确组织一定时期内的总目标和各级部门的子目标,预算的年限跨度通常是 1～5 年。

会计核算:IT 会计核算子流程的目标在于通过量化 IT 服务运作过程中所耗费的成本和收益,为 IT 服务管理人员提供考核依据和决策信息。该子流程所包括的活动主要有:IT 服务项目成本核算、投资评价、差异分析和处理。这些活动分别实现了对 IT 项目成本和收益的事中和事后控制。其中用于 IT 项目投资评价的指标主要有投资回报率(Return on Investment,ROI)和资本报酬率(Return on Capital Employed,ROCE)。

服务计费:IT 服务计费子流程是负责向使用 IT 服务的客户收取相应费用的子流程。该子流程的顺利运作需要以 IT 会计核算子流程为基础。

在实施 IT 服务财务管理时,应注意评估财务管理流程的成熟度,并将配置与能力管理流程引入到财务管理中。

第五节 IT 服务管理的实施

一、IT 服务组织

IT 服务组织为 IT 服务管理提供了具体的环境,客户与服务提供者之间的交互关系就发生在这样一个具体的环境中,可以说 IT 服务组织的设计是企业进行 IT 服务管理的前提条件。

1. IT 服务组织设计的步骤

IT 服务组织设计是一项系统的工程,必须遵循一定的方法和步骤,并注意一些可能会影响其设计效果的相关问题。

IT 服务组织设计首先应针对自身状况做一些调查分析,其内容包括:IT 组织目前所提供的 IT 服务在多大程度上满足客户的需求?客户满意度可以打多少分?整个 IT 组织的管理运营是否有清晰的目标?如果有,这些目标是否可测量?方法是怎样的?IT 组织中各个层次的角色在功能上是否有重复?是否存在独立于 IT 服务流程之外的多余的角色设置?每个职位的职责定义是否清晰?是否有可行的合理的对员工进行绩效考评的指标和方法?组织文化方面,组织内是否有良好的正式和非正式的沟通机制?是否为员工设立了良好的培训计划?组织中每个人对于组织的使命、目标和责任是否清楚并达成共识?等等。通过调查分析可以使整个 IT 组织以及参与 IT 组织设计的人员及决策者能够对于组织现状有一个清晰的认识,并从中初步确定组织的重构应重点针对哪些方面来进行,并取得显著效果。

IT 组织的设计,可以遵循以下几个步骤来进行:

(1) 分析 IT 在企业中的地位和作用,IT 应用发展所处的阶段,以及 IT 组织与业务部门之间的关系等;

(2) 动员工作,初步确定 IT 组织设计可能涉及的参与者,流程中用到的方法论和工具,以及组织设计要达到的效果;

(3) 建立负责 IT 组织设计的项目组;

(4) 分析现有组织结构,找出现有结构下 IT 服务的功能及其与客户期望之间的差距；

(5) 设计新的 IT 组织结构；

(6) IT 组织设计流程实施；

(7) 对 IT 组织的设计和实施效果进行评估。

2. IT 服务组织的人员和角色

IT 服务管理是以流程为中心的。针对每个流程，定义了一系列角色，每个角色被赋予特定的职责和任务，实现责、权、利的统一。角色只是为运营某个流程而必须实现的职能的组合，其具体执行还是由 IT 服务人员完成的，在 IT 服务组织设计中，必须区分三个层次的概念：任务、角色和人员。

3. IT 服务的团队建设

IT 服务团队是一个由个体成员组成，为实现一个共同目标而协同工作的组织，团队工作就是团队成员为实现这一共同目标而共同努力。服务团队的工作是否有成效，会直接影响服务的成败。尽管需要计划以及服务经理的工作技能，但人员和服务团队才是项目成功的关键。要想使服务获得成功，需要有一个有效的团队。

二、IT 服务管理的实施

1. IT 服务管理整体实施架构

IT 服务管理整体实施架构是讨论关于企业规划和实施 IT 服务管理的关键性问题，同时对实施和提升 IT 服务提供全面的指导。典型的 IT 服务管理整体实施的结构框架包含四个方面的内容：

- 识别、定义并评估企业当前的 IT 基础设施、业务流程和服务；
- 找出未来需要的 IT 技术和迫切需要提供的服务水平；
- 根据当前的实际状态和对未来的预测，找出从当前到未来状态的实现“路线图”；
- 规划“路线图”的具体实施方案。

2. IT 服务管理实施的组成部分

在 IT 服务管理架构中，实施 IT 服务管理，需要由以下一个或者几个部分组成：

- 人员——掌握大量和高质量的领域知识并知道如何执行；
- 业务流程——包括 IT 部门以及组织的业务流程、规章制度、最佳实践等，以及它们的复杂度；
- 技术——主要指包括硬件、软件、通信网络、应用软件和数据库管理系统在内的 IT 基础设施；

- 组织——组织内、外部各种影响 IT 技术的因素；
- 集成——IT 技术在组织商业模式下如何集成，组织服务模式与 IT 技术如何整合等。

3. IT 服务管理实施办法

在企业实际实施 IT 服务管理时，往往并非严格按照 ITIL 的流程进行。事实上，企业通常会根据自身的复杂程度、信息化成熟度以及企业对服务管理的需求，有针对性地进行实施并总结最佳实践。一般来说，这些不同的实施方法可以归纳为三类。

- 单流程法。指企业在实施 IT 服务管理时，一次只实施一个服务管理流程。这种方法一般只适用于企业实施 IT 服务管理的初期，用以探索适合企业自身的 IT 服务管理方法。
- 多流程法。指企业在实施 IT 服务管理时，同时实施、开发或者改进多个流程。这种方法一般是为了实现业务或者 IT 客户的某种需要而使用的。多流程法是实施 IT 服务管理最常用的方法。
- 全流程法。即企业在实施 IT 服务管理时一次性实施、开发、改进所有核心服务管理流程和服务台。这种方法易于形成协同效应，但是高投入高风险的特点使其只适用于 IT 服务管理较为成熟的企业。

4. IT 服务管理实施阶段

企业的规模、成熟度不同，往往导致企业采用不同的 IT 服务管理实施方法，但是无论采用哪种方法，IT 服务管理的实施过程都是一个持续改进的过程。

在实际的实施过程中，IT 服务管理可以看作是一个不断持续满足客户需求与期望的过程，具体包括七个步骤：确定远景目标、评估、设计可测量目标、规划、实施、后评估以及持续改进等，具体如图 19-8 所示。

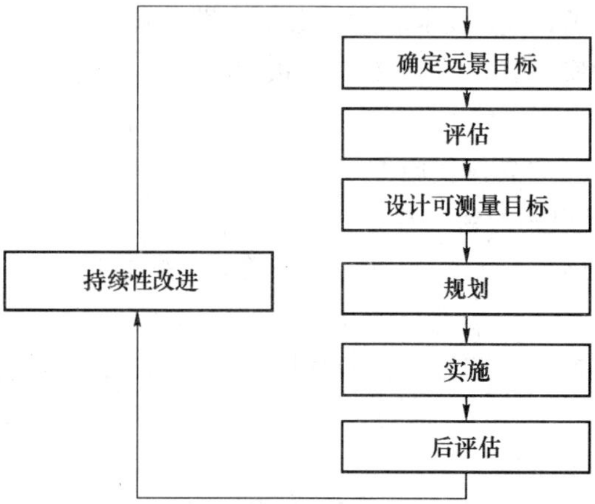

图 19-8　IT 服务管理实施阶段

企业通过以上这些IT服务管理办法和流程的实现，能够建立正确的、合适的、拥有内在评估和持续改变能力的IT服务管理流程，从而有效地促进企业业务目标和服务管理目标的趋同和实现。

案例：云南联通IT服务管理

1. 公司背景

中国联通公司在全国经营的电信业务包括移动电话(包括GSM和CDMA)、无线寻呼、长途电话、本地电话、数据通信(包括因特网和IP电话业务)、电信增值业务，以及与主营业务有关的其他业务。云南联通公司作为联通公司的省级分公司，现有业务支撑系统包括综合营账系统、GSM计费系统、CDMA计费系统、综合客服系统，及将建设的综合统计系统，管理信息系统包括企业综合信息系统、大客户管理系统。

信息系统采用两级应用、三级中心的结构，即全国中心、省中心和地市中心三级节点，全国中心和省中心两级应用，各系统间以及系统与外部系统之间存在着大量的互联。在信息系统的建设中已配置了网管平台，可以对主机、数据库、应用进程和设备进行监控，同时进行系统安全管理。

信息系统部门现行的组织架构模型根据“条块结合、界面明确”的原则设计，系统平台与业务应用分离，系统平台层由系统支持中心负责维护规划；业务应用层则根据业务种类逐步成立计费中心、结算中心及信息中心，负责应用软件维护及业务规划。随着我国电信市场竞争格局的初步形成，目前各运营商之间的竞争层面正在由低层向高层“跃迁”，“服务竞争”的时代已经来临。这一变化必然导致业务支撑系统将成为今后运营商竞争的焦点。如何建好、管好业务支撑系统已成为各电信运营商在面对未来市场竞争时需要认真思考和解决的问题。

考虑到通过自身的经验积累及技术提高，很难在短时间内将支撑系统管理水平提高到足以应对未来挑战的程度，云南联通公司认为有必要引入IT服务管理的方法论，帮助其架构面向未来的支撑系统服务管理体系。

2. 解决办法

通过采用IT服务管理国际标准和全新的IT管理结构，针对云南联通公司信息系统的各种资源，形成全面、统一、集中的管理构架及服务管理流程，确保信息系统为企业发展提供可靠、高效、安全的信息服务，具体方法如下。

(1) 设计以网络、IT服务管理为核心的管理信息系统体系架构。该信息系统构架除包括传统系统及数据库等管理层面外，还应包括相对独立的服务管理功能层。

(2) IT组织结构、人员角色及职责设计。根据“确保关键业务的服务质量，并能使之不断改善”的部门总体工作目标，“自顶向下”划分部门内部的管理功能模块，确定每一功能模块的功能，并进一步完成各功能模块下的职位设计。

(3) IT服务管理流程的设计。建立健全的依托于IT服务管理信息系统体系架构的支撑系统管理流程。管理流程的设计以"端到端的服务保障"为目标，主要包括以下ITIL的流程设计:突发事件管理流程、问题管理流程、配置管理流程、变更管理流程以及服务级别管理流程。

(4) 在服务台产品选择方面，需要综合考虑各个厂商的服务台产品的以下方面因素:产品功能，能否覆盖ITIL的所有管理流程、产品结构、国内的支持服务水平、对IT服务管理的理解、产品对中文的支持能力、与其他网络系统管理产品的集成能力、国内的成功案例、产品易用性、客户界面是否友好以及培训及实施能力。

3. 效果分析

解决方案遵循IT管理领域的ITIL及BS15000标准，针对客户IT管理的实际需求和情况，专门设计和提出以IT服务管理为基础的IT管理模型。

利用业界多年的最佳实践。在IT服务管理的人员角色和管理流程设计中，采纳ITIL及业界最佳实践，并结合客户特定环境，使得IT管理合理而有效。

充分考虑客户的IT环境，针对信息系统的各种资源，利用和整合已经部署在基础部分管理层与集成的IT管理的设施，形成全面、统一、集中的管理构架。发挥和利用不同厂商的不同IT管理产品在不同管理层次(面)的优势，同时又能够确保有效地集成，形成统一的IT管理平台。

分层次的管理模型使得客户IT管理的建设能够依据信息化发展的进程逐步逐级地建立，最终实现服务管理的层次。模块化的体系结构，着眼于客户未来不断推出的新的IT服务。

思考题

1. IT管理与传统的企业管理的关系是什么?
2. 什么是IT服务管理？它的基本原理是什么?
3. 什么是ITIL？它的主要内容是什么？有哪些特点?
4. 什么是ISO20000?
5. IT服务支持管理包含哪些内容？它们之间的关系是什么?
6. IT服务提供管理包含哪些内容？它们之间的关系是什么?

第二十章　电信企业 IT 治理

现在，企业的业务活动对信息技术和系统的依赖性越来越强，各种 IT 系统遍布于不同的职能部门中。信息技术和系统的广泛应用在提高企业效率的同时也带来了新的问题，如信息安全、电子舞弊等，伴随着安然(Enron)、世通(Worldcom)等公司的轰然倒地，IT 治理(IT Governance)的概念应运而生，而越来越多的企业在注重 IT 开发建设的同时，也将目光转移至 IT 治理上。

作为上市公司的我国电信企业也启动了相关进程，致力于打造安全、规范的 IT 系统，更好地为企业的信息化和经营决策提供支撑。本章将就 IT 治理的相关知识及理论框架(如 ISO/IEC27000 系列国际标准和 COBIT)加以介绍。

第一节　IT 治理概述

一、IT 治理与 SOX 法案

在研究 IT 治理之前，我们必须着眼于一个更宽泛的问题即公司治理问题。在 2002 年，美国接连爆发了安然、世通等公司财务丑闻，公司治理成为了最引人关注的问题。SOX(Sarbanes-Oxley，萨班斯-奥克斯利)法案最早于 2002 年 2 月 14 日由美国议员萨班斯和奥克斯利提交给国会众议院金融服务委员会，在同年 7 月 30 日，正式成为美国的一项法律。

SOX 法案适用于在美国所有的上市公司，它明确规定管理层对公司财务信息披露和内部控制效力负有直接责任，公司的内控措施应由管理层声明有效并由独立审计机构出具内控审计意见提交给美国证监会(SEC)。

尽管表面上 SOX 法案主要是针对财务方面的要求，但事实上 SOX 法案对 IT 控制的要求也很高，带来了对企业 IT 治理的实质性需求。SOX 法案对 IT 的控制要求主要有两个方面：一个是应用控制(Application Control)，因为大多数上市公司一般都依赖 IT 系统来运作业务，IT 系统对业务流程的控制作用非常大，因此 IT 系统必须对业务流程进行某些控制；另一方面是通常性控制(IT Generally Control，ITGC)，美国证监会(SEC)认为，既然是上市公司，必然有一个完整的 IT 系统做支撑，因此，对于支撑公司运作的 IT 基础技术架构平台，必须进行有效管理控制。

因此通过 SOX 法案已经成为美国上市公司 IT 部门的一项重要任务。而从 IT 的角度审视 SOX 法案，其中至少有四项条款与 IT 部门有关，需要引起 IT 管理人员的重视，分别是302条款、404条款、409条款以及1102条款。

资料：SOX法案的形成过程

按照美国国会网站对SOX法案的介绍，该法案最初于2002年2月14日提交给国会众议院金融服务委员会(Committee on Financial Services)，到7月25日国会参众两院最终通过，先后有六个版本，它们分别是2月14日、4月22日、4月24日、7月15日、7月24日、7月25日的版本，我们现在看到的是7月25日的最后版本。

2002年2月14日提交到众议院金融服务委员会的版本，包括13章，主要内容集中在对注册会计师行业的监管。第一稿较温和，不仅没有最终定稿所包括的各项严厉的刑事责任要求，而且对会计职业监管相对较宽松。

自2002年2月14日起，众议院金融服务委员会就该法案先后进行了多次听证会，并根据听证情况进行了第一次较系统地修订。4月22日的第二稿与第一稿相比，篇幅增加了将近一倍。第二稿提交后，众议院的讨论非常激烈，4月24日当天共提交了五份正式的修改意见。在经过正式讨论后，国会责成工作人员进行修订，从而完成了第三稿。第三稿与第二稿相比变化不大，主要调整就是PRO成员的组成上。

6月25日，参议院"银行、住房和城市事务委员会"主席Sarbanes报告有关"公众公司会计改革与投资者保护2002法案"，该法案的书面文本于7月3日正式提交给参议院，7月8日至15日的讨论中，共收到122份补充或修正提案，最终于7月15日在参议院以97对0票高票通过，最终通过的提案名称为"公司与犯罪舞弊责任2002法案"或"强化白领犯罪惩罚2002法案"，但参议院同时将该法案与众议院提交的HR 3673进行合并，成为7月15日的修改稿(第五稿)。

7月17日，由参议院修改的法案被返回给众议院。由于美国总统布什多次要求国会加快立法进程，并要求国会在8月份休会前能够提交一份最终法案让总统签署，因此国会参众两院都在尽快协调双方之间的差距。自19日起，众议院的相关成员与参议院的会议成员举行会议，对相互分歧进行辩论，并于24日完成了对法案的修改。

7月25日，该修正案以高票在参众两院通过，7月30日，美国总统布什签字，SOX法案正式成为美国的一项法律。

二、IT治理的基本概念和内涵

1. IT治理的定义

IT治理涉及信息系统、技术、通信、业务以及公司治理所关心的其他问题，国际信息系统审计与控制协会(ISACA)定义其为："IT治理是一个由关系和流程所构成的体制，用于指导和控制企业达到其目标，它主要通过平衡 IT 和 IT 流程的风险和收益来增加企业价值，实现企业目标。"

理解这个定义必须注意以下几点：

第一，IT 治理必须和公司的战略目标保持一致；

第二，IT 治理和公司治理一样，是组织利益相关者和经营者共同的责任；

第三，IT 治理不是孤立的规范和活动，而是公司治理的有机组成部分。

2. IT 治理的关键

IT 治理的关键在于授权与控制并举。在将信息技术作为组织重要资源的基础上，应做出如下五个相互关联的信息技术决策。

- 信息技术原则：确定信息技术在企业中的角色。
- 信息技术结构：定义技术间的关系、整合及标准要求。
- 信息技术基础设施：决定信息技术可提供的服务。
- 企业应用需要：根据企业需要确定购买或自主开发。
- 信息技术投资及优先次序：选择有限投资的项目并确定投资金额和优先次序。

在此之后决定采用恰当的决策方法，决策方法包括如下五种。

- 企业君主式决策：高级管理层拥有决策权。
- IT 部门君主式决策：信息技术部门、专家拥有决策权。
- 事业部领地式决策：每个事业部拥有独立的决策权。
- 联邦式决策：公司、部门(包括或不包括信息技术部门)共同拥有决策权。
- 无政府状态：个体或小的群体拥有决策权。

3. IT 治理的目标和意义

通过 IT 治理对组织内部实施控制越来越受到组织的重视，IT 治理的目标和意义主要有如下几点。

(1) 发现信息技术本身的问题

通过 IT 治理可以判断 IT 项目导致失败的概率；了解最终客户是否满意 IT 服务的质量；是否有足够的 IT 资源、基础设施、竞争力满足战略目标；信息技术操作失误的原因；IT 阻碍业务的频次等。

(2) 帮助管理者处理 IT 问题

通过 IT 治理可以掌握 IT 和组织战略目标的一致性程度如何、如何衡量 IT 的交付价值、执行管理人员采取怎样的战略动机来管理 IT；了解与企业的运营和成长管理相关的问题；了解企业商业目标与技术的关系、企业 IT 相关的风险、企业对风险的态度和风险应对措施等。

(3) 自我评估 IT 管理的效果

企业可以通过以下问题，对 IT 管理的效果进行自我评估：是否经常向最高管理层(董事会)定期汇报 IT 风险？IT 是否是最高管理层议程中的常用术语？最高管理层对主要 IT 投资是否有清晰的认识？在获取 IT 目标和限制 IT 风险时是否得到独立的保证？是否定期得到主要 IT 过程的报告等。

三、IT治理的内容和范围

IT治理保证企业总体战略目标能够从上而下的贯彻执行。同其他治理活动一样，IT治理集中在最高管理层和执行管理层。由于IT治理的复杂性和专业性，管理层必须依靠基层提供决策的信息，而IT治理实践需要在整个企业范围内推行。

在此需要将公司治理和IT治理两个概念加以比较：公司治理主要关注利益相关者权益和管理，包括一系列责任和条例，由最高管理层和执行管理层实施，其目的是提供战略方向，保证目标能够实现，实现风险的适当管理、企业资源的合理利用。公司治理驱动和调整IT治理，IT治理体现"以组织战略目标为中心"的思想，通过合理配置IT资源创造价值。企业治理侧重于企业整体规划，IT治理侧重于企业中信息资源的有效利用和管理。

此外还需将IT治理和IT管理两个概念加以比较：IT管理是公司的信息及信息系统的运营，确定IT目标以及实现此目标所采取的行动；而IT治理是指最高管理层（董事会）利用它来监督管理层在IT战略上的过程、结构和联系，以确保这种运营处于正确的轨道之上。可见，IT管理是在既定的IT治理模式下，管理层为实现公司的目标而采取的行动；IT治理规定了整个企业IT运作的基本框架，IT管理则是在这个既定的框架下驾驭企业实现目标。IT治理和IT管理二者相辅相成，缺一不可。

四、IT治理的框架

IT治理框架包括三个主要的组成部分，具体表现为"计划/构造/管理"三个生命周期，通过一个不断进行的连结这三个要素的反馈环，使得IT变革成为可能。这三个支柱是：企业架构计划、投资组合理论以及服务融合。

1. 企业架构计划

对于企业架构的定义，不同的学者和组织有不同的看法，并且在这些定义下衍生出一些概念，如业务体系机构、信息架构、技术架构、软件架构等。企业架构计划主要包括企业架构造型和管理、战略性的IT计划和路线图以及标准管理。

2. 投资组合理论

投资组合理论就是超越IT功能来整体看待项目、资产和运营的能力，将IT与IT项目视为一种投资组合，从硬件到基础设施、到应用软件；从移植、应用软件选择到软件展示，并且基于商业原则和平衡原则来进行投资优先次序决策。投资组合理论包括应用系统和基础设施的合理化、项目-投资分析及合并和收购运营整合。

3. 服务融合

服务融合主要包括服务提供管理、业务关系管理、供应商和外包商管理、IT财务管理、SOX法案和其他法规遵从的问题以及业务连续性计划等。

第二节 IT治理的国际标准——COBIT

IT治理作为一个新兴领域，涵盖了IT审计、信息安全审计、IT服务管理等内容，着重研究IT发展与企业发展在治理结构、企业战略、企业运营管理、风险与价值、成本与控制、审计与监督、服务标准和规范等方面的新问题、新知识和新方法。目前国际上关于IT治理的通行标准主要有四个：ITIL、COBIT（信息及相关技术控制目标）、ISO/IEC17799/27000（信息安全系列标准）以及PRINCE2。其中，ITIL和PRINCE2在前面已经进行过详细介绍，本节主要介绍ISO/IEC17799与COBIT。

一、ISO/IEC17799/27000系列标准

ISO/IEC17799是一项国际公认的基本信息安全标准，由国际标准组织ISO于2000年12月首次发布，该标准是在英国标准BS7799的基础上制订的。BS7799标准是由英国标准协会（BIS）制订的信息安全管理标准，包括两部分，即BS7799-1：1999《信息安全管理最佳实践》和BS7799-2：1999《信息安全管理体系规范》。BS7799的两部分先后被吸纳为ISO国际标准，其中BS7799-1于2000年转为ISO/IEC17799（BS7799-1）；而BS7799-2在晚些时候的2005年转为ISO27001（BS7799-2），并且继续保持BS7799的编号，目前ISO27000系列已成为针对信息安全技术的标准族，并在不断更新。

作为一个通用的信息安全管理指南，该系列的目的是“为信息安全管理提供建议，供那些在其机构中负有安全责任的人使用。它旨在为一个机构提供用来制订安全标准、实施有效的安全管理时的通用要素，并得以使跨机构的交易得到互信”。

ISO/IEC17799/27000系列标准是一个详细的安全标准和最佳实践集合，更新后的17799涉及了11个安全控制章节，包括安全策略（Security Policy），信息安全的组织结构（Organizing information security），资产管理（Asset management），人力资源安全（Human resources security），物理和环境安全（Physical and environmental security），通信和操作管理（Communication and operations management）、访问控制（Access control），系统采购、开发和维护（Information system acquisition，development and maintenance），信息安全事件管理（Information security incident management），业务连续性管理（Business continuity management），符合性（Compliance）。

另外，同样作为一个IT安全标准，也可以参照ISO/IEC13335《IT安全管理方针》（GMITS）系列国际标准。

二、COBIT

COBIT 全称为“信息及相关技术控制目标”(Control Objectives for Information and related Technology,COBIT),是由美国 IT 治理协会提出的一个 IT 治理的开放性框架或标准,是基于组织的信息技术平台而设计的,并且通过吸收国际先进技术和各种专业行业标准,如技术标准、执行规则、信息系统质量标准等,不断得以完善。如今,COBIT 已经成为国际上信息及相关技术控制的事实标准,并且通过大量的企业实践,指导他们有效地管理和控制与 IT 相关的风险,是一套行之有效的 IT 治理模型和开放型标准。

1. COBIT 的结构

COBIT 的控制原理源自这样一个假设:IT 部门的最高准则和目标是及时向企业提供实现其战略或业务所需的、准确的信息。在这样的准则下,COBIT 信息技术流程、信息标准以及信息技术资源联系起来,形成了一个三维立体框架结构。

(1) 信息技术流程(IT Process),被分为 4 个域 34 个信息技术流程,有 318 个具体的控制目标和审计准则对 34 个信息技术流程进行评估;

(2) 信息标准(Information Criteria),有 7 个信息标准来确定信息技术对业务的贡献,包括效果、效率、保密性、准确性、有效性、一致性和可靠性;

(3) 信息技术资源(IT Resources),包括 5 大类信息技术资源:数据、应用系统、技术、设备和人。

这样,在三者组成的循环中,IT 资源得以充分利用,IT 流程得以优化,IT 标准得以实现,从而有力地保证了组织目标的顺利达成。

另外,COBIT 还提出了包括成熟度模型(Maturity Models)、关键成功因素(Critical Success Factors,CSF)、关键目标指数(Key Goal Indicators,KGI)和关键绩效指数(Key Performance Indicators,KPI)等管理准则。

2. COBIT 的运用

COBIT 是一套通用的框架,它是为了帮助管理者在不可预见的信息技术环境下对风险和投资控制加以平衡,使其使用者获得安全和可控的信息技术服务,并在此基础上向内、外部客户提供产品和服务;审计人员可以使用该标准支持他们的观点并向组织的内部控制管理提出建议。

但是 COBIT 是开放的,企业要根据自身的实际情况运用 COBIT,对 COBIT 的控制目标有计划、有目的地进行增减。企业在 IT 治理过程中对 COBIT 的使用内容包括:实现 IT 控制目标与业务的一致;确定控制目标;为每个目标确定关键成功因素(CSF);确定关键目标指数(KGI)和关键绩效指数(KPI);通过 KPI 进行监控,衡量组织是否达到业务活动的目标等。

讨论:COBIT4.1

事实上,与 ITIL 一样,COBIT 也在不断地发展、完善。2007 年 5 月 8 日,IT 治理研究所(ITGI)宣布发行 COBIT4.1 出版物,它是 COBIT 的最新版本。COBIT4.1 在 COBIT4.0 基础上进行了更新,这些更新并没有对 COBIT4.0 进行根本性的改变,只是调整了 COBIT 框架的结构,使其更有条理。

COBIT4.1 补充了对执行概要部分的描述,对绩效评价的解释更为清晰,对 IT 目标、流程和活动目标这一瀑布式的每个部分都增加了评价标准,并且扩展了绩效驱动因素和结果衡量标准之间的区别。同时由于控制实践和 Val IT 模型的开发,COBIT4.1 提出了更完善的控制目标。

在控制目标这个层面,控制目标的定义也有所变化,变得更加贴合管理实践。一些控制目标被重新定义和分组,以防止控制目标的重叠,使整个控制目标更加协调。

同时,在 COBIT4.1 中,控制目标的数量也发生了变化。其他一些控制目标通过重新定义,变得更加以行为为导向,并体现在字里行间。在应用控制部分的控制目标变化较为明显,虽然数量减少,但囊括了所有的应用控制需求。尤其是删除了手工控制,安全控制调整到了安全流程中,删除了重复的部分;对业务控制、一般控制、应用控制进行了解释。

另外,ITIL 和 COBIT 之间一直以来就有重叠的地方。在 COBIT3.0 里面就有服务支持、服务交付这些流程,事实上,ITIL2.0 的 10 个流程都包括在 COBIT 之中。自 ITIL3.0 发布以来,由于其建立了一个更加完整的体系,这样二者之间的差异更加不显著了。而在 COBIT4.0 的版本中,OGC 和 ISACA 就开始通过合作来使这两个框架之间的流程统一起来,两家机构在一些场合强调,ITIL 和 COBIT 这两个框架现在已经是一种携手合作的关系。目前,ITIL3.0 和 COBIT4.1 这两者之间业务流程统一化的工作已正式开始。

但是,COBIT 和 ITIL 的分工是不一样的,COBIT 做企业治理,ITIL 则是较低层次的流程自动化的工作。因此在实际应用中,很多企业往往通过综合两个最佳实践,提出了其 IT 治理和运行架构,这样既容易理解也适用于企业的自身环境。

第三节 电信企业 IT 治理战略的实施

企业进行 IT 治理是一个动态的过程。IT 治理是公司与所有利益相关者的互动过程,包括在制订公司长远 IT 发展战略决策上的互动。IT 治理是一个系统的过程,它是控制、指导、协调组织战略目标和 IT 目标的系统,是 IT 治理主体、客体、IT 治理结构、IT 治理机制的总称,是内部 IT 治理、外部 IT 治理的融合,是 IT 治理方法、过程、目标与结果的统称,是为了实现 IT 治理目标所有制度安排与机制的集合。

电信行业作为信息化程度最高的行业之一,已经不能只是将眼光放在 IT 建设上,而更应该重视 IT 治理问题。那么电信企业应该如何进行 IT 治理呢?

(1) 转变观念

电信企业要从业务的视角创造信息技术指导原则。从组织的战略出发而不是从系统的需求出发,以避免出现脱离目标而进行建设的困境;从业务的变革出发而不是从技术的变革出发,以充分利用组织的现有资源来满足关键需求,从而避免建设的信息系统无法有效地支持组织的决策。

(2) 逐步建立 IT 治理委员会

IT 治理委员会与 IT 审计师是 IT 治理最重要的环节。IT 治理委员会由组织的最高管理层及管理执行层包括 IT 管理和业务管理有关部门负责人、管理技术人员组成,定期召开会议,就企业战略与 IT 战略的驱动与设置等议题进行讨论并做出决策,为组织 IT 管理提供导向与支持,把 IT 治理的相关规范融入到组织的内部控制中。

电信企业由于规模较大,一项 IT 控制活动往往需要多个部门的共同参与才能得以实现。为能迅速解决控制过程出现的问题,防止内部互相推诿的现象发生,组成一个跨部门的 IT 治理委员会,能够有效地进行 IT 管理内部协调,提高工作效率。

(3) 明确规定 IT 管理过程的责任

职责缺乏或界定不清,最终导致控制得不到有效的实施,形成管理风险。组织最高管理层应确保对管理层、各部门、管理和运维人员职责进行规定并形成书面文件,这样可以有效地避免由于职责不清所带来的效率低下等问题。

(4) 选择切合实际的 IT 治理架构

尽管 IT 治理架构的理论已经发展得很成熟了,但是通用的架构并不一定最适合企业,电信企业应该根据自身的实际情况有选择性、针对性地进行 IT 治理架构的选择,选择过程如图 20-1 所示。

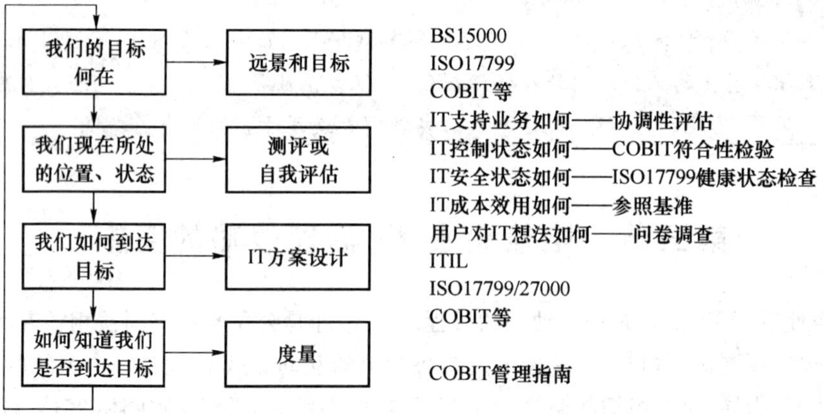

图 20-1　IT 治理架构选择流程

(5) 对信息系统进行独立审计

信息系统审计是一个判断信息系统是否保证企业资产的安全、数据的完整以及高效地利用组织资源实现组织目标的过程，同时又涉及企业财务与绩效管理的相关内容(参见本书第六篇)。它综合运用了IT技术和审计理论和方法，为企业IT系统的建设使用提供了强有力的保证。

信息系统审计主要通过对信息系统管理、规划、组织方面的策略、标准、程序、组织在IT系统管理实施的效率以及业务流程和风险管理方面的评价，发现问题并预防不良事件的发生。

IT治理不仅仅需要组织的内部控制，同时也受到政府与市场监督体系的影响。随着我国信息化建设向着纵深方向的发展，必然会需要在更深层面上解决IT体制和机制问题。电信企业作为中国国内信息化的排头兵，有责任和义务推动国内IT治理机制的发展和完善，同时帮助企业提高核心竞争力，从而更好地应对激烈的市场竞争。

案例：某通信公司的信息化管控体系

1. 信息化管控背景

A公司是某省通信事业的重要组成部分，经营包括语音业务、数据业务、宽带业务、互联网业务和无线业务等多项业务，业务量大，经营范围广，工作环节复杂。信息化进程的加速，给信息服务领域带来了难得的发展机遇，同时也带来了巨大的压力。

在经过管理层研究决定后，公司决定建立信息化管控体系，通过建立企业信息化管控体系，理顺信息化工作流程，分阶段、分层次明确信息化工作范围，从企业、部门、岗位三个层面，定义从事相应信息化工作的角色及职责；明确信息化工作的详细范围，确定角色定义及职责；整合各类信息化管理资源，实现企业信息化工作的规范管理。信息化管控体系的制订和实施涉及企业的各个层面，为了加强此项工作的领导，公司成立了信息化管控领导小组和工作小组，专职负责此项任务。在信息化管控的整体框架中采用国际通用的信息化治理的开放性标准COBIT为信息化实现周期的各个阶段流程编写的指导原理。

2. 信息化管控目标

信息化管控是通过对信息化工作过程的管理和控制来实现其工作目标。在保持信息化战略目标与业务目标一致、合理利用信息资源、控制信息化相关风险的前提下，建立信息化管控体系，促使集团整体收益最大化。

(1) 保持信息化战略目标与业务目标一致

根据公司的指示精神，结合本公司实际情况，成立专门的信息化工作部门负责信息化工作的统筹安排、协调和提出重大决策意见。规范信息化管理工作，开展规范、有序的规划工作，明确本公司信息系统的实施路线。从而将企业的业务目标和信息化战略目标的信息需求和功能需求整合起来，形成总体的信息化管控体系框架和系统整体模型。

(2) 合理利用信息资源

通过信息化管控体系对信息资源的管理职能进行有效管理和对业务流程中的资源合理利用。结合公司实际情况，逐步统一信息系统规划的原则、架构、接口、数据、安全等重点问题，实现本公司规划与集团公司规划的互动和相互补充。并在充分考虑支撑成本、支撑效果、风险规避等因素的基础上，向以自我支撑为主、外包为辅的支撑方向发展，逐步建立一支高水平的、相对稳定的信息化支撑队伍，同时不断提高自我支撑能力和支撑范围。

(3) 控制信息化相关风险

通过风险管理方法规避企业发展过程中的信息化相关风险。在建立信息化管控体系的基础上，进行信息化能力评价的试行工作，确定能力指标的现状值；根据业务目标，明确能力指标的目标值。同时，制订信息资源的保护级别，强调关键的信息技术资源，有效实施监督控制和事故处理等方法。初步改变目前信息系统工程超期、信息化客户需求没有满足、信息化平台不支持业务应用等现状，进而保证投资的回收并支持决策、改善管理效率。

3. 信息化管控思路

A 公司的信息化管控树立以组织战略为导向，以外界环境为依据，以业务与信息化整合为重心的观念，正确定位信息化部门在整个企业组织中的作用。具体包括：建立 A 通信公司信息化管控体制，确定涉及信息化工作的部门的岗位职能，确定信息化建设周期定义各个阶段的流程，并针对各阶段不同的管理水平和能力建立成熟度指标，确定各阶段的关键成功因素和关键绩效指标，然后梳理信息化建设所涉及的各个部门的关系，将各阶段管控流程细化到岗位角色。

通过对公司业务流程的分析，将信息化管控体系划分为信息化规划、信息化实施、运行和后评估四个阶段。

4. 选择基本控制指标

COBIT 模型定义了一个 IT 环境里的 34 个 IT 过程，每一个过程都有一个高层控制说明。企业信息化评价指标的选择可以借鉴 COBIT 的控制目标，由于 COBIT 的普遍适用性，不管哪类企业的信息化评价，都可以从中找出可以参考的指南，但也注定了它的泛泛性，缺乏针对性。由于每个企业的 IT 状况以及 IT 需求不同，所以评价的重点也有所不同。信息化工作人员应能够根据企业自身的实际情况，对照 COBIT 过程，选取适合自身的基本控制指标。

在选取控制指标时，信息化工作人员可以通过行业与管理环境的比较，或对照正在发展的国际标准和规章(即将来期望的出现)，确定企业本身的信息化过程,这些过程可以作为企业快速自我评定的参考指标。选取方法是:首先参考 COBIT 控制目标选择基本的评价指标体系并根据企业的实际需要选取扩展其他评价指标,然后将企业选取的指标与 COBIT 控制目标形成映射关系。

5. 建立信息化管控模型

在上述控制目标的基础上,结合公司信息化管理工作,确定每个阶段的分等分级成熟度指标;各阶段关键成功要素;各阶段关键目标指标;各阶段关键绩效指标。在此基础上形成各阶段的管控流程,明确流程之间的接口,并进一步进行角色的划分,确定 IT 部门以及相关职能部门的工作范围和职责。

思考题

1. 什么是 SOX 法案? IT 治理与 SOX 法案的关系是什么?
2. 什么是 IT 治理? 它的内容和范围有哪些?
3. IT 治理的框架包括哪些内容?
4. IT 治理的标准有哪些? 标准之间的关系是什么?
5. COBIT 的框架包括哪些内容?

参考文献

[1] NGOSS/eTOM 相关文档. TMForum 官方网站. [2008-06-01]. http://www.tmforum.org.

[2] eTOM 相关文档. International Telecommunication Union(ITU)官方网站. [2008-06-01]. http://www.itu.int.

[3] CMM/CMMI 相关文档. CMMI 官方网站. [2008-06-01]. http://www.sei.cmu.edu/cmmi/.

[4] ITSM/ITIL 相关文档. ITIL 官方网站. [2008-06-01]. http://www.itil-officialsite.com.

[5] ITIL 相关文档. OGC Best management practice. [2008-06-01]. http://www.best-management-practice.com.

[6] PRINCE2 相关文档. OGC Best management practice. [2008-06-01]. http://www.best-management-practice.com.

[7] International Organization for Standardization(ISO)官方网站, ISO/IEC13335/17799/20000//27000 系列标准. [2008-06-01]. http://www.iso.org.

[8] Wikipedia, Capability Maturity Model. [2008-06-01]. http://en.wiki-

pedia. org/wiki/Capability_Maturity_Model.
[9] Wikipedia. Capability Maturity Model Integration. [2008-06-01]. http://en. wikipedia. org/wiki/CMMI.
[10] Wikipedia. Information Technology Infrastructure Library. [2008-06-01]. http://en. wikipedia. org/wiki/ITIL.
[11] Wikipedia. Sarbanes-Oxley Act. [2008-06-01]. http://en. wikipedia. org/wiki/Sarbanes-Oxley_Act.
[12] Wikipedia. IT Governance. [2008-06-01]. http://en. wikipedia. org/wiki/IT_Governance.
[13] Wikipedia. COBIT. [2008-06-01]. http://en. wikipedia. org/wiki/COBIT.
[14] 谢青宇. 新一代运营支撑系统与软件 NGOSS(数据模型体系架构与测试)[M]. 北京:人民邮电出版社,2005.
[15] 孙昌璐. 电信管理网与 NGOSS[M]. 北京:机械工业出版社,2007.
[16] 电信管理论坛. 增强的电信运营图[M]. 王卫乡,等,译. 北京:中信出版社,2003.
[17] 项目管理协会. 项目管理知识体系指南[M]. 3 版. 北京:电子工业出版社,2004.
[18] 陈龙,等. 电信运营支撑系统[M]. 2 版. 北京:人民邮电出版社,2007.
[19] 蒋国瑞,等. IT 项目管理[M]. 北京:电子工业出版社,2006.
[20] 施瓦尔贝. IT 项目管理[M]. 2 版. 邓世忠,等,译. 北京:机械工业出版社,2004.
[21] 许江林,刘景梅. IT 项目管理最佳历程[M]. 北京:电子工业出版社,2004.
[22] 刘慧,陈虔. IT 执行力——IT 项目管理实践[M]. 北京:电子工业出版社,2004.
[23] 曹汉平,王强,贾素玲. 信息系统开发与 IT 项目管理[M]. 北京:清华大学出版社,2006.
[24] 栾跃. 软件开发项目管理[M]. 上海:上海交通大学出版社,2005.
[25] 刘积仁,康晓东,等. 软件开发项目管理[M]. 北京:人民邮电出版社,2002.
[26] 单银根,王安,黎连业. 软件能力成熟度模型与软件开发技术[M]. 北京:北京航空航天大学出版社,2003.
[27] 中企联企业管理顾问有限责任公司. 软件业质量管理体系文件编制示例/2000 版 ISO9000 族标准实战丛书[M]. 北京:中国计划出版社,2001.
[28] 雷剑文,等. CMM(软件过程的管理与改进)[M]. 北京:清华大学出版社,2002.

[29] 杨一平.软件能力成熟度模型CMM方法及其应用[M].北京:人民邮电出版社,2001.
[30] 何绍华.软件能力成熟模型(CMM)对促进我国软件产业的影响[J].情报科学,2002.
[31] 李晓堂.应用CMMI模型改进软件项目开发流程[J].深圳信息职业技术学院学报,2006.
[32] 张成洪.IT项目管理的案例调研分析[D].硕士论文,2003.
[33] 李长征,王东红.项目管理发展新阶段PRINCE2项目管理方法[OL].赛迪网.
[34] 高复先.信息资源规划——信息化建设基础工程[M].北京:清华大学出版社,2002.
[35] 张耀.电信运营商如何开展信息资源规划[J].河北通信期刊,2007(4).
[36] 郝晓玲,孙强.信息化绩效评价:框架、实施与案例分析[M].北京:清华大学出版社,2005.
[37] 左天祖.中国IT服务管理指南[M].北京:北京大学出版社,2004.
[38] 布鲁克斯.IT服务管理指标[M].丰祖军,译.北京:清华大学出版社,2008.
[39] 曹汉平,王强,贾素玲.现代IT服务管理——基于ITIL的最佳实践[M].北京:清华大学出版社,2005.
[40] 博恩.IT服务管理:基于ITIL的全球最佳实践[M].章斌,译.北京:清华大学出版社,2006.
[41] 北京神州泰岳软件股份有限公司.中国IT服务管理指导规范研究[M].北京:北京邮电大学出版社,2008.
[42] 朱海林,等.IT服务:管理、控制与流程[M].北京:机械工业出版社,2006.
[43] 孙强,等.IT服务管理[M].北京:机械工业出版社,2004.
[44] 明喆,冷静,吕瑾.浅谈软件能力成熟度模型[J].湖北工业大学学报,2006.
[45] 孙强,刘献军.认识IT治理[J].中国计算机客户,2003,8(18):30.
[46] 郝亚斌,孙强.建立IT治理机制[J].中国计算机客户,2003,9(8):33.
[47] 王德禄.IT治理的理论研究与实践[J].生产力研究,2005.
[48] 维尔罗斯.IT治理:一流绩效企业的IT治理之道[M].杨波,译.北京:商务印书馆,2005.
[49] BRAND K,BOONEN H. IT Governance based on Cobit,a pocket guide[M].荷兰范哈仑出版社,2005.

第六篇　绩效管理

绩效管理是管理的终点和起点。随着市场的变化和技术的提高，企业经营模式不断发生调整和改变，企业绩效管理理论也经历了相应的发展和改变。本篇首先总结了企业绩效管理理论一百多年的发展历史。绩效管理问题从20世纪初产生以来，由最初只注重财务指标发展到关心产品质量，再发展到运用平衡计分卡和绩效棱柱，由关注企业内部财务监控转变为兼顾客户、股东和外部利益相关者。第二，在阐述绩效概念和内涵的基础上，本篇介绍了绩效管理系统主要是由制订绩效计划、持续不断的沟通、信息的收集和必要的记录、绩效评价和绩效的诊断和提高五方面组成。第三，本篇介绍了主要的绩效管理评价工具，包括平衡计分卡和绩效棱柱等。最后，本篇以平衡计分卡为基础，介绍了某电信运营商的绩效管理实践。

第二十一章　绩效管理概述

本章介绍了自 20 世纪初产生以来，绩效管理的发展历史，绩效管理的内涵和概念。绩效管理的历史表明，绩效管理正由关注企业内部财务监控转变为兼顾客户、股东和外部利益相关者利益的全面绩效管理发展。绩效的内涵也强调了绩效不仅关注结果，也关注实现结果的过程及周边绩效。现代企业绩效管理的本质即是通过先进的数据挖掘、商务智能、流程管理等技术实现人力资源管理、财务管理、业务流程管理相结合的综合绩效管理体系。

第一节　绩效管理的发展

在我国，绩效管理有着悠久的历史。秦朝著名的“军功授爵制度”就将战功与士兵的职位晋升、福利待遇作了明确的挂钩。商鞅规定：秦军士兵斩获敌人一个首级，就可以获得爵位一级、田宅一处和仆人数个。我国在公元四世纪就已经有了关于行政人员考核的记载：十六国时期，前秦皇帝苻坚召见高泰，问及治理国家的根本要点，高泰答曰：“治本在得人，得人在慎举，慎举在核真，未有官得其人而国家不治者也”。在西方工业领域，罗伯特·欧文斯最早于 19 世纪初将绩效管理引入苏格兰。美国军方于 1813 年开始采取正式的绩效评估系统对美军进行治理。

从 1911 年泰勒发表《科学管理原理》这本书开始，管理便成为一门学科并不断发展壮大起来。绩效测评和绩效管理问题一直是管理学关注的主要问题。从传统的财务观点到后来相继出现的杜邦财务分析体系、平衡计分卡、经济增加值等绩效评价方法中都蕴含着丰富的管理理念。1991 年，原哈佛商学院工商管理教授罗伯特·G·埃克尔斯在《哈佛商业评论》上发表的《绩效评测宣言书》中预言了绩效评估革命的到来，并宣称“在未来的五年之内，所有公司将不得不重新设计各自的绩效评测方式”。1995 年，德鲁克在《哈佛商业评论》上发表的《经理们真正需要的信息》一文，提出了“向信息要绩效”的概念，可以说是对现代企业管理理念最前瞻性的阐述。德鲁克的论断在十多年之后已经得到应验，理论界和业界都认同他的观点：管理企业是为了使它创造财富，为此，企业需要能使经理人员制订正确决策的信息。

随着市场的变化和技术的提高，企业经营模式不断发生调整和改变，企业绩效管理理论也经历了相应的发展和改变，下面总结了企业绩效管理理论一百多年的发展历史。

1900年，杜邦三兄弟倡导财务比率金字塔的杜邦分析法和投入产出分析法(ROI)，通过考察企业投入资源与获得收益之间的关系来评价企业的绩效。

1911年泰勒《科学管理原理》一书的出版，标志着管理学作为一门学科的产生。

1920年，Geoffrey Chandler 和 Thomas Johnson 提出传统财务概念，即用现金流量、资产负债、利润率等基本指标来衡量企业的绩效。当时的企业处于以生产为导向的工业经济时代。

1928年，亚历山大·沃尔提出了综合比率评价体系，把若干个财务比率用线性关系结合起来。

1980年，R. Kaplan 和 T. Johnson 首先在他们的著作《企业的迷惑：管理会计的兴衰》中，提出了传统的财务指标无法真实地反映企业发展状况的观点，这促使企业在纯财务指标上增加了客户等非财务指标来衡量企业的绩效。

1980年以后，企业间竞争日益激烈，市场上供过于求，企业的营销导向转向依靠高质量的产品来占领市场，于是出现了质量控制(ISO9000/TQM/EFQM)、操作层/无绩效度量等企业绩效管理方法。

1989年，为了达到成本和非成本、内部和外部的平衡，Keegant、Eiler 和 Jones 三人提出了绩效测评矩阵的概念。

1991年，R. Lynch 和 K. Cross 改善了绩效测评矩阵的指标，提出了贯穿整个公司的分层次绩效测量的概念，提出了新的战略测量和报告技术(SMART 金字塔)。

1992年，Kaplan 和 Norton 提出了平衡计分卡的概念。

1996年，Kaplan 和 Norton 将平衡计分卡发展到重视战略和经营活动。

2001年，A. D. Neely，C. Adams 和 Kennerley 提出了绩效棱柱的概念，绩效棱柱包括五个方面，即利益相关者的满意度、战略、流程、能力及利益相关者的贡献。企业会根据这五方面的排列顺序来选择评估指标。

从绩效管理理论以上的发展历程可以看到，绩效评价问题从20世纪初产生以来，陆续产生了许多绩效管理方法，由最初只注重财务指标发展到关心产品质量，再发展到运用平衡计分卡和绩效棱柱，其中的发展趋势为：

- 由简单指标向综合指标发展；
- 由注重财务指标转向财务与非财务指标相结合；

- 由注重定量指标向定量定性指标相结合发展；
- 由侧重绩效评价转为侧重全面绩效管理；
- 由关注企业内部财务监控转变为兼顾客户、股东和外部利益相关者。

具体参见图 21-1。

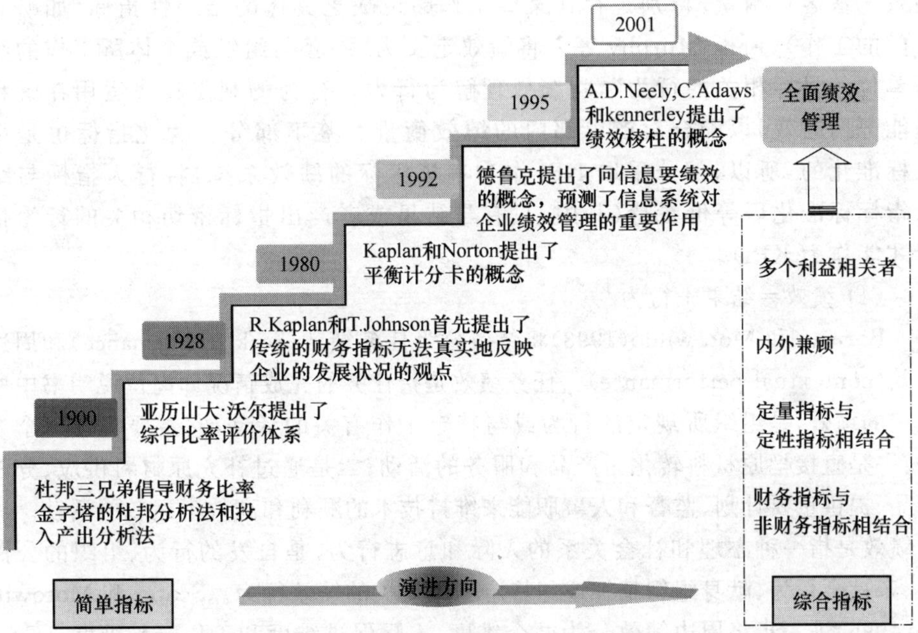

图 21-1 绩效管理理论发展趋势

第二节 绩效管理及相关概念界定

一、绩效的内涵

对于绩效内涵的理解存在以下五种主要观点。

(1) 绩效＝完成的任务

对于多数一线员工来说，最主要的绩效就是保质保量完成分配的任务。泰勒的科学管理实践以及戴明的 TQM 都是围绕如何完成任务来开展绩效研究的。

(2) 绩效＝结果或者产出

Bernardin 等人将绩效定义为“在特定的时间内，由特定的工作职能或活动产生的产出记录，工作绩效的总和相当于关键和必要工作职能中绩效的总和(或平均值)”，这种观点也是目前的主流观点。在结果或产出的定义下，注重目标与结果的差异比较与纠偏是绩效管理的主要任务。KPI(Key Performance Indicator)的开发基本上是基于绩效结果性产出的定义。

(3) 绩效=行为

由于结果或者产出包含很多系统性因素,如使用的工作系统不同,个体的绩效无法客观衡量,特别是存在某些工作岗位缺乏具体的结果性指标(如财务部门的工作),所以 Murphy 等人将绩效定义为"一套与组织或个体所工作的组织单位的目标相关的行为",将绩效理解为行为。行为的观点较多运用在解释职能部门绩效,以配合对产出部门的绩效衡量。鉴于部分行为化指标也是可以标准化的,所以,部分采取 KPI 作为考核指标的绩效系统,将行为指标与结果指标标准化后等价看待(其中,只有与结果或者产出指标密切相关的行为指标才能作为 KPI)。

(4) 绩效=结果+行为

Borman 和 Motowildo(1993)将绩效分为任务绩效(task performance)和周边绩效(contextual performance)。任务绩效是指任务的完成情况即岗位说明书中所规定的绩效,是组织所规定的行为或与特定工作有关的活动,它主要包括两个方面:一是直接把原材料转化为产品和服务的活动;二是通过补充原材料供应、分配产品、提供重要计划、监督和人事职能来维持技术的顺利和高效率运转的活动。周边绩效是指一种心理和社会关系的人际和意志行为,是自发的行为、组织的公民性、亲社会行为、献身组织精神或与特定工作无关的绩效行为。Scoter 和 Motowildo(1996)进一步将周边绩效分为两个维度:人际促进维度和工作奉献维度。Conway(1999)又把绩效分为工作奉献、人际促进、技术-行政性任务绩效、领导任务和总体绩效五个维度,并证实在不包括领导任务绩效的情况下,工作奉献、人际促进和技术-行政性的任务绩效对总体绩效有显著影响。同时,他还认为,评估来源的不同,其结果也不一样,同事的评估更多地注重人际促进,而上司的评估更多地注重任务绩效。

(5) 绩效=能力(实际收益+预期收益)

Campell 等人针对超职责行为的讨论已经说明绩效作为行为的观点存在许多困难。随着人们对前两种观点的缺陷的认识,以能力作为绩效的观点得到了广泛的使用。McBer 咨询公司和 Spencer 等人是能力主义的倡导者,他们认为基于能力的判断是"向前看"的绩效管理方式,知识型企业对此尤为适用。在大量使用项目组的工作方式组织创新性业务的组织中,尤其是研发部门的工作,能力性指标的确定,将使管理层更关注项目本身带来的经验类绩效结果。绩效的不同内涵实际上反映了对绩效在不同时期,组织的不同发展阶段、应用对象不同的研究结果。

表21-1示出绩效不同内涵下的适用情况。

表21-1　绩效不同内涵下的适用情况

绩效内涵	适用对象	适用发展阶段
完成的任务	体力劳动者 事务性、例行性工作人员	所有发展阶段
结果或产出	高层管理人员 销售、售后服务人员 其他可量化目标工作人员	成长型企业 强调快速反应的其他企业
行为	职能部门 政府机构	发展成熟、强调规范流程的机构
结果＋行为	普遍适用	所有发展阶段
能力	知识工作者	成熟期企业

二、绩效管理的概念

绩效管理是一种理念，也是一套方法论，还包括一类管理工具。从应用层面来看，绩效管理包含三方面的内容，即什么是正确的绩效；如何正确地管理绩效；如何正确应用绩效管理。这三方面内容决定了绩效管理紧密连接企业管理的三个层次：战略管理层、管理控制层、业务操作层。在战略管理层，企业根据发展远景和内外竞争因素，制订战略目标，确定战略执行途径并将目标逐层分解，落实到行动方案，从管理控制层与业务操作层的战略执行过程中获取实时反馈信息，从而优化战略；在管理控制层，将行动方案转化为计划预算，对绩效运作过程进行实时监控，根据分析报告，调整行动方案；在业务操作层，借助业务系统，执行具体的业务操作，并产生绩效评估的实际业务信息。

企业绩效管理标准化组织给企业绩效管理作了如下定义：第一，BPM是一组集成和闭环的管理分析流程，这些流程由技术支持，以满足财务和运营活动的需要；第二，BPM是通过设定策略目标，然后衡量和管理绩效以达成目标的业务促成因素；第三，核心的BPM流程包括财务即运营计划、合并报表及报告、建立模型、分析、监控关键绩效指标（KPI）。定义侧重通过信息手段从财务管理循环上实施分析和监控功能，从而实现企业绩效的提高。同时定义中也涉及了企业的运营以及对于部门和员工达成目标情况的评价等方面内容。

纵观绩效管理的研究领域，BPM可以分为三种流派，即以人力资源为核心的绩效管理、以财务为核心的绩效管理和以业务流程为中心的绩效管理，具体内容如下。

(1) 以人力资源为核心的绩效管理

以人力资源为核心的绩效管理方法主要针对不同层级员工，侧重绩效评价。很多国内企业认为企业绩效管理的主体是工作考评和员工目标责任制，属于人力资源管理范畴，可以说这是“人本绩效管理”概念。以人力资源为核心的企业绩效管理的推动者和实施者一般是人事部门和企业的人力资源部门。

(2) 以财务管理为核心的绩效管理

以财务管理为核心的绩效管理采用以财务预算、报表整合、财务分析等为主的绩效管理方法。这种方法主要针对部门层面，侧重财务指标的计划和监控。BPM标准化组织的定义强调财务指标作为绩效管理的主体，最近几年成为公认的企业绩效管理的重点。财务绩效管理的主要推动者和实施者一般是企业财务部门的主管。

(3) 以业务流程为核心的绩效管理

以业务流程为核心的绩效管理是将企业看作一个复杂系统，以企业生产和销售业务中的业务数据为主而实现质量管理。它强调商务智能和运营监控的应用。它的特点是对事不对人。这种管理方式主要针对产品和事业部，侧重以数据分析为主的优化和控制。以业务流程为核心的企业绩效管理的推动者和实施者一般是企业的质量管理部门、调研部门和运营主管。

企业绩效管理是企业的战略执行系统，是企业战略执行的核心手段，现代企业必须能够在传统的绩效管理能力中发挥现代技术的优势。在激烈的市场竞争中，电信企业要实现快速反应，在动态竞争中正确决策。随着客户的问题越来越复杂，要求越来越高，消除财务规划和分析、运营计划和分析以及部门和员工绩效考核之间的壁垒成为大势所趋。通过运用信息技术和因特网手段，企业可以实现综合制订目标、计划、汇报、分析等功能。现代企业绩效管理的本质即是通过先进的数据挖掘、商务智能、流程管理等技术实现人力资源管理、财务管理、业务流程管理相结合的综合绩效管理体系。

思考题

1. 查找一些有关绩效管理发展历史、绩效内涵和概念的资料，谈一谈你对绩效管理的理解。

2. 为什么我们说现代企业绩效管理的本质是通过先进的数据挖掘、商务智能、流程管理等技术实现人力资源管理、财务管理、业务流程管理相结合的综合绩效管理体系？

第二十二章　绩效管理系统

本章介绍绩效管理系统的构成。在绩效管理系统中包含两个不同层面的绩效管理:组织层面与人员层面。这两个层面的绩效管理互为一体,构成一个有机的绩效管理系统。主要是由制订绩效计划、持续不断的沟通、信息的收集和必要的记录、绩效评价与绩效的诊断和提高五方面组成。

第一节　绩效管理系统的构成

绩效管理是一个系统管理,在这个系统中包含两个不同层面的绩效管理:组织层面与人员层面。这两个层面的绩效管理互为一体,构成一个有机的绩效管理系统。主要是由制订绩效计划、持续不断的沟通、信息的收集和必要的记录、绩效评价与绩效的诊断和提高五方面组成,如图 22-1 所示。

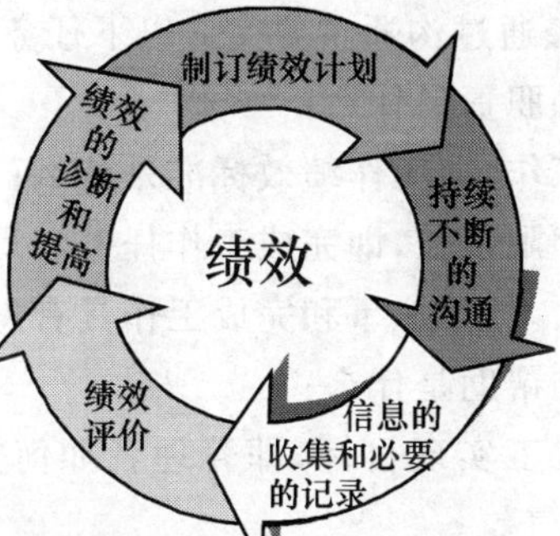

图 22-1　绩效管理系统构成

一、制订绩效计划

绩效计划是绩效管理的开始,绩效计划通常是通过管理人员与员工双向沟通获得的,为了达到预期的效果,必须准备好相应的信息。

这些信息主要可分为以下三种类型。

(1) 关于组织结构的信息

制订绩效计划的目的是为了提升员工和组织的整体绩效,最终实现组织的战略。在制订绩效计划过程中，管理人员和员工应就组织的战略目标、年度经营计划和业务单元的工作计划进行沟通，并确保双方对此没有异议。年度经营计划是对战略目标的细化和具体化，可以使目标更加真实。而业务单元工作计划则是直接从企业年度经营计划中分解出来的，它直接与业务单元的职能相联系，与员工的绩效标准联系更紧密。大多数组织还是从基层部门开始设置基本责任单位，接着就是子公司层面，以及整个企业层面。因此对于员工而言，对组织的信息了解得越多就越能在自己的工作目标中保持正确的方向。

(2) 关于团队的信息

每个团队的目标是根据组织的整体目标逐渐分解而来的。采用团队这种形式使得小单元内的目标责任更加明确和具体，更有利于个人绩效计划的制订。

(3) 关于个人的信息

关于被评估者个人的信息主要有两个方面，一是工作描述的信息；二是上一个绩效期间的评估结果。员工工作描述中，通常规定了员工的主要工作职责，以工作职责为出发点设定绩效目标可以保证个人目标与职位的要求联系起来。当然工作描述也不是一成不变的，它也需要不断修订，在设定绩效目标之前，对工作描述进行回顾，思考职位存在的目的，根据变化了的环境调整工作描述是十分必要的。

除了做好上述三个方面的信息准备外，我们还要确定绩效计划沟通的方式。在这个阶段，管理者和员工通过沟通主要完成以下任务：

① 员工的主要任务和职责是什么；

② 如何衡量员工的工作，即工作绩效标准是什么；

③ 每项工作的时间期限多长，即完成工作任务和目标的时间周期；

④ 员工的权限是什么，员工从事和完成工作具有怎样的权利和条件；

⑤ 员工需要的支持和帮助是什么；

⑥ 管理者如何帮助员工实现目标，即管理者如何支持和鼓励员工开展工作，为员工创造怎样的条件和气氛；

⑦ 其他相关的问题，如员工开展工作所需要的技能和知识等，改进员工工作，提高员工绩效的培训和职业发展等。

以上是在制订绩效管理目标过程中主要讨论的内容，组织与员工达成共识，然后形成管理者和员工共同签字的文字记录。

二、持续不断的沟通

沟通是一切管理不可缺少的重要手段，持续不断的沟通在绩效管理中起关键性作用。在绩效管理中，持续不断的沟通应符合以下几个原则。

① 真诚的沟通。真诚是沟通的前提。真诚的沟通为预防问题和解决问题而

做，因此，必须尽可能从员工那里获得信息，进而帮助员工解决问题，同时不断提高管理者的沟通技能和沟通效率。

② 及时的沟通。绩效管理具有前瞻性，在问题出现前或出现时就通过沟通将之消灭于萌芽状态，及时解决，因此，及时性是沟通的又一个重要的原则。

③ 具体的沟通。沟通应该具有针对性，具体事情具体对待，不能泛泛而谈，因为泛泛的沟通是没有效果的。因此，管理者必须珍惜绩效沟通的机会，关注具体问题的探讨和解决。

④ 定期的沟通。管理者与员工之间的绩效沟通不是时有时无，而是定期的连续性沟通。管理者与员工一般确定好沟通的时间和时间的间隔，以确保沟通的连续性。

⑤ 建设性的沟通。沟通的结果应具有建设性，给员工未来绩效的改善和提高提供建设性的意见，帮助员工提高绩效水平。

绩效沟通的方法很多，以下是三种常用的方法。

(1) 强制沟通

在指导下级工作或接受上级命令时，“指示”是销售经理或上级常用的一种沟通方法，“指示”类似于“指令”，具有强制性，它要求下属在一定的环境下执行某项任务或停止某项工作。

强制沟通可以采用书面的形式，也可以采用口头的形式。究竟采用哪种形式，需要考虑上下级之间关系的牢靠性、信任度等因素。如果与下级之间的关系牢靠、信任度高，则不必采用书面指示；如果为了防止指令重复和避免争执，或为了对所有相关人员宣布某具体任务，则应该以书面的形式发布指示。

(2) 召开或出席会议

沟通的过程也是思想、情感交流的过程，会议为实现这种交流提供了机会和平台。会议是企业的日常活动之一，企业的运营和重大决策都离不开会议这种形式。通过开会，可以集思广益，与会者可以通过交流达成共识，并密切彼此之间的关系；可以使大家了解共同的目标及彼此之间的工作关系，从而可以更好地确定自己的目标及工作方法；通过开会可以发现未注意到的问题并认真考虑、研究。会议有工作汇报会、专题讨论会、员工座谈会等形式。虽然“会议”是绩效沟通的一种重要方法，但绝不能完全依赖这种方法，而且，在召开会议或出席会议之前一定要有充分的准备，以免流于形式。

(3) 个别交谈

这种形式大都建立在相互信任的基础之上，运用这种方式来沟通容易使双方产生亲切感，这对双方统一认识、体会各自的责任和义务都有好处。在这种情形下，双方往往都愿意表露真实的思想，提出不便在其他场合（如会议上）提出的问题，从而使上级能准确掌握下属的思想动态，并争取在认识、见解等方面取得一致。

三、信息的收集和必要的记录

设立的绩效目标最终需要通过绩效评估进行衡量和判断。因此，员工绩效信息资料的收集就显得特别重要。管理者需要注意考察员工的行为表现，并做必要的记录，同时要注意保留与员工沟通的结果记录，必要的时候，请员工签字认可，避免在年终考评时出现意见分歧。

做必要的文字记录的一个最大好处是在绩效评估时尽可能以事实说话，促使评估的结果有据可依，体现客观公平，从而令人信服。

数据收集需要时间、精力和金钱。我们不可能对所有的员工绩效表现都做出记录，因此我们必须有选择地收集。

(1) 首先要确保所收集的信息与关键绩效指标密切相关。

- 确定绩效好坏的事实依据(例如，每个工人生产的产品数量、废品数量、客户不满的情况和客户表扬的情况)；
- 找出绩效问题的原因(如员工能力问题、员工态度问题、生产流程等系统问题)；
- 找出绩效优异背后的原因。搞清楚最优秀员工的工作方法后，就可以利用这些信息帮助那些从事相似工作的员工，提高他们工作的绩效；
- 为确定你的员工是否达到了他们的工作目标和标准提供依据。

(2) 仅对绩效管理本身来说，可能要对下列情况做文档。

- 目标和标准达到/未达到的情况；
- 员工因工作或其他行为受到的表扬和批评情况；
- 证明工作绩效突出或低下所需要的具体证据；
- 对和员工找到问题(或成绩)原因有帮助的其他数据；

在同员工就绩效问题进行谈话的记录，问题严重时还应该让员工签字。

四、绩效评价

员工绩效目标完成的怎么样，企业绩效管理的效果如何，都通过绩效评价得到反映。绩效评价也是一个总结提高的过程，总结过去的结果是为了以后工作得更好。分析以往工作中问题出现的原因，以制订改进工作的策略和方法；或者分析以往工作中的成绩、取得的经验，进行总结和推广，以持续提高工作绩效，从而提高企业组织绩效和绩效管理水平。同时，绩效评价的结果也是企业薪酬分配、职务晋升、培训和发展、用工管理等决策制订的重要依据。

1. 绩效评价的含义

对于绩效评价的含义，不同的相关专家给出了不同定义。

(1) 阿伦·塞尔的观点

阿伦·塞尔认为,绩效评价是由训练有素的专业人员对客观证据进行独立的检查,以判定为了完成公司对顾客及社会的合同与法律责任的管理制度是否得到有效实施,并对检查结果做出真实公允的表达。所有的公司和企业,无论规模大小,都能从这种绩效评价制度的检查中受益。

(2) 多姆布劳尔的观点

多姆布劳尔(D. Dombrower)认为,绩效评价是为了帮助管理当局更有效地开发自身的资源,采用独立客观的分析方法,对整个业务的组织、控制和职能进行的检查,其检查结果要根据公认的管理业务概念与组织的结果和标准相比较。通常,一个健全的绩效评价部门会采取预防性假设,因为他们在开展工作的早期就要设法发现有问题的领域。

(3) 荷兰 CPA 组织的观点

荷兰注册会计师协会发布的一份关于绩效评价的报告对绩效评价的观点如下:“绩效评价是对各种事务现状的防护性检查,是对表面健全的组织进行的综合性检查”,“目的是了解组织及其环境的现状,以便能够对未来的前景形成一种意见,即怎样采取具体的行动达到对组织业务活动更完善的控制”。

(4) 威廉·伦纳德的观点

威廉·伦纳德(William P. Leonard)给绩效评价下的定义是:绩效评价是对公司、公共机构或政府及其处室的组织机构、计划、结果、经营方式及人力和物力的利用情况所进行的综合性和建设性检查。

本书认为评价是通过比较分析,对特定的人和事做出主观判断的过程,它是人类社会有意识、有目的的一种认识活动。所谓企业经营绩效评价是指运用科学、规范的评价方法,采用特定的指标体系,对照统一的评价标准,按照一定的程序,进行定量及定性分析,对企业一定经营期间的经营效益和经营者业绩做出真实、客观、公正的综合评判。

2. 绩效评价的要素

企业经营绩效评价是一个复杂的系统工程,必须综合各方面因素进行综合评价,才能真正客观、正确反映企业的经营业绩。企业经营绩效评价系统主要由以下几个基本要素构成。

(1) 评价主体:是指与评价对象的利益密切相关、关心评价对象业绩状况的相关利益人。目前在经营绩效评价主体尚有两大代表性观点,即“单一主体观”和“多元主体观”。

(2) 评价客体:是指实施评价行为的对象。企业经营绩效评价的客体由企业相关利益方的需要所定,评价内容通常包括反映企业经营状况的盈利能力、资产经营水平、偿债能力、发展能力和综合竞争能力等。

(3) 评价指标:是指根据评价目标和评价主体的需要而设计的、以指标形式体现的能反映评价对象特征的因素。有财务方面的指标和非财务方面的指标。指标是反映企业经营绩效评价的基础和客观依据。如何将反映企业经营状况的因素准确体现在指标上是绩效评价系统设计的重要问题。

(4) 评价标准:是指判定评价对象业绩优劣的基准。企业经营绩效评价是对企业经营业绩进行价值判断的标尺。评价标准一般根据数理统计的方法经测试和调整后确定,评价标准是发展变化的,然而在特定的时间和范围内的评价标准必定是一定的,具有稳定性。

(5) 评价方法:评价方法是获取绩效评价信息的手段,采用一定的评价方法,从而实施对评价指标和评价标准的运用,以取得公正的评价结果。通过科学的评价方法、完善的评价指标、合理的评价标准才能对企业进行准确的绩效评价。

3. 绩效评价的程序

(1) 确立评价目标——以企业战略为导向的目标设定

绩效评价首先是为了测量战略目标和行动计划完成的情况,因此,作为绩效评价计划的起点的必然是确定目标。从逻辑上看,确立评价目标是企业经营绩效评价过程的第一步,对企业经营业绩的评价不是为了评价而评价,而是为了达到一定的目的,评价的目标是整个系统的指南和目的。

确立评价目标是绩效评价数据管理活动的一种,企业在不同的发展阶段以及不同的环境中所制订的目标是不同的,绩效评价也因此而不同。就宏观环境而言,绩效评价的目标是以企业的宏观战略为导向,它建立在彻底理解以取得竞争优势为目标的价值驱动因素的基础上。在战略开发程序中,不仅应当追求未来财务结果,而且应当强调对价值创造活动做具体计划;不仅应当向内看,注重内部的改善和提高,而且应当考虑到环境发展,重视与竞争对手的相对优势的变化情况。就微观环境而言,企业的发展又会因不同环境和时期制订不同的子目标或战术目标,绩效评价应当从外部向内部考量,细化战略目标,细化战略目标的过程可以通过制订预算来完成,这一程序将战略目标细化为具体经济业务和过程的目标,并通过预算的形式分配资源。制订预算必须考虑经营环境的易变性,通过弹性预算、滚动预算等形式将变化纳入预算的范围内,从而使得预算具有更好的可操作性,能够成为衡量业绩的标准。

(2) 设计评价指标

评价指标的设计是确定评价目标后的主要环节,指标体系设计是否科学、合理,直接关系到绩效评价的准确性和客观性。在设计绩效评价指标时,需要注意以下几个原则。

- SMART 原则:SMART 是五个英文单词首字母的缩写,S 代表具体(Specific),指绩效管理指标要切中具体的工作指标,不能笼统;M 代表可度量

(Measurable),指绩效指标是数量化或者行为化的,验证这些绩效指标的数据或者信息是可以获得的;A 代表可实现的(Attainable),指绩效指标和标准在付出努力的情况下可以实现,避免设立过高或过低的目标;R 代表现实性(Realistic),指绩效指标是实实在在的,可以证明和观察;T 代表有时限(Time-bound),指绩效指标的特定期限。

- 定量指标为主,定性指标为辅原则:通常情况下,应该更多地使用定量化的指标,并有利于确定清晰的标度,从而提高评价的客观准确性。但是,针对不同岗位的工作性质,我们往往会发现将评价指标量化并不可行。这条原则只是提醒我们要注意尽可能地将能够量化的指标进行量化。同时,对于定性的评价指标也可以运用一些数字工具进行恰当处理,从而使得定性指标得以量化,使评价的结果更精确。
- 少而精原则:结构简单的评价指标体系能够有效地缩短评价信息的处理过程乃至整个评价过程,提高绩效管理的工作效率。同时,评价者能够比较容易地了解绩效管理系统,掌握相应的评价方法和技术。这样的评价系统才能比较容易地被评价者接受,评价工作参与人员之间的沟通交流问题也容易解决。

(3) 获取评价信息

在这一程序中及时收集、处理和归集与绩效有关数据和信息,为有效执行后续子程序奠定基础。信息的相关性、可靠性、及时性都影响绩效评价的效果。造成绩效评价无法顺利进行的原因之一就是人们对于经济业务所产生的信息无法产生一致的认识,因此收集的信息应当能够体现经济业务发生的轨迹,并按照责任归属进行归集和汇总,以避免在考评时发生不必要的争执。

获取评价信息需要经过以下三个步骤:首先,要根据评价指标的要求全面搜集有关信息,力求做到客观、准确和全面;其次,要善于筛选信息,对各种复杂的信息去伪存真,抓住有用信息,但同时也需要尽可能减少获取评价信息的成本;最后,要善于整理和解释信息,通过加工、整理信息,使信息更符合评价工作需要,更易让人接受。

(4) 选择评价标准

评价标准是对企业业绩进行价值判断的标尺,价值判断就是根据评价标准体系而作出的判断,不同的标准有不同的评价结果。选择科学的评价标准是绩效评价准确客观的有效支持。首先,评价标准要有先进性,有利于企业提高管理水平;其次,评价标准要有通用性,有利于企业之间进行比较;第三,评价标准要有适应性,能体现环境变化对企业经营管理提出的新要求。

(5) 形成评价结论

形成评价结论的过程就是对评价客体进行价值判断的过程,即对评价客体作出是否有价值、有何价值、价值多大的判断，在完成前几个过程的基础上进行客体的评价。形成科学客观的评价结论同样需要完成一定的步骤：将评价客体依据评价指标进行分解；以评价指标衡量评价客体各个部分，得到关于评价客体的单项评价值；根据一定的计算方法（加权平均），算出评价客体的综合价值，最后将得出的评价值与标准值进行比较，形成评价结论报告。

（6）绩效检查

这一程序及时检查实际绩效与目标的差距，并进行必要的预测，以确保及时采取更正性和预防性行动，保证公司向着预期目标前进。

五、绩效的诊断和提高

绩效的诊断和提高在绩效管理体系的闭环结构中起着至关重要的作用，一个完整的绩效管理体系必需构建绩效反馈机制。目前，很多企业都运用 360 度方法进行绩效反馈。

第二节　主要的绩效管理系统评价工具分析

企业绩效评价是对企业目标实现与否进行评价。对于企业整体业绩的评价主要看企业整体目标是否得以实现。典型的企业目标有三种：利润最大化、价值最大化和相关者利益最大化。前两个目标可以依靠财务指标进行评价，但是相关者利益最大化已经不能完全依靠财务指标进行评价。以财务指标作为企业目标只是企业追求的结果，它并不能告诉管理者如何实现这些结果，对于该结果的过程和手段的描述更多地是依靠非财务指标。

由于财务指标用于绩效管理的确有局限性，企业必须考虑并尝试将以财务数据为基础的绩效管理体系改造成一个更为宽泛的指标体系进行企业绩效管理，使财务绩效指标成为其中的一部分。接下来我们将依次介绍 360 度考核、平衡计分卡、绩效棱柱等应用于企业绩效管理的新方法。

一、360 度考核

现代经济的飞速发展，要求企业的组织结构、组织管理、组织文化不断调整，以适应这种变化；知识经济时代的到来，要求企业加快建立职业经理人队伍；而扁平化结构、矩阵式管理、参与式管理、团队协作、关注员工职业生涯发展、注重客户满意度等新管理理念和管理方式，都使得传统人力资源的自上而下的单向业绩考核方式和结果导向不再适应当今人力资源管理的需要。360 度考核正是适应了这一需要而产生的。

1. 360度考核的基本思想

360度考核(360度反馈法)是比较客观、全面、科学的一种考核方法。传统的考核,多是自上而下,由上级主管对下属工作进行的单向评定。而360度考核,被考核者的考评者,不仅有其上级主管,还包括其他与之密切接触的人员,如同事、下属、客户,以及本人自评,如图22-2所示。

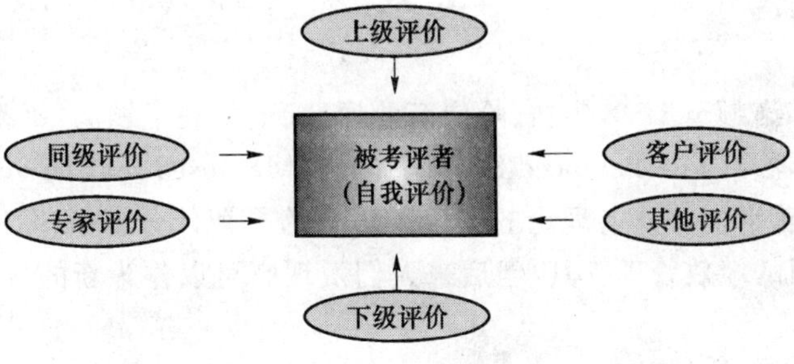

图22-2 360度反馈体系

2. 360度考核的创新

(1) 它同传统的绩效管理方法相比具有更多的信息渠道。与只有上级介入的方法相比更有可能发现问题。

(2) 在传统的反馈方法中,只有经理一人评估,员工有可能对反馈的信息持怀疑态度,因为它只来自一个人,可能有偏见。在360度反馈法中,如果从上司、同事、下属和客户都得到的是同样的信息,是很难怀疑的。

3. 360度考核的局限

(1) 被考核者的各类考核人主要由本人提名,有欠公允;个别被考核人的考核人选取缺少广泛性、代表性,不排除有提名与自己关系好的人作为考核人的现象。

(2) 各维度的评价标准不够明确,考核人在评价时不太好掌握:应进一步明确考核标准,使考核人更易于在评价时掌握。

(3) 由于360度考核侧重于被考核者各方面的综合考核,属定性考核,缺少定量的业绩考核。

(4) 理解从不同渠道来的评分和信息有时也不容易,因为这些渠道并非总是一致。

(5) 360度考核涉及的数据和信息比单渠道反馈多,造成收集和处理数据的成本很高。

360度考核是一种基于上级、同事、下级和客户、专家等信息资源的收集信息、评估绩效并提供反馈的方法。一方面,它将促使管理者自身全面地认识自己,为员工的个人发展提供信息,促进其管理技能和工作业绩,改善团队工作;另一方面,对于整个企业来说,它可以增进绩效评价的效果,激励员工对组织变革的参与,提高培训效益和员工满意度，建立新型的企业文化，促进企业的发展。作为绩效管理的一种新工具，360 度考核正被国际知名大企业越来越多地使用。据调查，在《财富》杂志排名前 1 000 位的企业中，已有 90％的企业在使用不同形式的 360 度考核，比如 IBM、摩托罗拉、摩根斯坦利、诺基亚、福特、迪斯尼、西屋、美国联邦银行等，都把 360 度考核用于人力资源管理和开发。

二、平衡计分卡

卡普兰和诺顿于 1992 年在《哈佛商业评论》上发表了题为《平衡计分卡：提高绩效的衡量方法》(The Balanced Scorecard——Measures that Drive Performance)的文章，标志着平衡计分卡理论的诞生。早期的平衡计分卡(BSC)被视为一个高效、清晰、全面的绩效管理工具，但后来人们发现它可以作为新的战略管理体系的基石。

1. 平衡计分卡的基本思想

平衡计分卡在传统的财务考核指标的基础上，还兼顾了其他三个重要方面的绩效反映，即客户角度、内部流程角度、学习与发展角度，如图 22-3 所示。

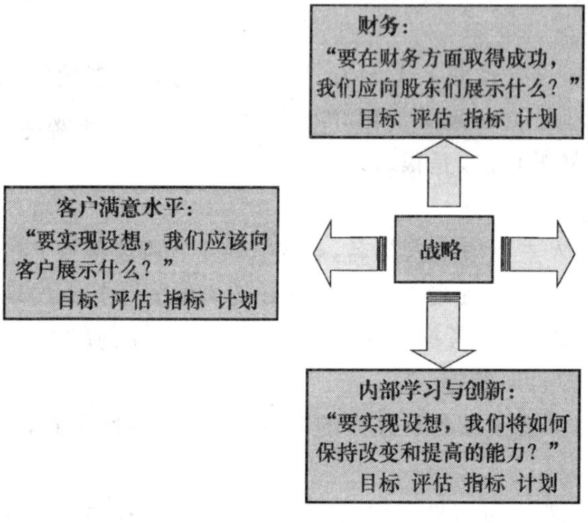

图 22-3　平衡计分卡的四个方面

(1) 顾客角度

顾客如何看我们？企业为了获得长远的财务业绩，就必须创造出让客户满意的产品和产物。平衡计分卡给出了两个层次的绩效考核指标，一是企业在客户服务方面期望达到绩效而必须完成的各项目标，主要包括市场份额、客户保有率、客户获得率、客户满意度等。二是针对第一层次各项目标逐层细分，选定具体的考核指标，形成具体的绩效考核量表。

(2) 内部流程角度

我们必须擅长什么?这是平衡计分卡突破传统绩效考核显著特征之一。传统绩效考核虽然加入了生产提前期、产品质量回报率等考核,但是往往停留在单一部门绩效上,仅靠改造这些指标,只能有助于组织生存,而不能形成组织独特的竞争优势。平衡计分卡从满足投资者和客户需要的角度出发,从价值链上针对内部的业务流程进行分析,提出了四种绩效属性:质量导向的考核、基于时间的考核、柔性导向考核和成本指标考核。

(3) 学习与发展角度

我们能否继续提高并创造价值?这个方面的观点为其他领域的绩效突破提供手段。平衡计分卡实施的目的和特点之一就是避免短期行为,强调未来投资的重要性,同时并不局限于传统的设备改造升级,更注重员工系统和业务流程的投资。注重分析满足需求的能力和现有能力的差距,将注意力集中在内部技能和能力上,这些差距将通过员工培训、技术发行、产品服务加以弥补。相关指标包括新产品开发循环期、产品销售比率、流程改进效率等。

(4) 财务角度

我们怎样满足企业的所有者?作为市场主体,企业必须以赢利作为生存和发展的基础。企业各个方面的改善只是实现目标的手段,而不是目标本身。企业所有的发送都应该最终归于财务目标的达成。平衡计分卡将财务方面作为所有目标考核的焦点。如果说每项考核方法都是综合绩效考核制度这条纽带的一部分,那么因果链上的结果还是归于提高财务绩效。

平衡计分卡把战略置于中心地位,它根据公司的总体战略目标,将之分解为不同的目标,并为之设立具体的绩效考核指标,并通过员工报酬与测评指标联系起来的办法促使员工采取一切必要的行动去达到这些目标。这就使得公司把长期战略与整个管理体系相吻合。因此可以这样说,平衡计分卡不仅仅是一种测评体系,它还是一种有利于企业取得突破性竞争业绩的战略管理工具,并且它可以进一步作为公司新的战略管理体系的基石。

2. 平衡计分卡的创新

(1) 根据企业战略和远景,平衡计分卡在一个评价系统中通过因果关系链整合了财务指标和非财务指标。平衡计分卡与其他绩效管理工具的不同在于其注重因果关系。其既包括结果指标也包括驱动指标,使其自身成为一个前项反馈的有机管理控制系统。

(2) 平衡计分卡突出强调评价指标的战略相关性,要求部门和个人业绩指标要与组织的整体战略密切关联,从而超越了一般业绩评价系统而成为一个综合的战略实施系统。人们对战略的关注点已从战略规划逐步转向了战略实施,因为很多企业都存在着计划书中的战略与正在实施的战略相去甚远的问题。平衡计分卡通过与战略密切相关的指标，将组织的战略意图导入组织的不同层级以保障战略被正确地领会与有效实施，只有企业的各个层次都理解并执行战略，战略才能成功实施。

(3) 平衡计分卡通过非财务指标的三个维度准确反映出了近10年来企业技术及竞争优势变化，即无形资产(如客户关系、创新能力、业务流程、员工素质、信息系统)等已成为了企业竞争优势的主要来源。单纯的财务数据很难反映企业未来的成功因素，基于会计数据的财务指标显然不能作为衡量当期绩效的唯一工具，人们要求增加能够反映企业未来盈利潜力的战略性指标。更严重的是采用基于会计指标的评价系统会对经理人在平衡企业长短财务业绩时倾向于牺牲长期，做高短期，这将最终导致组织资源配置只能达到局部优化。

3. 平衡计分卡的局限

(1) 战略目标分解费时费力，财务指标不是问题，但非财务指标的定性与量化较难。另外就是执行难，因为一份典型的平衡计分卡需要约半年的时间去执行，同时又要几个月的时间去调整以使其达到完善。因此其运行成本高。

(2) 对员工的素质要求高，尤其对中高层管理者的素质要求更高，他们必须具备较强的分析能力、创新能力、理解能力和应变能力。

(3) 管理程序较复杂，当组织战略或结构调整时，平衡计分卡的调整较为烦琐和缓慢，易使员工产生抵触情绪。

因此，综合分析认为，该体系适合于组织结构完美、经济实力强、战略明确、高层管理者具有较强的分解、沟通能力和意愿，同时中高层管理者有较强的创新能力和意愿的成熟性大中型组织或企业。

三、绩效棱柱

英国安迪尼利·克里斯·亚当斯在《战略绩效管理——业绩三棱柱》(The Scorecard for Measuring and Managing Business Success)一书中主张要从利益相关者的角度出发，既考虑利益相关者的满意度，又考虑利益相关者的贡献，将企业的战略、流程与能力进行整合。

1. 绩效棱柱的基本思想

亚当斯认为在当今的经营环境下，那些致力于获得长期成功的组织必须非常清楚地了解谁是他们的主要利益相关者以及他们的愿望和要求是什么。但是仅有一个清楚的认识是不够的。为了满足他们自己的要求，组织还必须从他们的利益相关者那里获得一些东西，通常包括来自投资者的资金和信用、来自顾客的忠诚和利润、来自员工的想法和技术以及来自供应商的原料和服务等。组织还需要明确所要采取的战略以保证实现分配给其利益相关者的价值。为了实现这些战略，他们还要考虑企业需要什么样的流程,怎样做到既有效果又有效率。而在企业内部,只有当组织拥有适当的能力、适当的人力、良好的实践、领先的技术和良好的物质基础,那么流程才能够得到执行。

绩效棱柱是一个三维框架模型,如图 22-4 所示。其结构可以形象地表现为一个由五个方面所构成的三维图形——三棱柱,其寓意为:日光经过三棱效的镜面折射显示出七彩颜色,企业的经营环境则经过业绩棱柱的"折射"后反映出各类利益相关者的需求,企业可以据此开展管理并对结果进行评价。绩效棱柱包括相互关联的五个方面,即如下五个特殊的重要问题。

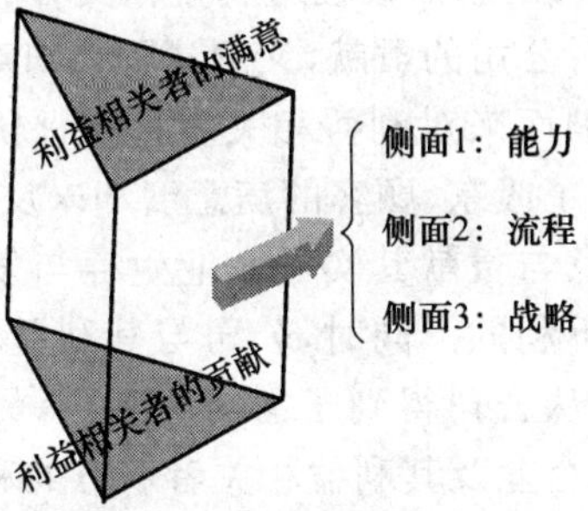

图 22-4 绩效棱柱三维框架模型

- 利益相关者的满意——谁是主要利益相关者?其愿望和要求是什么?
- 利益相关者的贡献——从利益相关者那里获得什么?
- 战略——应该采用什么战略来满足利益相关者的需求同时也满足自己的需求?
- 流程——需要什么样的流程才能执行战略?
- 能力——需要什么样的能力来运作这些流程?

这五个方面为我们考察组织的绩效提供了一个全面的综合的框架。这主要体现在绩效棱柱五个方面的设计是一环扣一环的,从而使其在逻辑上构成了一条"因果闭环",如图 22-5 所示。

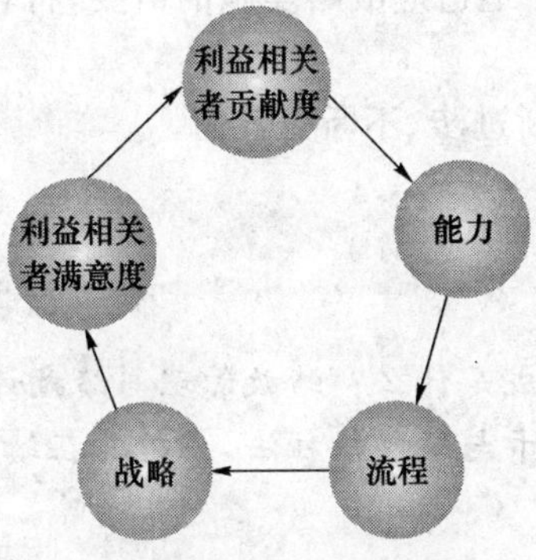

图 22-5 绩效棱柱中的因果闭环

2. 绩效棱柱的创新

（1）从价值取向上来说，绩效棱柱坚持利益相关者价值取向理论，而非股东价值理论。

绩效棱柱管理工具考虑了公司所有利益相关者的利益。其认为，公司所有的利益相关者对公司以及其实现价值的能力都有影响，他们之间存在共生互动的关系。虽然一些利益相关者比其他的利益相关者更为重要，但在当今社会中忽视任何一方利益相关者都是极度短视的。公司以利益相关者为价值取向，妥善处理好他们之间的权、责、利关系，公司的战略目标才能顺利实现。

（2）从测评的方向上来说，绩效棱柱对利益相关者的测评双向化。

既测量了利益相关者对公司的贡献，又测量了公司对利益相关者的满意程度。平衡计分卡只注重从一个侧面来对利益相关者进行评价，它考核了员工的贡献却忽视了员工的满意度，评价了股东、顾客的满意度却未反映其对企业的贡献。绩效棱柱认为利益相关者的满意与贡献其实是企业生存与发展的两翼，缺少对其中任何一方的测评对企业都是不利的。同时，公司与其利益相关者之间是一种互动的关系。一方面，利益相关者从公司得到了需求的满足，另一方面，利益相关者也对公司做出了贡献，只有实现企业及其利益相关者双方的利益，才能适应未来更加动荡的市场竞争环境。

（3）重新确立战略地位。

战略是企业对环境中出现的机会与威胁（这取决于利益相关者的需求）的反应。在当前的经济环境下，能对企业产生影响的利益相关者越来越多，影响也越来越大，战略就必须随利益相关者需求的变化而变化。此时若仍以战略为中心来构建业绩评价体系，则容易失去对战略制订根源的关注而使战略僵化和过时。战略并不是最终的目的，它只是你所选择的路线，一条如何达到所有期望的路线。因此，企业为了谋求长期的生存与发展就必须首先要满足各种关键利益相关者的需要，在业绩评价体系之中就必须将更为本源性的利益相关者的利益放在中心位置而不是战略本身，认为战略应是为利益相关者的满意和它们的贡献服务的，即采取战略来保证其利益相关者的需求得到满足，同时保证满足自己的要求。

（4）绩效棱柱更加灵活地适应战略实施的需要，符合动态性的要求，突出战略的地位，使战略“走出前台”。

绩效考核的理论是不断进步、不断完善的。

思考题

1. 绩效管理体系的组成是什么？绩效管理与绩效评价的关系是什么？

2. 仔细阅读平衡计分卡与绩效棱柱法，分析其在绩效管理理论上的创新与企业的经营管理的关系。

第二十三章　某电信运营企业绩效管理系统实践

本章主要介绍某电信运营商基于平衡计分卡的绩效管理实践。首先介绍该运营商绩效管理的总体框架，之后，重点关注该公司绩效管理指标的设计、指标权重的确定和绩效结果的应用。

第一节　基于平衡计分卡的某电信运营企业绩效管理系统

案例：某电信运营企业的绩效管理体系

某电信运营企业将公司的战略目标定位于“业务、服务双领先”。根据公司战略，该企业构建了如图 23-1 所示的基于平衡计分卡的企业绩效管理系统。

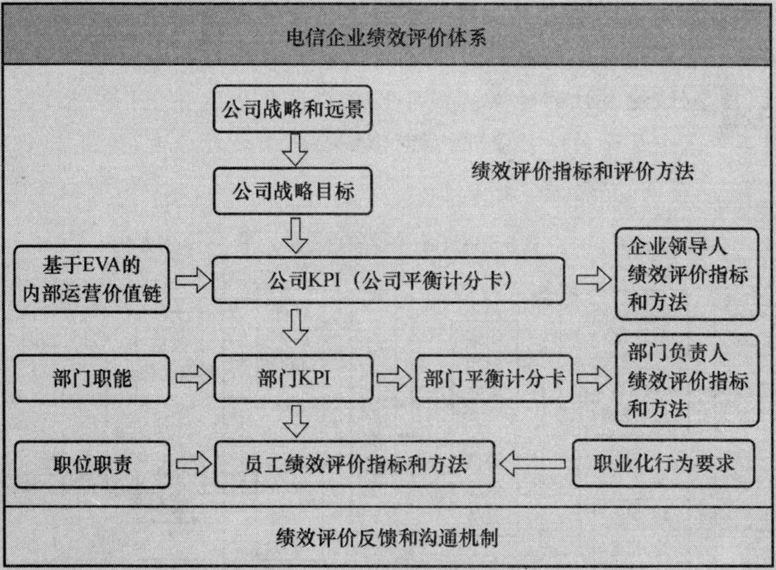

图 23-1　电信企业绩效管理体系构想

该企业在设计构建自己的绩效管理系统时的步骤如下。

1. 明确公司的战略目标

企业各级目标的来源必须是企业的战略目标，只有经过战略目标的层层分解，才能保证所有的部门和员工的努力方向与企业保持一致。企业战略目标是根据企业发展状况和环境的变化不断调整的，在不同的发展时期有着不同的经营重点。

2. 确定部门业务重点

业务重点是为了实现企业的战略目标必须完成的重点，这些业务重点就是企业的关键绩效领域。通过分析基于EVA的内部运营价值链，电信企业可以利用平衡计分卡的思想和相关技术将企业的战略目标分解，找出企业中数目有限的关键战略价值驱动因素，进而确定关键的岗位和部门。

3. 关键驱动因素分析

关键驱动因素分析，通常我们要进行两方面工作：第一是进行关键驱动因素的敏感性分析，找出对企业整体价值最有影响的几个财务指标；第二就是将后置的财务价值驱动因素与前置的非财务价值驱动因素连接起来。电信企业可以通过平衡计分卡的思想和基于EVA的内部运营价值链分析来建立这种联系。

4. 确定公司KPI(公司平衡计分卡)

依据对公司战略目标的分解和公司关键驱动因素的分析，可以得到公司的关键绩效管理指标。这些KPI是公司战略目标的进一步细化和发展，具有长期性、指导性、综合性的特点。公司KPI应该包括财务、创新、客户、业务流程和员工等五个层面的绩效管理指标，形成公司平衡计分卡，如图23-2所示。

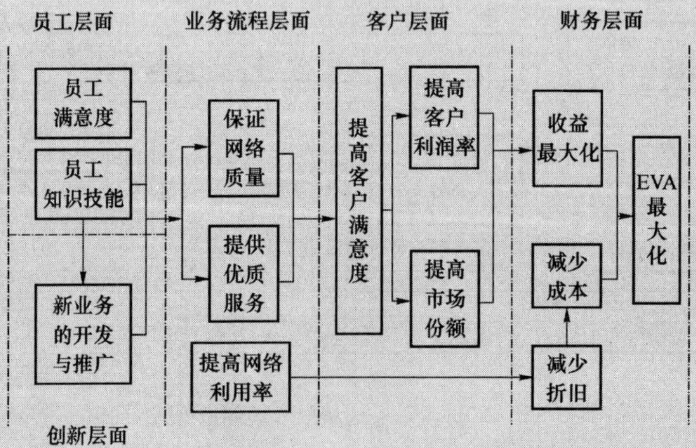

图23-2 五个层面指标关系图

国内的电信运营商多属于集团、省、市、县四级分公司结构，因此各级电信企业在确定公司 KPI 的时候还应该关注上级公司下达的绩效管理指标，积极地根据公司战略与上级公司沟通绩效指标的确定，将其融入到公司战略目标当中，从而保证企业在实现本公司战略目标的同时完成上级公司的绩效要求。

5. 确定部门 KPI 和部门平衡计分卡

公司一级 KPI 体系建立以后，还应该继续分解为部门二级 KPI 体系。在分解时，要求各部门根据部门的职能定位响应组织的战略和策略目标，在组织战略的指导下确定部门的目标。由于部门不仅承担公司一级 KPI 直接分解的指标，同时还包括部门本身组织建设、工作改进等方面的责任，因此在确定部门 KPI 时，同样应该借鉴平衡计分卡的思想，建立部门平衡计分卡。

部门的长期发展必须与企业的战略发展相一致，部门目标是企业目标的分解，因此部门关键业绩是企业平衡计分卡的一部分，或者说是企业关键业绩的分解，即部门 KPI 是从公司 KPI 直接分解而来的关键绩效指标。部门平衡计分卡是基于部门 KPI 而建立的部门综合绩效管理指标体系，是部门一段时期发展的绩效定位和绩效测评，它从整体上支持企业的战略发展，但不能直接从企业平衡计分卡上分解得到。部门平衡计分卡可以通过部门 KPI 角度、部门职能角度、部门绩效管理角度、创新学习角度来建立，如图 23-3 所示。

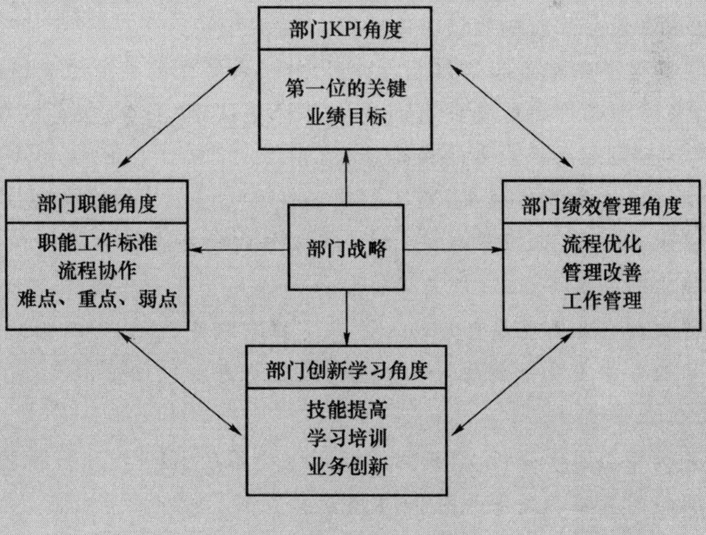

图 23-3 部门平衡计分卡

部门 KPI 角度:设立这个部门,上级第一位的要求是什么?它与整个企业的关键绩效目标的关系是什么?

部门职能角度:工作固有的要求是什么?本部门必须完成哪些职能,才能在组织中做得更好?

部门绩效管理角度:怎样管理部门,能使工作绩效提升?部门绩效的提升需要一定的工作管理,对促进和保证提高绩效的充分必要条件做得怎样?

创新学习角度:我们怎样提升能力以满足环境的变化?

绩效管理指标的确定并非一劳永逸的事情,绩效管理指标需要随公司战略目标的发展演变而调整,当公司战略侧重点转移时,绩效管理指标必须予以修正以反映公司战略新的内容。

6. 员工绩效评价指标和方法

员工是知识型企业最重要的资源,企业应该做到"物尽其用,人尽其才",尽量让员工在企业内发挥其最大的能力,为企业创造最大的价值。综上分析,电信企业员工的绩效管理指标应该包括三方面的内容:工作业绩(包括关键绩效指标和工作目标)、工作行为(包括工作能力和工作态度)和潜力评价。

第二节 指标的设计

案例:某电信运营企业的绩效管理体系

下面将通过举例来说明如何进行公司、部门和员工的绩效管理指标设计。

例如,某移动通信公司将公司的战略目标定位于"业务、服务双领先"。从基于 EVA 的移动运营商内部运营价值链(图 23-2)可以看出,网络部门的业务重点就是保证网络质量的领先;业务部门的业务重点就是不断研发新业务,满足客户的需求,从而保证业务领先;客户服务部门的业务重点就是保证服务质量并不断推出新的服务内容,从而保证服务的领先。基于平衡计分卡的分析还同时可以得到该企业需要高素质的人才来支撑双领先战略目标,因此人力资源管理部门的业务重点就是制订科学合理的人力资源管理制度,从而吸引招揽优秀人才、留住企业核心人才。

根据关键驱动因素分析,得到该移动通信公司的 KPI 指标如表 23-1 所示,各指标之间的因果驱动关系如图 23-4 所示。

表 23-1 某移动通信公司 KPI

某移动通信公司 KPI	财务层面	EVA 率 运营收入 净利润 资产报酬率 投资收入比
	客户层面	客户满意度 客户流失率 收入市场份额 ARPU
	业务流程层面	网络质量 忙时业务量
	创新层面	新业务开发速度 新业务收入占比
	员工层面	员工满意度 核心员工流失率

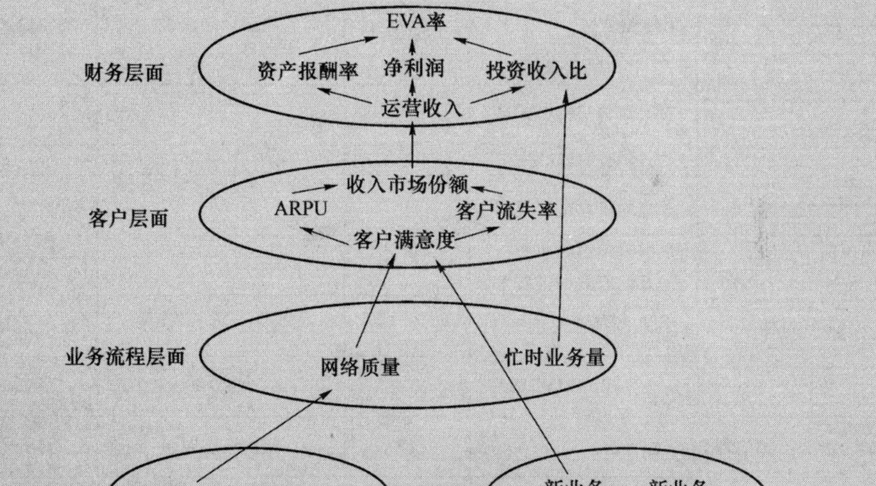

图 23-4 某移动通信公司 KPI 指标因果关系图

根据公司 KPI，向下分解目标可得到网络部门的 KPI 主要有网络质量、员工满意度、技术人员流失率。网络部门结合部门自身的特点，建立基于分解得到的部门 KPI 的部门平衡计分卡，如表 23-2 所示。

表 23-2　某移动通信公司网络部门绩效管理指标

网络部门	部门 KPI 层面	网络质量 员工满意度 技术人员流失率 重大故障处理及时率
绩效管理指标	部门职能层面	网络故障次数 客户投诉按期解决率
	部门绩效管理层面	管理指标满意度
	创新学习层面	员工人均培训次数 员工意见采纳次数

确定公司和部门的绩效管理指标之后，就可以进一步确定公司和部门负责人等中高层管理人员的绩效管理指标。在确定基层员工绩效管理指标时，还需要继续向下分解部门绩效管理指标，并结合职位职责和职业行为要求设计员工综合绩效管理指标，如表 23-3 所示。

表 23-3　网络部门运行维护人员的绩效管理表示例

第一部分：工作业绩		权重	评估标准说明	得分
关键绩效指标	网络质量			
	重大故障处理及时率			
	网络故障次数			
	客户投诉按期解决率			
工作目标	对通信网络进行及时有效的监控			
	月报、周报及时准确率			
	安全生产、重大事故率			
第二部分：工作行为		权重	评估标准说明	得分
熟悉业务				
掌握工作需要的知识、技能				
主动创新				
团结协作				
敬业务实				
第三部分：潜力评价				
员工潜力综合评价（直接上级根据具体情况直接填写）				

第三节　绩效管理指标权重的确定

一、确定绩效管理指标权重的意义

确定绩效管理指标权重具有如下意义：

- 权重突出了重点目标；
- 权重体现出意图引导和价值观念；
- 权重直接影响评价结果；
- 权重是企业评价的指挥棒；
- 权重最终将左右和影响企业文化建设。

二、确定绩效管理指标权重的原则

确定绩效管理指标权重的原则如下：

- 战略目标和经营重点为导向的原则；
- 拾遗补缺原则；
- 系统优化原则；
- 考核者的主观意图与客观情况相结合原则。

三、确定绩效管理指标权重的方法

(1) 经验法

这是一种主要依靠历史数据和专家直观判断确定权重的简单方法。从“硬件”上讲，这种方法需要企业有比较完整的考核记录和相应的结果评价；从“软件”上讲，它是决策者个人根据自己的经验和对各项评价指标重要程度的认识，或者从引导意图出发，对各项评价指标的权重进行分配，也可以是集体讨论的结果。

缺点：片面性，数据的可信度、效度不高，要求决策者能力非常强。

优点：决策效率高，成本低，容易为人接受，适合专家治理型企业。

(2) 主次指标排队分类法

也称 A、B、C 分类加权。具体操作分为排队和加权两步：排队是将指标由大到小或由重要到一般，依次排列；加权是在排队的基础上，按照 A、B、C 三类指标赋权，如按照 A、B、C 的顺序直接赋予 3、2、1 的不同权数。

(3) 专家调查加权法

这种方法是要求所聘请的专家先独立地对评价指标加权，然后对每个评价指标的权数取平均值，作为权重系数。

（4）德尔菲加权法

德尔菲加权法是给每位专家发放加权咨询表，然后将所有专家对每个评价指标的权重系数进行统计处理。与专家调查加权法不同的是，德尔菲加权法不仅要将每个评价指标求平均值，而且还要将每位专家给出的权数与平均值进行偏差分析，并反复比较。

（5）权值因子判断表法

这种方法的步骤如下。

① 组成评价小组。根据对象和目的不同，可以确定不同的专家构成。

② 制订评价权值因子判断表。

③ 专家填写评价权值因子判断表（见表 23-4）。方法是将行因子与列因子进行比较。如果采用四分值时，非常重要的指标为 4 分，比较重要的指标为 3 分，同样重要为 2 分，不太重要的为 1 分，很不重要的为 0 分。

④ 对各位专家所填权值因子判断表进行统计（见表 23-5）。

⑤ 将统计结果折算为权重。

⑥ 送到相关部门审核和讨论，并最终确定各指标权重。

表 23-4　权值因子判断表示

序号	评价指标	评价指标						评分值
		指标 1	指标 2	指标 3	指标 4	指标 5	指标 6	
1	指标 1	×	4	4	3	3	2	16
2	指标 2	0	×	3	2	4	3	12
3	指标 3	0	1	×	1	2	2	6
4	指标 4	1	2	3	×	3	3	12
5	指标 5	1	0	2	1	×	2	6
6	指标 6	2	1	2	1	2	×	8

表 23-5　权值统计计算表示

序号	评价指标	考核者								评分总计	平均评分	权值	调整后权值
		1	2	3	4	5	6	7	8				
1	指标 1	15	14	16	14	16	16	15	16	122	15.25	0.254 17	0.25
2	指标 2	16	8	10	12	12	12	11	8	89	11.13	0.185 42	0.20
3	指标 3	8	6	5	5	6	7	9	8	54	6.75	0.112 50	0.10
4	指标 4	8	10	10	12	12	11	12	8	83	10.38	0.172 92	0.20
5	指标 5	5	6	7	7	6	5	5	8	49	6.125	0.102 08	0.10
6	指标 6	8	16	12	10	8	9	8	12	83	10.38	0.172 92	0.15
合计		60	60	60	60	60	60	60	60	480	60	1	1.00

权重分配是绩效指标体系的重要组成部分，只有科学地分配指标权重才能得出科学的绩效管理结果。在设定各项指标权重时应注意以下问题：

- 一些典型通用指标，如客户满意度，在各部门及单位所占权重保持统一，以体现一致性；
- 单项指标的权重不要小于5%，否则对综合绩效的影响太小；
- 为体现各指标轻重缓急的不同，指标之间的权重差异最好也控制在5%以上。

思考题

结合前两章学到的绩效管理理论，请对本章案例中该运营商的绩效管理体系进行评价。

参考文献

[1] 蔡剑，张宇，李东. 企业绩效管理概念、方法和应用[M]. 北京：清华大学出版社，2007.

[2] 付亚和，许玉林. 绩效管理[M]. 上海：复旦大学出版社，2003.

[3] 薛玉林，袁小明. 电信企业绩效管理的探讨[J]. 中国新通信，2006.

[4] 罗彪. 基于战略的全绩效管理系统研究[D]. 合肥：中国科学技术大学博士论文，2004.

[5] 李磊. 绩效管理理论在PH公司的应用[D]. 北京：北京交通大学硕士论文，2006.

[6] 谭明军，王艳艳. 论杜邦分析法在企业绩效评价中的运用[J]. 现代商业，2007.

[7] 丁俊，陈力. 通信企业如何实施有效绩效管理[J]. 企业管理，2006.

[8] 朱永玲. 战略绩效管理工具的比较与整合[D]. 北京：对外经济贸易大学硕士论文，2006.